Nonverbal Behavior in Interpersonal Relations

非言語行動の心理学
対人関係とコミュニケーション理解のために

V·P·リッチモンド　J·C·マクロスキー 著／山下耕二 編訳

北大路書房

Authorized translation from the English language edition,
entitled NONVERBAL BEHAVIOR IN INTERPERSONAL RELATIONS 5th Edition, ISBN:
0205372465 by Richmond,Virginia P.; McCroskey, James C.published
by Pearson Education,Inc., publishing as Allyn & Bacon,
Copyright © 2004, 2000, 1995 Pearson Education, Inc.

All rights reserved. No part of this book may be reproduced or transmitted in any form or by
any means, electronic or mechanical, including photocopying, recording or by any information
storage retrieval system, without permission from Pearson Education, Inc.
Japanese language edition published by KITAOHJI SHOBO, Copyright © 2006

Japanese translation rights arranged with, Pearson Education, Inc.,
publishing as Allyn & Bacon through The English Agency (Japan) Ltd., Tokyo Japan.

日本語版への序文

　日本の読者のみなさん，ようこそ！　本書の著者2人は，あなたを読者に迎えて，とてもうれしいです。私たちには長年にわたる日本人の友人たちがいますし，過去に，日本という美しい国を訪問するという名誉を受けたことがあるので，日本の偉大な文化について少しだけ学ぶ機会がありました。しかしながら，私たちは日本文化の専門家ではないということを，最初にはっきりとさせておきたいと思います。ゆえに，私たちは日本文化でのコミュニケーションにおいて，非言語メッセージを使用する際の微妙なニュアンスについて，よく知っているわけではないのです。

　私たち西洋人が，非言語的にコミュニケーションするやり方が，日本の人たちには，おもしろく思えることがあるでしょうし，また，別の場合には，私たちが非言語的に行なうことや，なぜそれをするのかを理解することがむずかしいと思うかもしれません。非言語コミュニケーション行動は，主として，文化の産物なのです。西洋人の多くは，日本文化では，お辞儀がとても重要なことを知っています。しかし，あなたたちと同様に，私たちはなぜ日本人がお辞儀をするのか，それを見た時にどのような意味で解釈すればよいのかについて考えることがよくあります。西洋人もお辞儀はできますが，いつそれをすべきか，そのお辞儀はどのくらい深くすべきかについてはわかりません。ある文化からの人々が他の文化からの人々とコミュニケーションしようと試みる場合には，その文化が何であるかにかかわりなく，このような違いが存在するのです。

　非言語コミュニケーションは，地球上に人間が生まれてから常に存在していましたが，アメリカ合衆国では，非言語行動の正式な研究は20世紀になるまで，人間のコミュニケーションへの影響に関する正式な研究は，1960年代まで始まりませんでした。アメリカ合衆国における非言語コミュニケーションに関する最初の書籍は，1972年になって初めて出版されました。本書の著者2人は，1970年以来，大学と大学院の課程で，非言語コミュニケーションを教えていますが，私たちの本の初版は1987年になるまで出版されませんでした。ゆえに，非言語コミュニケーションの正式な研究は，まだとても新しいのです。本書で，私たちはアメリカ合衆国の文化から導き出された多くの例を使って，非言語コミュニケーションについての情報を提供しようと試みています。

　私たちは，読者のみなさんが本書を非言語コミュニケーションについて理解しようとする知的探索を啓発する本だと考えてくれることを望みます。本書で議論される内容の中に，日本であなたが知っていることとは違うことがあると気づいたなら，あなたはアメリカ合衆国と日本では，どうしてそんなに違うのかを知ろうとするでしょう。

非言語行動とこのような行動の解釈には，たくさんの違いが存在することを覚えておいてください。すべての文化に対する完全に「正しい」非言語行動の形式などは存在しません。しかし，一方で，人々は自分自身の文化における非言語コミュニケーションこそが正しい方法だと信じる傾向にあります。それは私たちの文化が自分たちのやりかたが最良であると教えたように，あなたの文化があなたにそれを信じるように教えたからなのです。非言語コミュニケーション，とくに，他の文化のそれを学ぶ理由のひとつは，世界の他の地域の人々のふつうの非言語コミュニケーションにもっと敏感になることにあります。効果的な異文化コミュニケーションとは，この感受性と理解とに依存するのです。

ヴァージニア・P・リッチモンド
ジェイムズ・C・マクロスキー

はじめに

　非言語コミュニケーションは，他のコミュニケーションの領域と比べると，幅広い学問分野からの学術研究を生み出してきており，それゆえに，数多くの学術モデルと関係している。本書は，社会科学研究と人文学研究とのユニークな融合であり，非言語コミュニケーションの領域を構成すると，私たちが今日考える内容を反映したものである。私たちが知っていることは，これらの多様な学問分野から導き出されている。私たちは特定の学問アプローチに固執することなく，こうした知識を統合しようと試みた。

　非言語コミュニケーションは，学生たちから最も肯定的な反応を受ける領域だが，逆に，他のコミュニケーション分野の領域やコミュニケーション学以外の教授たちからは最も否定的な反応を受ける領域である。私たちは，非言語コミュニケーションの研究が，すべての学問分野の学生たちにとって，きわめて有益であると考えており，こうした否定的な反応を受け入れることはむずかしい。

　アリストテレスがそれを言わなかったならば，もしくはスキナーがネズミにそれをさせなかったならば，それは学術的に研究するに値しないなどと考えるこの領域の評論家たちを追放してしまうというアイデアは魅惑的だ。このような偏りを犯す評論家たちもいるが，過去に非言語コミュニケーションが教えられてきた，そして，今日でも教えられることがある，手法の影響を受けている人はずっと多いことだろう。この領域において人気のある研究者らは，研究結果を一般化しすぎていることがよくある。この種の一般化は，非言語コミュニケーションの授業でよく見られる。加えて，非言語コミュニケーションに関する授業の多くは，事実上，定まった内容のない，経験に基づく科目として発展してきた。このような虚説は，この領域の研究への敬意を生むことにつながっていない。

　非言語コミュニケーションの教育は，一見したところ，矛盾を抱えている。一方において，私たちは非言語行動のカテゴリーのすべてが，コミュニケーションに影響し，相互に作用しあうことを知っている。もう一方で，これらの行動のすべてを理解するために，ひとつずつ個々の行動カテゴリーを見る必要があるように思われる。つまり，たいていの教科書や教師たちは，何らかのタイプの変数アプローチと機能的アプローチの間から，自分たちが教えることを選択しているのである。前者は非言語コミュニケーションを作り出す個々の行動の優れた理解へとつながるが，それがどのように相互に作用しあうかについてはほとんど理解できない。後者は非言語コミュニケーションの複雑性についての優れた理解につながるが，複雑なコミュニケーション体系の構成要素については，ほとんど理解できない。この入門書で，私たちは非言語行動の個々

のカテゴリーに集中した章と，特定の文脈でそれらの変数を検討する章を含めることによって，その矛盾を解決しようと試みた。この機能－変数－文脈の結合アプローチをとおして，読者が人間のコミュニケーション関係における非言語行動の役割について，完全で調和のとれた展望を構築することを望む。

　私たちは編集者であるカロン・バウアーズと彼女のアシスタントであるジェニファー・トレビィ，そして専門知識を惜しみなく与えてくれた人々に感謝したい。アリン・アンド・ベーコン社の途切れないサポートと励ましに感謝する。

　本書を使用して，教育を行なっている多くの教師たちと，本書の以前の4つの版を使って学習している学生たちに感謝する。とくに，前の版をレビューし，フィードバックを与えてくれた以下の先生たちに感謝の意を述べたい。ハリファックス・コミュニティ大学のジョセフ・ブライアント，メリマック大学のジュエル・デービス，東ミシガン大学のデニス・グレイディ。彼らが与えてくれた示唆の多くが，本版の修正に反映されている。私たちはこの版でより多くの引用文献（古典的なものと最新のものの両方）を収録した。また，ある話題についてより完全に追求したいと望む人々のために，本書の最後に広範囲な引用文献リストを含めた。この分野での先進的な研究に適した書籍を書いている私たちの共同研究者たちの著作も引用している。私たちは読者がこの入門書を読み，次に彼らのすばらしい研究へと学習を進めていく動機づけとなることを心より望んでいる。

目　　次

日本語版への序文　　i
はじめに　　iii
目　　次　　v

1章　コミュニケーションと非言語行動　　1
　　1　非言語コミュニケーションについての俗説　　1
　　2　非言語メッセージと言語メッセージ　　4
　　3　意図性と非言語コミュニケーション　　6
　　4　文化と非言語コミュニケーション　　8
　　5　非言語メッセージの機能　　9
　　6　非言語メッセージの分類　　11
　　用語集　　14

2章　外見的特徴　　15
　　1　魅　　力　　16
　　2　個人の身体概念　　27
　　3　身体形状と大きさの非言語メッセージ　　29
　　4　外見と衣服　　37
　　5　アーチファクトとアクセサリー　　46
　　用語集　　49

3章　ジェスチャーと動作　　50
　　1　ジェスチャーと動作の理論的考察　　53
　　2　ジェスチャーと動作のタイプ　　56
　　3　欺瞞の手がかり　　62
　　4　ポスチャー　　64
　　5　動作とコミュニケータースタイル　　67
　　6　一般的なコミュニケータースタイル　　70
　　7　身体動作とジェスチャーの効果　　71
　　用語集　　73

4章　表情行動　　75
　　1　表情の重要性　　75
　　2　獲得と発達に関する展望　　76
　　3　顔面の管理と感情表出　　79
　　4　感情表出とコミュニケーション　　84
　　5　表情の変動性　　87
　　用語集　　89

5章　視線行動　　90
　　1　視線行動の属性と機能　　90

  2 視線行動のタイプ 93
  3 視線行動と個人差 98
 用語集 101

6章 音声行動 103

  1 音声行動の分類 104
  2 音声行動とターン相互作用管理 109
  3 音声行動の効果 114
 用語集 123

7章 空間とテリトリー行動 125

  1 テリトリー行動の現象 126
  2 パーソナルスペース 136
  3 混雑と密度 141
 用語集 143

8章 接触とコミュニケーション 145

  1 生涯発達と接触 147
  2 接触のカテゴリー 151
  3 接触規範とコミュニケーション 155
  4 接触は何を伝えるのか？ 160
  5 接触欠乏の影響 162
 用語集 163

9章 接近性とコミュニケーション 164

  1 接近性 164
  2 非言語的接近性 170
  3 接近性の結果 183
  4 接近性の欠点 187
 用語集 190

10章 男女の非言語コミュニケーション 191

  1 定義：セックスとジェンダー 192
  2 男女における非言語行動の発達 192
  3 際だった特徴と類似した特徴：ジレンマ 194
  4 アメリカ人男女の好みと求愛 207
  5 接近性の利点 211
  6 接近性の不利点 211
  7 両性具有者 212
 用語集 214

11章 職場での人間関係 215

  1 際だった特徴 216
  2 非言語メッセージの役割 217
  3 上司－部下の関係についての結論 230

目　次　*vii*

　　　4　職場における接近性　232
　　用語集　233

12章　教師と学生の非言語的関係性　234
　　　1　教師の役割　235
　　　2　非言語コミュニケーションの役割　243
　　　3　教師の接近性の結果　262
　　用語集　264

13章　異文化の人間関係　265
　　　1　異文化コミュニケーションの定義　267
　　　2　非言語行動　272
　　　3　努力目標－探し求める目標　289
　　用語集　291

引用文献　292
さくいん　310
編訳者あとがき　316

1章 コミュニケーションと非言語行動

　現代社会では，人間関係こそが，人間としてのわれわれの存在を規定する中心的な事実である。人が完全に自給自足できた時代もあったが，今ではそのような時代は遠い過去のことである。われわれの存在は他者に依存している。われわれは生きるために，他者と関係を持ち，コミュニケーションしなければならない。コミュニケーションの役割とは，われわれが一生で出会うすべての関係を通じて，われわれを人間にする，つまり，現在の姿にするプロセスにある。

　ヒューマンコミュニケーション（human communication）とは，ある人が言語（verbal）・非言語（nonverbal）メッセージによって他者（や人々）の心に意味を生じさせるプロセスである。われわれはすでに何冊かの本で，このプロセスの性質をかなり詳細に説明しているので，本書で同じことをくり返すつもりはない。本書での焦点は，ヒューマンコミュニケーションにおけるメッセージとしての非言語行動の役割にある。そして，われわれの関心は非言語コミュニケーション（nonverbal communication），つまり非言語メッセージを使って，他者の心に意味を生じさせるプロセスにある（McCroskey, 2001; McCroskey & Richmond, 1996; Richmond & McCroskey, 2001）。

1　非言語コミュニケーションについての俗説

　非言語的要素は，ヒューマンコミュニケーションの研究史において，ずっと無視されてきた（Andersen, 1999; Ruesch & Kees, 1971）。コミュニケーションのこの側面へ向けられる注目が増加するにつれ，いくつかの俗説が生まれ，かなりの混乱を導き出している。これらの俗説のいくつかを検討してみよう。

1. 「非言語コミュニケーションは無意味である。すべてのコミュニケーションは言語を必要とする。ゆえに，すべてのコミュニケーションは言語によるものである」。これは主として，言語に注意を集中し，言語とコミュニケーションという用語が，実質的に交換可能であると考える人々がいだく伝統的な俗説である。しかしながら，口頭での相互作用の場合には，コミュニケーションに影響する可能性のある非言語行動が常に存在している。われわれはメッセージに非言語的要素を持ち込まなければ，電話で話すことすらできない。われわれの声の音は，たしかに存在し，そして2人の声は同一ではない。ゆえに，同一の単語を発話したとしても，2人は同じメッセージを送っているわけではない。彼らの声がメッセージに違いを生じさせる。もちろん，実際の相互作用では，より多くの非言語メッセージが存在する。非言語コミュニケーションは無意味ではない。非言語行動はすべての口頭によるコミュニケーション状況に影響を及ぼすのである。

2. 「非言語行動は人間の相互作用におけるほとんどのコミュニケーションを明らかにする」。この俗説は，俗説1の虚偽に対する過剰反応のひとつである。実験室環境とフィールド環境の両方で実施された，非言語コミュニケーションに関する初期の研究は，伝達される意味が変わるかどうかは言語メッセージではなく，大部分，非言語メッセージの働きによることを示した。最終的に，この研究は伝統的俗説が偽りであることを示すが，後に多くの研究者たちがこれを過剰解釈した。伝達されるすべての意味の65〜93％が非言語的要素に起因すると結論づけるために，著作者たちの多くが共通して，この初期の研究を引用している (Birdwhistell, 1970; Mehrabian & Ferris, 1967; Mehrabian & Weiner, 1967; Philpot, 1983)。これらの結果は，引用された研究の実際の事例である。しかしながら，これら初期の研究は俗説1が正確ではないと証明するために，特別に計画されたものであり，研究された相互作用が人間のすべての相互作用の典型だと仮定できないということが，一般的に無視されている。だから，すべての非言語行動の影響について，続けて一般化することには正当な根拠がないのである。非言語要素は多くの環境でコミュニケーションを決定づけるが，一方で，非言語要素がほとんど意味のある効果を持たないことがある。だから，ほとんどの人間の相互作用においては，言語要素と非言語要素の両方がとても重要であり，通常，伝えられる意味はどちらか一方の要素にだけではなく，2つの要素の相互作用に依存するのである。

3. 「本のように人の心を読むことができる」。これは通俗書の題名になることの他に，非言語コミュニケーションを一度も学んだ経験のない人々によって持たれる俗説である。人間の行動は，言語 (language) のように構造化されていない。それは変動性が高く，各個人に固有のものである。同一視できる傾向は存在するが，これらはすべての状況において，ある特定の非言語行動が何を意味するのかを，われわれに教えるのに十分なほど強力ではない。非言語行動は，ある程度の確信

を持って，言語行動に適用される定義へと翻訳できないことがよくある。赤ちゃんが笑うと，その赤ちゃんはうれしいのかもしれないし，お腹にガスが溜まっているのかもしれない。大人が笑うと，その人は喜んでいるのかもしれないし，怒りや憎しみを隠しているのかもしれない。自分の責任で読みとれ！

4.「相手があなたの目を見て話していないならば，その人はあなたに真実を話していない」。これは俗説3の変形であり，われわれすべてが子どもの時に学んだ非言語行動についての俗説全体を代表するものである。非言語行動の多くは制御されている。われわれがどこへ凝視を向けるかは非言語行動のひとつである。相手の目を見ないならば，真実を話していないと人々は考えるということを，われわれは学んでいるので，真実を話していようがいまいが，相手を見ることを学ぶのである。優れた詐欺師は，あなたからお金を巻き上げようとしている間，常にあなたの目を見ているものだ！

5.「非言語行動は人によって異なるが，たいていの非言語行動はすべての人々にとって，自然なものである」。この俗説は，言葉で表わされると受け入れる人は少ないが，われわれのほとんどすべてが，まるでそう信じているかのように行動する俗説である。われわれは自分たちが非言語的にふるまうやり方がふつうであり，そうした傾向から大きく逸脱することは異常だと思い込んでいる。この傾向は他の文化から来た人々と出会う場合，とくに問題になる。異なる文化から来た人々は，まったく異なる非言語行動を学習しており，自分たちをふつうと考える。男と女の間，若者と高齢者の間，さまざまな倫理集団の人々の間にも，意味のある違いが存在する。「ふつう」は，その人の文化的環境に依存する。

6.「異なった状況でも，非言語行動は同じ意味を生じさせる」。この俗説は，非言語行動がそれ自体で意味があるということを仮定するものである。言い換えると，握手や鼻のすり合わせは異なる文脈においても同じことがらを意味する。これは真実ではない。意味は人々の心の中にあり，非言語行動にあるわけではない。他者が非言語行動に帰属させる意味は，常に，その行動が発生する文脈によって影響される。われわれは，言語的，非言語的な文脈全体を考慮することなく，たんに非言語情報にのみ依拠して，結論を得ようとすべきではない。何らかの非言語行動へ意味を帰属させるには，その行動が発生する文脈を認識すべきである。非言語行動に依拠して，コミュニケーションを説明しようと試みる際には，常に文脈が考慮されなければならない。

2　非言語メッセージと言語メッセージ

　ヒューマンコミュニケーション研究に関連する，ほぼ5千年の記録された歴史を通じて，コミュニケーションについての研究と教授は，言語メッセージに集中していた。18世紀になってようやく，コミュニケーション研究者たちが非言語行動の役割に真剣な注意を向け始めた。20世紀半ばごろ，非言語行動とコミュニケーションの研究は人類学からコミュニケーション学まで，そして建築学から心理学までの多くの学問分野の中で，強い興味を引きつける対象となった。非言語コミュニケーションの研究者たちが直面する困難な問題は，言語的なものと非言語的なものとの間に，有意味で，明確な区分を行なうことにある。このような明確な区分はとらえどころがない。われわれは言語メッセージと非言語メッセージとに絶対的な区分を提供することはできないが，いくつかの完全ではない区分を導き出すことはできる。そして，それらはあなたが言語メッセージと非言語メッセージとの違いを知るのに役立つだろう。

言語学的な区分

　言語メッセージは，明らかにランゲージ（language）に依存するが，非言語メッセージは必ずしもランゲージの存在に依存しない。これは，非言語コミュニケーションとはたんに「言葉なしのコミュニケーション」であるという考えへと人々を導く。もちろん，非言語行動の多く（ほとんどではない）は，話し言葉とともに存在するので，この区分は問題を単純化しすぎている。にもかかわらず，この区分は関連する。言語メッセージはランゲージに依存する。そして，ランゲージとは，意味を符号化する任意体系なので，共通のランゲージを共有する人々がそれを理解する。一方，非言語行動のほとんどは任意の符号化体系の一部ではない。エンブレム（3章で考察するジェスチャーの一形式）は，この一般的規則の例外である。同様に，非言語行動だけに依存するランゲージがあり，これらのランゲージは意味を符号化する任意体系である。例として，アメリカ式手話（American Sign Language: ASL），アフリカの一部におけるドラム言語（drum language），アメリカのインディアン部族のタバコ言語（smoke language），カナリア諸島の口笛言語（whistling language），手旗信号，電信でのモールス信号などがその例である。現在，さまざまな文化（例：ギリシャ，イタリア，アメリカ，日本）に対する書籍がたくさん存在する。これらの書籍は，ある行動が別の文化では，どのような意味になるのかを教えてくれるので，異なる文化へ旅する場合にとても便利である。例外はたくさんあるが，こうした書籍はたいていの言語メッセージはランゲージに依存しており，一方，非言語メッセージの多くはそうではないということを理解するのに役立つ。

連続性による区分

　言語メッセージは非連続である。つまり，われわれはいくつかの単語を話し，そして単語を話すのを止め，次に話し，止まり……。非言語メッセージは連続である。非言語行動はけっして止まらない。眠っている時でさえ，われわれの身体は非言語メッセージを送り続けている。また，行動が欠落したとしても，それが存在する場合とまさに同じように，メッセージを送る（あなたは今までに無視という扱いを受けたことがありますか？）。この事実は文法的には不完全であるが，示唆に富んだコメントへとわれわれを導いている。つまり，他の人間の面前では，あなたはコミュニケーションできない。

　連続性による区分は，言語学的な区分より例外が少ないが，それでも完全ではない。非言語メッセージは，それらを全体的に見る場合に限り，連続的であると考えられるかもしれない。実際，個々の非言語メッセージは停止する。ジェスチャーは始まり，終わる。アイコンタクトは始まり，終わる。声の調子は始まり，終わる。接触は始まり，終わる。笑みは始まり，終わる。しかしながら，非言語メッセージをジェスチャー，音声，接触などの別個のメッセージとしてではなく，同時に起こるメッセージのまとまりと考えるのが一番よい。この意味において，連続性による区分は重要である。

処理による区分

　近年，人間の脳が入力情報を処理する方法について，多くの研究が行なわれている。アメリカでの初期の研究は，たいていの人々が言語刺激を脳の左側で処理し，非言語刺激を脳の右側で処理するという有力な証拠を提示した。これは言語・非言語コミュニケーションが2つの分離した，区分可能なコミュニケーション体系であることを示唆する。しかし，その後の研究はこの区分についてかなりの疑問を投げかけている。人間はすべて同様であるとは限らない。ある文化，とくに，フィンランドや日本の人々は，アメリカの人々とは反対側の脳で情報を処理する。同様に，アメリカ国内でも，左利きの人々は右利きの人々の傾向と一致するわけではない。つまり，処理による区分は研究者たちが期待していたほどうまくいかない。神経生理学的研究の進歩により，将来，われわれが処理の領域で重要な区分を発見するという見込みはあるが，そのような発見はいまだになされていない。

　結論として，われわれは言語・非言語メッセージ間に，絶対的な区分を行なえないことがわかる。われわれはポルノグラフィーを定義できないとわかった時のアメリカ連邦最高裁判所の判事の気持ちを味わうのである。判事は「それを見れば，それがわかる」と言い訳した。われわれは非言語メッセージが何であるかはそれらを見ればわかると信じている。この後の各章において，非言語行動のさまざまな分類を検討することで，それができるようになるだろう。もしそれをまだできないのであれば。

結果としての区分

　言語メッセージは，主として，内容や認知機能を供給する。非言語メッセージは，主として，感情的，関係的あるいは情動的機能を供給する。われわれが何を話すかという内容は，言語メッセージによって伝達される。人どうしのコミュニケーションが成功するには，両タイプのメッセージ（言語と非言語）が重要であることがよくある。もしわれわれが他者に肯定的な態度をとってもらおうと期待するなら，言語コミュニケーションだけでは，これを達成できないかもしれない。しかしながら，われわれがメッセージの中の言語内容を無視するとすれば，他者はわれわれが伝えようとしていることを理解しないかもしれない。ゆえに，聞き手がメッセージ全体を受け取り，その背後にある意味を理解するうえで，コミュニケーションの非言語的構成要素と言語的構成要素の両方が必要とされることが多いのである。

絶対的な区分

　一般的に，言語メッセージには，明示的な意図や意味がある。非言語メッセージは暗黙的で，不確かな意味を伝えることがよくある。非言語行動は徐々に意味の暗黙性を減らしていく。これは非言語的な動きや表現の背後に存在することが多いさまざまな意味について，多くの文化で行なわれている教育のためである。しかし，非言語メッセージが明示的になる（ひとつのメッセージに対してひとつの意味）ことは起こりそうにない。同様に，言語メッセージは構造化されたものであり，明示的なものであり続けるだろう。

 ## 3　意図性と非言語コミュニケーション

　本書では，非言語行動と非言語コミュニケーションという用語を使用しているが，ここまでは，とくにそれらを区別してこなかった。非言語行動（nonverbal behavior）とは，人間の多様な行動の一部であり，伝達的なメッセージを形成する可能性を持つものである。他者がその行動をメッセージとして解釈し，それに意味を帰属させるならば，このような非言語行動が非言語コミュニケーションになる。われわれはひとりか，それともだれかと一緒かにかかわらず，非言語行動を行なうことができる。一方，われわれの行動をメッセージとして解釈し，それらのメッセージに意味を割り当てる人がひとり以上存在する場合にのみ，われわれは非言語コミュニケーションを行なうことができる。きわめて世俗的な水準では，われわれは自分ひとりだけの時に顔を掻くという非言語行動を行なうことができる。たとえば，もしだれかがいる時にそれをし，その人が掻くという行為をメッセージとして解釈し，それをわれわれが神経質だということを示すものとして解釈するとすれば，たとえそうしていたこ

とに気づいていないとしても，われわれは非言語コミュニケーションを行なっている。

ヒューマンコミュニケーションが存在するには，言語・非言語にかかわらず，送り手がメッセージを送り，受け手がそのメッセージを受けとり，解釈しなければならない。われわれはメッセージを意図的に送ることもあれば，偶然に送ることもある。受け手はわれわれの言語・非言語行動をメッセージとして受けとることもあれば，そうでないこともある。図1-1は，これらの区分を説明するものである。

図1-1の第1領域では，送り手が受け手へメッセージを送るという意図を持って非言語行動を行ない，受け手はその行動をメッセージとして解釈する。この場合は非言語コミュニケーションである。これは受け手が，送り手の意図したとおりにメッセージを解釈しているということを意味しないが，意図された意味が生じたかどうかにかかわりなく，コミュニケーションが生じている。だから，送り手はメッセージを送るという意図を持って行動を行なう。受け手はその行動を受けとり，メッセージとして解釈する。たとえば，送り手は受け手にあいさつを送るという意図を持って笑う。受け手はその笑いをメッセージとして解釈する。

第2領域では，送り手は意図的なメッセージ（笑顔）を送っているが，受け手はそれをメッセージとして解釈しなかった。ゆえに，非言語コミュニケーションは発生していない。受け手がメッセージを単純に見落とす場合（たとえば，他を見ている）や，その行動をメッセージとして認識しない場合に，こうしたことが起こりうる。たとえば，パートナーのひとりが，もう帰る時間だと合図するために，机の下で仲間の足を蹴ったけれども，蹴られた人はたんに偶然，足が当たったと考え，それを無視するような場合が，後者の例として考えられる。

第3領域は，偶発的コミュニケーション（accidental communication）を示す。おそらく，これは最も一般的なタイプの非言語コミュニケーションである。これは人々の間にしばしばコミュニケーション危機(communication crisis)を起こす領域である。たとえば，ある人が笑っている，受け手はたとえ自分が笑っていることに送り手が気

		送り手	
		メッセージを送るために行動	メッセージを送る意図なしに行動
受け手	行動をメッセージとして解釈する	1 非言語コミュニケーション	3 非言語コミュニケーション
	行動をメッセージとして解釈しない	2 非言語行動	4 非言語行動

図1-1　非言語行動と非言語コミュニケーション

づいていなくても，その行動に意味づけをする。たとえば，単純に笑顔を観察する場合でも，人々は，送り手が自分たちをばかにして笑っているとか，何かおもしろいものに対して笑っているとか，何か罪を逃れて笑っているなどと仮定するかもしれない。人は自分の行動が潜在的に他者へのメッセージになるなどと考えずに行動することが多い。たとえば，ある人は会議に数分遅れて行き，それを何とも思わないかもしれない。しかし，会議に参加している他の人たちは，この非言語行動を自分たちへの敬意の欠如や会議への無関心を示すものとして解釈するかもしれない。

　第4領域は，結果としてコミュニケーションにならない無意図的行動を示す。送り手は非言語行動をするが，受け手はその行動に注意を向けない。不幸にも，非言語コミュニケーションを学んだことのない人々は，このカテゴリーに分類される割合を過大評価する傾向にある。このような人々は自分たちが送っている偶発的なメッセージや，受け手がそれらにどのように反応しているかに鈍感であることが多い。第3領域に属する情報の多くが，第4領域に属すると考えられているが，そうではない。こうした非言語行動の持つ伝達可能性についての理解が不足している。本書はこの点を低減させるために企画された。

4　文化と非言語コミュニケーション

　本書全体をとおして言及するように，非言語行動が伝達される可能性は，文化によって大きく影響される。われわれは自分たちの文化に曝されることで，ある種の方法でふるまうことを学ぶ。同様に，文化はわれわれに他者の非言語行動によって生成されるメッセージの解釈方法を教えてくれる。すべての文化には，非言語的にコミュニケーションする独自のやり方がある。つまり，ある文化における特定の非言語行動は，その文化では強いメッセージを送るかもしれないが，他の文化ではメッセージとして影響力がほとんどない，もしくはまったくないということがある。同様に，非言語メッセージの意味は文化によってはっきり異なると考えられる。同一の行動が2つの異なる文化でまったく正反対の意味を生むかもしれない。

　本書は主として，一般的なアメリカ文化という視点から記述される。われわれにはこの自民族中心的なアプローチを謝罪するつもりはない。非言語行動には汎文化的な影響を持つものはほとんどないので，非言語行動と非言語コミュニケーションの関係を理解するためには，ある文化の枠内で作業しなければならない。いったん，ある文化における非言語コミュニケーションを理解すれば，他の文化での非言語コミュニケーションを学ぶ準備ができたことになる。あなたがコミュニケーションしている人の文化と同様に，自分自身の文化における非言語コミュニケーションを理解しないと，かなり脈絡のないコミュニケーションが起こりうるだろう。

5　非言語メッセージの機能

　非言語コミュニケーションは何もないところで起こるわけではない。たいていの状況では，非言語コミュニケーションは言語コミュニケーションとともに起こる。さらに，単独の非言語行動は独立したひとつのメッセージを送るが，より典型的な非言語メッセージはいくつかの非言語行動のまとまりから構成される。受け手はさまざまなメッセージを個別に解釈するが，ふつう，それらはメッセージ体系として一緒に解釈される。われわれは言語メッセージから意味のほとんどを引き出すこともあれば，非言語メッセージからほとんどを取り出すこともある。また，われわれが引き出す意味は言語・非言語メッセージ両方の結合した影響から生じることもある。言語・非言語メッセージのどちらが支配的であるかは状況に依存する。すでに述べたように，言語・非言語メッセージの相対的重要性について，すべての状況をとおして妥当な一般化を行なうことはできない。

　コミュニケーションにおける言語メッセージと関連づけて，非言語メッセージの6つの主要な機能を調べることは有益である。このような分析により，言語・非言語メッセージがいかに相互に関係しているかが明らかになるだろう。これら6つの機能とは，補完，矛盾，強調，反復，調節，置換である。

①補完（complementing）

　非言語メッセージが随伴する言語メッセージと一致するもの。言語メッセージを補完する非言語メッセージは，言語メッセージの意味を強化し，明確化し，詳細化し，精緻化し，説明したりする。たとえば，恋愛中の2人を考えてみよう。ひとりがもうひとりに「愛しているよ」と言う。この言葉だけでも，おそらくそのメッセージは相手にうまく受けとられるだろう。しかし，もしこれらの言葉が長く温かい抱擁とともに，心地よい声で送られると，そのメッセージはさらに強められるだろう。別の例として，「お前の人生を惨めなものにしてやる！」と言う人のことを考えてみよう。このような発言はわれわれを狼狽させるものであるが，それを言う人が上から見下ろしていたり，大きな声で叫んでいたり，拳を振り上げているとすれば，それはさらに恐ろしいものとなるだろう。

②矛盾（contradicting）

　言語メッセージを補完する代わりに，言語メッセージと矛盾したり，争ったり，対立したりする非言語メッセージがある。たとえば，上司に叱責されている従業員を考えてみよう。上司は「二度とミスをしないと言いなさい」と言う。雇用者は，その言葉「私は二度とミスをしない」を，とてもすねて，もしくは冷笑して言ったり，机に

目を落とし泣きながら言ったりする。あなたはこの人が本当に同じミスをしないと思うだろうか？　ほとんどの人はそう思わないだろう。人は言語メッセージと非言語メッセージが矛盾している場合，圧倒的に非言語メッセージを信じる傾向にある。例外は幼い子どもである。12歳頃までに，子どもは大人の非言語規範のほとんどを習得し，言語・非言語メッセージが対立する場合には，言語メッセージよりも非言語メッセージを受け入れる。だが，幼い子どもはこの基本をまだ学んでいない。たとえば，泥だらけの足できれいな絨毯の上を歩いた小さい子どもに，親が「ビリー，お利口さんね」と言うと，ビリーは親の言葉を文字通りに解釈し，近い将来，もう一度同じことをくり返してしまう。

　後者の実例は，皮肉（sarcasm）の一例である。人は自分の言いたいことを述べるために，皮肉を使うことがよくある。皮肉につきものなのは，言語メッセージと矛盾する非言語メッセージを提示することである。皮肉を相手に理解させたいなら，確実に非言語メッセージと言語メッセージを矛盾させなければならない。時には，大人でも，矛盾に気づきそこなうことがあり，その場合には，皮肉が通じない。もちろん，こうしたことは幼い子どもとのコミュニケーションでは，よく起こることである。

③強調（accenting）

　非言語メッセージは言語メッセージを強調したり，誇張したり，力説したり，目立たせたりするのにも使われる。発話前のポーズは，次の発話がより重要であることを示すために使われる傾向にある。いつもより大きな声で話すと，音声メッセージを目立たせる。同様に，話している間に，だれかに触ることは話す内容を強調する。逆に，言語メッセージを淡々と話すことで，強調しないようにすることができる。そのように話されると，人はそれが大事ではないと考え，すぐに忘れる傾向にある。

④反復（repeating）

　言語メッセージのくり返しや言い直しなどの機能に役立つ非言語メッセージは，たとえ言語メッセージがなくとも，単独で存在しうる。このようなメッセージのほとんどはエンブレムであり，3章で詳細に議論される。例として，ファーストフード店でタコスを2つ注文しているケースを考えてみよう。「タコス2つ」と言いながら，同時に指を2本立てるだろう。この場合は，非言語が言語を反復している。

⑤調節（regulating）

　言語的相互作用は調節と指示をとおして調整される。このような調節と管理は，主として非言語メッセージをとおして達成される。このような調節的非言語メッセージには，相手を見たり，視線をそらせたり，自分がまだ話し終わっていないことを表わすためにポーズの間に指をあげること，声の抑揚を上げ下げすることなどがある。た

とえば，相手が話す順番になったことを示したい時には，われわれは話している文を低い調子で終え，相手を直接見て，ジェスチャーを止める。このような非言語行動は，言語メッセージの流れを調節したり，管理したりする。

⑥置換（substituting）

置換は非言語メッセージが言語メッセージの代わりに送られる場合に起こる。他者に手を振ったり，手招きをしたりすることが一般的な例である。相手をにらむことは，何か否定的なことを言うのと同じことを伝えるだろう。いかなる言語メッセージも送らないことで，相手に怒っているということをわからせることがよくある。非言語メッセージを故意に抜くことで，同じ意味を表わすことができるし，さらに返事をする機会さえ与えないこともある。

　これら6つの機能は，常に独立して起こるわけではない。補完，反復，強調は，同時に起こることがありうる。非言語メッセージはさまざまな機能を達成するために利用される。時には，これらの機能が単一の非言語行動で達成されることがあるが，より一般的には，ある機能を達成するために，異なる複数の非言語行動が使用される。複数の機能が同時に達成されることがある。言語コミュニケーションをともなうこともあれば，そうでないこともある。つまり，言語メッセージは実質的に単独で有効な時があるが，より一般的には，他者の心の中に意味を生み出すために，非言語行動と言語行動との相互作用が存在する。

　ほとんどの場合，言語メッセージは主として，内容の機能を果たすのに対して，非言語メッセージは主として，感情的，関係的な機能を果たす。われわれが他者へ何を送出するかという認知的内容は主として，言語メッセージをとおして送られる。感情的あるいは関係的な意味は主として，非言語メッセージをとおして送られる。この関係的，感情的，情動的な意味は，非言語的接近性（nonverbal immediacy）と呼ばれることがある。ある人が他者に非言語的に接近する時，その他者はしばしば物理的あるいは心理的な親密感を持つ。言語メッセージは接近性に影響を与えうるが，通常，非言語メッセージがより大きな影響力を持つ。後の章でより詳細に，接近性について考察するつもりである。

6　非言語メッセージの分類

　個々の非言語行動はある文脈の中でのみ，そして言語メッセージと同様に，他の多くの非言語行動と一緒になって，コミュニケーションメッセージとしての役目を果たす。全体としてのコミュニケーションとは，与えられた文脈の中で多様なメッセージ

をともなうプロセスである。それは動的，継続的，相互作用的なプロセスであり，線形処理ではない。電灯のスイッチを入れれば，ライトは点灯する。ブレーキを踏めば，車の速度は落ちる。キーボードのキーを押せば，ある機能が起こる。これらは線形処理である。

コミュニケーションはこのような線形処理ではない。同一の言語・非言語行動が必ずしも同一の結果を生むわけではない。メッセージは受け手により文脈内で処理される。だから，別々の文脈で別々の受け手が同一のメッセージを同じ方法で解釈することはめったにない。

本書を読みながら，このことを心に留めておくことは重要である。われわれは非言語行動をいくつかの分類に分け，それぞれを詳細に調べるつもりである。各分類で生成された非言語メッセージは孤立して存在するのではなく，むしろ他の分類からのメッセージ（言語メッセージ，文脈，メッセージの受け手として機能する人）とともに存在する。われわれは各分類におけるメッセージの効果について議論するが，これらの効果はその分類のみからのメッセージより，多くのものに影響されるということを忘れてはならない。それぞれのパーツが全体のコミュニケーション効果を生み出すため，どのように一体となって作用するかを理解するのに，本書の構成が役に立つことを望んでいる。

本書の構造は，概要として，以下のようにまとめられる。後続する各章で詳細に検討される非言語メッセージのさまざまな分類を，この時点で簡単に考察する。外見的特徴，ジェスチャーと動作，表情と視線行動，音声行動，空間，接触。

外見的特徴（physical appearance）

出会った人に送る最初のメッセージは，われわれの外見的特徴によって伝えられる。もし，そのメッセージが他者によって嘆かわしく思われるならば，その人はさらなるコミュニケーションをしようと考えることすらしないかもしれない。潜在的なメッセージを生み出す外見的特徴には多くの側面が存在する（身体の大きさ，格好，顔の特徴，髪，肌の色，身長，体重，衣服や装飾品など）。これらはそれぞれ，他者とのコミュニケーションに重要な影響を及ぼしうるものである。

ジェスチャーと動作（gesture and movement）

ジェスチャーや身体動作に関するコミュニケーション面からの研究は，動作学（kinesics）として知られている(Birdwhistell, 1970)。この研究は手と腕の動き，姿勢，胴体，身体動作（曲げたり，歩いたり）に焦点を当てる。このタイプの行動によって生成されたメッセージをボディランゲージ（body language）と呼ぶことが多いが，この用語は誤った名称である。身体はメッセージを送っているが，このようなメッセージは言語学的体系を形成しない（聴覚障害者のジェスチャー言語は重要な例外）。なので，

その単語の通常の意味におけるランゲージを意味しない。すべての身体動作やジェスチャーを，あたかもそれらがひとつの言語を構成するかのように見なすことが，その言語の意味を学習できると信じさせ，結果として，人の心を読めると信じさせることにつながっていると思われる。これは正しくない。

表情と視線行動（facial and eye behavior）

視線行動のコミュニケーション面からの研究は，視線学（oculesics）として知られている。目によって送られるメッセージと顔で送られるメッセージ（眉毛をあげるなど）を分離することはほとんどできないので，われわれはこれらを一緒に考えることを好む。感情を表現する時や人々との相互作用を調節する時に，これらのメッセージは大きな影響力を持つ。

音声行動（vocal behavior）

音声のコミュニケーション面からの研究は，音調学（vocalics）や周辺言語（paralanguage）の研究として知られている。音声の特徴とその使用（話すアクセントや使う方言などを含めて）は，言語メッセージがどのように受け取られるかに大きな影響を与える。対人コミュニケーションにおける意味の多くは，言語メッセージ自体によってではなく，音声メッセージによって誘発されると主張する研究者がいる。これは常に真実であるわけではないが，ほとんどの場合は正しい。

空間（space）

空間のコミュニケーション面からの研究は，近接学（proxemics）として知られている。この研究には，2つの重要な分野，テリトリー性（空間の主張とマーキング）とパーソナルスペースの使用（空間のやりとり）がある。それぞれはわれわれが空間を使用しながら送るメッセージの種類と重要な関連性がある。少なくとも部分的には，われわれの空間への基本的アプローチは本能的なものであるということを信じるに足る理由がある。にもかかわらず，空間の使い方という点で，人は大きく異なり，結果としてまったく異なる非言語メッセージを送るのである。

接触（touch）

接触のコミュニケーション面からの研究は，触覚学（haptics）として知られている。接触はコミュニケーションにおいて最も影響力の強い非言語メッセージであると言われている。これは普遍的に正しいわけではないが，アメリカでは一般的に正しく，ふつう，接触は禁止されている。少なくとも，アメリカ文化での接触は実際に最も影響力の強いメッセージを送り，無視されることはめったにない。アメリカの文化では，接触することはタブーである。他のほとんどの文化では，これはそれほどではない。

用語集

- **強調（accenting）**：言語メッセージを強調し，焦点づけるための非言語メッセージの使用である。
- **偶発的コミュニケーション（accidental communication）**：人々が行動し，送り手がそれを意図せずとも，他者がその行動に意味づけをする時に生じる。
- **補完（complementing）**：言語メッセージの意味と一致し，強化し，明確化し，付加した非言語メッセージの使用である。
- **矛盾（contradicting）**：言語メッセージと一致しない，矛盾した非言語メッセージの使用である。
- **触覚学（haptics）**：接触のコミュニケーション面に関する研究。
- **ヒューマンコミュニケーション（human communication）**：言語・非言語メッセージによる他者の心に意味を生じさせる過程である。
- **動作学（kinesics）**：ジェスチャーと身体的動作のコミュニケーション面に関する研究。
- **非言語コミュニケーション（nonverbal communication）**：コミュニケーションメッセージとして解釈される可能性を持つような幅広い多様性を持つ人間の行動。
- **視線学（oculesics）**：視線行動のコミュニケーション面に関する研究。
- **近接学（proxemics）**：空間のコミュニケーション面に関する研究。
- **調節（regulating）**：言語的相互作用を統合し，管理し，調節するための非言語メッセージの使用。
- **反復（repeating）**：言語メッセージの内容を表わすための非言語メッセージの使用であるが，反復されたメッセージは孤立することもあり，言語メッセージと同じ意味を生じさせる。
- **置換（substituting）**：言語メッセージの代用としての非言語メッセージの使用。
- **音調学（vocalics）**：もしくは周辺言語（paralanguage）：音声のコミュニケーション面に関する研究。

2章

外見的特徴

　われわれは人がどのように見えるか，何を着ているか，魅力的であると思えるかどうか，また，身体を飾り，衣服に着ける装身具にどのような物を使うかなどに基づいて，出会う人々への期待感を発展させることがよくある。外見的特徴に基づいた非言語メッセージは，他者から受け取る，他の非言語メッセージと同じくらい重要であると考えられる。それらは他のメッセージより重要なことさえある。

1. 一般的に，外見に基づいたメッセージは，最初に受け取られる。
2. これらの外見メッセージは，最初に，その人と話をするかしないかという意欲に，大きな影響を与える。
3. これらの外見メッセージは，どのように関係を進展するかしないかに，大きな影響を与える。
4. これらの外見メッセージは，他者についての初期判断を行なうために，使用されることがよくある。
5. 他者についてなされた初期判断は，その人を代表したり，しなかったりする。

　簡単に言えば，もし自分に似ている人や魅力的な人を見ると，われわれはその人に接近し，コミュニケーションし，関係が始まるという大きな期待感を持つ。アメリカ文化では，自分たちとまったく違うように見える人々に接近することはほとんどない。外見的特徴は魅力の認識や他者の認識に影響するので，本章では，その重要性について議論する。

1 魅　力

　だれかがだれかを魅力的だと言う時，彼らは何を意味しているのか？　人々は魅力と呼ばれる何かを持っているのか？　それはある個人の特徴なのか？　歌手のセリーヌ・ディオンは魅力的か？　俳優のデンゼル・ワシントンは魅力的か？　アメリカ文化では，魅力（attractiveness）を人々の外見的属性と特徴に基づく認識であると考える。魅力とは，だれか他の人の中に認める何かであり，それらは人に備わっているものである。魅力はそれ自身で存在するわけではない。魅力的であるかどうかは，見る人によって決まる（Berscheid & Walster, 1969, 1971, 1972, 1978; Cash & Janda, 1984; Dion, Berscheid & Walster, 1972; Feingold, 1992; Lewis & Bierly, 1990; McCroskey & Richmond, 1996; McCroskey, Wrench & Richmond, 2003; Mottet & Richmond, 2002; Richmond, 2002; Richmond & Hickson III, 2002; Richmond & McCroskey, 2000; Stone, Singletary & Richmond, 1999; Walster, Aronson, Abrahams & Rohmann, 1966）。

魅力のタイプ

　ウィルソンとニアス（Wilson & Nias, 1999）は，「たいていの人々は，自分たちが認める以上に，美しさが強力であることに気づいている」（p.101）と述べる。彼らは続けて，友人や恋人にどんな性質を期待するかと尋ねられると，ほとんどの人は知性，ユーモア感覚，思いやり，正直さ，温かさなどを答えに含めるだろうと示唆している。しかし，外見的特徴についての研究とその結果は，友人やデートの相手，恋人，仕事仲間として，だれを選ぶかを決める際に，外見が唯一かつ最も重要な要因であることを結論づけるものとなっている。人間関係が発展する初期段階では，性格は重視されず，美しさと外見が重視される（Bixler & Nix-Rice, 1997; Heilman & Stopeck, 1985; Morris, 1985; Richmond, 1996; Sabatelli & Rubin, 1986; Walster, Aronson, Abrahams & Rohmann, 1966; Widgery & Ruch, 1981）。

　大まかに言えば，魅力は他者を交際したい人として認識する度合いのことである。引力（attraction）とは，物理学からの用語である。磁力でお互いに引きつけあう存在がある。磁力が人々を引きつけるわけではないが，この喩えはうまいものである。時として，ある人を魅力的な（magnetic）性格の持ち主だと言うことすらある。実際，人々は心理的に互いに引きつけられている（Mehrabian, 1971a, 1971b; Richmond, 2002）。この観点から，マクロスキーとマケイン（McCroskey & McCain, 1974）は，魅力には異なる3つのタイプがあると指摘した。対人魅力に関するこれらの3つのタイプは，今日でもまだ有効である。

　最初のタイプであり，ここで関心があるものは，身体的魅力（physical attractiveness）である。このタイプの魅力は，われわれが他者を，その人の身体的

属性から魅力的であると認識する度合いに関係する。魅力を決めるために，まず顔を見ることを好む人々がいる一方で，最初に身体全体を眺め，そして頭からつま先までじろじろと見る人たちもいる。非言語コミュニケーションの研究者たちは身体的魅力にともなう力の説明に窮しているが，このタイプの魅力が，他者，とくに見知らぬ人とのかかわりを決める際に，たいへん重要な役割を果たすことは明らかである (Andersen, 1999; Henley, 1977; Widgery & Ruch, 1981; Morris, Gorham, Cohen & Huffman, 1996)。たとえば，ふつう，われわれは容姿端麗である，かわいい，あるいはハンサムであると見なす他者との会話を好むということを示す研究がある。人々は身体的に魅力がないと思う人との接触を避けようと試みることがよくある。

　魅力の第2のタイプは，社会的魅力(social attractiveness)である。社会的魅力とは，他者を，兄弟のように親しく交わり，仲間になり，社交的に交際したい人として認識する度合いのことである。

　魅力の最後のタイプは，職業的魅力（task attractiveness）である。これは他者を，一緒に働き仕事を行なう人，もしくは同僚やチームメートにしたい人として認識する度合いのことである。

　身体的魅力の認識は，社会的魅力や職業的魅力の認識とは別のものであるが，これはこれらがまったく無関連な認識であるということを意味するのではない。とくに，出会ったばかりの頃は，他者を身体的に魅力的な存在として認識し，次に，社会的もしくは職業的に魅力的な存在としてみることがよくある。これに対して，われわれは身体的に魅力的でない人を社交的につきあったり，一緒に働くのにふさわしくない人であると判断する傾向がある。これらは初期印象であるが，新しい知りあいとの未来の相互作用に影響を及ぼし，同様に，将来，コミュニケーションするかどうかに関する決定にも影響を及ぼす。社会的魅力と職業的魅力の認識は，時間が経てば変化すると思われる。これらの変化は身体の持つ引力にかかわらず起こるだろう。しかしながら，新たに形成された関係では，身体的魅力が他者への社会的魅力や職業的魅力の水準を決定すると考えられる。さらに，われわれはある人々を魅力的ではないと思うかもしれないが，彼らとつきあい，一緒に働き始めるにつれ，われわれの目には彼らがより好ましい存在に映るようになる。結論として，以下のことが言えよう。

・身体的魅力は，初期段階において，ある人が別の人に接近するかどうかを決定する。
・身体的魅力は，初期段階において，他者とのコミュニケーションが生じるかどうかに影響する。
・身体的魅力は，初期段階において，どのようなタイプのコミュニケーションが起こるのかに影響する。
・一般的に，われわれは身体的に魅力的な人々を好む。

- 社会的魅力と職業的魅力が魅力の重要なタイプとして出現し始めると，身体的魅力の影響は消失する．
- 社会的魅力や職業的魅力が人間関係の一部になり始めると，多かれ少なかれ，その人物は身体的に魅力的に見えるようになる．

しかしながら，アメリカ文化では，より基本的な本能によって，だれに接近し，だれに接近しないのかが，しばしば決められるということを覚えておくべきだろう．商店街の道を尋ねるために，平均的で，格好のよい人へ近づくだろうか，それとも汗まみれで，くさい，赤ら顔の，器量の悪い人に近づくだろうか？　ほぼ間違いなく，2人のうち，より魅力的な人のほうへ接近するだろう．

今日，魅力的であることが明日には違うかもしれない

だれを，もしくは何を魅力的であると考えるかは，現在の傾向と同様に，文化的かつ歴史的影響に大きく依存する（Gudykunst & Kim, 1992; Hall, 1984）．北米文化では，体調がよく，運動能力があり，極端に痩せた外見が，女性に対する魅力の最近の傾向であるが，前の世代の人々は豊満で，肉付きがいい，ふっくらとした外見の女性が魅力的だと考えていた．男性に対する魅力の最近の傾向は，体調がよく，背が高く，筋肉質な外見にある．過去には，太った外見の男性のほうがより魅力的とされた（Feingold & Mazzella, 1998; Henig, 1996; Johnston, 1994; Jourard & Secord, 1955; Kalick, Zebrowitz, Langlois & Johnson, 1998; Kaltenbach, 1991; Reyes, 1993; Singh, 1964; Stark, 1986; Walker, 1963）．

アメリカ人は世界中のどの国の人々よりも，美容整形に多くのお金を費やしている．アメリカ人は外見に神経を使い，他者へ好印象を与えることに，多くの時間を費やしているように思われる．これはビジネスにおいてジョワ・パターソンのような人々を儲けさせることにつながっている．パターソンは正しいブラジャーを購入するためのガイドラインに関するセミナーを開催している．彼女は女性の85％が誤ったブラジャーを着けていると示唆する．彼女のセミナーでは，女性の身体のサイズとカップの大きさを計算し，ブラジャーを試着し，それを学習することに焦点が当てられる．アメリカの女性たちはブラジャーに快適さを求めるが，それと同じくらい，自分たちの外見をよく見せるフィットした物を求める．衣料産業はアメリカ社会が，いつかは衣服とアクセサリーにお金を使うことを止めるだろうと考え続けているが，そんなことは現実には起こっていない．魅力に取りつかれているのは大人だけでなく，子どもも同じである．

男女の髪型は絶えず変化しており，人々の身体的魅力の考え方が発展するにつれて，これからも変化し続けるだろうと，われわれは推測する．かつて白い肌は美しさの証というだけでなく，社会的地位の重要なサインでもあった．裕福な人々だけが，屋外へ出かけて太陽の下で働く必要がないほど，十分なお金を持っていた．現在では，日

焼けした肌は日光浴をする余暇時間があり，時には暖かい場所へ旅行するのに十分な費用を持つだけの余裕があることを示すサインになっている。最近，健康を意識する人々にとっては，白い肌が再び魅力的なものになりつつある。太陽に曝されることによって起こされる皮膚ガンへの関心は，何が魅力的であるかという文化的な認識に影響している。背が高く，皮膚が黒く，ハンサムな，もしくは典型的な青い目をしたアメリカ人の男の子らしい外見的特徴は，男性に期待されることが多いものである。

1920年代，アメリカの女性たちは胸を平らにし，お尻を小さくするためなら，どんな苦労も惜しまなかった。より最近では，胸を大きくするために，パッド付きブラジャーや豊胸手術が用いられてきている。1990年代になり，アメリカの男性は胸を含めて，ますます毛髪移植を受けるようになっており，その結果として，彼らはより男性的に，より強く見えるだろう。男女は一様に，脂肪を取り除くための脂肪吸引手術を受けている。10代の少年たちは，クリスマスプレゼントとして，両親に自転車の代わりに，新しい鼻をおねだりしている。

何が身体的に魅力的であると考えられるのかは，時間によって変わるだけでなく，文化によっても変化する。ある文化では，男性たちは首が30cmも伸ばされた女性や，鼻や唇に穴を開け，木製のアクセサリーを身に着けた女性を非常な喜びを持って見る。アフガニスタンとパキスタンの女性たちの多くは，目と眉だけを見せ，美に覆いをかけることを期待される。かつて，中国人は女性の小さな足が多産のしるしであると信じていた。だから，中国の女性たちは幼少時代から足の成長を阻害するために，足をきつく縛っていたのだろう。もはや中国のほとんどの部分では，このような纏足は行なわれていないが，今でも，中国人の多くは足の小さな女性が魅力的だと考えている。アフリカのいくつかの文化では，人々は頭を平らになるように縛り，唇を木の板で広げ，より自分たちをアピールするために身体のさまざまな部分に傷跡をつける。多くの文化では，魅力的に見られる手段として，ボディピアスや入れ墨が普及している。アメリカでは，最近になるまで，このような外見は「下層階級」のものであり，見苦しいと考えられていた。あらゆる文化において，時代にかかわりなく，外見や集団同一性（group identification），地位，好ましさ，大衆受け（popularity）のために，魅力的であるという要求が人々に自分たちの身体を整形し，均整のとれたものにし，吸引し，引っ張り，ねじり，挟み，縫い込み，複合的な形状に押し込むよう駆り立てるのである。

他の文化におけるこれらの行動を笑いの対象とし，このような人々は洗練されていないという考えに耽ることは簡単であるが，最後の笑いは自分自身に向けられるかもしれないので，自戒しなければならない。アメリカでは，このような身体の操作は多く見られる。豊胸手術，乳房縮小手術，顔のしわ取り，人工植毛，脂肪吸引，その他の整形手術。ハイヒールパンプス，体型補正下着，パッド付きブラジャー，ボディコンシャスな服。足，顔，脇の下の毛を剃ること。唇，眉，鼻，舌にピアスを開けるこ

と。これはすべて，自分たちをより魅力的にさせ，好感を持たれ，社交的にさせ，喜ばれる，つまり，より身体的に魅力的になるために，アメリカ人が自分たちの身体をいじめ，不必要な苦痛に耐えているさまざまな方法の例である。

　アメリカ人が女性の未処理の脇の下に対して持つ恐怖症は，世界中のほとんどの地域の人々からは大声で笑われる。今日では広く知られているように，われわれの文化のダイエットや健康な生活様式への傾倒はけっして忘れてはならない。もし，ダイエットや健康的な生活変化に効き目がないならば，脂肪吸引が残っている！　アメリカ合衆国では，過去10年間，脂肪吸引が男女両方にとって最も人気のある美容整形手術になった。かつて，これら自傷行為のほとんどは，もっぱら女性によって行なわれていたが，今日では，男性も同じことをしている。われわれには他の文化や彼らがより魅力的になるために自分たちの身体にしていることをばかにすることはとてもできない。おそらく，われわれはお互いを笑い合っているか，もしくは自分たち自身を笑うべきだ。

　次に，なぜ魅力がそれほど重要なのか？　われわれはなぜ魅力的であると見なされるために，どんなことでもするのか？　われわれの外見が他者へ伝える非言語メッセージに答えがある。他者は外見を重要な情報源として使用する。彼らはある種の特徴をわれわれに帰属させ，社会的行動を予測し，職業的生活や個人的生活における成功，失敗，能力，特性についての判断を行なう。あなた自身の反応について，しばらく考えてみよう。あなたが身体的に魅力的なだれかと会う時，あなたはその人についての判断を自動的に行ないますか？　非言語コミュニケーションに焦点を当てるクラスで，ある男子学生はこの質問に無記名で以下のように答えた。

> 私には本をカバーで判断し，人を見かけで判断する傾向がある。私は魅力的ではない人を見ると，その人たちと触れあいたいという興味を失くす傾向にある。時には，彼らを避けようとすることさえある。つまり，こうした男性や女性は他の人々が自分のことをどう考えるかについて，あまり関心がないように思える。また，魅力的ではない人々は，どちらかと言えば，だらしない。時として，この世界で生き延びていくことについて，彼らがどのように考えているのか不思議に思うことがある。彼らが自分の見かけを補うことはできないとわかっているが，少なくとも，家にじっとしていることはできるだろう。

同じクラスの女子学生は，同じ質問に以下のように答えた。

> ある人の外見はその人について多くのことを伝える。私は魅力的だと思う人々（とくに男性）に興味を持つことが多いことに気づいている。彼らはより自分に自信を持っているように思える。彼らは自分の外見について気後れする必要がないので，他の人々の前で臆病になることがない。彼らは他人に囲まれることをより多く体験しているので，パーティーでのふるまい方について，

おそらくよく知っているのでしょう。

　これらは極端な考え方を示すために選択された反応であるが，多くの人々の考え方を代表するものである。

イメージ固定

　イメージ固定（image fixation: IF）とは，人々が自分のイメージや身体について持つ長期的な見解である。イメージ固定は外見的特徴や属性（体形，サイズ，身長，体重など）と一体となった先入観である。この症候群が人生の他の問題よりも重要になり始めることがありうる。高い IF を持つ人は，絶えず自分の外見を他人と比較している。彼らは「もし私がもう少しかわいければ，背が高ければ……」とよく言うだろう。図 2-1 の質問紙（Richmond, 2000）に回答し，あなたが自分自身の見かけにどのくらい重点を置いているかを判断するために，得点を計算してみよう。

　イメージ固定の概念と外見強迫観念（appearance obsession）は，とても類似している。両者とも，自分自身の外見への過度な注意と関連する。われわれが自己認識する身体的魅力は，自尊心（self-esteem）と関係する。われわれが持つ自分自身への意見は，外見的特徴に強く影響される。他者（メディア，重要な他者など）によって決定された不合理な基準にあわせて評価しようという試みは，われわれを不安にさせ，自意識過剰にさせ，憂鬱にさせるものであり，おそらく，身体的な健康を害することにさえつながるだろう（Johnston, 1994）。

それは事実

　身体的魅力は北米文化やその他の文化では高く評価される。よく見られたいと望むことは，悪いことではないが，自分の外見に悩まされるようになり，イメージ固定を作り出すと，われわれの焦点は自分がどのように見えるかに向けられ，他者に何を与えなければならないかについては見過ごされてしまう。

外見強迫観念の影響

　男性より女性のほうが，IF 症候群である人が多い。しかしながら，男性も増えてきている。自分のイメージに心を奪われる人々は，欲求不満，鬱病，当惑，恥，無力感，不安定といったさまざまな否定的感情や気分変動を経験することが多い。身体や一般的な外見について，他者からきつい言葉や屈辱的な言葉が向けられた場合，彼らは容易に傷つけられ，魅力的であると考えられる時でさえ，自分に魅力がないと感じてしまうことが多い。

```
指　示： これは身体イメージの認識に関する20の文です。自分にあてはまる程度を，⑤ 確か
にそうだ，④あてはまる，③わからない，②あてはまらない，①まったくあてはまら
ない，で示してください。深く考えず，最初の印象で答えてください。

____  1. 自分の見かけがもっとよければ，人生が変わっただろうと思う。
____  2. 自分の体重について他の人が言うことに敏感ではない。*
____  3. 美容整形を受けたいと思う。
____  4. 週に少なくとも1日はとても空腹か，もしくは食べない。
____  5. 自分の年齢／性別で，魅力的な人がそばにいて心地よい。*
____  6. 常に自分の身体と顔を仲間と比較している。
____  7. 自分の一般的な外見について他の人が言うことに敏感ではない。*
____  8. 一週間に何度か，自分が太っているように感じる。
____  9. 自分の一般的な見かけについて自分自身を非難する。
____ 10. ほとんどの時間，自分の服装がすてきに見えることを考える。*
____ 11. 格好よくなるために，定期的に服装を変える。
____ 12. 外見ではなく，快適さを基準に服を買うことが多い。*
____ 13. 自分の全体的な外見に満足している。*
____ 14. 自分の身長について他の人が言うことに敏感ではない。*
____ 15. 自分にふさわしい体型や衣服でないと感じれば，社会的状況を回避する。
____ 16. 自分の外見の欠点を隠すために，サイズの大きい服を着る。
____ 17. 鏡を見て，自分の映る姿が好きだ。*
____ 18. 自分の友だちのだれとも身体を交換したいとは思わない。*
____ 19. 何が格好よいかについての仲間からの意見が，自分の外見を変えさせたいと思わせる。
____ 20. 自分がどう見えるかではなく，だれであるかに焦点を当てている。*
```

IF 得点：　第1段階　アスタリスクのない項目を加算（項目 1, 3, 4, 6, 8, 9, 11, 15, 16, 19）
　　　　　第2段階　アスタリスクのある項目を加算（項目 2, 5, 7, 10, 12, 13, 14, 17, 18, 20）
　　　　　第3段階　60 ＋第1段階の得点 − 第2段階の得点
最終得点は，20-100点の範囲内
解　釈：　高得点＝イメージへの不満足度が高いか，高いイメージ固定を示す。

図2-1　イメージ固定質問紙

IF 人間の特徴

　イメージ固定者（IF 得点の高い人）は，一般的な人とは違ういくつかの共通した行動をとる。IF 得点の高い人とは，以下のような行動をとる人々である。慢性的ダイエット，ダイエットのくり返し，過度な運動，過度な買い物，過度な外見チェック，絶え間ない自己向上，形成外科手術，日に何度も体重を測る，見かけや身体を強調する社会的イベントの回避，苦痛をやわらげる方法への信頼，そして身体と外見の絶え間ないモニタリング。もし見かけがよいならば，気分よく感じるだろうという考え方

に対して何らかの支持がある一方で，イメージ固定者は気分をよくするために，見かけがよいことに重きを置いている。

判断の形成

われわれは，外見によって人々を判断することが多い。この領域の研究は，人が身体的魅力に基づいた関係性判断をするということも示唆している。より魅力的であると判断される人々は，多くの点で，社会的に望ましい人物だと判断されることがよくある。魅力的な人々は，ビジネスでより成功し，性的により活動的で，人生という状況についてより幸福であり，より敏感で，感受性が高く，興味深く，有能で，他者を説得するのに長けていると考えられているということを示す研究がいくつもある。魅力的な人物は一流の仕事につき，多くの友人を持ち，よい結婚をしているとさえ考えることもある。教育場面では，教師は魅力的な学生を社交的で，教育上準備されており，知的で，社交的で，教育により関心のある親を持っていると見なすことがよくある。ビジネス場面では，魅力的な人物は雇用され，肯定的に評価され，昇進し，社会的に受け入れられ，解雇されない傾向が強い。医療場面では，魅力的な人物は医者や看護師からより注意を払われ，世話をされ，コミュニケーションをとられる。つまりアメリカ文化では，魅力的な人物はそうでない人と比べると，一般的に，ものごとがうまく運ぶ（Dion, Berscheid & Walster, 1972; Feiman & Gill, 1978; Hickson & Stacks, 1993; Mehrabian, 1971a; Raiscot, 1983; Schlenker, 1980; Shriver, 2002; Tanke, 1982）。

魅力：両刃の剣

魅力的な女性はデートに頻繁に誘われ，魅力的な男性は映画やパーティーなどの社交的な会合へ同伴する女性を見つけるのに苦労することなどめったにないと，われわれが思い込んでいるとしても，別に驚くべきことではないだろう。これらの認識は正しい時もあるが，正しくない時もある。極度に魅力的な男性と女性に関する研究は，彼らが孤独であり，異性に拒絶されることがよくあるということを示している。彼らは魅力的すぎる人として見られ，良すぎて本物らしくないと見られる。彼らを「自分たちの仲間ではない」と思うのかもしれない。明らかに，身体的な魅力に基づく他者の認識の多くは，正しいことがわかっている。しかし，時として，状況を完全に誤って認識することがある。きわめて高い魅力度が障害となる例として，だれも誘ってくれないので，卒業ダンスパーティーには行かないというミスアメリカ候補たちや，高校時代にいかにデートを断られたかを述べる魅力的な風貌のスポーツ選手たちの話がある。

身体的魅力の認識は，多くの性格特性と関連する。ある研究で，実験参加者はさまざまな性格変数について，魅力的な人とそうではない人を評定するように求められた。魅力的な人々は，温かい，純粋，誠実，精神的安定，社交的，愛想がよい人として判

断された。このリストから，これらの認識のほとんどが，肯定的で，好ましいものであることがはっきりとわかると思われる。つまり，人は魅力の高さが肯定的な結果しか生まないと予想する。

しかしながら，魅力的な人にとって，人生が必ずしも安楽な境遇であるとは限らない。他者の否定的な判断を克服しなければならないとする報告はたくさんある。魅力的であろうとなかろうと，他者との相互作用にはっきりと影響するようなやり方で，自分自身がステレオタイプ化された判断をしていると気づくことがある。

魅力に関連するもうひとつの論点は，相互作用行動それ自身にともなって生じるものである。これまで魅力がいかに認識に影響するかという議論を見てきた。次は，別の文脈での相互作用における魅力の効果を考察しよう。

魅力の効果
教育場面

研究者たちは教育環境における身体的魅力と学生－教師の相互作用との間に，いくつかのたいへん興味深い関係を見いだしてきている。魅力的な学生はそうではない学生よりも，高い評点を受けることが知られている。教室での観察は，教師が魅力的ではない学生との相互作用をあまり行なわず，魅力的な学生とより多くのコミュニケーションを始め，より魅力的な学生からのコメントに，より敏速に反応するということを示している。教師たちのこのような行動を見かけるだけでなく，級友たちも魅力的ではない級友たちとコミュニケーションをとることが少ない傾向にある。身体的に魅力的ではない学生たちは，教育の早い段階で，われわれの文化が美貌を重視する文化であることを経験し始める。教室での無作法な行ないでさえも，子どもの魅力によって，異なる解釈をされるとする報告もある。一般的に，教師たちは，魅力的でない子どもを慢性的な行動上の問題を持つと考えるが，それに対して，魅力的な子どもは一時的な問題であると判断されがちである。ここで，たいていの場合，教師たちがこの種の行動に悪意を持ってかかわっているのではないということを強調すべきである。多くの人が他者の外見的特徴に対して持つステレオタイプと期待に，教師たちも影響されている。しかし，これは教師の行動と反応が学生たちの成功や失敗に与える影響の重大さを打ち消すものではない（Aiken, 1963; Dion, Berscheid & Walster, 1972; Richmond, 1996; Singh, 1964; Wilson & Nias, 1999）。

説得場面

すでに，身体的に魅力的な人々は，説得力があると思われがちであると述べた。魅力と説得に関する研究は，魅力的な人々がより大きな成功を得ていることを示している。とくに，魅力的な女性は，男性の態度を変えさせることがうまい。重要な研究では，アメリカの司法制度において，魅力が効果を上げることがあるということを示し

ている。魅力的な人物たちが彼らに向けられた告発から無罪になることが多いだけではなく、彼らが有罪であるとわかった時でも、より軽い判決を受けることが多い。この種の結果とともに、テレビコマーシャルに出演しているたいていの俳優が、なぜ身体的に魅力的な人物であるのかわからなくもない。彼らの仕事はわれわれ、つまり消費者に彼らの製品を買わせることである。販売訓練コンサルタントは、魅力的な外見を大いに重要であると考えている。彼らは第一印象が商品を購入しようとする顧客の潜在的な決定に影響することに気づいている。たとえば、主要な製薬会社の多くは、彼らの販売員たちが職業的や社会的に魅力的であるのみならず、身体的にも魅力的であることを確認している。これらの会社は、身体的に魅力的な人がそうではない人よりも、事務所や病院への売り込みに成功する機会が多いということを知っている (Berscheid & Walster, 1978; Efran, 1974; Hewitt & German, 1987; Mills & Aronson, 1965; Walster, Aronson, Abrahams & Rohmann, 1966; Widgery & Ruch, 1981)。

カリフォルニアのある大都市における、生命保険会社の現地支部長と彼女の従業員の1人との会見の結果は、説得場面における魅力の影響を証明するものである。ある日の昼食会で、この部長は最も優秀なセールスマンであるという若い男性を紹介した。若いセールスマンは目を見張るような外見であった。彼は金髪で、日焼けし、背が高く、贅肉がなく、そして最も魅力的な笑顔であった。彼は若い頃のロバート・レッドフォードと驚くほど似ていた。その若者は生命保険のセールスマンになって少ししか経っていなかったので、インタビュアーは、ふつうは販売がむずかしい商品を売ることに彼がいち早く成功したことに興味を持った。そのセールスマンの回答は驚くべきものではなかった。

> 私は女性にしか売りません。個人契約を売り込む時は、独身女性の世帯であることを確認し、ご主人に売り込む時には、奥さんが在宅かどうかをまず確かめます。団体契約を売り込む時は、その種の決定に女性が権限を持つ会社を見つけるように努力します。その後の私の仕事は簡単なものです。

この若いセールスマンは、うぬぼれが強いわけでも自己中心的でもないが、成功を保証するための自分の最も貴重な財産が、自分の持つ女性への身体的魅力にあることに気づいていた。

女性だけがこの種の影響を受けやすいという結論に飛躍する前に、男性も同じように影響を受けやすいことを確かめよう。女性のモデルによる男性向け製品の広告効果について他にどのように説明できるだろうか。アルコールやたばこの広告の多くは、たいへん魅力的で人目を引く女性モデルを使うことを特色としている (Myers, Jr. & Biocca, 1999)。

面接場面

　身体的に魅力的な人々は，就職面接を受ける際，他の人々より有利であるように思われる。多くの著者や研究者たちは，就職面接中に大きな利点を持つさまざまなタイプの人々がいることを示唆している。モロイ（Molloy, 1975, 1978, 1983, 1988）によると，最初のタイプは美しい人である。彼は見かけのよい人々はキーボード入力であれ，コンピューター修理やセールス，経営であれ，ほとんどのような職業にでも，雇われる機会が3～4倍は多いことを示している。外見的特徴だけが仕事を保証するのではないが，他のすべての条件が考慮に入れられた時，一般的に，それらが役立つ。ビジネスと社会的文脈のどちらにおいても，われわれは美しい人々に囲まれていたいと思っているようである。重役たちが秘書を選ぶ時の重要な検討事項のひとつは，候補者の外見で職場環境を飾る可能性にあるという非言語研究者たちもいる（Henley, 1977; Keenan, 1976; Keenan & Wedderburn, 1975; Richmond, 1996; Sterrett, 1978; Webster, 1964; Young & Beier, 1977）。

デートと結婚

　身体的魅力の認識は，疑いもなく，デートや結婚という決定に重要な影響を及ぼす。身体的属性が低いと評価する人と結婚するかどうかと，研究者に尋ねられた時，その結果はたいへん興味深いものである。男性は見かけのよくない女性を拒絶する傾向にあるが，女性は結婚の可能性のあるパートナーの外見的特徴に関心があるようにはまったく見えない。しかしながら，現代文化では，女性が男性の身体的魅力について話すことが50年前よりもずっと許容されている。このような研究におけるもうひとつの興味深い発見は，男性が自分よりも魅力的なパートナーをほしいと報告するのに対して，女性は自分と類似した魅力度の男性と結婚すると答えていることである（Walster, Aronson, Abrahams & Rohmann, 1966; Wilson & Nias, 1999）。

　もしみんなが身体的魅力に対して同一の判断基準を共有するとすれば，このような一般的な好みは絶え間ない葛藤を引き出すと考えられるので，このような決定における自尊心の重要性について深く考える必要がある。雇用やデート，結婚などの決定において，身体的魅力が必ずしも第一優先事項ではないことを強調すべきである。しかしながら，時にはそうである。大学生のブラインドデートという文脈で，人々が自分たちのデートを気に入ったと言うかどうかの主要な予測因子は，身体的魅力であることを示す研究がある。続く研究では，デートの魅力という認識も，パートナーがその人と再び会いたいかどうかを予測することを示した。身体的魅力は最初の数回のデートに対しては支配的な予測因子であり続けるが，関係が進展するにつれ，徐々に他の条件に優先順位を譲るようになり始める。もちろん，魅力の認識がそもそも存在しないならば，他の条件が作用し始めるのに十分なほど長く，その関係は続かないと思われる（Berscheid & Walster, 1978）。

マッチング仮説

　マッチング仮説（matching hypothesis）とは，たとえ男女が自分自身よりも魅力的な人々に引きつけられるとしても，たいていの人々は自分と同じ魅力カテゴリーに属すると考えられる人をデートに誘い，パートナーに選択するというものである。お似合いに見える，もしくは完璧に釣り合っているカップルを目にすることがよくある。時として，人々が不釣り合いなカップルだと思うのはなぜか？　魅力は見る人によるということを思い出そう……ゆえに，たとえば，ヘザーやジョンは自分自身を他人よりも魅力的であると考えるかもしれない。つまり，人間関係の進展段階において，ヘザーとジョンはより魅力的な人たちに気後れしない。むしろ，彼らを見つけだし，そして彼らとデートをする。これに対して，たいへん魅力的な人たちは自分自身を他の人が考えるのと同じくらいに魅力的であるとは考えないので，彼らは自分よりも魅力的ではない人とデートをする。では，完璧な釣り合いとは何なのか？　それはだれにもわからない。しかしながら，アメリカの文化には，ある考え方があり，人々は不釣り合いだと思える時にはコメントするのだ。

　身体的魅力は他者とのコミュニケーションに相当な影響を与える。これらの強力な非言語メッセージは，他者に接近するか否か，デートするか否か，結婚するか否か，雇用するか否かなどの決定に影響し，また，他者が将来成功するか失敗するかについての予想にも影響を与える。

2　個人の身体概念

以下の質問を自分にしてみよう。

- 他者の身体のどの部分が最も重要であると思うか？
- それらはあなたが自分自身の身体で満足している部分と同じであるか？
- 2つのカテゴリー間に，何か関係はあるか？

　他人の魅力を判断する際に，あなたが最も重要であると考える身体の部分が，あなたがきわめて満足しているか，満足していないかのどちらかの部分であるということは驚くべきことではないだろう。

　自分の身体についてどのように感じるかということは，全体として自己概念に影響するものである。個人的身体概念（personal body concept）とは，あなたが自分の身体がいかに魅力的であると考えるかという認識であり，あなたが自分の身体の特別な属性であると考えるものである。非言語コミュニケーションの議論において，個人的身体概念が重要であるのには，2つの要素がある。第1に，この概念は他者とのコ

ミュニケーションをとおして発達し，第2に，それは他者とのコミュニケーションに影響する。

自分自身の身体についてわれわれが持つ考えや感じは，ある魔法の年齢まで，心の中で絶対に具体化されない。肯定的であろうが，否定的であろうが，個人的身体概念は徐々に発達する。影響要因は，とくに他の人々が自分たちにとって重要である場合，それらの人々との相互作用にともなって生じる。重要な他者は，彼らがわれわれの身体について持つ感情や態度を伝達する多くの言語・非言語メッセージをわれわれに与え，最終的に，彼らの判断を自分自身の判断と一致させるようになる。

研究によると，仲間や親の判断が子どもの個人的身体概念に重大な影響を与えることが示されている。ある研究では，自分自身の魅力や能力について，主として，否定的な概念を持つ子どもたちは，親から否定的なメッセージを受け取っていたことが示されている。10歳のスコッティは，魅力的ではない子どもだった。彼は太り気味で，鼻はひどく大きく，脂ぎり，だらりとした髪をしていた。スコッティの両親は，友人や知人の前で，彼の外見について気にすることがよくあった。ある日，彼の頭上で，両親が隣人に嘆いていた。「僕らはスコッティの外見から，彼がけっして人気者にならないのではと心配しているんだ。彼に運動能力があるようにはまったく見えない。学校で他の子どもたちが体重のことでいじめるのではと心配なんだ。そのうえ，祖父がスコッティのことをブロックの上に大きな頬が乗っかっていると言って，僕らをとても怒らせるんだ」。

不適当という感覚はコミュニケーションに影響し，またそれらは将来のコミュニケーションに影響を与える。自分の身体についてのスコッティの感覚は，いつかは彼のコミュニケーション行動に影響するだろう。彼は自分を愚弄するだろうという恐怖のために，学校で仲間から離れ，関係を避けることを選ぶかもしれない。彼の感覚はスポーツ，娯楽活動，友人，デート，職業選択にさえ影響するかもしれない。

自分の身体に満足することは，自尊心と人間関係の両方にとってたいせつである。外見と身体の特性に満足するのに，映画スターのような魅力は必要ではない。しかし，ひとつのルールは当てはまる傾向にある。「自分の身体に満足している人々ほど（現実の外見にかかわりなく），幸福になる機会がある」。言い換えると，おそらく，この満足感が他者との健康的な相互作用に貢献するのだろう（Berscheid, Walster & Bohrnstedt, 1973; Cortes & Gatti, 1965; Gashin & Simmons, 2002; Haseltine, 2002; Henig, 1996; Johnston, 1994; Jourard & Secord, 1955; Korda, 1975; McCroskey, Larson & Knapp, 1971; Knapp & Vangelisti, 2000; Richmond, 1996; Sheldon, 1940, 1942, 1954; Walker, 1964; Wells & Siegel, 1961）。

3 身体形状と大きさの非言語メッセージ

あなたが気づいていようがいまいが，身体の形状と大きさは非言語メッセージを伝達する。図 2-2 はあなたの身体についての自己記述調査である。

多くの研究者たちは，人間の身体の形状と一般的な気質に関係があることを示して

目的：身体タイプがいかに行動とコミュニケーションに影響するかを示す。
指示：空欄にリストから言葉を選び埋めてください。直後の 12 個の単語リストから，3 つを選びます。リストに合う単語がなくても，一番近い語を選んでください。

1. 私はたいてい（　　　），（　　　），（　　　）気分です。
　　落ち着いた　　　　くつろいだ　　　　自己満足な　　　　心配な
　　自信のある　　　　控えめな　　　　　陽気な　　　　　　緊張した
　　生き生きとした　　満足した　　　　　せっかちな　　　　照れくさい
2. 勉強中や仕事中，私は（　　　），（　　　），（　　　）らしい。
　　能率的　　　　　　不活発な　　　　　正確な　　　　　　熱心な
　　競争心の強い　　　決然とした　　　　内省的　　　　　　ゆっくり
　　思慮深い　　　　　穏やかな　　　　　細心の　　　　　　協力的
3. 社会的にみて，私は（　　　），（　　　），（　　　）である。
　　社交的な　　　　　思いやりがある　　議論好きな　　　　愛想がよい
　　不器用な　　　　　内気な　　　　　　寛容な　　　　　　気取った
　　おしゃべりな　　　優しい気質の　　　穏やかな気質の　　気が短い
4. 私はむしろ（　　　），（　　　），（　　　）である。
　　活動的な　　　　　寛大な　　　　　　思いやりのある　　温かい
　　勇敢な　　　　　　まじめな　　　　　横暴な　　　　　　疑い深い
　　情け深い　　　　　内省的な　　　　　冷めた　　　　　　積極的な
5. 他の人たちは私を（　　　），（　　　），（　　　）だと考える。
　　寛大な　　　　　　楽観的な　　　　　傷つきやすい　　　冒険心のある
　　愛情深い　　　　　親切な　　　　　　引っ込み思案　　　向こう見ずな
　　用心深い　　　　　支配的な　　　　　孤立した　　　　　依存した
6. 3 つの単語の中で，自分に最もあてはまるものに下線を引いてください。
　 (a) 断定的，くつろいだ，緊張した
　 (b) 短気な，冷たい，温かい
　 (c) 引っ込み思案，社交的な，活発な
　 (d) 自信がある，機転が利く，親切な
　 (e) 依存した，支配的な，孤立した
　 (f) 積極的な，愛想のよい，心配な

図 2-2　身体タイプ調査（Cortés & Gatti, 1965）

| 内胚葉型 | 中胚葉型 | 外胚葉型 |

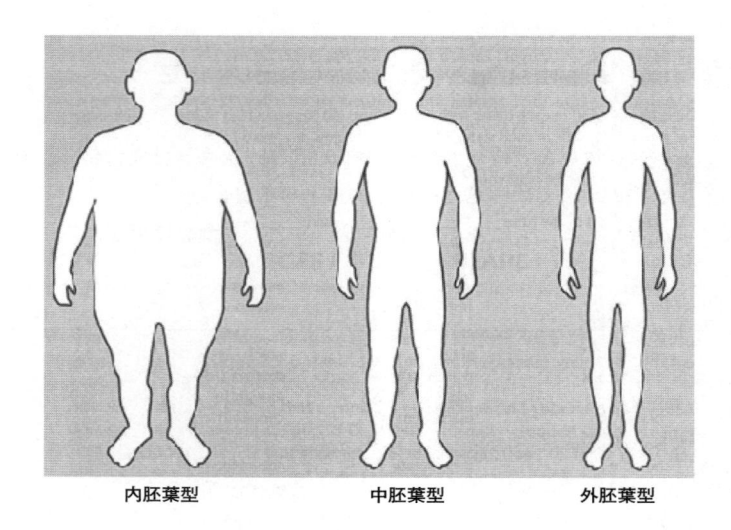

シェルドンのシステム

身体タイプ	心理タイプ
内胚葉（楕円形の身体；体重が重い，大きな腹部）	**内臓緊張型**（鈍く，社交的，感情的，寛大，くつろいだ）
中胚葉（三角形の身体；筋肉質，硬い，まっすぐな身体の性質）	**身体緊張型**（自信，支配的，精力的，積極的，短気）
外胚葉（華奢な体格；平坦な胸板，筋肉のない手足）	**頭脳緊張型**（緊張，不器用，細心，機転，公正な）

図 2-3　シェルドンのシステムと体型

きている。シェルドン（Sheldon, 1940, 1942, 1954）は，この考え方を創始した人とされている。シェルドンは身体タイプには3つの分類があると考え，個人を3つの主要なタイプのひとつに分類する体格類型論（somatotyping）と呼ばれる方法を発展させた。シェルドンの実験的手法や気質についての彼独自の概念化，数学的な計算法についてはかなりの批判が存在するが，一方で，シェルドンの仕事を採用し，それに改良を加える研究も存在する。

　最初の一般的身体タイプは，内胚葉型（endomorph）と呼ばれる。内胚葉型である人は丸く，楕円の形状をし，ふつうは体重が重く（必ずしも肥満体ではないが），西洋なし型として記述される。2番目のタイプは，中胚葉型（mesomorph）である。中胚葉型は肩が広く，尻が細い三角形の身体形状によって特徴づけられる。彼らの形状は外見上，頑丈で筋肉質である。彼らは運動選手として記述される。3番目のタイプは，外胚葉型（ectomorph）である。外胚葉型は骨張り，痩せて，背が高いことを特徴とする。彼らは華奢な体格，平坦な胸板，発達不十分な筋肉状態を持つ（図 2-3

内胚葉	中胚葉	外胚葉
○	△	‖
依存的	支配的	公正な
冷静な	陽気な	緊張
くつろいだ	自信のある	心配な
独りよがり	精力的	無口な
満足した	衝動的	自意識過剰
怠慢な	効率的	細心
穏やかな	熱心な	内省的
のんびりした	競争心の強い	正確な
協力的	断固とした	思いやりのある
愛想のよい	外向的	理解のある
耐性がある	議論好きな	恥ずかしそうな
気取った	話し好きな	不器用な
温かい	活発な	冷たい
寛大な	ごう慢な	疑い深い
同情的	勇敢	内観的
情け深い	積極的	真剣な
気前のよい	冒険心のある	用心深い
愛情のこもった	無鉄砲な	機転の利く
親切な	断定的	敏感な
社交的	楽観的	内向的
柔らかい	短気な	優しい

討論
1. 身体タイプがあなたの行動にどのように影響するか話し合いましょう
2. 身体タイプに基づいて,他者とどのようにコミュニケーションするか話し合いましょう

図 2-4　身体タイプと自己記述（Cortés & Gatti, 1965）

参照)。

　3つの分類に当てはまる人を思い浮かべることができるだろうか？　あなた自身はどうだろうか？　オプラ・ウィンフリー,デルタ・バーク,ジョン・グッドマン,ロザンヌ,チャールズ・ダーニング,サンタクロースらは内胚葉型の特徴を持つ。クレメント・ムーアは彼の有名な詩「聖ニコラスの来訪（A Visit from St. Nicholas）」で,内胚葉型の身体形状とはどのようなものかをはっきりと描いた。「幅広の顔と丸ぽちゃのお腹で,笑うとゼリーで満たされたボウルみたいに動く」。

　トム・セレック,クリント・イーストウッド,デンゼル・ワシントン,ハリソン・フォード,シルベスタ・スタローン,メル・ギブソン,マイケル・ジョーダン,キャンデス・バーゲンらは,中胚葉型に適した例である。キャリスタ・フロックハート,

ピーウィー・ヘルマン，ドン・ノッツ，ユマ・サーマンらは，明らかに外胚葉型である。

　図2-3の身体タイプ調査に戻ろう。この調査は，身体タイプと気質との関係を調査するいくつかの研究において使用されている。コルテスとガッティ（Cortés & Gatti, 1965）はこれを発展させ，実験参加者が自分自身を記述するために使用する形容詞が，身体形状と高い関連を持つことを発見している。図2-4には，身体タイプの調査で発見された形容詞を並べた3つの列がある。すでに選んだ各形容詞の横にチェックマークをつけよう。形容詞をチェックした後，列ごとにチェックした形容詞の数を数え，下に全体の数を書こう。あなたは3つの数字を手にし，これらの数字を足すと，21になる。

　これら3つの数字から，一般的気質もしくは心理タイプを決定できる。いくつかの例をとおして考えよう。実験参加者のひとりミッシェルは最初の列で3つの形容詞を，次の列で14の形容詞を，3番目の列で4つの形容詞をチェックした。彼女の気質得点は3/14/4である。また，マイクは最初の列で11の形容詞を，次の列で5，最後で5をチェックした。彼の全体得点は11/5/5である。

　シェルドンの理論に従うと，内胚葉型は内臓緊張型（viscerotonic）と呼ばれる心理タイプと一致する。内臓緊張型心理タイプは，鈍く，社交的，従順，寛大，くつろいだなどと，自分自身を位置づける傾向にある。中胚葉型は身体緊張型（somatotonic）と呼ばれる心理タイプと一致する。身体緊張型は支配的，自信，精力的，競争的，自己主張，短気，熱狂的，楽天的と記述される。外胚葉型は，緊張，自意識，細心，正確，敏感，不器用，内向的といった形容詞によって表現され，頭脳緊張型（cerebrotonic）と呼ばれる心理タイプと一致する。

　3/14/4の気質得点を持つミッシェルは身体緊張型心理タイプであり，中胚葉型の身体特徴を持つと考えられる。対照的に，11/5/5の得点であるマイクは内臓緊張型で，内胚葉型である。

　個人の身体形状は，自分自身による心理描写と一致することが示されている。疑問としてあがるのが，他者は内胚葉型，中胚葉型，外胚葉型の人の中に，ある心理学的特徴を認識するのか？　というものである。シルエット絵を利用し，うまく計画されたある研究の結果によると，人は身体形状に基づいて，他者の心理判断をしている。この研究では，研究者は3つの身体タイプについて120枚のシルエット絵を見せ，この絵をいくつかの形容詞で評定するように求めた。その結果，内胚葉型は年寄り，短い，思いやりがあり，口数が多い，弱気，怠惰，流行遅れとして評定された。中胚葉型は背が高く，若く，強く，冒険心があり，男らしく，外見が良く，成熟しており，独立していると認識された。外胚葉型は緊張し，神経質で，野心があり，若く，物静かで，むずかしい傾向があり，他者を疑い，男らしくなく，頑固であると考えられた（Wells & Siegel, 1961）。

　アメリカの文化では，中胚葉型の身体が他の2つの身体タイプよりも尊重されるこ

とは間違いないが，最近の傾向は外胚葉型が肯定的な社会的判断を得始めていることを示している。中胚葉型には，われわれが身体的に魅力的であると評定する多くの身体的特性がある。つまり，中胚葉型の人は社会的に，職業的に魅力的であると見なされることが多い。最初に出会った時から，彼らをたいへん社交的で，一緒に働くことができると認識するのである。出会いの初期段階では，内胚葉型の人を社会的に魅力的であると考える傾向があるが，彼らが身体的に魅力的もしくは職業的に魅力的であると考えることはまれである。外胚葉型の人は職業的魅力を持つ存在として認識されがちである，なぜならば，われわれは彼らを非常に注意深く，正確で，思慮深いと考えるからである。一方，一般的に，出会った当初は，彼らは社会的に魅力があるとは見なされない。なぜならば，人は彼らを第三者的でむずかしい傾向があると特徴づけるからである。

　身体形状と気質との一致についてのこれまでの議論は，他者とコミュニケーションするために重要な意味合いを持つ。この2つの関係は完全なものではない。にもかかわらず，証拠は身体タイプに基づく社会的印象が存在し，これらの印象は少なくともいくぶんかは，正確であるということを，信じさせるものであるように思われる。さらに，多少なりとも，一致が存在するという事実はきっと他者との相互作用の働きである。われわれは人々を身体のサイズと形状で定型化する。内胚葉型，中胚葉型，外胚葉型の性格と行動についての期待感を発展させ，まるで彼らが期待する性質を所有しているかのように，彼らと交流する。すでに示唆したとおり，人々は他者が自分たちに反応する方法によって，自分たちの自己概念を部分的に発展させる。もし楕円形の内胚葉型が怠惰で，従順であると期待するならば，その期待と一致したようなやり方で，彼らと話をすると考えられる。われわれは彼らの自己概念を助長させ，彼らはわれわれが強制する役割におとなしく従うことがよくある。彼らは他者の評価を自分たち自身の評価として受容する。

身長，体重，肌の色の非言語メッセージ
身　長

　とくに男性の場合，背が高い人は好かれる。アメリカ文化では，男性は背が高いこと，女性はわずかに低いことが評価される。軍隊や警察は人材募集のための身長基準を最近になってようやく緩和し始めたところである。フォーチューン誌掲載500企業の男性管理職の圧倒的多数が180cm以上の身長であった。女性は背が高く，黒髪で，ハンサムな男性を欲する。われわれは子どもたちに胸を張って立つように教える。20世紀以降，アメリカ大統領選では，背が高い候補がほとんどすべての選挙で勝っている。

　身長は権力と支配にかかわることがよくある。身長が高いという利点を持つ人たちは，他人の上にそびえ立ち，会話の時には他者を圧倒し，かつ支配しているかのように見える。身長の高い上司が背の低い部下を叱りつけている時に，その上司が権力と

支配を伝えていると想像することはむずかしくない。身長の低い男性が背の高い女性とデートすることを断るひとつの大きな理由として，女性が恋愛関係を支配するかもしれないという恐怖があるからだと報告している。背の高い人は他者を説得し，他者の行動に影響を及ぼすことに有利な立場にあるかもしれない。

受け手の立場から，身長の対人関係への影響を調べた研究がある。この研究では，ある人物が異なる学生集団に何度か紹介された。それぞれの紹介で，紹介された人物は別々の地位（学生，講師，博士，教授）とされた。学生たちは紹介された役割に引きずられる形で，その人物の身長評価を歪めてしまったという結果が示された。つまり，与えられた地位が高ければ高いほど，身長の判断が高くなったのである（Guerrero, DeVito & Hecht, 1999; Feingold & Mazzella, 1998）。

体　重

アメリカ合衆国の女性のほぼ75～80％が，いつでも自分の体重を不愉快に感じ，より細くなりたいと思っていると見積もられている。さらに，こうした女性たちのほとんどは何らかのダイエットをしているか，過去にその経験がある。アメリカ文化では，体重が重く，太りすぎの女性は中傷される。体重の重い女性は鈍く，魅力がなく，怠惰であるとすら見なされる。体重の重い男性は陽気だと見なされることが多いが，女性たちはそう見られない。さらに，理想体重と太りすぎであると考える体重との間の幅は，男性よりも女性のほうがずっと小さい。そのため，アメリカのほとんどの女性は，スリムであり続けることに生涯を費やすのである。今日，拒食症（anorexia nervosa）と過食症（bulimia）が多く見られることは驚くべきことではない。一般的に，アメリカ文化では，体重が増加すると，女性の自尊心（self-esteem）は低下し，体重を減らすという圧力が強まるのである（Guerrero, DeVito & Hecht, 1999; Feingold & Mazzella, 1998）。

これは男性が体重に悩まないということを意味しているのではない。男性も女性と同じである。スリムで，男らしく，そして若く見え続けるために，男性たちはこれまでになく，ダイエット教室やトレーニングプログラムに通っている。アメリカの文化では，スリムで，整っていること（性別にかかわりなく）は，成功，よい自己概念，身体的健康，受容性と関係する。太りすぎは無気力（apathy），無精，身体的な緩慢さ，魅力のなさ，そしておそらくは精神的な緩慢さとも関係する（Guerrero, DeVito & Hecht, 1999; Feingold & Mazzella, 1998）。

肌の色

何かを伝える可能性があるもうひとつの身体の次元は，肌の色である。20世紀には，人種上，倫理上の争点に多くの注意が向けられてきた。偏見（prejudice）とステレオタイプ（stereotype）が固定化され，個人は単純にその人の肌の色で分類された。

1960年代，われわれの文化はアフリカ系アメリカ人への否定的イメージに反対する一歩を踏み出した。「黒は美しい」というスローガンが現われ，肌の色をめぐる抗議集会が展開された。黒人政治指導者マーチン・ルーサー・キングは，1963年，ワシントンで大群衆に対して力強いメッセージを発表した。「私には夢がある。いつの日か，4人の幼い子どもたちが肌の色によってではなく，彼らの人格によって評価される国に住む時が来るという夢を」。不幸にも，その夢はいまだ十分には実現されていない。われわれがどこまで進んだかを判定するために，以下の質問に，素早く答えてみよう。数学が得意な人々の皮膚の色は何色か？ バスケットボールが得意なのは？ ダンスが得意なのは？ 他者を導くことが得意なのは？ 手術が得意なのは？ サッカーが得意なのは？ コンピュータが得意なのは？ 友だちのうち，何人があなたと同じ答えをすると思うか？

毛髪の非言語メッセージ

　時代とともに何かが変化するとすれば，それは髪型である。過去には，男性の流行は角刈りか短髪だった。別の時代には長髪であった。長年にわたり，女性は自分たちの髪を粘着性のあるスプレーで固め，アップにし，「ビッグ・ヘア」にしていた。別の時代には，たいていの女性たちは長髪のポニーテールにしていた。最近の学生たちは「そんな古ぼけたのは嫌だわ」と言うかもしれない。そんな彼女たちの子どもや孫たちは将来，今のスタイルを振り返り，自分たちの両親と同じことを言うだろう。

　髪型は魅力と社会的能力（social competence）に対する認識に関係することが多い。髪型はわれわれに社会的規範についての手がかりを与える。毛髪の非言語メッセージは髪の色，髪の長さ，顔の毛，そして髪の操作から生じる。

髪の色

　少し努力すれば，髪の色に関係したいくつかのステレオタイプを思いつけるだろう。われわれの多くは赤い髪を騒々しい，茶色の髪を健康的，黒い髪を官能的，金髪を楽しみだけしか持たないと考える。何年も前に完了した調査は，たいていの男性が情婦としては赤い髪を好むが，茶色の髪の女性と結婚するということを示した。もうひとつの調査は，たいていの女性は毛髪がある男性を好み（色は問題ではなかった），頭に毛のない男性を好む女性はきわめて少数であることを示した。

髪の長さ

　髪の長さは信頼性と関連している。ある研究は2つの異なるクラスで実験参加者にスニーカーを履いている男性の信頼度を評定するように求めた。2つのクラスのそれぞれで，話し手は同じ男性であった。あるクラスに対しては，話し手の髪は長く見えるようにアレンジされ，もうひとつのクラスでは，短く見えるようにアレンジされた。

能力と活動性に関する信頼性の次元において，話し手は短い毛髪を持つほうが有意に高いと評定された。この研究の結果は男性が長髪であると，まじめでなく，成熟していないと見なされることを示していると示唆する研究者がいる。

　職業幹旋所の職員は，男性の長髪が就職の機会を得るのに不利であると示唆していると，報告する研究がある。同様に，女性も髪の長さにより就職の機会に影響を受ける。一般的な見解とは逆に，職場のために性的魅力を高める女性は女性の同僚からの憤慨という感情を作り出し，男性の間では能力がなく，知性が低いという見方をされ続ける。……こうした理由から，仕事中は長い髪をまとめ，仕事後に髪を下ろす女性がたくさんいる。

顔の毛

　男性の顔の毛についての人々の認識は，多くの興味深い結論を導いている。男性が顔に毛が多ければ多いほど，成熟しており，男性らしく，格好がよく，有力で，勇敢で，勤勉で，自信があり，進歩的であると評価されがちである。男女ともに顔をきれいに剃った男性を若々しいと評価するということを示した研究がある。女性にとってのみ，髭を生やした男性は成熟しており，洗練されており，男性らしく，性的魅力があると認識される。顔の毛の認識は受け取る側の性別によって異なるようである。

髪の操作

　髪の操作もまた強い社会的印象を作り出すだろう。たとえば，ヨランダのことを考えてみよう。彼女は薄暗いラウンジに座っている。まもなく，部屋の向こう側の別のテーブルにいるシドに気づく。シドは見たところ，ヨランダと知り合う機会を待ちながら，しばらく彼女を見つめている。彼が自分を気に入っていることに気づき，ヨランダは自分の指を髪に巻き付け，断続的に髪の毛の端をカールさせた。この後，何が起こると思うか？

　このような髪の操作は「身繕い行動（preening behavior）」と呼ばれ，専門家によると，この行動はたいてい，異性が存在する場で行なわれる。身繕い行動は潜在的な求愛パートナーに対する非言語的な手がかりであり，それは接近に問題がなく，ことによると，より親密な相互作用を行なうことを知らせるものである。もちろん，個人がこの行動を癖として，もしくは心配や臆病への適応行動として，実行することも十分ありうる。そのようなケースでは，髪の操作は接近メッセージもしくは性的交渉への誘いとして誤解釈すらされうる。髪の操作の例として，髭を撫でる，髪を噛む，腕の毛を引っ張る，髪を見ずにとかすなどがある。

4 外見と衣服

　衣服の着方は多くの情報を伝える。身体を装飾する繊維，色，テクスチャ，スタイルは，以下のようなメッセージを送る。われわれが何を考えるか，だれであるか，他者との関係，価値観，態度，好み，目標，野心。あなたが自分の衣服を選ぶために費やすお金，時間，努力について考えてみよう。特定の靴やスーツ，セーターを買うのには，おそらくはっきりとした理由があったことだろう。非常に意図的なメッセージを衣服で伝えることがしばしばある。たとえば，売春婦は彼女たちが送ることのできるシグナルを知っている。潜在的な客が彼女たちを簡単に見分けられるように，役割にふさわしい服装をする（映画『プリティ・ウーマン』を見直してみよう）。これらのシグナルは客にとっては時間のむだを，売春婦にとってはお金のむだを取り除く（Molloy, 1988; Fischer-Mirkin, 1995; Sybers & Roach, 1962）。

　われわれは，警察官や軍人に容易に見分けることのできる制服を意図的に着用させている。警察や軍隊当局は男女両方に対する職階ごとの制服についての服装規定（rules for tailoring）を制定し，強制することに非常に骨を折っている。これらの立場にあり，職階ごとの制服を着用しない職員は昇進しないし，昇進のための推薦もされない傾向にある（Bickman, 1974; Gundersen, 1987, 1990; Rosencranz, 1962; Singer & Singer, 1985; Tenzel & Cizanckas, 1973）。

　服装規定を割り当てられていない人でも，成功のための服装をしようと試みることがある。たとえば，就職面接の前には，服装の細部にこだわり，大騒ぎをする。高校の若々しい英語教師は自分の童顔を相殺するために，ジャケットとネクタイを着用する。結局のところ，彼は学生よりも若干年長であるだけであり，自分の地位と能力についての印象を学生に与えたいと考えるのである。

　これらは人々がどのようにして意図的に自分たちの衣服に特別な意味を与えるかという明らかな例である。しかし，衣服についてのメッセージの大部分は，これらの例が示唆するほど意図的ではない。衣服手がかりの多くは，無意識のうちに伝達される。同様に，他人の服装が意味を持つということに気づくことなく，他人から多くのメッセージを受け取る。1960年の大統領選挙中に，リチャード・ニクソンとジョン・ケネディは一連の大統領候補討論会を開催した。それらの討論会のひとつで，何百万というテレビ視聴者たちが当時の白黒テレビで，ニクソンがくすんだグレーの背景とほとんどコントラストのないグレーの背広を着ているのを見た。これに対して，ケネディはダークスーツを着用し，背景とかなり対照的であったので，コメンテイターの中には，ケネディがテレビ討論会で成功したのは，服が彼を目立たせ，視聴者に好ましい印象を持たせたという事実が原因だと結論づける人たちもいた。

　しばらくの間，過去30年間における社会のデザイナーブランドの服への没頭を考

えてみよう。衣服が意識されることによって，人々はかつて衣服の歴史において以下のようなものをポピュラーにしてきた。アイゾッドのポロシャツ，デザイナージーンズ，グッチのローファー，トミー・ヒルフィガーの服，クリスチャン・ディオールのネクタイ，ギャップの服，そしてリストはまだまだ続く。たしかに，われわれは社会的コンピテンスの受容と認識に気づいており，そしてそれはこのファッショナブルな衣服で身体を飾ることによって生じた。しかしながら，他人がどのように自分を認識するのかについて，人は常に意識しているのか？ かつて匿名の関係者は「まあ，まあ，みんな同じ服！ 調和ってことを考えないの？」と不平を言った。画一性はわれわれが伝えようとしていることか？

なぜ人々は衣服を着るのか？

モリス（Morris, 1985）によると，衣服を着用する理由のひとつは，快適性（comfort）と保護性（protection）のためである。これには長い説明を必要とする。身体を保護するという行為は，人間が世界を転々と動き回り始めた時，つまり，気候条件が厳しいために，人間の身体だけで提供できるよりも多くの保護を必要とするエリアへ旅をし始めた時に発達した。

衣服の第2の機能は，隠蔽性（concealment）である。モリスはすべての衣服の中で下帯（loincloth）が，文化的に最も広く分布した衣服であると述べている。おそらく，快適性や保護性，隠蔽性は，基本的な人間の動機，生存と避難のための動因，慎み深さ（modesty）という心理的快適性を満たすのだろう。しかし，近年の理論的研究によると，保護性と隠蔽性が衣服を着用するおもな理由ではないかもしれないという結論へとわれわれは導かれる。たとえば，慎み深さという基準を満たすために身体を隠さない文化がたくさんある。ある文化の人々は厄介な気候条件で生活していたとしても，衣服を着用しない。これは他の動機が衣服の着用に影響することを示すのであろう。

モリスは衣服の第3の機能は，文化の表示（cultural display）であると主張する。彼は社会的シグナルを伝えずに衣服を着用できないと示唆する。衣服がこの機能の役割を果たす時，衣服は人についての重要な情報源となる。衣料品は本質的に社会文化的なしるしであり，社会経済的地位，経済水準，社会的地位，道徳心，教育的背景，信頼性，教養水準，成功水準，社会的背景を伝える。シーバースとローチ（Sybers & Roasch, 1962）は，衣服の社会的-文化的メッセージを，以下のように要約した。「衣服はわれわれの地位を示すシンボルとして役立つ。もし期待されたとおりの衣服を着用しそこなうならば，われわれは職業的な機動性に悪影響があると考える傾向にある。他の人々によい印象を与えるために，仕事に応じた服装をしなければならないと感じる。われわれは他者が衣服の選択と社会経済的地位，目標，満足とを結びつけて考えると感じる」。

衣服の特徴と性格

　衣服は，人の特徴や性格についてのメッセージを伝えることができるか？　衣服の使用は，どのような特徴がわれわれの社会的・心理的指向性の一部であるかについて，何らかの糸口を与えるか？　多くの著者たちによると，答えはイエスのようだ（Aiken, 1963; Bixler & Nix-Rice, 1997; Compton, 1962; Fischer-Mirkin, 1995; Henley, 1977; Hewitt & German, 1987; Knapp & Hall, 1992; Korda, 1975; Molloy, 1988; Rosencranz, 1962; Rosenfeld & Plax, 1977; Taylor & Compton, 1968; Thourlby, 1980)。衣服を着る人の性格特徴と実際に着ている衣服との関係を調べたいくつかの研究を概観しよう。

　コンプトン（Compton, 1962）は，個人の特性と特定の衣服のデザインと色の好みとの間につながりを確立することに興味を持った。彼女の研究は，純色と深い陰影を好む人々は人見知りせず，厚かましく，社交的な傾向にあることを示した。一方，細かい繊維のデザインを好む人は，よい印象を与えることにより関心があった。コンプトンは人々が自分自身について持つ理想のイメージに一致する色，生地，デザインを選択すると結論づけた。ソウルビィ（Thourlby, 1980）は，人がたんに服装の選択だけに基づいて，他者について10の決定を行なうことを示した。

1. 経済水準
2. 教育水準
3. 信頼性
4. 社会的地位
5. 教養水準
6. 経済的背景
7. 社会的背景
8. 教育的背景
9. 成功水準
10. 品性

　クリントン元大統領の背広は，彼の道徳的品性について何かを伝えたか？　いいや，それどころか場合によっては，彼が裸であることが彼の道徳的性質についてより多くのことを伝えた。モニカ・ルインスキーの衣服選択は，彼女の意図について何かを伝えたか？　衣服の選択が教養の高さや経歴，経済的地位，道徳的性質と完全に無関係である場合がある。だから，衣服に基づいて確固たる結論を導くことには注意すべきである。

　ローゼンクランツ（Rosencranz, 1962）は既婚女性の衣服に対する態度を研究した。衣服への意識が高い女性は，ふつう，多くの組織に所属し，上流階級におり，高い言語スキルを持ち，教育程度が高く，平均以上の収入のあるホワイトカラーと結婚して

いるという結果を示した。ローゼンクランツに従えば、社会の上流階級はおそらく、外見的特徴に重きを置く、つまり、衣服への意識を最優先事項にさせるのである。また、上流の社会経済的階層にある女性は、自分たちの衣服へ多くの注意を向ける時間と財源を持っているのであろう。

　フォーマルな服装とカジュアルな服装の認識への影響を研究する研究者たちがいる (Fortenberry, McLean, Morris & O'Connell, 1978; Gorden, Tengler & Infante, 1990; Gross, 1990; Henley, 1977; Kaiser, 1999)。正装はより多くの敬意、注意、協力を得られると考えられる。正装はしばしば他者に信用できる存在として認識させることにつながる。これに対して、カジュアルな服装は親しみやすさという認識につながるが、おそらく、尊敬、注意、服従という点では期待できない。カジュアルフライデーを計画することは、必ずしも組織にとって最もよい手段であるわけではない。カジュアルな服装対正装は、新人の従業員からお客へ最もよいメッセージを送るわけではないと思われる。

　衣服と着用者の性格を関連づける、より有名で、広範囲にわたる研究のひとつは、エイケン (Aiken, 1963) のものである。エイケンは衣服の選択が性格特性と関連するかどうかに関心を持った。エイケンの古典的な質問紙は、衣服選択に関する5つの次元を確認するために発展させられた。要するに、人々は以下の理由で衣料品を選択する。

1. 衣服に興味がある
2. 衣服の節約を気遣っている
3. 装飾に衣服を使用する
4. 調和した服装をする
5. 快適な服装をする

　本来、エイケンの研究はどの性格特性が個人の衣服選択を最もよく予測できるかを決定するためになされた。

　女性のみのデータを使用して、エイケンは衣服に興味がある女性は慣習にとらわれ、良心的で、権威の前では従順で、頑固で、疑い深く、不安定で、緊張し、思考が定型的であるということを見いだした。衣服の節約を気遣う女性は、より責任があり、機敏で、能率的で、正確で、知性があり、自意識が強く、制御されていると評定された。装飾に衣服を使用する女性は、自意識が強く、慣習的、定型的、無知性、同情的、社交的、服従的であった。調和した服装をする女性は、いくつかの同調性特性 (conformity-type trait) という特徴があった。それらは社会的に誠実で、道徳的、伝統的、服従的、自制的であった。また、これらの女性は経済的、社会的、宗教的価値に重きを置き、審美的な価値を重視しなかった。最後に、エイケンは快適な服装をする女性は、自己制御され、社会的に協力的で、社交的、几帳面、権威への服従といった傾向があることを見いだした。

多くの研究者たちが追跡調査を行なっており，それらはエイケンの知見を支持しているように見える。これらの中で注目すべきは，ローゼンフェルドとプラックス (Rosenfeld & Plax, 1977) の研究である。ここでの主要な改良は，4つの衣服志向性と性格特徴との関係を調べるために，男女両方の回答者を使用したことにある。

ローゼンフェルドとプラックスが調べた最初の衣服志向性は，衣服意識 (clothing consciousness) であった。たとえば，高い衣服意識を持つ人々は，自分たちが着ているものに他者が常に気づくことが重要であると感じるだろう。

第2の次元もしくは衣服に向けられる志向性は，露出性 (exhibitionism) であった。露出性の得点が高い人は，露出面積の大きな水着を許容し，実際にそれを好み，着ることを楽しむだろう。この集団はフォーマルな仕事場面に肌を露出した不適切な衣服を着るだろう。

第3の次元は，実用性 (practicality) であった。「衣服を購入する時，私は美しさよりも実用性により関心がある」といった文章に賛同する人は，この次元の得点が高い。

第4の次元，デザイナー (designer) とは，実験参加者が衣服デザイナーになりたいと考える程度に関するものであった。表2-1に，ローゼンフェルドとプラックスの研究結果を示した。4つの衣服志向性で，高低どちらかであった男女両方に対する性格特徴がリスト化されている。

人気，好み，ホモフィリィ

自分たちの人気を高めるために，もしくは他者が自分たちをより好きになるだろうと感じるので，他者と同じような衣服を着用する人々がいる。服装は他者が持つ人への感情に影響を及ぼしうるか？　他者とのホモフィリィ (homophily) を作り出すことは，対人関係にとってかなり有利になりうる。ホモフィリィとは，外見，経歴，態度，価値における類似性と考えられる。外見的特徴における（着用する衣服の）類似性は，その他の点における類似性の認識を緩和すると示唆する専門家がいる。ひとつのことは当てはまるように思われる。人は自分に似ていると考える人々をより好む傾向にあり，これには衣服の類似性が含まれる。

他人と衣服を合わせることは，好まれたい，受け入れられたいという願望と関係することを示す研究がある。また，人々は衣服の着方に基づいて，他人をより好み，受容するということを示す研究もある。人気と好みは衣服と関連するのである。女性にとって，人気者になりたいと熱望する場合には，適切な衣服を着ることが性格や見かけよりも重要であるということを研究結果は示している。また，この研究での女性たちは，人気のある女性の属性を記述する場合に，衣服が最も重要な要因であると考えていた。

表2-1 パーソナリティと衣服志向

衣服意識
高い女性	抑制的，心配な，権威の前で従順，親切な，同情的，友人に義理堅い
高い男性	慎重な，用心深い，権威への敬意，あつらえ，伝統
低い女性	強引な，独立した，支配的，明晰な思考，異性関係の動機が低い，他者を操る気がない
低い男性	攻撃的，独立した，人々が簡単に操られるとは信じない

露出性
高い女性	徹底的，他人とはかかわりを持たない，自尊心への高い評価
高い男性	攻撃的，自信に満ちた，外向的，思いやりがない，情愛に欠けた，気むずかしい，衝動的，家族関係に関する自己概念が低い
低い女性	気の小さい，誠実な，他者を許容，辛抱強い，劣等感，異性関係の動機が低い
低い男性	人々が簡単に操られると信じる，自分を出すことに用心深い，家族関係に関する自己概念が低い

実用性
高い女性	熱心な，外向的，利口な，自信に満ちた，自分を出すことに用心深い，優越感，人を率いる願望はない
高い男性	不満な，用心深い，反抗的，抑制的，人間関係を維持することや，権威者からの評価を得ること，友人を作ろうとする動機が低い
低い女性	孤立した，自己中心的，依存的
低い男性	分析的，まじめ，強引な，成功志向，成熟した

デザイナー
高い女性	型にはまった思考，不合理，無批判，表現豊か，威勢のいい，迅速
高い男性	合致する，要求が厳しい，怒りっぽい，協力的，思いやりのある，温かい，有益な，激励を求める，自分の行動を気にかける
低い女性	ねばり強い，機知に富んだ，明晰な思考，効率的な，プレッシャーがかかるとでたらめになりやすい，将来の経歴について悲観的
低い男性	自分勝手な，不満な，冒険心のある，心配な，優越感，友人を作ろうとする動機が低い

階層と地位

　われわれはすでに衣服が地位を表わすシンボルとして役立つことを示唆した。この領域の研究は，カジュアルではなくフォーマルな衣服が，地位に対する認識を増加させることを示している。多くの状況において，われわれは自分が着用する衣服によって，他者との地位を高くしたり，低くしたりできる。仕事上の出会いの初期段階において，衣服は最も重要な検討材料であると報告する人々がいる。もし服装が顧客よりも自分たちのほうが高い地位にあるということを示すなら，お客は近寄ってこないだろう。もし服装が顧客の基準以下ならば，その仕事をする価値がなく，その立場にいる価値がないと考えられるだろう (Bixler & Nix-Rice, 1997; Fischer-Mirkin, 1995; Hewitt & German, 1987; Molloy, 1988; Nix-Rice, 1996; Richmond, 1996; Rosencranz, 1962; Rosenfeld & Plax, 1977; Sybers & Roach, 1962; Taylor & Compton, 1968)。

　若くて経験の少ない教師は，自分がスーツにネクタイもしくはブレザーにスカート

を着用するならば，生徒たちが自分に対してまったく違うふるまいをすることに気づく。あなたの大学の講師についてしばらく考えてみよう。もしあなたが大きな大学に通っているならば，講師のうちの何人かは大学院生のティーチングアシスタントである可能性が高い。彼らのことを思い出してみよう。彼らはどちらかと言えば，あなたが今までに会ったことのある講師の先生よりも，よりフォーマルな衣服を着ているか，もしくはよりインフォーマルな衣服を着ている。どうしてなのか？　彼らの多くはあなたより2，3歳年長なだけであり，あなた方の心の中に認識される地位との差を作り出すことが重要であると，彼ら自身の教授によって十分にコーチされている。間違いなく，彼らは高い地位の衣服がより多くの敬意を生じさせることがあるということを知っている。他には，よりインフォーマルな衣服を着用することは，彼らを集団の一員であるかのように見せ，学生たちにより多くのホモフィリィを生み出すことになると考えるという意見がある。

　ビジネス社会では，階級や地位というメッセージを伝える場合，衣服がたいへん重要であると示唆する専門家がいる。いかにも高価そうで，仕立てのよいスーツはより上のレベルのマネジメントを意味すると聞かされる。しかしながら，ビジネスにおいては，自分よりひとつ上の立場にいる人々のような衣服を着ることが推奨されている。これは他者にあなたを次の昇進の有力な候補者として認識させることになると考えられる。

権力と成功

　権力と成功の非言語メッセージは，階級と地位と近い関係にある。大型融資と巨大企業の世界では，社員たちは日々，成功の階段を登ることにともなう報酬を獲得するために奮闘する。人気のある研究者たちは，ビジネスという場において必要な権力と成功というシンボルの重要性を強調している。さまざまな筋によると，男性のビジネススーツは権威と信頼性という強力なメッセージを送るようにデザインされている。暗い色のスーツは，権威があるという認識を生み出すと言う研究者たちがいる。単色の黒，ネイビー，グレーのビジネススーツは，非常に強力なメッセージを伝える。ダークブルーとグレーのピンストライプは容認できるが，単色が強く勧められる。

　ビジネスウーマンの場合，ネイビーブルー，チャコール，黒のスカートのスーツが重要であると強調する研究者もいる。しかしながら，ビジネスウーマンは男性の商談相手の衣服を真似ることは避ける必要がある。これは威嚇と考えられ，最終的に，その女性の会社における権力と権威を減少させる。女性は最高水準のビジネス衣装をモデルにすることが推奨される。さらに，ビジネスウーマンはジャケットの代わりにセーターを着ることを避けたいと考えるかもしれない。ジャケットなしのセーターは地位が低いというイメージを与えるかもしれない。もちろん，労働環境から離れて，何を着るかは別の問題である。つまり，ある衣服は女性をより魅力的にさせるかもしれ

ないが，それが会社における彼女の価値を高めるとは限らない。魅力（少なくとも雇用の初期段階で）は，事務職以上の立場で雇用された女性にとってプラスとなるものではないことを，よく統制された研究が示している。身体的魅力は能力評価と負の関係があることが知られている（Henley, 1977; Korda, 1975; Molloy, 1988; Fischer-Mirkin, 1995）。

また，人気のあるメディアは男性のネクタイに使われる権力色を重んじている。しばらくの間，権力色はダークレッドだった。その後，それは黄色になり，グレーになった。今は何色がそうなのかを知りたいならば，主要な企業に行き，一般的なビジネスマンが着ているネクタイを見てみよう。たぶん，彼らは今，流行している色のネクタイをしている。

集団同一性

人気と好みと関連して，人々が衣服を着用するもうひとつの理由は，集団同一性（group identification）である。もし，ある集団に所属したいなら，その集団がすることをしなければならないと，聞かされることがよくある。換言すれば，郷に入れば，郷に従え。

シンガーとシンガー（Singer & Singer, 1985）は，警官が制服を着ている時，私服の時と比べて，より有能で，信頼でき，知性があると見られるということを発見した。ヒューイットとジャーマン（Hewitt & German, 1987）は男性の海兵隊軍曹と海軍士官が制服を着ている場合，より魅力的で知的であると見られることを発見した。着用する衣服によって，その人がだれであるか，所属する集団，その人の態度が明らかになることは，はっきりとしている。たとえば，「I don't do school」と書かれたTシャツを着用し，学校に反対する学生の集団は，教師たちにとってだけでなく，この衣服の集団同一性形式を観察する他の人々にとっても，その集団について多くのことを伝える。

小テストをやってみよう。インフォーマルで，いささかだらしのない服装をして，あなたが知られていない銀行に行き，小切手を換金しようとした時の窓口係の反応を観察しよう。その後，スーツかフォーマルな衣服を着て，同じ銀行に戻り，反応を観察しよう。

人々は特定の集団の人々と一体になるため，常に集団に所属しようと努力するものである。男の子は両親に自分の好きなフットボールチームのカラーのスポーツシャツや自分の好きな野球選手の背番号のシャツを買ってくれるように頼む。若い女性は有名な女優やモデルの服装を模倣する。大学のキャンパスでは，男女ともに社交クラブの一員になりたいと熱望する学生は，自分たちの仲間の衣服や行動を同じにすることで，自分たち自身がそれに値することを証明しようと試みる。かつて，ある年配の男性は着ている衣服によって，民主党員と共和党員を見分けられると自慢した。われわれがそれをわかっているかどうかにかかわりなく，われわれは自分が関係する（もしくは関係したいと熱望する）集団の制服を着用する。着用する衣服は，社会的，政治

的態度について多くの情報を伝達するものである。

衣服についての一般化

他者の衣服を使用して，その人を認識し，定型化するという事実を含め，衣服のいくつかの重要な機能について議論してきた。次の話題に移る前に，衣服に基づいて行なう判断について，重要な一般化をしておくことが必要である。

一般化1

衣服に基づく他者についての判断の正確さは，われわれが行なう判断のタイプによって変化する。研究者たちは性別，年齢，社会経済的地位，集団の識別，職業上の地位，公式の地位を判断する際，高い正確性が見られることを示している。換言すれば，一般的に，人は衣服に基づく人口統計的特徴を判断することに優れている。性格特性，気分，価値，態度を判断する際には，正確性が低いことが知られている。つまり一般的に見て，他者の衣服によって，心理的特徴を評価することは得意ではない。

一般化2

他者の衣服がその人についての認識に影響するかどうかは，その人が見知らぬ人であるか知人であるかによる。基本的に，衣服に基づく印象は，相互関係の最初の段階では，最も重要なものである傾向にある。ホルト (Hoult, 1954) によって行なわれた2つの研究は，この規則を支持するものであるように思われる。最初の研究で，彼は実験参加者にいくつかの社会的次元に関して，男性のモデルを評定するように求めた。最も低い評価を受けたモデルは，その後で正装するように指示された。一方，最も高い評価を受けたモデルは，ふだん着を着るように指示された。そして，モデルたちは2回目の評定を受けたが，評定における変化はなかった。衣服は社会的判断に影響しなかった。ホルトは実験参加者がモデルと知り合いだったので混乱があったかもしれないと考え，モデルを実験参加者とまったくかかわりがない人にして，もうひとつ研究を行なった。2番目の研究の結果は，衣服が評定に影響することを示した。正装したモデルの評価は，社会的ランクで上昇し，ふだん着に着替えたモデルの評価は落下した。

一般化3

初めの段階では，衣服が他者についての認識に影響する。人は衣服に基づいて他者を判断し，そして判断し続ける。ある人の服装と一般的な外見的特徴に基づいて，その人と交流を始めるかどうかを決めることがよくある。

一般化 4

ある人が自分たちと類似した服装をしているならば，その人に接近し，交流を始める傾向が強い。この場合もやはり，ホモフィリィの原則が現われる。2人の人がお互いに似ていると思えば思うほど（衣服に基づいて），お互いにコミュニケーションすることが多くなる。

一般化 5

もしある人がある集団の一員であると認識されたいならば，その集団を示す衣服を着用すべきである。もしあなたがまじめな会社員に見られたいならば，標準的でまじめなビジネス服を着用しなさい。

一般化 6

衣服によって信頼感を表わすことができる。衣服を選ぶ時には，他者に認められたいと思う信頼性の水準を，常に考慮に入れるべきである。どのような衣服を着るかは，どのようにふるまうかを予測するものではないが，だれかがわれわれとやりとりをするようになるかどうかを予測することはできる。男性の場合でも女性の場合でも，一般的に，スーツはより高い信頼性があるという印象を与える。

つまるところ，すでに知り合いの場合には，その人の衣服はわれわれの認識にほとんど影響を与えない。たとえ衣服がその認識と一致していないとしても，衣服ではなく，現実の人間を見る。しかし，見知らぬ人の場合，衣服はわれわれの判断にきわめて重要な役割を果たす。その他の外見上の要因と同じように，他に情報源が存在しない場合，衣服がその人の豊富な情報源となる。もし現実にその人を知らないならば，われわれが見るものは，われわれが現実だと仮定しているものである。

5 アーチファクトとアクセサリー

自分の身体と衣服を見てみよう。十分に調べてみよう。着ている服以外に，何か他に身を飾り，装飾する物はあるだろうか。身体と衣服を装飾するのに使われるアクセサリー類は，個人的アーチファクト（artifacts）と呼ばれる。これは衣服と同様に，その人について多くのことを伝えることができる。宝石，メガネ，帽子，財布，リュック，書類カバン，ペン，喫煙用具でさえ，その下にある性格を他者に伝える。

個人的アーチファクトと結びつけて考えられる人々はたくさんおり，それはその人とほとんど不可分なものである。自分がだれであるかを規定するアーチファクトやアクセサリーを所持している人々は多い。第二次世界大戦中，パットン将軍は彼の成功

した軍事作戦と同じくらい，象牙製ハンドルのついたピストルと指揮杖で有名だった。パイロット用サングラスとコーンパイプのないダグラス・マッカーサー将軍を想像することは，かなりむずかしい。巨大な葉巻のないジョージ・バーンズなんてどこにいるだろうか。カントリーユーモア歌手のミニー・パールは，ぶら下がった値札のついたかわいい帽子がないと，彼女の魅力は失われてしまう。ジョニー・キャッシュは長年にわたって黒い服と関連づけられていた。ドラマのキャラクターであるアリー・マクビールはとても短いスカートを連想させる。サリー・ジェッセ・ラファエルは赤いメガネフレームで知られていた。エリザベス・テイラーはたいてい，たくさんの宝石を身に着けている。音楽スターの多くは指輪，メガネなどといった装飾品と関連づけられる。リサ・ローブは彼女のトレードマークである黒いフレームのメガネをいつもかけている。

プロのイメージコンサルタントは，アーチファクト選択の指針を与えることに躊躇しない。モリー (Molloy, 1975) はイメージIQテストを使用し，その中で，「蝶ネクタイはどの職業に受け入れられますか？」と尋ねた。答えはウェイター，道化師，大学教授，解説者であった。ほとんどすべての職業に，個人化されたアーチファクトがある。たとえば，多くのグループには，襟ピン，ブローチ，タイ留め，腕時計や個人の地位を示すバッジのようなアーチファクトがある。

人が使うアーチファクトの中で，きわめて一般的なものは宝石品である，あなたが身につける腕時計は，あなたが思う以上のことを伝えるだろう。タイメックスはロレックスとは，まったく異なるイメージを伝えるだろう。2つの腕時計はあなたの社会経済的地位について強力な信号を伝達する。多くのイメージコンサルタントは，ビジネスマンが身につける宝石の量とタイプが，その人のビジネスイメージを形成したり，破壊したりできると示唆している。ビジネスマンへの提言はシンプルである。イヤリングなし，シンプルな（細いものが好ましい）金の腕時計，そして，結婚していれば結婚指輪。それ以上のアーチファクトはやりすぎである。将来は変わるかもしれないが，今のところ，ビジネスマンにとって金のイヤリングはやりすぎである。

ビジネスウーマンに関する限り，腕時計と結婚指輪，シンプルな金のイヤリング，ネックレス，ピン以外の物を加えると，やりすぎである。ビジネスにおける女性へのルールはふつう，5つのアクセサリーである。時計，指輪，イヤリング（2個でひとつと数える），シンプルなネックレス，そしてピンもしくはブレスレット。宝石をつけすぎることは，多くのビジネスウーマンが犯す誤りである。過度に宝石をつけることは，会話中の相手の気をそらさせてしまい，実際よりも地位が高いということを示す，もしくはあなたが自分の地位にどこか不安であることを示す (Fischer-Mirkin, 1995; Kaiser, 1999; Guerrero, DeVito & Hecht, 1999)。

アメリカ人の多くが，自分を表現するために利用する，もうひとつのタイプのアーチファクトは帽子である。西部では，麦わら製であろうが，フェルト製であろうが，

カウボーイハットがよく知られた自己表現手段のひとつである。大学に足を踏み入れれば，さまざまなタイプ，形状，フォルムの帽子を見つけられる。運動帽，画家の帽子，ジョン・ディア社のロゴ入り野球帽など。もちろん，野球帽をどのように着用するかは，何らかのメッセージを伝えると思われる。それらは着用者を定義し，役を割り振り，定型化するのに役立つ。現在では，一般的でないが，成熟，社会的地位，権威という認識を作り出すために，男性たちはしばしばビジネスハットを使用してきた。

すべての中で最も目立ち，おそらく最も数多く研究されたアーチファクトは，メガネである。発明以来，メガネは特定の性格特性と関連づけられてきている。これまでの研究では，メガネをかける人々が知的で，勤勉で，正直だと考えられることが示されている。別の研究では，メガネをかけている女性は信心深く，慣習的で，想像的ではないと見られることが見いだされた。少なくとも，女性にとっては，メガネと関連した一般的な認識は，どこか否定的なものである。これはなぜコンタクトレンズ着用者の大多数が女性であり，なぜ男性よりも女性が視力を矯正するために，目の外科手術を選択するのかを説明すると思われる。しかし，1980年代初頭以来，メガネフレームの製造会社は想像力に富んだ製品を生産するようになってきている。デザイナーズフレームやその他の技術革新によって，メガネの認識や使用が変化し，ほんの数年前には不可能だったやり方で，着用者は自分自身を表現できるようになった。

また，メガネはそれを扱うやり方でメッセージを伝えることができる。メガネをかける人々は，自分の自己イメージや感情状態について，多様な信号を送ることができる。たとえば，ふつう，ツルの先を噛むことは，緊張や緊迫，ストレスのサインである。メガネ着用者が両方のツルに同時に触れると，深い集中が伝達されうる。自分のメガネを絶えず広げたり，折りたたんだりする人は退屈を示している。発話中にメガネのジェスチャーをすると，ポイントを明確に強調できる。他の人を直接見るために，自分のメガネを額上へ押し上げる人は，誠実さやオープンであろうとする意志を十分に明示するだろう。鼻の先にメガネを置き，フレームの上部から覗き見ることは，統制や権力，疑惑というメッセージを送出すると考えられる。

ここでは，あなたが毎日伝達する社会的，文化的手がかりの原因となる多数のアーチファクトの中のごくわずかについて議論した。それらはほんの少しだろう。しかしながら，外見的特徴を通じてあなたが他者に送出する潜在的な非言語メッセージを調べる時，小さな襟ピンや質素なネックレス，飾りのないイヤリングを退けるべきではない。他者は衣服と同じように，アーチファクトによって，あなたを判断する。アーチファクトはあなたの自己イメージ，所属，社会的，政治的態度を伝える。この次に，自分の好きなTシャツのひとつを着ようと思った時に，そのシャツを見てみよう。そのシャツが何を示すのか読みとろう。それはそこに書かれた「Just do me！」よりはるかに多くのことを伝えているかもしれない。

用語集

- **外見強迫観念**（appearance obsession）：自分の外見に過度に注意を向ける傾向。
- **アーチファクト**（artifacts）：自分たちの身体と衣服を飾るアクセサリー類。
- **魅力**（attractiveness）：他者を関係を持ちたい人であると認識する度合い。
- **頭脳緊張型心理タイプ**（cerebrotonic psychological type）：緊張，不格好，細心，機転が利く，無関心。
- **外胚葉型**（ectomorphs）：虚弱な見かけ，平板な胸板，未発達な筋肉を持つ，骨張った，痩せた，背の高い人々。
- **内胚葉型**（endomorphs）：丸みを帯びた，楕円形の身体を持つ人々で，いくぶんか体重が重く（必ずしも肥満体ではない），西洋なし型として記述されることが多い。
- **ホモフィリィ**（homophily）：人々の間の類似性のことである。
- **イメージ固定**（image fixation）：人が自分自身のイメージや身体について持つ長期間にわたり，固定された見解。
- **中胚葉型**（mesomorphs）：肩が広く，尻が狭い三角形の身体形状を持つ人々。彼らの形状は頑丈で，たくましい。
- **個人的身体概念**（personal body concept）：自分の身体がどれくらい魅力的であるか，何を自分の身体の属性であると認識するかについて持つ認識。
- **身体的魅力**（physical attractiveness）：他者を外見的特徴によって魅力的であると認識する度合い。
- **社会的魅力**（social attractiveness）：他者を社交的につきあいたい人として認識する度合い。
- **身体緊張型心理タイプ**（somatotonic psychological type）：自信，精力的，支配的，積極的，短気。
- **体格類型論**（somatotyping）：個人を3つの身体タイプのひとつに分類するために使用される方法：内胚葉型，中胚葉型，外胚葉型。
- **職業的魅力**（task attractiveness）：他者を一緒に働き，仕事を行なう，もしくは同僚対チームメートにしたい人として認識する度合い。
- **内臓緊張型心理タイプ**（viscerotonic psychological type）：鈍い，社交的，感情的，寛大，くつろいだ。

3章

ジェスチャーと動作

　いろいろな人々や文化に接するビジネスマンは，さまざまな文化の中で数多くのジェスチャーと身体動作を，素早く理解し学習する。顧客となる見込みのある人と話す時の，ジェスチャーと身体動作の重要性を学習しないのは，成功しないビジネスマンだけである。われわれがジェスチャーと動作を交えて話をする時には，さまざまな意味を作り出すことができる。まず初めに，状況に合った適切なあいさつを知っている必要がある。うなずき，お辞儀，キス，握手，笑顔，手を振る，頬を合わせる，鼻をすり合わせる。これらは世界中で行なわれている広く知られたあいさつである。あいさつの時に不適切なジェスチャーを行なえば，ドアはけっしてあなたには開かないだろう。

　以下の設問に答え，他者の答えと比較してみよう。

1. あなたの文化であいさつに使うジェスチャーは何？
2. さようならのジェスチャーは何？
3. よくやった（good job, well done）のジェスチャーは何？
4. 同意を示すジェスチャーは何？
5. 不同意を示すジェスチャーは何？
6. 私は空腹であるのジェスチャーは何？
7. 何時ですかのジェスチャーは何？
8. 私は喉が渇いたのジェスチャーは何？
9. ここに来いのジェスチャーは何？
10. 向こうに行けのジェスチャーは何？
11. 私は本当にあなたに腹を立てているのジェスチャーは何？
12. 私は知らないのジェスチャーは何？

3章　ジェスチャーと動作

　ジェスチャーと身体動作は，人の言葉の裏側にある本当の気持ちをしばしば伝えることがある。ジェスチャーがどのように解釈されるのかというのは，しばしばそのジェスチャーや身体動作を使う状況によって，決定される。例として，ここである男性ドンが面接される状況を見てみよう。

　ドンは不安を感じ，神経質になり，心配になった。彼はその人生において，現実的な長期雇用のために面接を受けた経験がなかった。彼の以前の仕事は，バイトか，ほんの短い期間の仕事であった。長期の職を得られるように，だれかに印象づけるようなことや，未来志向の職を欲したことはなかった。彼は考え続けた。彼らは私を好きだろうか？　身だしなみをチェックすることを私は思い出せるだろうか？　若すぎて見られないだろうか？　信用に足る人物に見られるだろうか？　どうやって現われたらいいのだろうか？　ドンは朝の多くの時間を，身だしなみの分析に費やした。フィットしたジャケット，ネクタイのタイプ，フィットしたスラックスを分析し，濃紺のビジネススーツは受け入れられると確かめた。彼は靴を眺め，それが磨かれ，すり減っていないことを確認した。彼は長時間待ち，そわそわし，身もだえし，小刻みに体を揺すった。何も間違えていなかっただろうか？　面接を受ける企業に関して，彼は自分が得られる限りすべての情報を学習した。なぜ彼は気をもんでいるのだろう？

　彼は外の待合室で，他の数名の志願者たちと座って待った。他の志願者たちは彼と似ていた。面接官は，委員たちに会わせるために，彼らをひとりずつ呼んだ。まっすぐ立ち上がれ。警戒せよ。平静になれ。爪を噛むな。髪をかきあげるな。椅子のひじかけを指で叩くな！　その後，ドンは自分の手が髪の毛をかき上げていることに気づき，組んだ足がすぐにけいれんした。胸のうえで組まれていた腕を解き，深呼吸し，彼は自分自身を無理やり平静に座らせた。

　隣の椅子では身なりのよい女性が，雑誌を読みながら，平静に座っていた。彼女は前屈みでアクビをした。彼女の右側の男は，腕時計を見続けている。部屋の反対側では，別の女性が，掲示板の前をゆっくり歩いているのに，ドンは気づいた。彼女は時折，掲示された注意書きやパンフレットを指で弾いており，それから，何人かの面接を受ける人たちがいるホールのようすを心配そうに見下ろし，企業の代表者とともに姿を消した。「ドナルド・T・スミス」と，堅く引き締まった，強い真剣な声で呼ばれた。ドンは振り返り，代表者が手招きのジェスチャーをしているのを見た。ドンは近寄り，スマイルを見せ，震える手を伸ばし，腰を曲げてお辞儀をした。「神経質にならなくてもいいですよ。あなたがスミスさんですか？」と代表者は尋ねた。「おぉ，いえ，いえ，つまりマダム，いや，その，奥様，どういたしまして。あなたと会えて，本当にけっこうでございます」。恐怖を感じた時に下唇を噛むのが，ドンの一般的なふるまいだが，その癖は彼を裏切ることになった。

　本や記事の大量の流布によって，身体動作は，ボディランゲージ（body language）として一般的に知られるようになった（Argyle, 1975; Birdwhistell 1970; Fast, 1970; Henley,

1977; Malandro & Barker, 1983)。これらの書物は，われわれの動作，行為，ジェスチャー，動き，表示，けいれん，振り，揺り動かし，非言語行動，特定の状況でのジェスチャーと動作が，言語を構成していないということに気づかせてくれる助けとなる。これらはたんなるふるまいであり，他者がいくらかの意味を見いだしているのだろう。要するに，彼らはコミュニケートをしているのであろうが，現実の言語の様式のようには，身振りなどを行なっていない (Richmond, 1996b; Guerrero, DeVito & Hecht, 1999)。

動作学 (kinesics) とは，身体動作とジェスチャーがコミュニケーションに及ぼす影響を研究する学問である。1章で補完，強調，矛盾，反復，置換，調節の非言語コミュニケーションのさまざまな機能を紹介した。われわれの身体動作は，これらの機能に従事する多くのメッセージを提供している。

動作学のふるまいには，すべてのジェスチャー，頭部の挙動，視線行動，顔の表情，姿勢，胴体・脚・足・手・指の動作を含んでいる。研究者は幅広い展望から動作を研究したが，今日の非言語学者の多くは，動作のふるまいを状況から切り離して研究することは，事実上，無意味であり，おそらく不適当だということに同意するだろう。ある身体動作が，それが生じる限定された条件や文化の外側において，特定のメッセージとして象徴化するのはまれである。

われわれがあげたドンの行動の例を熟考してみよう。切迫した面接という，彼の特定の状況下に依存せず，これらのふるまいにあなたは特定の意味を割りつけることができるであろうか？　おそらく，できない。彼は耐えていると推測する人もいれば，彼はイライラしていると推測する人がいるかもしれない。それはわれわれが，彼の窮地の状態を理解し，彼の行動がイライラと心配のサインであることを知っているからである。

身体動作が状態を導くような状況に加え，われわれの文化，しつけ，民族・地理的な起源，社会的地位，および教育などの背景が，ジェスチャーと動作の意味に寄与しているという理解がさらに必要である。他の文化では，歩き方が異なるため，われわれの文化での男性の歩き方は，ある人々にとっては，彼の男らしさに関していくつかの疑問を抱かせるのかもしれない。北米人たちが使う「A-OK」のサインは，バッファロー，ニューヨーク，ダラス，テキサスでは，「よい」という意味を示す。親指と人差し指ではなく，たとえ親指と中指を使っても等価であるが，ラテンアメリカの文化でも同じ解釈を行なうと信頼することはできない。数十年にわたる広い範囲からの研究と正しい観察は，人の非言語行動をカテゴライズするというわれわれの試みた方法が間違っていたことを示した。彼や彼女と会話をしている間，足を交差することや他者から離れることは，あなたがその人を拒絶しているということを示さないかもしれない。たんに，その姿勢が気持ちよいだけなのかもしれない。

ジェスチャーと動作に関して，いくつかの方法で議論を行ないたいと思う。最初に，この非言語コミュニケーションの領域における理論的な見解について提示する。2番

目に，ジェスチャーや動作のタイプやカテゴリーについて議論を行なう。3番目に，ポスチャーの観念と，そのコミュニケーション時の可能性を論じる。そして最後に，他者とのコミュニケーションにおけるジェスチャーと動作の効果を調査することにする。

1 ジェスチャーと動作の理論的考察

　身体動作が他者に対して多くを物語っていることを，われわれはいつも直感的に知っている。ジェスチャーと動作は，われわれの言語的な対話において，例示や調節を可能にしている。われわれの身体動作を通じて，感情を伝達し，話の補強と強調，否定を起こすことができる。つい最近になってようやく，科学的な方法によって，人の動作を対象とした理論的な研究が行なわれるようになった。動作学に関する2つの一般的なアプローチがあり，1番目は構造上（structural）からのアプローチ，2番目は外部変数（external variable）からのアプローチである。それぞれの視点から，研究者たちは動作行動のコミュニケーションとしての潜在能力に関して，異なる仮説を立てている（Birdwhistell, 1952, 1970; Dittmann, 1971; Ekman, 1976; Ekman & Friesen, 1969a, 1969b, 1972, 1974; Johnson, Ekman & Friesen, 1975; Knapp & Hall 1992; Rogers, 1978; Richmond, 1996b)。

動作学への構造上からのアプローチ

　動作学への構造上からのアプローチをとる研究者間で共通している点は，コミュニケーションを構造的なシステムとして見ており，人々がある相互作用を行なう間の特定の行動は，このシステムから独立していると仮定していることである。これらの学者は，すべての行動は社会的に学習されると仮定し，コミュニケーションとしての有用性を持っていると信じている。バードウィステル（Birdwhistell, 1952, 1970）は，構造上からのアプローチを行なった最も有名な著者のひとりである。彼は，行動が起こる状況は非常に重要であるが，しかしながら，この行動は言語としての多くの基準を満たしているように見える，と信じている。言い換えると，行動には根本的な構造が存在し，ルールシステムの発見が可能なのである。行動は文や単語のように分解することが可能で，それゆえに，カテゴライズすることも可能である。このようにして，バードウィステルは言語と非言語を区別することを無意味だと考えた。彼の動作に対する言語学的なアプローチは，今日広く知られるところであり，よく討論されてきた。

　バードウィステル（Birdwhistell, 1952）の身体動作に関する研究手法によると，動作には，行動の最小かつ基本単位として識別されたアロキーン（allokine）と呼ばれるユニットが含まれている。われわれは通常，他者と対話中にこの微小なふるまい（microbehavior）を検出することはできない。最小単位のふるまいは素早く行なわれ

るために，通常はビデオレコーダーやコンピューターなどの機械的手段によって検出されなければならない。いくつかのアロキーンは一緒になって，より大きなふるまいのユニットであるキーン（kine）を形成する。バードウィステルは，キーンでさえ意味がないかもしれないと言う。複数のキーンが合わさったのが，より大きなふるまいのユニットであるキネメス（kinemes）である。キネメスによる動作は，異なる意味が割り当てられる身体動作では最小のセットとなる。これは言語学の音素単位と類似している。言語における音素とは音素論上の最小単位である。バードウィステルはキネモルフェメス（kinemorphemes）を構築した。これを言語学との類似性に対応させるならば，形態素に相当するユニットであり，言語での最小単位の意味であり，単語や単語の要素を構成するものである。このように，バードウィステルは，言語コミュニケーションのカテゴリー分類である，異音（allophone），音（phone），音素（phoneme），形態素（morpheme），意味論（semantics），統語論（syntax），文法（grammar）をモデルとして，動作システムをカテゴリー分類するための基礎とした。

ディットマン（Dittmann, 1971）は，バードウィステルの動作学へのアプローチに対する有名な批評者であり，われわれが言語で行なうような処理を非言語行動に対しても行なうことができるという確信を却下した。ディットマンは，言語のコミュニケーションシステムと同じ構造を持つという動作学の基本的な仮説は，存立不可能であると述べている。彼の主張は，すべての話し言葉というのは不連続であり，情報の断片に分離できるが，しかしながら，わずかの例を除けば，身体動作・身振りというのは，これらの基準を満たしていない。多くは（大部分ではないとしても）連続的であると考えられるに違いなく，それゆえに，言語学のシステムのような処理や研究は不可能である。ディットマンは，動作の各要素がその要素自体の内部ルールに基づいて動作集合を形成し，それらがグループ化されているという証拠が，ほとんどないと示唆する。他のバードウィステルの批評者は，彼のアプローチでは身体動作は構造化されているということを押しつけるので，研究者が前提条件とするモデルにむしろフィットするかもしれないが，仮にその構造が存在しないとしても，それを観察させるように研究者を導いてしまう，として警告した。

しかしながら，ディットマンと他の批評者は，バードウィステルの提案した身振りと身体動作がたいせつな情報源であるという点には，強く同意した。彼らは言語と非言語行動が区別なく構成できるという部分に対して，異を唱えたのである。おそらく，あなたもそう思っているように，この論争では，われわれは確固としてディットマン側に立つ。1章で記述した言語と非言語行動の区別は重要である。言語モデルを基礎とした研究の流れは，人のコミュニケーションの理解には有効ではなく，今日ではコミュニケーション研究者の間で人気を失ってしまっている。

動作学への外部変数からのアプローチ

　他のほとんどの研究者は，バードウィステルとは異なる，外部変数からのアプローチを身体動作の研究に関して使用している。エックマン（Ekman, 1976）は，この件における最も有名なひとりである。彼は実験を行なって行動を観察することから始め，次にその発見に基づいて理論を展開している。エックマンとその同僚は，肉眼では見ることが不可能な微小なふるまいには興味を持たなかった。彼らはアロキーンやキーンが存在するという仮説が現実世界で使われているのを発見できなかった。ゆえに，社会的な対話が彼らに要求している非言語的な行動の機能となる，ふるまいの基本ユニットを考察することに関心がある，とエックマンとフリーセン（Ekman & Friesen, 1969a, 1969b）はしばしば明言した。エックマンとフリーセンは，人のジェスチャーや動作の分類は，どのような観察者でも容易に見ることが可能な動きに基づくべきであると述べている。平均的な観測者によって認識できないような動きならば，どのようにして彼らが話し合っている時に気づけるのであろうか？　もちろん，気づけない。もしそうでないとするならば，無意識的な影響でしかない。

　また，エックマンとフリーセン（Ekman & Friesen, 1969a, 1969b, 1972, 1974）は，非言語的な行為の情報伝達のタイプについても興味を持っていた。動作は，個人特有の情報や，すでに共有されている情報を伝達することが可能である。ある個人のみに関して理解されている動作とジェスチャーは，個人特有の意味を生成する。すなわち，これらの非言語的な動作は，たとえ同じグループ内でも違う人が用いれば，異なる意味として扱われる。さらに，そのようなふるまいの周囲にある特定の状況の知識は，それらの理解のために最も重要である。共有された意味を作り出す非言語的な動作は，その文化やグループ内のほとんどの人が同様に解釈する。ミドルフィンガーと勝利のサイン（Victory sign）のふるまいは，アメリカ合衆国の文化によって意味が共有されている例である。逆に，ある人物がストレスを感じた時に応じて，ある特定の動作，たとえば腕を振る，または爪を噛むような行為は，近くにいるほとんどの人には意味のない刺激であるのに対し，ある観測者（たとえば，配偶者のような人物）は，そのふるまいを心配のサインだと悟る。これは個人特有の意味である。

　エックマンとフリーセンは，個人特有の区別を拡大して，生得的・先天的な行動と，社会的な相互作用と文化の影響から学ばれる行動とを分類した。多くの身振りと動作は，生得的・先天的なものであり，われわれが育つようにそれも育ち，発展し，成熟し，他者を傾聴したり観察したりして，また他者をモデルとして，コミュニケーションする時にわれわれの文化におけるより洗練された手段として，発展や学習を始めるものだ，というエックマンとフリーセンの意見に，われわれは一般的に同意する。エックマンとフリーセンの動作学のシステムとは，先天的な傾向があり，また同時に行動は学ぶことによって機能する。

　エックマンとフリーセンの研究と考察によって考案された，ジェスチャーと動作の

分類システムは，最も一般的に容認されている。彼らが展開させたカテゴリー分類を用いて，今から身体上の動作のタイプについて議論しよう。

2 ジェスチャーと動作のタイプ

人間の身振りおよび動作は，エンブレム（emblem），例示的動作（illustrator），調整的動作（regulator），情動表出（affected display），適応的動作（adaptor）という5種類に分類されるだろう (Ekman, 1976; Ekman & Friesen, 1969a, 1969b, 1972, 1974; Scherer & Ekman, 1982)。以下にそれぞれのタイプを示し，その特性について記述する。

エンブレム

最初の身体動作はエンブレムである。エンブレムは会話から独立したジェスチャーであるとしばしば言われる。ジェスチャーはエンブレムとして分類される以前に，いくつかの特色がある。

・エンブレムは，言語を直接的に換言したジェスチャーや動作である。
・エンブレムは，集団，階級，文化，サブカルチャーに属するすべての人，もしくはほとんどの人によって知られている。
・他者の意向に特定の意味を与える刺激として，言語によるコミュニケーションの代わりに使うことが可能である。だれかが「A-OK」のサインをすれば，共有された典型的な意味を正確に作り出す。われわれの文化では，伝えられたジェスチャーのメッセージを理解しそこなうことはほとんどない。アメリカの手話（American Sign Language: ASL）を知っている人は，このジェスチャーを基本とした表象的な言語によって，より完全に伝達することが可能である。もちろん，これは完全な言語システムであるが，ジェスチャーと動作にまったく関連がないわけではない。
・エンブレムはメッセージの発信者が意図的に，特定のメッセージを個人やグループに向けて伝達するように使われる。無意図的に，さようならと手を振ることや，通過する車に乗せてもらうために，道路の脇で親指を立てることは，例外的である。
・エンブレムの使用者はみずからの行為に気づいており，動作やジェスチャーをコントロールしている。発信者は本質的にメッセージを送った責任を負う。
・エンブレムはそのふるまいに正確な意味を付与するため，社会や文化の中で学ばれる。
・エンブレムは多くの場合において，言葉を話す代わりに使うことが可能である。

一般的に，エンブレムは非言語的な行動として分類されるが，他の非言語行動に比べ，言語によるコミュニケーションと同様に分類される。直接的な言語の言い換えや作為的な使用のみならず，エンブレムは言語と同様の方法で，社会的に学ばれるものである。さらに，エンブレムはそれ自体が言語に非常に似ている。われわれは任意に意味を割り当てるが，行為に意味を結びつける方法というのは，単語に意味を結びつける方法に高い類似性がある。最後に，エンブレムは言葉と同じように，異なる文化の人々にとっては，まったく異なった意味があるかもしれないし，反対にまったく意味がないかもしれない。エンブレムは言語に近いために，言語行動と非言語行動という連続体を考えたほうが，言語・非言語と二分して考えるよりもよいかもしれない。言語行動と非言語行動を両極に持つ連続体として表現するならば，エンブレムはその連続体の，どこかの中央あたりに存在することになる。

　　　　言語行動　_____　エンブレム　_____　非言語行動

　われわれの文化には，いくつかのよく知られた意味を持つエンブレムがあるが，異なる文化では，完全に意味が異なることがある。「A-OK」のサインは，アメリカ文化では肯定的に見られるが，他の文化ではわいせつなジェスチャー，金銭のシンボル，または意味がないと見られる。エックマン（Ekman, 1976）とケンドンとファーバー（Kendon & Ferber, 1973）は，他のある文化においては，こんにちはやさようならのジェスチャーとして一般的かもしれないと示唆した。たくさんの文化の中では，ジェスチャーの他の候補として，次のような合図としても使われるだろう。同意，不同意，嫌い，好き，空腹，渇き，切望，止まれ，行け，疑い，疲労，幸福，悲しみ，驚き。スマイルだけが例外であるが，それ以外には世界的に普遍なジェスチャーというのは，ほとんどない。要約すると，ジェスチャーの大部分は，状況や文化の範囲内でのみ解釈されるべきである。

例示的動作

　話し言葉に密接に関連し，発話している内容の説明を支援するジェスチャーや動作は，例示的動作と呼ばれている。しばしばこれらはスピーチにつながりのあるジェスチャーであると言われている。例示的動作は，エンブレムのように，通例は意図的なものである。しかしながら，エンブレムとは異なり，意味は独立しておらず，言語と同じ手段として刺激を与えるわけではない。すなわち，例示的動作とは，発話をともなわなければわずかな意味，もしくは無意味なものでしかない。テレビの音量を下げて，スクリーン上の人々の動作を観察してみよう。あなたがすばらしい読唇術者でない限り，正確にすべての動作を理解するのは極度にむずかしくなるはずだ。発話をともなわない例示的動作のふるまいに，特定の意味を割り当てることはほとんど不可能

である。例示的動作は通常，それらにともなう言葉がなければ，ほとんど意味を持たない。

　一般的に，例示的動作には4つのカテゴリーがある。1番目のカテゴリーは，スピーチの指示や説明に関連するジェスチャーである。スピーチの指示や説明に関連するジェスチャーとは，たとえば，ある人が「こんなに大きな魚を釣った！」という時に，手と手を遠くに離すようにして，話したことや考え方を図示することである。スピーチの指示に関連するジェスチャーをあなた自身で作ってみよう。

　2番目のカテゴリーは，スピーチの指示や説明のもとになるものとの関連を示唆するジェスチャーである。このジェスチャーはその発信者の文化への順応や，指示対象への意向を示唆する。たとえば，われわれが釣った魚はどういう味でしたかと，だれかに尋ねられた時に，まあまあ（so-so）でしたよと答えるとともに，手のひらを下にしてひらひらとひねりながらまあまあという図示を行なうだろう。あるいは，舌を突き出し，頭を振りながら「とてもひどいものだった」と言うだろう。

　3番目のカテゴリーは，対話において話した言葉やメッセージの句読点のような中断や，強調を行なうジェスチャーである。たとえば，3つのアイデアを話す場合，それぞれのアイデアの分かれ目や，各アイデアを強調する部分に対して，異なる指を立てるだろう。

　4番目のカテゴリーは，会話の情報を組織化し，管理し，指示する助けとなる相互作用のジェスチャーである。このジェスチャーは，スピーチの接合として用いられる傾向がある。相手が発話を始めるシグナルであり，そうでなければ沈黙が残る。たとえば，頭，手，目，身体動作で行なうことが可能で，スピーチの合図や強調になる。

　研究者や開業医などの現場の人に，この例示的動作は，面と向かった状態での対話の場合でよりしばしば用いられることを発見した。面と向かった状態でのコミュニケーションでは，発言者が意味を明確にするためにあえて例示的動作を用いた。面と向かっていない状態での対話では，われわれはスピーチを明確にするために，他の形式の非言語行動を必要とする。しかしながら例示的動作は言葉によるコミュニケーションと密接に関係しているために，テクノロジー（たとえば，電話）経由で情報を交換する場合ですら，自然にプレゼンテーションの自然な一部分として例示的動作を使うだろう。われわれは面と向かった状態での対話において，たとえ相手がその意味を理解したかどうかにかかわらず，例示的動作をしばしば使用する。言い換えると，われわれは説明を明確にするのを好むがゆえに，例示的動作を使用する。つまり，例示的動作が発話に同調して用いられる場合，コミュニケーションは滑らかに，より流暢に，より少ない混乱で行なわれる。例示的動作が発話に同調せずに用いられる場合，コミュニケーションは途切れ途切れで，デコボコし，流暢さが失われ，混乱したものとなる。会話における例示的動作が同調していない場合，発話が重なってしまう。発話を行なうターンではない時に話し，しばしば他者によって発言が遮られてしま

うであろう。

　何人かの著者は，用途にかなった機能に依存した例示的動作の付加的なタイプを提案している。それはここで評価した4つのカテゴリーのいくつかにきわめて近いものである。バトン（baton）と呼ばれる一種のジェスチャーは，話した単語，節，文を強調するのに用いられる。たとえば，あなたが話していることの切迫さを強調したい場合に，テーブルの上を手でバンと叩くことによってバトンを使う。表意文字（ideograph）とは，ほとんどの著者によれば，話者の認知プロセスを代理するものであり，ある個人が彼らの考えを単語として示すことがむずかしい時に一般的に行なわれている。答えを出そうと挑み考えている間に，指をくり返しスナップさせるのは表意文字の例である。象形文字（pictograph）とは，スピーチに含まれている絵や図を，役立つようにジェスチャーや動作で描くことである。魅力的な人物を友人に描写する際に，空中に男性や女性の図のアウトラインを描くことは象形文字の例である。

調整的動作

　日々，他者と対話する時にありながらも，見えないものについてしばらく考えてみよう。互いに相手を観察できない状況の対話では，相互作用は困難なものになり，相当量の誤った伝達が生じたことが，ある研究によって示された。このようなことが発生した原因は，ジェスチャーや動作（を互いに観察すること）が対話の調整を支援しているためである。これは，視覚に障害がある人と初めて対話する時の困難さに気づくのと同様である。われわれは，ジェスチャーや動作に対する応答を無意識的に予期するが，そのことには気づいていない。一度この事実を理解したとしても，われわれにはまだ非言語的な支援のない対話では，どのようにして調整しているのかを見抜かなければならないという問題があるだろう。

　調整的動作とは，ジェスチャーや身体動作であり，目や言葉の合図と同時に行ない，対話の維持や，話し手と聞き手の間で行き来する対話を調整するものである。調整的動作はエンブレムや例示的動作ほど作為的なものではない。調整的動作は徐々に学ばれるものであり，コミュニケーションの社会的なプロセスとして必須なものである。通例では深く染み込んだ習慣となるまで学習される。この他者との会話を調整・調節するふるまいを，われわれが意識することはまれである。

　ケンドンとファーバー（Kendon & Ferber, 1973）は，あいさつを行なう状況下，調整的動作や調整的動作モードの行為が行なわれる一般的な相互作用として，以下の6つの段階に分類した。

1. 照準と方向を合わせる，アプローチの初期段階である。
2. 長距離のあいさつ。ジェスチャーと動作は公式に批准され，一連のあいさつ行為が始まったことと，参加者がだれなのかが認められる。スマイル，手を振る，う

なずきなどはすべて公式に認められた段階の一部である。
3. 頭を少し下げる。これは心理学的な定位の変更と動作の移行期であることを意味する。あいさつの参加者が他のあいさつの参加者を追跡しないと，この段階は観測されないだろう。
4. 接近。あいさつプロセスが継続していると仮定する。参加者はいくつかの非言語的行為による意味のあるアプローチを行なう。互いに互いの方向に移動して，見つめ，身繕いをして，片手または両手を伸ばす。
5. 最終的接近。参加者間の距離は 300cm 未満である。スマイル，視線の一致，よりいっそうの面と向かった相互作用がある。
6. 密接したあいさつ。あいさつ儀式の参加者は立った状態で交渉する。彼らは儀式的なスピーチ（こんにちは，ご機嫌いかがですか？）を行ない，もし状況が身体接触（握手，肩をポンとたたく，抱擁）を必要としているならば，ここで行なわれる。

さて，相手に対して会話の終了に用いられるふるまいの合図を熟考してみよう。あなたが話をしたくなる特別な行為は何か？　あなたが話をしたくなくなる行為は何か？

コミュニケーションでのターン取得を管理することは，調整的動作のおもな機能である。それはわれわれが会話を行なう間，話し手と聞き手の役割を交換するために必要なものである。目的はもちろん，役割を滑らかに，かつ，流動的に交代することである。コミュニケーションのターン取得行動（turn-taking behavior）とは，話し手が話を続けることや，話のターンを譲渡すること，また聞き手が話のターンを要求することや，話の誘いを辞退することと分類される (Duncan, 1972, 1974)。

- ターン譲渡の合図（turn-yielding cue）は，話し手が話を終えるのを希望し，かつ聞き手に話し手の役割となる機会を与えたい場合に，話し手によって与えられるものである。これらの動作は，相手に体を向け，前傾姿勢で，「おいで，私はあなたの話を聞くつもりだ」と言っているような，手や頭を使った，招くようなジェスチャー，うなずき，多数の目や声による合図（アイコンタクトの増加，声の抑揚の増加，もしくはたんに長めの静寂）の発生を含む。譲渡の合図は，相手話者とのコミュニケーションにブレーキをかけることを早めるふるまいであり，あなたは発話の停止にいたるだろう。
- ターン維持の合図（turn-maintaining cue）は，会話を継続したい話し手によって使用される。とくに，聞き手が途中で割り込もうとした時に観測することができる。最小限のアイコンタクト，話速と声量の増加，相手に体を向けず，発話の間を満たし，停止のジェスチャー（交通整理の人が車を停止させている間のよう

に，腕をあげ，手のひらを聞き手の顔に向けるような行為）は，すべてターン維持の合図である。これらの行為によって，あなたはまだもっと話をしたい，と聞き手に伝達する。
- ターン要求の調整的動作（turn-requesting regulator）は，話したい，という聞き手が話し手に向けたシグナルである。要求の合図は手や人差し指をあげたり，聞き取れるように息を吸い込んだり，まっすぐに張りつめた姿勢や，その他話し手の注意を引くふるまいである。音声的には咳ばらいの音や口ごもりなどで，話し手のターン要求を始める。ある著者は，話し手を話のゴールへと急がせることにも，要求の合図が使われることを提案した。同意のシグナルとして速いうなずきを行なうことや，手を回転させるジェスチャーによって，通常より早く，話し手にその主張を行なわせることが可能である。
- 最後に，聞き手が話し手のターンになることを辞退する合図がある。これはたんにターン否定行動（turn-denying behavior）と呼ばれている。沈黙したままリラックスした姿勢を維持し，ゆっくりと周期的な肯定のうなずきを行ない，「うんうん（uh-huh）」のような肯定的な声を発する。「うんうん」は通例，話を続けることを奨励している。

コミュニケーションにおいてターンを管理する合図は，対話の流れを監督し，構成し，コントロールすることの支援を可能にする。これらの合図は会話の滑らかさ，流れ，同調を維持する支えにもなる。

情動表出

身体動作における4番目のカテゴリーは情動表出である。これらの合図はおもに顔の表情であるが，感情の状態や気分に関する情報を導くポスチャー（ポスチャーに関しては後述），歩き方，四肢の動作，他の行動も含まれる。情動表出では，感情の反応が何に向かっているのか，どの程度の強さなのか，の両方を示す。

ほとんどではないにしても，多くの人々は，実際に感じていない感情を描写することもできる。他人に気づかせることが不適切な場合，多くの人々にとって彼らが感じている感情の表現を抑制することも，同様に可能である。しかしながら，通常は，本当の感情の状態を暴露するような行動は故意ではない。たとえそれに気づいていたとしても。たとえば，われわれが恐怖や不安を経験している時には，膝の震えを感じ，手が震えることがあるが，それを制御することはしばしば不可能である。

適応的動作

非言語行動の5番目のカテゴリーは適応的動作である。適応的動作は本当に何気なく行なっている行動であり，通例は倦怠やストレスの反応で，自分自身や他者に対す

る否定的感情に非常に密接な関係がある。これらの行動は，幼い時期に学習した対処の痕跡である。何人かの著者によると適応的動作とは，かつて，肉体や感情のニーズ，道具的行動の学習によるニーズに対処した，われわれの努力の一部だった。これらは，状況，社会，文化の影響に対応して，本質的にわれわれに一度は許された行動である。ゴールに向かうための行動の痕跡として，それは後に自動的に，癖となる行為として描写できる。

　人々は毎日，実際に適応的動作のふるまいをとても多く行なっている。たとえばあなたは，鼻を触る，ペンや鉛筆で机を叩く，耳たぶを引っ張る，腕をこする，手の中で物をもてあそんでいることに気づいているだろうか？　唇を噛むこと，つめを噛むことは一般的に受け入れられていない行為であるが，まったくの見知らぬ人の前でそれらを行なっていることをしばしば見かける。唇やつめを噛む行為は，適応的動作である。

　多くの研究者が，適応的動作を特徴づけ，異なる3つのタイプに分類した。自己適応的動作（self-adaptor）は，個人がみずからの身体を操作する非言語的な動作である。引っかく，こする，髪の毛をねじることは，よく知られている自己適応的動作である。代替的な指示による適応的動作（alter-directed adaptor）は，他者から個人を防護するように設計された動作である。腕組みは，言語や非言語の攻撃から守ることを示しているのだろう。また，対話中の無意識な足の動きは，他者を近づけたくないという弱く抑圧された願望を意味するのだろう。最後に，焦点を物に置いた適応的動作（object-focused adaptor）がある。これは無意識の間に特定の物を操作する動作であり，たとえば，ペンをトントンと叩く，タバコを吸う，指輪をひねる行為が含まれる。何人かの話し手は，話をする間，チョークを手に持つことが必要だと感じている。

3　欺瞞の手がかり

　たとえ話者が効果的に，いかなる手がかりを隠匿できたと信じていたとしても，多くの人々はそれが頻繁になされるならば，欺瞞（deception）を身体動作から検知することが可能だと信じている。欺瞞と動作の研究では，人の顔や頭の動きは，他の身体の部分に比べて嘘の手がかりをより隠すことが可能であると示した。顔と頭を手がかりとして嘘を見抜くより，体だけを観測したほうが，嘘つきがだれであるかをわずかに推測しやすいといういくつかの研究がある。しかし，いつでも嘘つきを見つけられるとの仮定はできない。時間制限を設けずに，観察者がビデオテープを用いて観測を再検討しても，身体の動作の観測から嘘を見抜くことは，あてずっぽうよりは有意義である，という結果は出ていないのである。ここに，欺瞞を見抜くいくつかの結論

が必要となるだろう。非言語的な記号化とその解読のされかたとして，欺瞞に関して，以下のような結論を述べるのは，差し支えないと思われる。

- ある人が嘘をつく場合に，嘘の質，嘘をつく人，嘘をつかれる人，状況等に依存して嘘を表現する時に，特定の行動が現われそうである。
- 嘘つきが欺瞞を行なう時に，頭と顔の動作（身体の上から約 30cm）を制御することを学ぶが，すべての非言語行動をコントロールするのはむずかしい。
- 欺瞞の手がかりが漏えいすることは，感情の違いや，人や状況によって異なるので，だれでも同じというわけではない。
- ほとんどの詐欺師の嘘を検知することは，ほとんど不可能である。多くの人々は，嘘に関して罪を感じず，彼らは嘘をついていないと確信しており，また，嘘をつかれる人はそれを信じるだろうと確信している非常に熟練した嘘つきである。
- 魅力的な人々は，魅力的でない人々に比べ，真実ではないものをより他人に納得させそうである。その論拠として，魅力的な人はより多くのコミュニケーションを受ける機会があり，さまざまなコミュニケーションの状況に対して信頼を得ているので，それゆえに，彼らが嘘をつく時の言語と非言語のコントロールはより容易に行なうことが可能である。彼らはまた聞き手の疑惑に対し，有利な解釈を与える可能性がありそうである。醜い詐欺師の成功例はほとんどない。
- 正直そうな顔の容貌や情動表出を持つ子どもや大人は，もし彼らが嘘つきであるとだれかが考えたとしても，その疑惑に対して有利な解釈を与える。「この人は嘘つきではない，彼や彼女はあまりにも正直者に見える」としばしば言うことがある。
- 欺瞞を識別することは困難である。よからぬ情動表出をしているからこの人は嘘つきだとか，正直な情動表出をしているからあの人は真実を語っている，といううぬぼれをわれわれは警戒すべきである。

人々は，嘘つきを高い正確さを持って見抜くことが可能であると主張している。欺瞞とは，数十年間にわたって心理学者とコミュニケーション学者を先導した主要な研究トピックだった。ごく少数の高い訓練を受けた保安要員を除けば，たとえ特別な訓練を受けていたとしても，ほとんどの人の能力は驚くほどに低い。それはコインで決めるのとほとんど同じぐらいに。嘘つきの可能性がある人物をよく知っている場合にのみ，彼らが嘘をつく場合の個人的な特性を知っているがゆえに，嘘を見抜く正確さはわずかに上がる。見知らぬ人の非言語行動を探すことは，嘘つきを見つけるのに嘘発見器を使うのと同じぐらいに無益である。嘘発見器の結果がアメリカの刑事裁判で証拠として用いられないことと，事件に巻き込まれた人の証言が役に立たないことは，ともにわれわれの文化では神話に基づいている。もっと現実的になろう。人々

はあなたに嘘をつくだろうが，あなたはだれが嘘をついているのかを知る方法を持たないだろう。非言語行動のエキスパートになり，誤った安心感を得ることは可能であるが，それはあなたを護らないだろう（DePaulo, 1988; DePaulo & Kirkendol, 1988; Goleman, 1999; McCroskey & Richmond, 1996; Richmond, 1996b; Rosenfeld, 1966a, 1966b, 1982）。

　社会的な小さな嘘があるように，すべての嘘が犯罪的なものや，悪いものではない。この社会的な小さな嘘は，家族，友人，仕事上関係ある人の中で発生する。ホールは，社会的な嘘に注意を促すのは，気転の利かない無作法なことだろうと示唆している。ほとんどの社会的な嘘は礼儀正しさの一部であり，一般的には無害で意味のないものである（DePaulo, 1988; Goffman, 1959, 1967; Hall, 1996, 1998）。

4　ポスチャー

　ヘレンは月曜の朝，オフィスに歩いていった。彼女はコート掛けまでぶらつき，彼女のジャケットと手袋をかけた。ヘレンは郵便受けをチェックして，積み重なったいろいろなメモや手紙をゆっくりと引き出し，さっと目を通し，それらを机の端に降ろした。それから彼女はしなやかに彼女の椅子に座り，財布を机の一番下の引き出しに投げ入れた。ワードプロセッサーにテープで貼られた彼女の上司からのメモを読んだ後，彼女はため息をつき，仕事を始めようと机に寄りかかった。彼女の同僚であるジャネットはヘレンをちらりと見た。ジャネットはいくぶん困惑し，ジロジロと眺めてから言った。「ヘレン，今朝の調子は？」。ヘレンは間をおいて，彼女の傾いた頭を少し起こして言った。「調子いいよ，どうして？」。すべてのことを退けてジャネットは答えた。「なんでもない。仕事に戻ったほうがよさそうね」。

　上記のシナリオを読んで，なぜジャネットが気遣ったのか，あなたはおそらく当惑するだろう。ジャネットが鍵とした，ヘレンがおそらく気づかずに伝えていた視覚的な動作学の合図は，ここでは明白になっていないだろう。ジャネットはヘレンのポスチャー（posture）からメッセージを受け取っていた。この月曜の朝，ヘレンの両肩は下がっていた。彼女の頭はわずかに下を向き，スランプのように見えた。オフィスまで彼女はゆっくりと歩き，フロアではトボトボと歩いているように見えた。ヘレンはふつう，すがすがしく堂々と歩いていた。今日は違う。ジャネットの考えでは，それは明確に遅く，苦心している歩きぶりだ。

　前述したように，ポスチャーは感情の状態や関係性の豊かな情報源となりうる。歩き方では，弾んでいるか，またブラブラ歩いているかどうかで他にメッセージを送っている。座り方では，興味があるか，また退屈しているかを示すことが可能である。対話中の他の人々に対する体の向きは，関係性や感情の多くを語っている。あなたは，他者の立ち方，寝方，寄りかかり方，もたれかかり方，もたせかけ方，休息の取り方

から，社会的なシグナルを受け取ることが可能である。

ポスチャーはどのように伝達するのか？

　身体動作とジェスチャーの主要な著者であるメラビアン（Mehrabian, 1969a, 1969b, 1971, 1972, 1981）は，ポスチャーにはおもに2つの次元があると仮定した。その次元によってわれわれは外に態度をメッセージとして伝達している。1番目の次元は，接近性（immediacy）と呼ばれている。この接近性の概念に関しては，後の章でより深く議論することにする。今のところ，接近的な態度のポスチャーによるふるまいというのは，正面向きの体，対称なポジショニング，前屈姿勢で表わされるものが含まれる（Richmond, 2002a）。

　メラビアンによって識別された2番目の次元は，緩和（relaxation）と呼ばれている。緩和によるリラックスしたふるまいとは，後反姿勢，手足の緊張の緩和，非対称なポジショニングを含む。

　メラビアンの成果による基本的な考えでは，われわれは肯定的な態度に沿い，親密性と緩和によるポスチャーのポジションを示すことによって，開放的・自発的な意思疎通が可能であるということである。一方，われわれのポスチャーは他者を閉ざし，コミュニケーションを遮断することも可能である。コミュニケート性のないポスチャーの合図は，視界を縮小して，対人距離が長くなり落胆した対話をする傾向がある。

　動作学の分野でシェフレン（Scheflen, 1964）は，注目に値するもうひとりの著者兼研究者であり，われわれは多くの方法で，ポスチャーによる意思伝達が可能であると強く主張している。シェフレンは，人と相互作用を行なっているすべてのポスチャーを，包括的か非包括的か（inclusive or noninclusive），面と向かい合うのか平行な体の向きか（face-to-face or parallel body orientation），適合か不適合か（congruence or incongruence）と，大きく3つのカテゴリーに分類した。

包括的−非包括的

　このカテゴリーに属するポスチャーの合図とは，他人を包括するのか，締め出すのかのどちらかの動作やポジションである。社交界の組織によって開催されたパーティーにいると想像してみよう。そこには大きな広場や舞踏場があり，参加者が大勢集まっているだろう。あなたが部屋を見渡せば，小さなグループや，囲んで話をしている場所が形成されているのを見つけることができる。とくに，他のパーティー参加者を事実上無視しながら，内輪でとても盛り上がっている4人からなるグループにあなたは気づく。彼らのポスチャーによって，この小さなグループは他の人々に，彼らは含まれていないと情報を発している。あなたはそれぞれの4人をよく知っているが，近づくことや，彼らの一部になることをためらうであろう。なぜなら彼らは非包括的な合図を送っているのだから。

面と向かう－平行な体の向き

このカテゴリーは，おもに，2人の人物が会話をしている時のポスチャーの関係性に言及する。本質的に，2人が会話に従事する間にできることは，面と向かうか並んで立ったり座ったり，ということになる。このポスチャーの向きはたくさんの関係性を伝えてくれる。たとえば，面と向かったポジションだと，より形式的で業務的な関係を示すだろう。連続的に相手をモニターする必要性を感じると，あなたは示唆するかもしれない。向かい合ったポジションはより活動的な相互関係のしるしであるのに対し，平行な体の向きは中立か，活動的でない相互関係のしるしであるだろう。

適合－不適合

シェフレンの最後のカテゴリーは，適合対不適合であり，2人が同様なポスチャーの模倣や，共有をするのかどうかの言及である。もし彼らが互いに似たようなポスチャーを示すことや，模倣したポジションや動作をする傾向にあるならば，身体のポジションとして適合していることを表わしている。相互関係のポスチャーに異なる点がある場合，彼らは不適合の身体ポジションに従事している。

2人のポスチャーが適合している状態ならば，同意，対等，互いに好みあっていることのシグナルであろう。不適合なポスチャーが発するおもなメッセージは，その相互作用の間に地位の違いがあるということである。地位の高い個人はリラックスして，相手のほうを向かず，後反姿勢であり，非対称な手足のポジションを示す。地位の低い個人は通例，改まったポスチャーを示し，相手のほうを向き，前傾姿勢であり，筋肉はより緊張し，直立した脊椎を維持する。したがって，友だちのような，等しいステータスと認められる人々は，そのポスチャーを通じて平等性を維持する努力をするのに対し，教師と学生，医者と患者，上司と部下のような異なる地位の人々は，ポスチャーの合図によって不平等のシグナルを示すだろう。

ポスチャーによるコミュニケーションの可能性

持続するポスチャーのパターンから，態度や素質，感情の状態が明らかになる，と多くの精神科医，セラピスト，心理学者は信じている。体の構造と向きが嘘をつくことはめったにない，と彼らは主張する。指圧師のような職業の人たちは，体の支え方，体の動かし方，体内の緊張の表現によって，われわれの感情の歴史，深く根ざした感覚，個性を識別できると信じている。

先にジャネットとヘレンのシナリオで示したように，歩き方は人生，態度，感情ですら漏らしてしまうことが可能である。それはさらに，われわれの文化や民族の背景を他者によく物語るものかもしれない。歩幅がわれわれの個性と密接に関係していると示唆する人もいる。歩く時のペースやリズムを変えれば，他者に対する認識を変えることができるのかもしれない。

われわれのポスチャーが，非常に効果的に性差に反映されていることは驚くべきことではない。実際，少女と少年を分ける多くのふるまいは，持ち方，運び方，体の向け方などに見いだすことができる。何世紀もの間，アメリカ文化の女性は社会の必要性に合わせてそのポスチャーを縮小させて示した。縮小の合図となるのは，頭と目を低めにして，頭を一方に傾けて，占めている空間をより小さくするために，四肢を体に引き寄せ（膝と足元を合わせ，腕を胴体に密接させ続け）るようなことを含む。男性はその反対に，社会の必要性に合わせて非言語行動を広げることに従事してきた。男らしいポスチャーの典型例は，より多くのスペースを占めるようなポジションと動作に特徴づけられる。この膨張させたような行動には，足を少し離して立ったり座ったりし，腕を胴体から離し，より大きな歩幅を取るような行動も含まれる。

人は幼少の時期から，適切なジェンダーであると考えられたポスチャーを身につけ始め，それが自然であると先導されていることは注目されるべきである。これは一部真実であり，われわれの文化もまた，ポスチャーに影響を及ぼしている。子どもの時に，もしもわれわれの文化で典型的に別の性を連想させるポスチャーのポジションと動作が示され，両親，教師，同僚とわれわれの文化に属する他の多くの人にそれが奨励されたならば，われわれはポスチャーを変えていただろう。一般的に女性に受け入れられてきたような縮小的なふるまいを示す男性の典型例を考慮してみよう。男らしい膨張したポスチャー，歩き方，身体の位置づけをした女性はどうだろう？　これらの人の周囲では，いくらかの人々はそのような文化的に不適当な非言語的表示をする人から立ち去りそうである。また他の人々は，彼らの不愉快さを公然と表現するだろう。

5　動作とコミュニケータースタイル

ノートン（Norton, 1983）は，コミュニケーターのスタイルの違いに関する包括的な本を出版した。通信のプロセスにおけるシグナルが，どのようにして言葉としての意味が取られ，解釈され，フィルターを通され，理解されるのかに相互作用する言語的，周辺言語的な方法を，彼はコミュニケータースタイル（communicator style）として定義した。ノートンによると，コミュニケータースタイルとは，メッセージの内容に形式を与えるものであり，いくつかの言語的・非言語的な要因は，さまざまなスタイルへと区別される。それら要因のうちのひとつは，異なるコミュニケーターによって使用される，異なるパターンの身体動作とジェスチャーである。ノートンが提案したおもなコミュニケーターのタイプは，ドラマティック（dramatic），支配的（dominant），生き生きとした（animated），くつろぎ（relaxed），傾聴（attentive），オープン（open），フレンドリー（friendly），論争（contentious），印象を残す（impression-leaving）スタイルである。ここで，各スタイルのふるまいの考察に入ろう。

ドラマティックスタイル

あなたはおそらく，話をする時に，かなりドラマティックな人を知っているであろう。ふつう，こうした人たちは誇張した表現をマスターしており，最も魅了するストーリーを話し，声にリズムをつけることもしばしばある。ノートンによれば，ドラマティックに表現するというのは，すべてのコミュニケータースタイルの中で，最も物理的に目立つ方法である。このドラマティックスタイルの人は，おもしろい方法で何かを言うだけでは，通常は十分ではない。この人は一般的に広い範囲に及ぶ例示的動作のふるまいを頼りにしている。ドラマティックスタイルを表わす一般的な例示的動作は，絵文字を使い，形や図を空中に描き，ある場所から別の場所へとドラマティックに移動する。要するに，この世界はステージなのである。ドラマティックスタイルのおもしろい特徴は，その行動の合図が他の通常の行動よりも逸脱して示されることにある。ドラマティックな行動がふつうではないおもな理由は，おそらく首尾よく聞き手の興味を引くことにあるのだろう。加えて，ドラマティックコミュニケータースタイルが，人気や魅力，地位の認識を高めることがしばしばある。

支配的スタイル

支配的コミュニケーターは，聞き手を圧倒するために，非言語の合図を用いる。何人かの著者は，支配的すぎるスタイルとして，大きな杖で聞き手を叩き，聞き手に服従のポスチャーを取らせることにたとえている。空間を占めるように膨張した身体のポスチャーと動作は，しばしば支配に関係する。人が仲間に素早く近寄って相互作用するようすは，ふつう支配的として見られる。これらの行動は一般的に相互のアイコンタクトとともに，男性や支配的な女性により用いられる。研究によると，支配的コミュニケーターは，より断定的で，うぬぼれ，自信があり，競争的で，荒々しく，能動的で，熱狂的な人物であると認識されている。

生き生きとしたスタイル

生き生きとしたコミュニケーターは話をしている間，大げさな体の動きとジェスチャーを活動的に行なう。ジェイ・レノや リッキー・レイクというトークショーの司会者が，生き生きとしたスタイルのよい例証となる。頭部のうなずきを頻繁にくり返し，たびたびほほえむことは，このスタイルとともに一般的に用いられている。シェフレン (Scheflen, 1964) の初期の研究では，本質的に，求愛行動やデートなどに浸透している，洒落た身づくろいと親密なポジショニングが，生き生きとした行動であると示唆された。

くつろぎスタイル

くつろぎのコミュニケーターは，心配が生じるような状態でも，集中力を残し，内

面的に穏やかであるように見える。その人はポスチャー，動作，ジェスチャーで，くつろぎを表わす。くつろいだ話者が無意識的に，適応的タイプの行動を行なうことはまれにしかない。彼らには神経質な癖に対する免疫があるように見え，コントロールできないような身振りを許すことはめったにない。くつろぎスタイルのコミュニケーターは，さまざまなメッセージを伝達する。ある調査に基づくと，くつろぎスタイルのコミュニケーターは，静穏，平穏，平和，信頼を寄せることが可能で，快適さを伝えるとされている。緊張の欠けた肉体と動作もまた，自信を示しているのかもしれない。

傾聴スタイル

傾聴スタイルのコミュニケーターは，話をするというスタイルよりも，聴き，他者からメッセージを受け取るスタイルとしてより十分に特徴づけられる。何人かの著者は，傾聴とは積極的に聴く行為だと言及している。ノートンはこの傾聴スタイルを，支配的スタイルやドラマティックスタイルの逆の関係として主張する。傾聴スタイルは，以前学んだ接近性のポスチャーとしてより特徴づけられ，同意を示すうなずき，相手のほうを向きジェスチャーを使うことは，相手の話者に話を続けさせようと励ます。これらは興味と思いやりのシグナルとなる合図でもある。傾聴コミュニケーターは，話し手に対して話の内容を聞く価値があると思わせることが可能である。

オープンスタイル

ノートンは，オープンコミュニケーターは余裕のある，遠慮のない，外向型で，積極志向の肉体的な活発さを用いると主張している。オープンスタイルの他の特性として，愛想がよい，友好的，陽気，社交的，隠し立てしない，うちとけた行動が含まれる。オープンスタイルコミュニケーターが用いるふるまいのおもな機能は，各々に対して，彼らは開放的で自由なコミュニケートが可能であるというシグナルを発することである。あなたをほとんど見ない人，それよりもコーヒーカップに興味があるような人，遠ざかった位置にいる人，胸の前で腕組みをしている人にまで，あなたと気持ちを共有させることがいかにむずかしいことかを少し考えてみよう。加えて，過度の適応的動作（指でカップをたたく，ナプキンで遊ぶ）が始まれば，あなたは個人的なことや秘密など，何もかも全部漏らし始める。たぶんあなたはすぐに落胆し，話のトピックをより個人的でない方向に変更するようになるだろう。次に，あなたが友人や知人に対して親近感を自分が漏らしていると気づいたら，その人の行動をチェックしよう。開放的な状態のポジショニングや向いている方向を通じて，その人はあなたから親近感を引き出しているのかもしれない。

フレンドリースタイル

　フレンドリースタイルの範囲は，深い親密性から，敵意の不在にまで及ぶとノートンは言う。敵対していると認識されることを，避けたり中和したりするようにコミュニケーターは励むという範囲で，フレンドリースタイルのコミュニケーションは使用される。このスタイルは傾聴スタイル，オープンスタイルと密接した関連がある。距離を縮小させ近づくようなことに仕える身体動作，前傾姿勢，他の接近性の行動はフレンドリースタイルを作る助けになるだろう。加えてフレンドリースタイルのコミュニケーターは，話し相手の希望を休みなく確認し，しばしば撫でるようなやり方で彼らに愛情深く触れ，話し相手を肯定的に，かけがえのない人として認めるような行動をする。

論争スタイル

　このスタイルは支配的スタイルに似ているが，より好戦的な支配，とみなされるかもしれない。このスタイルを示す人々は議論好きである。腕を振る量は多く，前傾姿勢で断定的なトーンの声をともなうだろう。彼らは争いを望んでいるような感じであり，またしばしば断定性の少ない話し相手を威嚇すると思われる。

印象を残すスタイル

　これは種々のコミュニケータースタイルの中でも，最も研究されていないものであり，たんに他のスタイルのコンビネーションであると思われる。このスタイル名は，コミュニケーションの後で人に思い出させるばかりでなく，どれほど印象を残せたかという，コミュニケーターの印象を放出したり残すことからそう呼ばれている。

6　一般的なコミュニケータースタイル

　ノートンのコミュニケータースタイルの次元は，多くの著者からかなりの注目を集めた。しかしながら，他の人々は共通したコミュニケーションのふるまいを巻き込んでいるために，これらのいくつかのスタイルは組み合わせが可能だと示唆した。コミュニケータースタイルには，一般的に3つの次元があり，それぞれ断定性 (assertiveness)，応答性 (responsiveness)，汎用性 (versatility) に相当する (McCroskey & Richmond, 1996)。順にそれぞれについて考慮してみよう。

　断定性は，コミュニケーターがおもしろさを維持し，聞き手の興味と注意を引く能力とコントロールをすることを指す。断定性コミュニケーターに共通しているのは，支配的で，力強く，独立し，堂々たる風体をし，主導権を握り，自発的に信念を防衛するという要因がある。断定的なコミュニケーターは主唱者である。彼または彼女は，

ダイナミックな話し方，変化に富む声，頻繁な動作やジェスチャーで，積極的に他者の注意を引き続けることに没頭している。断定性スタイルは，ドラマティック，支配的，生き生きとした，論争スタイルのコンビネーションである。

　応答性のスタイルを用いるコミュニケーターは，感情的，理解，敏感，近づきやすい特性がある。彼または彼女の動作を通じて，応答性コミュニケーターは親善，温かさ，誠意，柔軟さを表現する。応答性コミュニケーターは痛みの感情を和らげることを熱望し，しばしば他人に対する思いやりを示す。彼らは，彼らの肯定的なフィードバックを偏見なく用いて助けになることを喜んで行ない，開放的なコミュニケーションのために他者に連続的な報酬を与えるだろう。応答スタイルは，オープン，傾聴，くつろぎ，フレンドリースタイルのコンビネーションである。

　3番目の一般的なコミュニケーション次元は汎用性である。高度な汎用性コミュニケーターは，他者に応じてコミュニケーションのふるまいを適応させる。彼らはしばしば進んで適応するということを，傾聴のポスチャーを通じて他者に知らせる。たとえるならば，この汎用性コミュニケーター管理者は，彼や彼女に従事している行動のスタイルと相互作用を必要に応じて適応させることが可能である。彼または彼女は，励ましや支援の相互作用を必要とする応答スタイルを使用している場合でも，相手がコントロールや指導を必要としているならば支配的，断定的ふるまいも使い，そのふるまいは相手やその状況に依存して融通が利く。このスタイルの表現が可能な人は，ノートンによって記述されたほとんどすべてのスタイルにおいて，意図的にレベルを上げ下げして表現する。疑いもなく，このスタイルを用いる人は，相当に高いコミュニケーション能力を持っていることになる。

7　身体動作とジェスチャーの効果

　本章の最後のセクションでわれわれは，身体動作による効果の認識と相互関係について見てみよう。コミュニケータースタイルの概念におけるあなたの考えはまだ新しいため，この領域でのいくつかの研究に短い評価をすることから始めよう。

コミュニケータースタイル

　ドラマティックスタイル，生き生きとしたスタイル，論争スタイルを行なえば，また汎用性スタイルを用いることは，人々のあなたに対する認識に影響を与えてしまうのだろうか？　研究では，それが肯定されている。たとえば，ある研究では，学生は教師の断定的，応答的，汎用的な行動が，その教師の有効性の認識に関連しているかどうかに興味を持った。学生に対する教師の行動が断定的な場合，その学生はより肯定的な態度で授業に向かい，より大きなふるまいはその教師と科目に学生を傾倒させ

ることを発見した。その著者は，断定的な行動を使う教師はよく好まれると示唆した。学生は高度の汎用性スタイルや応答性スタイルの教師も，肯定的な態度でより多く傾倒させると判断したことが報告された (Richmond, 1996b, 2002a, 2002b; Richmond, Smith, Heisel & McCroskey, 2002)。別の研究では，学生によって教師がよりドラマティックスタイルであると認識された場合には，より効果があるインストラクターとして評価された。簡潔に述べると，教育の現場では生き生きとしたスタイルや活発なスタイルで資料を示すことは，より興味を持たせ，楽しみに触れることを提供する。同様に，教師のオープンや傾聴スタイル，勢いづいた動作は，学生には重要で支持できると見られるために，影響を与えることが可能である (Richmond, 1996b, 2002a, 2002b; Richmond, Smith, Heisel & McCroskey, 2002)。

記号化と解読の簡易化

多くの著者が，例示的動作のジェスチャーはわれわれが考えを言葉として述べる時に，より容易にさせ，実際に助けになっていると信じている。例示的動作のジェスチャーは，われわれの会話を解読する助けとして用いることが可能である。だれかが正しい言葉を見つけるのが困難な状態である場合，あなたはおそらく，彼または彼女のジェスチャーが相当に増加しているのに気づくであろう。この研究はとにかく，彼または彼女が発話する表現を企てる時に，ジェスチャーはその手助けになっていると，われわれに伝えている。

理解する時の例示的動作の役割

身体動作は，言語メッセージの意味に磨きをかけることが可能であり，情報を処理する第二の方法を提供する。言葉をともないながら，ジェスチャーで絵を描くことや，彼らの周りに仮想的にある物体を視覚的に置く時などには，聞き手に合図を与えることになり，あらましを話している時には，聞き手は空間的・時間的な加工を行なうことが可能である。これは教室で重要な意味を持つかもしれない。ドラマティックスタイルの教師とともにある学生は，より多くの資料を保持し，試験でよい成績を示すことができそうである。ある研究では，聞き手が話し手の視覚的な合図に導かれることにより，口頭によるメッセージの意味をより深く理解すると示された。この結果は，聞き手が話し手の身体動作を見る機会があれば，彼らの理解の成績が増加することを示している。話し手の唇，顔の合図が聞き手の視界から隠されているような場合ですら，動作学の合図は単独でも理解に対して肯定的に影響した (Archer, 1991; Argyle, 1975; Krauss, 1998; Sousa-Poza & Rohrberg, 1977)。

肯定的および否定的な認識

われわれはすでに，われわれの身体動作に起因したさまざまな他者の認識について

議論してきた。オープンで傾聴のポスチャーは，物わかりがよく，フレンドリーに認識されるとして影響を及ぼした。また，身体動作をブロックしてわれわれから締め出し，体を相手に向けないならば，よそよそしさや，気が進まないという認識を生み出すことになると言った。他の研究では，われわれの肯定的および否定的な動作は，われわれの魅力を他人が判断する時に，影響を与えることが可能であるということを示してきた。一方，肯定的なうなずき，同意のタイプのジェスチャーは，高い魅力に関係しているが，反対に自己操作的な行動をする人々には，一般的に魅力が低いと評価される。

接近性の研究

前傾姿勢，より緊密し，腕と体をより開いて，相手に体を向け，リラックスしたポスチャーという動作は，人があなたを好きかどうかということに影響を与えると研究は示している。好意に密接した関係として，笑顔のまま話し相手と握手し続け，ポスチャーを変化させることによって，温かさの認識を強化することは可能である。しかし，あなたはまた，指を鳴らし，ドスンと椅子に座り，部屋を見渡すように目を動かすことによって，冷たい態度を伝達することも可能である (Richmond, 2002a)。

本章をまとめるにあたり，注目すべき重要なことは，ジェスチャーと動作は，非言語コミュニケーション研究の中心部分であるということである。われわれが多くの方法によってまとめてきた非言語のメッセージは，人の体の動きとして記号化され，そして解読される。それらは発話した言葉を補完，強調，調節，矛盾，置換するために著しく効果的な手段を提供する。しかしながら，非言語行動が生じる状況を考慮することなくその行動に特定の意味を割り当てることには，十分な注意がなされるべきである。

✕ 用語集

- **適応的動作（adaptor）**：本当に何気なく行なっている行動であり，通例は倦怠やストレスの反応で，自分自身や他者に対する否定的感情に非常に密接な関係がある。
- **情動表出（affect display）**：おもに顔の表情の合図であるが，感情の状態や気分に関する情報を導くポスチャー，歩き方，四肢の動作，他の行動も含まれる。
- **代替的な指示による適応的動作（alter-directed adaptor）**：他者から個人を護るように設計された動作である。
- **コミュニケータースタイル（communicator style）**：コミュニケーション過程において，どのようにして言葉としての意味がとられ，解釈され，フィルターを通され，理解されるのかということと相互作用する言語的・周辺言語的な方法である
- **エンブレム（emblem）**：言語を直接的に換言したジェスチャーや動作である。エンブレ

ムは集団，階級，文化，サブカルチャーに属するすべての人，もしくはほとんどの人によって知られている。他者の意向に特定の意味を与える刺激として，言語によるコミュニケーションの代わりに使うことができる。
- **例示的動作（illustrator）**：話し言葉に密接に関連し，発話している内容の説明を支援するジェスチャーや動作である。
- **動作学（kinesics）**：身体動作とジェスチャーがコミュニケーションに及ぼす影響を研究するという学問である。
- **焦点を物に置いた適応的動作（object-focused adaptor）**：無意識の間に特定の物を操作する動作である。
- **調整的動作（regulator）**：ジェスチャーや身体動作であり，目や言葉の合図と同時に行ない，対話の維持や，話し手と聞き手の間で行き来する対話を調整するものである。
- **自己適応的動作（self-adaptor）**：個人がみずからの身体を操作する非言語的な動作である。
- **ターン否定行動（turn-denying behavior）**：話し手のターンになることを辞退する時に使う行動である。
- **ターン維持の合図（turn-maintaining cue）**：会話を継続したい話し手によって使用される。
- **ターン要求の調整的動作（turn-requesting regulator）**：話したい，という聞き手が話し手に向けたシグナルである。
- **ターン取得行動（turn-taking behavior）**：話し手が話を続けることや，話のターンを譲渡すること，また聞き手が話のターンを要求することや，話の誘いを辞退することである。
- **ターン譲渡の合図（turn-yielding cue）**：話し手が話を終えるのを希望し，かつ聞き手に話し手の役割となる機会を与えたい場合に，話し手によって与えられるものである。

4章

表情行動

　非言語についての理論家たちは，表情研究が「感情それ自身」の研究であると暗示する（Darwin, 1872; Tomkins, 1962; Tomkins & McCarter, 1964）。これまでの経験と研究は，人間の顔が感情表現を伝えるために使われる主たるツールであるということを理解するのに役立つ。顔の筋肉は複雑な構造のレパートリーを提供する。われわれは訓練をすれば，顔のねじれと感情表現の名人であるジム・キャリーそっくりに，百面相を作ることができるだろう。

1　表情の重要性

　人間のコミュニケーションにおいて，顔がとても重要な理由は，主として，それがふつう相互作用中に見えているからである。他者と会話する時，相手のどこを見るだろうか？　足，脚，手，肩，胸，ひじ？　おそらく，体の他の部分はそっちのけで，ほとんどの人は顔を見るだろう。魅力的な男女について述べるように求められると，一般的に，われわれは顔の特徴から始める。友だちや知人，知らない人と深刻な話をする場合，相手の顔を見て，その人の言語メッセージを支持するか否定する証拠を探す。

　これまで，目は魂への窓であり，顔は感情や気分，態度を通知する看板だと考えられてきている。これは，われわれの感情とその表情が分離できないものとして，非常に密接に関係することを表わしている。われわれは表情と感情が完全には結びつかないと思っているが，相互作用する相手の顔に，自分自身に対する，他者に対する，そして，おそらく生活に対する感情について豊富な情報を提供する大量の手がかりを見つけられると感じている（McCroskey & Richmond, 1996; Richmond, 2002）。

　同様に他の点でも，顔は重要である。われわれは顔や目を見ることで，性格的な特

徴について判断することが多い。ある性格とステレオタイプ的に関連したさまざまな顔の特徴を思い浮かべることができる。多くの役者は，顔の形，横顔，大きさ，顔の幅の広さや狭さなどのために，テレビや映画で特定のタイプの役を割り振られることに不満を漏らす。詐欺師，家族思いの人，無罪の犠牲者でさえも，観客に自分の役柄を納得させる顔の特徴を持たなければならない。

また，他者との相互関係を管理，調整する手助けとなるので，顔や目は重要である。われわれは，顔を使って，相手のメッセージへの否認，不信，誠実な興味などを伝える。表情は，会話の雰囲気や調子を決めることができる。

顔や目を使った表現は，他の非言語行動と同様に，日々のコミュニケーションに影響する。非言語コミュニケーションにおける顔や目の役割に関して，明確な展望を明らかにするために，他の研究者たちが提出した展望のいくつかを検討することが有益である。

2 獲得と発達に関する展望

表情が生得的か学習的か（あるいは両方か）という議論は，今に始まったことではない。表情は，いくぶんかは生得的に感情と関連しているのだろうか？ われわれは，幸せな時の笑い方や，悲しい時や怒る時の顔のしかめ方を学習しなければならないのか？ 表情は社会的，文化的影響の産物なのか？ あるいは顔で感情を表現する方法には，普遍的，生得的なものが存在するのか？

展望1：進化と自然淘汰

進化論や種の起源で最も有名なチャールズ・H・ダーウィン (Charles H. Darwin, 1872) は，動物の表情にかなりの興味を持っていた。彼は表現に富む表情行動が，生存するうえで絶対必要なメカニズムであるので，他の身体的特徴と同様に進化してきたと信じていた。この進化論的展望からすると，表情は相互作用を成功させるために，自然淘汰の過程を通じて獲得された。人類が言語の交換に必要とされる高度なコミュニケーション技術を習得するずっと以前から，高次の霊長類は感情や態度，感情状態を伝えるために表情を使っていた。

研究の結果，いくつかの表情は人間の先天的特徴であるという仮説への支持が徐々に増えた。このような研究を見るまでもなく，世界を旅してみると，表情が伝える意味が文化的境界を超えて，うまくやりとりされることがわかる (Weitz, 1974)。人間行動のその他の側面には，このような傾向はない。

表情行動の研究者であるアイブル＝アイベスフェルト (Eibl-Eibesfeldt, 1970, 1972) は，表情は生得的であるという立場をとる。彼の主張の多くは，聴覚と視覚の両方に障害

を持って生まれた子どもの観察に基づいている。アイブル＝アイベスフェルトの研究は，顔面での基本的な感情表現（悲しみ，怒り，嫌悪，恐怖，興味，驚き，幸福）が，このような子どもたちにも観察されることを示した。また，アイブル＝アイベスフェルトは，視覚と聴覚に障害を持つ子どもたちが笑ったり，むっつりしたり，泣いたり，驚いたり，怒ったりすることに注目した。この子どもたちは，人が学習する基本的な意味（Eibl-Eibesfeldt, 1972, p.305）を見ることも聞くこともできないので，学習によってこれらすべての表情を獲得する可能性は，事実上ゼロである。このような子どもたちは，ふつうの子どもと同じような表情を，触覚をとおして獲得するかもしれないという議論に対して，アイブル＝アイベスフェルトは，視覚と聴覚に障害を持つ脳損傷の子どもも，典型的表情や基本的表情を表出することを示した。彼は次のように述べる。

> 彼ら（視覚と聴覚に障害を持つ脳損傷児童）が十分な訓練なしに，社会的な表現をどのように身につけるかを想像することはむずかしい。だれかがこのような事例で学習理論を主張するのであれば，そのありえない仮説を証明する負担が，子どもたちに重くのしかかることになる。これらの運動パターンのもととなる神経的かつ運動的構造は，遺伝的に保存された情報を解読することによって，それを自己識別する過程で発達したと仮定するのがより妥当であろう（p.306）。

したがって，ダーウィンやアイブル＝アイベスフェルトの展望によると，基本的な表情のいくつかは，気分や気持ちと生得的に結ばれている。それらは進化の過程で生得的にもたらされたものであり，一般的に，アメリカ先住民，南アメリカ人，北アメリカ人，ヨーロッパ人，アジア人であろうが，普遍的である。

展望2：外的要因

われわれが表情をどのように獲得したのかに関する唯一の説明として，展望1を受け入れる前に，その他の可能性を考えてみよう。研究の多くは生得的見解を支持し，また多くの基本的表情はさまざまな文化で同じように解読されるが，おそらく環境や社会規則，文化といった，表情行動の一因となる外的要因が存在する。研究上では，表情はすべて学習されるという理論は支持されていないが，それは表情理解において学習という展望が無意味であることを意味しない。幼少の頃から，子どもはある状況において何が適切な表情行動であるかを教えられる。たとえば，多くの子どもたちは葬式では喜ぶのではなく，憂鬱かつ深刻な表情をするように教えられる。子どもは成長するにつれて，ある感情について，どのような表情が適切であるかということを，さまざまな役割モデルによって教えられる（Ekman, 1972; Ekman & Friesen, 1967）。

展望3：生得的かつ学習的

表情の獲得についての他の主要な見解は，このような行動が生得的かつ学習的だというものである。多くの理論家たちが，この立場をとっている（Ekman & Friesen, 1969a, 1969b, 1975; Ekman, Friesen & Ellsworth, 1972）。この立場がどのようなものか要約しよう。

生まれながらにして，基本的な感情である悲しみ（sadness），怒り（anger），嫌悪（disgust），恐怖（fear），興味（interest），驚き（surprise），幸福（happiness）と強く関連する基本的な表情があることは，広く理解されている。これらを覚える方法は，SADFISHという頭文字を使うことである。

乳幼児を観察すると，彼らは感じたままに自然に表現することがわかる。しかしながら，子どもは成長するにつれて，自分たちの文化の大人の世界の中で社会化される。他のことがらと同様に，子どもは特定の社会的な状況で従わなければならない表情表出ルールを学習する。この学習プロセスが確立され始めると，表情と感情はいくぶんか分離する。つまり，われわれは表現行動として，何が受け入れられ，何が受け入れられないかを学習する。たとえば，何かおかしなことに笑みを見せ，声を出して笑うことは自然である。しかし，野球の試合で，だれかが調子はずれで合衆国国歌を歌っているのを笑うと，近くにいる友人たちからわき腹を突かれるということを学ぶ。これであなたは第一の規則「汝，おかしなことすべてを笑うべからず」を学習した。

結局，表情に見られる文化特定的な差には，基本的に3つの要因がある。

1. 文化によって，ある感情を引き出す環境が違う。
2. 文化によって，ある感情表現にともなう結果が違う。
3. 文化ごとに学習すべき表現規則があり，この規則が表情行動の使用を統制する。

たとえば，北米文化では今日でさえも，男性は極端な悲しみや幸福を表現することを抑制されている。アメリカ男性はより平静であることを期待されているが，これは驚くべきことではない！　あなたは子どもの頃に学んだきわめて重要なルール「お兄ちゃんは泣かない」を思い出すことができるだろう。感情を表現しすぎる男性に，どのような結果が起こるか考えてみればよい。一方で，女性は極端に悲しいか非常に幸福を感じる時，一般に，男性より感情的であることを許されている。他の文化では，北アメリカと逆の規則も見られる。アラビア人の文化では，男性が友だちとの再会などで喜びで興奮したり，失望した時に悲しみに打ちひしがれたり，大っぴらに泣くことは，ふつうに受け入れられる。

ゆえに，人は生まれた時点で，一般には，基本的な表現を表出する。人は成長し，発達し，さまざまな相手や状況と接触するにつれて，他者が期待する表情をすることを学習するのである（Newcombe & Lie, 1995; Russell & Bullock, 1985; Wagner, MacDonald &

Manstead, 1986)。

　ヘーゼルタイン（Haseltine, 2002a）によると，作り笑いはごまかしのように見える。脳卒中患者の輪郭を研究することによって，神経学者は「脳には笑いを統制する2つの大きな独立した回路（大脳皮質の意識的な統制下にある回路と，感情に関係する深く原始的な脳構造によって無意識的に統治された回路）がある」と結論づけることができた（p. 88）。ゆえに，カメラに向かって笑わなければならない時，笑顔は意識的であり，他者にはごまかしの笑いに見えることが多い。何かおかしな物や人を見て笑う時には，笑いは無意識的で，より本当の笑いになる。加えて，無意識の笑いとは眼輪筋の動き（目の周辺の皮膚が縮む）をともなった，より本当の笑いである。本当の笑いとは，他者も笑わせ，本当の感情を伝えるものである。見せかけの笑いは，話していることに意味がないと他者に思わせるかもしれないし，あるいは，嫌悪の反応を引き出し，社会的関係を損なうかもしれない。

　ヘーゼルタイン（Haseltine, 2002b）は，人が魅力的であると認識するかどうかについて，顔の対照性が大きな要因であると確証している。しかしながら，多くの顔が対照的でありうるのに，同等に魅力的であるわけではない。古代ギリシャ人は，対照的で，均等な比率の顔が最も魅力的であると判断した。これは今日でもそうである。

　ヘーゼルタイン（Haseltine, 2002c）は，笑いが気分をよくすることも確かめた。われわれは愉快な時に，より多く笑い，そしてこの笑いが脳で連鎖反応（おかしな物を見た時に，顔の筋肉を収縮させる意識的な感情が引き出され，笑いが起こる）を起こす。笑っている時には，より幸福を感じると考えられ，そしてこの幸福が他者に伝えられるかもしれない。

3　顔面の管理と感情表出

　われわれはすでに，顔と表情の研究は感情そのものの研究であると信じる研究者がいると示唆した。顔は人が経験する感情について不可欠な情報源であるが，体の緊張のほうが感じられる感情の強度をよりよく表わすと主張する研究者もいる。さらに，文化的，社会的影響が，感情と実際の表情行動が分離することを教えているかもしれない（Ekman & Friesen, 1969a, 1969b; Harper, Wiens & Matarazzo, 1978）。表情行動の統制は，一生の中でかなり早期に学習する能力である。われわれは，さまざまな社会的環境の中で，感情をどのように表現したらよいかという規則を習得する。顔面管理技術（facial management techniques）は，これら所定の表現や行動を記述するのに使われる概念である。

　顔面管理技術は，早期に学習されるだけでなく，完全に習慣的になるように学習されることもある。すなわち，自動的反応になるまで，それらを学習する。われわれは

普遍的な表現を文化ごとに異なるように，基本的感情の表情をある程度まで修正できる。さらに，さまざまな地位や性別，年齢，社会的役割の人々によって感情が表現される時，どの顔面管理技術がそれぞれの感情に適切であるかを社会規範が決定する。以下では，4つの最も共通した顔面管理技術である，マスキング（masking），強化（intensification），中立（neutralization），弱化（deintensification）（それぞれの頭文字から MIND という）をレビューする（Ekman & Friesen, 1969a, 1969b, 1975）。

マスキング

　マスキングとは，ある文化的，社会的影響のもとで使うことを学習する顔面管理技術である。この技術は，感じられた感情に関係する表情の抑制と，その環境で受容できる表現への置換を必要とする。他者との争いに負けた時に，人々がどのように感じるかを，しばらく考えてみよう。彼らが感じることをどのように考えるのか？　あなたはどう感じるのか？　たいてい，あまり重大なことではない。しかしながら，アメリカ文化では，敗者は勝者に対する満足や喜びを表わすことが期待され，自分自身の失望を表現することを回避するよう期待される。それはよい敗者，よいスポーツマンであることの一部である。

　小学校の校長は，最近，ある2年生の少年の話をした。その少年は授業中に容認できないジョークを言ったために，職員室に連れてこられていた。校長はしばらくその少年と話をし，そのような行動が不適切であることを説明した後で，少年に状況を理解しているかどうか尋ねた。少年は困惑した表情で，「校長先生はジョークを聞きたくないの？　とってもおもしろいのに」と言った。少年は続けてジョークを話し出したので，すぐに校長は彼を叱った。彼にはその状況全体がきわめておもしろいことはわかったが，その場の環境は校長が厳格さを示すことを命令した。

　その他の表現と比べて，否定的な感情表現をタブーとする文化がある。他の文化の人と相互作用する場合に，これがコミュニケーション上の問題を引き起こすことがよくある。アメリカのビジネスマンは何かを好まない時に，この不満を表現することは適切であると考えられる。日本のビジネスマンにとっては，逆が正しい。日本人はマスキングの熟練者と考えられることが多い。日本人の感情表現はいつも肯定的か中立なので，アメリカ人にとって，日本人がどのように反応しているのかを理解することは，とてもむずかしい。日本への旅行がまったくの失敗だったと言う著者の友人は，「日本語には『no』に対する単語はないが，いくつもの『yes』がある。不幸なことに，実際には，それらのイエスはすべて『no』を意味する」と言った。明らかに，彼は日本文化のマスキング術を学習した。

強　化

　表現の強化は，感じたことを誇張することで達成される。他者の感情表出に対応す

るために，感じたこと以上に感情を外部に表出しなければならない時がある。あなたは社会的圧力が表情を誇張することを求める状況に置かれたことはないだろうか？以下のシナリオについて考えてみよう。

　　エンリケの同僚たちは，金曜の仕事後に，誕生日パーティーを開いて，彼を驚かせることを決めた。エンリケがパーティーに参加できるように，彼らはうまく計画した。金曜の午後，エンリケはオフィスであと何時間か残業する決心をした。その時，同僚のティムがオフィスに飛び込んできた。
　　「外に行こうよ」
　　「だめだ，残業をしないといけない」
　　「いつも金曜は遅くまで働かないじゃないか。行こうよ」
　　「今晩はだめなんだ，ティム。働かないと」
　　ティムはエンリケにサプライズパーティーの計画を打ち明けなければならなかった。エンリケは幸福で感激することはなかった。しかし，その晩，パーティーのみんなが「サプライズ！」と言った時に，彼の顔は驚きと楽しさと幸せに満ちていたので，だれもがエンリケが事前に知っていたとは思わなかった。彼は同僚たちががっかりしないように，表情を誇張したのだ。エンリケはうれしかったが，友人が彼に期待していたうれしさとは違った。彼は友人たちの期待に応えるために，自分の表情を強化した。

　地中海の国々の文化のように，悲しみや苦悩の反応を一般的に誇張するところがある。このような強化が不適当であるように思われる文化もある。同様に，大げさなコミュニケーションスタイルをとる人のように，習慣的に強化を使う人々もいるが，一方では，そうではない人々もいる。アメリカに住む人のほとんどは，強化を適切な技術であると考える。

中　立

　おそらく，誰それはポーカーフェイスであるというようなことを聞いたことがあるだろう。一見したところ，感情がないように見える人は，中立という顔面管理技術を使っている。表情を中立にする時，感情のどんな表出も止めようとする。ポーカープレイヤーは自分がよい手を持っているということを顔で伝えたくない。この時点で，上機嫌を表出することは相手に警告を与えてしまい，その結果，相手は勝負から下りてしまうだろう。逆に，悪い手で，失望していることも顔に出したくない。相手が顔を読んで手が悪いことが知られると，もうはったりで騙すことができない。結果として，成功するポーカープレイヤーは，すべての表情を中立にすることを学習し，相手を混乱させ続ける。

　表情を中立にしたいと望むのは，ポーカーの時だけに限らない。われわれは多くの環境で，最も関心があるものに対して，感情を経験する。恐怖や怒りのような否定的

な感情を避けることはできないが，それらの表情表現を中立にすることで，他者からの望ましくない反応を避けることができる。表情が中立だと，他者はわれわれがどんな感情を経験するか気づかない。

弱化

弱化と呼ばれる状況や社会的事象がある。それは環境が本当はどのくらい感じているのかを控えめに見せるよう要求するので，特定感情の表情を弱めることである。一般的に，自分の文化で身につけた感情が受け入れられないとわかった時に，表情の弱化が起こる。周知のとおり，イギリス人は，どんな感情でも理解することで知られている。アメリカ文化では，男性は一般に，恐怖や悲しみの強い感情を表出することが許されていない。アメリカ男性は愛する人の葬式で，いくぶんかの苦悩を表出することは許されるが，他の人たちに対して強くあることを期待されているので，家族の期待にあわせて感情の表出を弱めると思われる。

経営者，指導者，外科医，聖職者などの地位にある人々は，感じたことをそのまま表出すると不適切だと思われる状況に，自分がいると思うことがよくある。経営者は従業員と一緒になる状況では，表情を控えめに見せなければならないことがよくある。経営者は部内会議で部下の行動に激怒するかもしれない。しかし，その場でそのような感情を表出することは非生産的だと考える。会議が終わった後に，経営者は統制されたやり方で自分の感情を表現し，部下は適切に注意を受ける。しかしながら，もし経営者が感じたままに感情を表出すると，従業員は公に屈辱を与えられたり，恥ずかしい思いをしたりする。これは，この後で上司と従業員がお互いにコミュニケーションする助けにならない。

本当に有能な伝達者は，どの顔を前面に出すかはコミュニケーション状況で異なることを知っている。感情表出を統制することを学習することは，注意や技術，訓練を要する。

表情スタイル

これらの顔面管理技術に基づいて，研究者たち (Ekman & Friesen, 1969a, 1969b; Ekman, Friesen & Ellsworth, 1972; Ekman, Friesen & Tomkins, 1971) は，表情スタイル (facial expression) のさまざまな種類分けを考えた。われわれが議論している管理技術は，特定の時点での，特定の状況でしばしば使われる。しかし，エックマン (Ekman, 1972) は，たとえ，どんな環境であろうと，一貫して，ある種の表情スタイルを表示する人々がいると主張した。エックマンとフリーセンが識別した表情のスタイルは，感情的な表示を行なうことに対する永続的傾向を示す。人々が一貫して使用する8種類の異なる表情スタイルを見てみよう。これらの表情行動は一般的には，それを意識的に気づくことなく人が表示するということに注意すべきである。

1. 感情抑制者（withholder）は，めったに顔を動かさない人を特徴とする。顔は実際の感情の表示を抑制している。抑制者はほぼ一貫して，中立的表示規則を使うと言えるかもしれない。
2. 感情露出者（revealer）は，本質的に抑制者スタイルの逆である。露出者はいつも本当の感情を表わす。心が袖口から外に出ていると言われることがしばしばあり，彼らは一般に，自分自身の表現を抑えられないことを認める。このスタイルは非常に劇的なコミュニケーションスタイルをとることが多い。
3. 無意識の感情表出者（unwitting expressor）は，経験された実際の感情についての情報を知らないうちに漏らしているが，しばしば本人は本当の感情をうまく隠していると信じている。このスタイルの人は，中立化が不得手である。つまり，だれかが食べ物を落としたり，こぼしたりする時に，笑うといった不適切な感情表出をして問題を起こすことがある。
4. 空白の感情表出者（blanked expressor）は，自分で感情を表示していると思う時でさえ，曖昧なあるいは中立な表出をする。彼らは自分の顔を笑顔になるように動かしたと思っても，他者からは無表情に見える。このスタイルの人は，感情の感覚と感情の表現が結合されておらず，別々の現象になっている。
5. 代替の感情表出者（substitute expressor）は，ある感情表出を別の物に置き換える。このスタイルの人は，自分は幸福を表わしていると思っていても，実際には嫌悪を表出していることがある。代替の感情表出者は，自分が表出しているものが何であるかを話されても，それを信じないだろう。
6. 凍結の感情表出者（frozen-affect expressor）は，少なくとも，部分的には，特定の感情表現を常に表わしている。どんな環境においても，凍結の感情表出者は中立状態の時，悲しげだったり，幸福だったり，怒っているように見える。ひとつの感情が顔に永遠に刻み込まれている。このスタイルの人は永遠のマスクを着けている。
7. 常備の感情表出者（ever-ready expressor）は，どんな状況に対しても初期反応として，ある特定の感情を表示する傾向にある。たとえば，彼らはよい知らせを受け取っても，悪い知らせを受け取っても，まず微笑む。状況が怒りや驚き，恐怖，悲しみを引き起こしても，常備の感情表出者の最初の反応はいつも同じで，その後に多くの表情が続く。
8. 最後に，過剰な感情表出者（flooded-affect expressor）は，いつも特定の感情が顔に溢れている。この人たちはけっして顔を中立にしない。たとえば，ある人はいつでもとても恐れているように見えるかもしれず，幸福を表現するような状況においても，恐怖の表情は完全には消えない。どんなに一時的な表情も一般的には，恐怖の表情によって弱められる。

顔面管理技術と表情スタイルの議論は，感情表現について重要な点を提起する。われわれはひとつの感情を常に表出しているわけではない。言い換えると，われわれの表情はたんに悲しみ，幸福，嫌悪のひとつではない。時には，2, 3の感情を同時に表現することがある。また，表情に中立を残そうと試みることもある。しかし，顔のどこかの領域は感情をさらけ出す。以下の議論では，この問題について述べる。

4 感情表出とコミュニケーション

　エックマンら（Ekman, Friesen & Tomkins, 1971）は，個人の表情を位置づけ，評価する方法を考案した。彼らの技術は顔面感情得点化技術（Facial Affect Scoring Technique: FAST）と呼ばれ，顔を3つの領域（頬，鼻，口を含んだ顔の下部領域，目とまぶたの領域，眉と額の領域）に分割する。FASTは写真と動画のどちらにでも使えるように設計され，どの感情が3つの別々の領域に現われているかを決定する。エックマンが分類した6つの基本的な表情（悲しみ，幸福，怒り，驚き，嫌悪，恐怖）に基づいて，ある感情が顔のどこに見つけられるのかを正確に分類できる。先述したように，ここで新しい感情として興味（interest）が加えられている。
　顔の下部領域を考えるにあたって，デスモンド・モリス（Desmond Morris, 1985）は頬が真実の感情を露呈しがちな領域であると示唆した。頬は色の感情的変化が最も目立って表示される (p.85)。彼はさらに，頬の上の小さな2点が真紅になると，頬に恥ずかしさと困惑が見つけられると主張した。頬はまた怒りの指標でもある。怒りには，さまざまな赤くなるパターンがある。赤が頬全体に広がり，頭の上にまでいたる（本当に攻撃的な人の頬は，血が皮膚からなくなるので，青やほとんど白になる）。もしある人が本当に怯えているのならば，頬から色が抜け落ち，その人の頬は青白く見えるかもしれない。もちろん，これらの表示は肌の色が濃い人では見分けるのがよりむずかしくなる。
　デスモンド・モリスが指摘するように，人間の口は「活発に活動する」。他の動物たちは口を，噛み切ったり，なめたり，吸ったり，味わったり，噛み砕いたり，飲み込んだり，咳をしたり，あくびをしたり，うなったり，金切り声を上げたり，ブーブー鳴いたりするために使う。しかし，人は話したり，口笛を吹いたり，歌ったり，微笑んだり，笑ったり，キスをしたり，たばこを吸ったりするためにも，口を使う。「口は顔の戦場であると言われてもほとんど驚かない」(p. 93) とモリスは言った。彼は次に，口は体の中で最も忙しい部分であるだけでなく，最も表示的な部分でもあると主張する。口は退屈，興味，色情，情動，悲しみ，幸福，軽蔑，嫌悪，恐怖，怒り，反抗，驚きや他の多くの感情を表わすために使われる。口は顔の中の焦点なので，口の見かけは文化ごとに修正されたり，誇張されたり，改良されたり，整形されたり，色

を塗られたり，しみを作られたり，刺青を入れられたり，他にもいろいろと変えられる。実際に，われわれが学習する最初の表現のひとつは，社会的な笑いである。社会的に適切な状況で笑うことを教えられ，他者を気持ちよくして，他者からも笑いを引き出す。たとえば，われわれは社交的な集まりで知らない人に紹介される時に，微笑むことを知っている。また，だれかが興味のあることを話している時は，たとえその話題に関心がなくても笑うことを知っている。だれかが生まれたばかりの子どもの写真を見せている時も，われわれは笑うことを知っている。

モリスによると，鼻は独特である。「他の種で，このような機能を持つものはない」(p.65)。鼻は共鳴器，障害から目を守る盾，水に対する保護物，ホコリやゴミに対する保護物，空気フィルターとして考えられる。もしフィルターとしての鼻の機能を失えば，数日で深刻な呼吸困難になる。また，鼻は匂いでも役に立っている。もし鼻が嗅覚機能を失えば，食べ物やある種の娯楽を楽しむこともできない。口や頬と同じように，多くの文化では，鼻の整形や装飾が行なわれている。マイケル・ジャクソンやロザンヌ，そしてその他多くの有名人が整形手術で鼻を整形していることに注意すべきである。鼻に穴を開けて宝石を埋め込んでいる人もいる。

目とまぶたについて，「外界についての情報の80%は，この注目すべき構造物から入ると試算されている」(p. 49)と，モリスは言う。われわれは視覚的動物である。それを見えれば，それを覚えられそうである。「霊長類目全体は，両眼の視野世界をもたらす2つの目を頭の正面に持つ視覚優位のグループである」(p. 49)。

額と前額部の領域について，モリスは人間のような額を持つには，非常に知的な動物でなければならないと示唆する。人の額は前額部，こめかみ，眉毛でできており，われわれの祖先の脳が劇的に巨大化した直接的な結果である (p. 37)。額と前額部の領域は，多くのメッセージを表現できる。眉毛を下げると，しかめ面であり，不満のサインになる。眉毛を上げることは，興味のサインとなり，ゆえに「目を見張る体験」という言葉がある。極端に眉毛を上げることは，状況によって，驚きあるいは恐怖を表わす。落ち着いている時に，片側の眉を上げる（眉を傾ける）ことは，疑問を表わす。眉が寄ったり，しわを寄せたりすることで，眉毛は慢性の痛み，頭痛，不安，苦悩，あるいは極端なフラストレーションと関連づけられる。眉毛の上げ下げ（閃光眉：eyebrow-flash）は，謝辞やあいさつ，親しみや驚き，性的な含みを持つ。顔の他の領域のように，この領域は複数の表現や感情を伝えることができる。

表情の領域の研究者たちは，FASTや同様の手法を使い，いくつかの基本的な感情が正確に，一貫して，判定できることを見つけた。個人の顔で感情を露わにするのに最良の領域はひとつではない。特定の領域から得る情報も，判断される感情に大きく依存する。この分野の研究は，たくさんの興味ある知見を示している (Boucher & Ekman, 1975; Ekman & Friesen, 1975; Johnson, Ekman & Friesen, 1975; Kalick, Zebrowitz, Langlois & Johnson, 1998)。

- 悲しみと恐怖は，目とまぶたの領域で，最もよく識別される（67％）。
- しかし，怒りは単独の領域だけでは，正確に認識されない。怒りが正確に判断されるためには，少なくとも，顔の2つの領域が見られなければならない。怒りはふつう，頬，口，額，前額部で表現される。
- 嫌悪はしばしば驚きと混じり合う。嫌悪は顔のいくつかの場所で見つけられることがある。また，顔の下部領域で見つけられることもある。
- 恐怖は顔の目とまぶたの領域で見つけられる。
- 幸福は顔の下部から98％の正確さで判断され，目とまぶたからは99％判断される。
- 驚きは3つの領域すべてから等しく正確に判断される（額／前額部で79％，目とまぶたで63％，顔の下部で52％）。

　ヘイゼルら（Heisel, Williams & Valencic, 1999）は，北米文化で最も一般的に使われる12の感情（悲しみ，怒り，嫌悪，恐怖，興味，驚き，幸福，不信，混乱，軽蔑，罪，裏切り）の表情とその受け手の認識について研究した。彼らの結果は，表情に関する先行研究と同様であった。

　カチキティスら（Katsikitis, Pilowksy & Innes, 1990）は，コンピューターで生成された顔の線画が，その線画を作るのに使った写真への反応と同じ反応を見た人に起こすかどうかを調べた。コンピューターが生成した線画は，口，鼻，目，眉と顔の輪郭からなり，一方の性に特定したものではなかった。12の顔の寸法がコンピューターによって作られた。それぞれは口角の上がり，口の幅，口の開き，上唇中央の上がり，下唇中央の上がり，上唇の厚さ，下唇の厚さ，目の開き，上まぶたと虹彩の重なり，下まぶたと虹彩の重なり，眉毛間の離れ方，眉毛中央の上がりと名づけられた。これら12か所は，感情的な信号に関連する顔の目印を表わしており，幅広い範囲の感情表現を説明するので選ばれた。実験参加者たちは，コンピューターが生成した画像と元の写真を見て判断をした。研究者の結論は，以下のとおりである。実験参加者はコンピューターの生成した画像と実際の写真から，感情表現をかなり等しく認識し，解読できる。線画で表現されようが，写真で表現されようが，人の判断は一般的な感情とその感情に相関する一般的な表情に適合する。たとえば，実験参加者は笑いの表情と中立的な表情を確実に区別できる。したがって，線画であろうが，写真であろうが，自画像であろうが，われわれの多くは文化内で一般的に使われる基本的な顔の感情的表現をかなり正確に判断できる。

　タッカーとリッジオ（Tucker & Riggio, 1988）は，「感情のふりをすることは言語表現能力の高い人には容易である」（p. 94）ということを発見した。言い換えると，高い言語能力を持つ人は，より容易に感情を表現できるかもしれない。あるいは逆に，うまく感情を隠すことができるかもしれない。しかし，この研究にはさらなる調査が必要である。

ブラウンロウとゼブロウィッツ（Brownlow & Zebrowitz, 1990）は，テレビでは童顔のスポークスマンが老け顔のスポークスマンよりも信頼に足りると判断されるが，老け顔の人は童顔の人と比べてより熟練者であると判断されることを示した。女性はわずかではあるが男性より信頼できると見られ，逆に，男性はわずかに女性より熟練していると見られた。ゆえに，ブラウンロウとゼブロウィッツは，「この研究の結果は俳優の顔の円熟性と性別がコマーシャルのタイプに影響することを明らかにした」(p. 58) と結論づけた。童顔と老け顔のスポークスマンの関係は，結論を確定する前に，大規模に調査されなければならない。しかしながら，結果はインタビュアーの印象における表情表出の影響に関する過去の研究と現実世界の経験を肯定するものである。

感情状態は表情によって引き起こされうる。笑いは幸福と，顔をしかめるのは疑いと，唇と目を下げるのは悲しみと，口を開けるのは驚きと，口と鼻をしかめしわを寄せるのは反感や軽蔑と，鼻孔をゆらすのは怒りと，そして目を見開くのは，恐怖と同一視されることが多い。もし笑いを真似て幸せな顔を作ると，実際に気持ちよく感じるだろうと示唆する研究者もいる。基本的な SADFISH 感情とそれらと一致する表情はほぼ普遍的に認識されることに，多くの人は同意できるだろう。しかしながら，それらの要素は文化ごとに異なって混じっている。われわれの顔や想定する表情は，われわれが世界や自分自身について考え，感じることを示している。

5 表情の変動性

諸事実は，顔のある領域がその感情を最もよく表わすかどうかは，どの感情が判定されているのかに依存することを示しているように思われる。エックマン（Ekman, 1972）は，どんな時にでも，たとえば，顔の下部にひとつ，目にもうひとつといったように，2つ以上の感情を表わすと主張した。このような複数の表情は，感情の混合（affect blend）と呼ばれる。だれかがあなたに対して不快なひどいことをした時，あなたは目に怒り，顔の下部に嫌悪を示すことで反応するかもしれない。先の例にあったように，エンリケは彼のサプライズ誕生パーティーの部屋に入った時，幸福と驚きを別の領域に同時に表出した。

感情の混合や後で定義する部分は，感情表現に見られる多くの文化差の原因であるかもしれない。ある文化では，葬式で表出される悲しみは，恐怖の表現と組み合わせられるかもしれないが，別の文化では，悲しみの表現は怒りと組み合わされるかもしれない。基本表情は普遍的かもしれないが，感情の混合はそうではない。われわれが感情の表示を組み合わせる方法は，一般的に，文化的，社会的制約に影響される（Archer, Iritani, Kimes & Barrios, 1983）。

部分（partials）は，顔のひとつの領域だけで，ある感情を露わにすることとかか

わっているが，うまく統制するには他の2つの領域がかかわる。感情の漏えいは，部分的な表情が原因であるかもしれない。たとえば，敗退を恐れるバスケットボールのコーチは，平静なようすで恐怖心を隠そうとするが，ひとつの領域が本当の感情を漏らす。ゆえに，洞察力のある選手の中には恐怖を発見する者もいるが，他の選手は気づかないだろう。

　感情の混合はいくつかの方法で顔に現われる。これらは海水が砂を洗うような，顔に打ち寄せる感情である。ある感情は顔のある領域に現われ，別の感情は他の領域に現われる。このような混合のタイプの例は，幸福を表わすために笑いの中で口が持ち上がる間に，驚きのために眉が上がることだろう。時として，顔のひとつの領域に2つの感情が現われることがある。ナップとホール（Knapp & Hall, 1992）は，われわれが眉を使って（片方を上げてもう片方を下げることで），驚きと怒りを表わすことがあると示唆した。さらに，複雑な表情は，2つの感情に関連した筋運動で生み出されるかもしれない。同僚がブーブークッションをあなたの椅子に置き，あなたがそれに座った時，あなたは顔の下部領域で驚きを表わし，上の領域で怒りを表わすかもしれない。洞察力のある非言語コミュニケーション観察者は，おそらく，両方の反応を見て，あなたがいたずらを喜んでいないことがわかるだろう。

　瞬間的な表情は，短時間で，はかない表現である。それらはふつうの会話では観察されず，非常に早く変化するので，肉眼ではそれぞれの感情を検出できないかもしれない。しかし，人は実際の瞬間的な表情を正確に指摘できないかもしれないが，そこから他者についての感じや印象を得ることはできる。瞬間的な表情が記録され，ゆっくり再生されると，人は見落としていた感情表現を見ることができるかもしれない。このような非常に短時間のはかない感情は，他者が本当に感じていることについての直感的な感じを与えることができる。

　表情行動の知識についてどのようにまとめられるか？

1. 少なくとも，北米文化では，否定的な表情行動は，肯定的なものに比べて，ほとんど表出されない。否定的に見えることは礼儀正しくない。ゆえに，われわれは状況が否定的な時でも，肯定的に見えるように試みる。
2. 女性の笑いは男性よりもより多い。
3. われわれの多くは，与えられた状況に依存して，感情の表出をうまく統制することを学習している。
4. われわれの多くは，社会的な笑いをすべき状況の時には，そうする。
5. われわれの多くは，体の上部（肩より上，首，頭など30cm以上）をうまく統制することを学習している。したがって，本当に思ったり，感じたりすることを隠すことができる。
6. 子どもはいくつかの生得的な表情を持って生まれる。しかし，その他多くの表情

は親によって教えられる。
 7. 顔のさまざまな部分を見ることで，その人の本当の感情を見抜くかもしれない。
 8. 人の口は活発に活動する。
 9. いつでも，人は2つ以上の顔の感情を示す。
10. 笑いは移りやすい。われわれが笑えば笑うほど，他者も笑いがちである。

用語集

- **感情の混合（affect blend）**：同時的な複数の表情である。
- **弱化（deintensification）**：感情的表情を弱めたり，控えめにしたりすること。
- **顔面感情得点化技術（Facial Affect Scoring Technique: FAST）**：顔を3つの領域（頬，鼻，口を含む顔の下部領域，目とまぶたの領域，眉と額の領域）に分類する。
- **顔面管理技術（facial management techniques）**：表情を統制するために使われる行動であり，4つの型（マスキング，強化，中立，弱化（MIND））に区分される。
- **強化（intensification）**：表情の誇張である。
- **マスキング（masking）**：実際の感情表現を抑圧し，その環境で受け入れられる表現に置き換える顔面管理技術である。
- **中立（neutralization）**：どんな感情の顔面表出もしない場合である。
- **部分（partials）**：顔の一領域のみに現われる感情表現である。
- **SADFISH**：悲しみ（sadness），怒り（anger），嫌悪（disgust），恐怖（fear），興味（interest），驚き（surprise），幸福（happiness）のことである。

5章

視線行動

　視線行動（eye behavior），アイコンタクト（eye contact），眼球運動（eye movement）の研究は，視線学（oculesics）と呼ばれる。人間のコミュニケーション過程において，おそらく，目は顔の特徴の中で最も重要である。人間の目はピンポン球より小さいが，同時に発生する 15,000 のメッセージに反応する能力がある（Morris, 1985, p. 49）。外界の情報のほぼ80％が，目をとおして入力される。われわれは話す，聞く，動く，触るといった行動をするが，にもかかわらず，モリス（Morris, 1985）は人間が視覚の動物であると述べた。研究者の中には，他の身体的手がかりが見つからない場合，目が感情（emotions），態度（affections），関係（relationships）に関する信号を提供すると主張する人たちがいる。ふつう，人々の間でなされる初期接触はアイコンタクトである。もし，その接触が2人のうちのどちらか，もしくは両者にとって喜ばしくないならば，おそらく，さらなる接触は発生しないだろう。

1　視線行動の属性と機能

　人は言葉を発することなく，目を使って，同胞に接近し，回避し，調節し，愛し，嫌い，攻撃し，侮辱することができる。かつて，哲学者エマスン（Emerson）は「凝視は話し言葉を超越する」と言った。厳格な人が鋭く一瞥すると，メイおばさんの家での感謝祭の集まりで，不作法なふるまいをしている子どもたちを黙らせることができるだろう。それから，ヘンリーおじさんの恐ろしいにらみは，すべての子どもたちに身の程をわきまえさせるだろう。キラキラ輝く球体はとても小さいが，伝えるメッセージはとても大きいのである。

視線行動の属性

　視線行動には，3つの主要な属性がある。第1の属性は，顕著性（salience）である。まっすぐな凝視といった視線行動は，気づかれる可能性が高いので，ふつうは他の身体動作よりもずっと顕著な相互作用シグナルとなる。つまり，視線行動は，相互作用を処理し，他者の注意を引き出し，自分の関心を伝える際に，きわめて重要な役割を果たす。一般的に，われわれは人々が凝視に反応することを期待しており，すぐに反応してもらえないとイライラする。

　視線行動の第2の重要な属性は，覚醒刺激（stimulate arousal）に対する驚くべき能力にある。他者を見る場合，何らかの覚醒を経験しないことはありえない。かかわりたくないだれかの一瞥を感じとる時，この覚醒はネガティブなものになる。恋人どうしが薄暗いレストランの中で，居心地の良いテーブルを挟んで，お互いに見つめ合う場合には，この覚醒はポジティブなものになるだろう。

　第3の属性は，かかわりあい（involvement）である。アメリカ文化では，だれかとアイコンタクトを確立したうえで，その人とかかわらないでおくということはむずかしい。歩道で行き違う場合のような，ほんの一瞬，出会う見知らぬ人でさえも，アイコンタクトがわれわれに軽く会釈し，笑顔を浮かべることを余儀なくさせるように思われる。他者とのアイコンタクトは，その人とのかかわりあいを命令すると言ってもよい。

視線行動の機能

　多くの研究者たちがこうした視線行動の属性に関心をいだいており，視線が伝達的なやりとりにおいて多くの機能を果たすことを突き止めている。視覚行動の領域の著名な研究者であるケンドン（Kendon, 1967）が，最初にこれらの機能を記述した。それ以来，非言語コミュニケーションの研究者たちは，目が相互作用を妨げるやり方や，相互作用に役立つやり方，もしくは相互作用に影響するやり方を拡張し，精緻化してきている。視線行動はいくつかの基本的な機能を果たすように思われる。それぞれについて考えてみよう。

　走査（scanning）は，目の基本的な機能のひとつである。目は周囲の世界の情報を走査し，焦点を合わせ，収集する。われわれの有史以前の祖先たちは，環境をモニターし，危害から自分たちを防護する手段として，走査を利用した。視力の弱い人々は不利な条件にあり，われわれの祖先として生き残ることはできなかっただろう。

　関係の確立と定義（establishing and defining relationship）は，視線行動のもうひとつの共通した機能である。視線行動が出会い段階における，まさに，第1段階であることがよくある。身体への視線やアイコンタクトは，関係が確立されるかどうかを決定し，その関係に定義を付け加えることができる。ある人が他者からの視線を感じ，受け手がその送り手を見るならば，そこから関係が始まる。受け手が送り手から目を

そらすならば，関係は始まらない。

　視線行動は，人に他者と強制的にかかわらせることができる。対人的な出会いは，たいてい，2人の関係者がお互いを相互に見，アイコンタクトを確立することで始まる。もしある人が社会によって適切であると考えられる以上に見つめるとすれば，その人は「固すぎる」「ぶしつけすぎる」人と見なされるだろう。アメリカ文化では，手に負えない人を統制するために使用される場合を除いては，凝視は容認されず，無作法であると考えられている（Argyle & Ingham, 1972; Dovidio & Ellyson, 1985）。

　視線行動は，感情表現（express emotions）として機能する。目は常に感情状態についてのとても役立つ情報源である。顔の領域の多くがコントロールされる一方で，目の領域は最も統制できない領域のひとつであると考えられている。結果として，目とその周辺の領域は，顔の他の領域よりも，感情状態についてより正確な情報を表わすだろう。目は顔の他の領域と比較して，恐怖，幸福，悲しみ，怒り，嫌悪といった感情について多くの情報を提供する。しかしながら，顔全体を見た時に，他者の感情についての最良の判断がなされるということを思い出すべきである。

　視線行動のもうひとつの機能は，他者との関係の統制と調節（control and regulate our interactions）である。目は話し手と聞き手との往復相互作用を調節するのに，とても有効である（例，教師と学生，経営者と従業員）。目は発話（speech）や会話（conversation），対話（dialog）の同調性を補助する。目はいつメッセージを符号化すべきか，いつ解読すべきか，そしていつ他者に反応すべきかを教えてくれる。

　話す時よりも聞く時のほうが，お互いを見つめるということが示されている。ターン維持手がかりを使用している話者は凝視回避を増加させる（gaze avoidance is increased by speakers who are using turn-maintaining cues）。話し続けたい人は，聞き手へ向けた凝視を急激に減少させることで，自分たちの意図を合図することがしばしばある。さらに，話し手に話し続けさせたい場合，聞き手はふつう，話し手を凝視し続ける。話し手により話し終わりとして使用される交替を示す主要な手がかりは，アイコンタクトの増加とともに，聞き手の方向へ顔を向けることである。対照的に，聞き手はアイコンタクトを減らし，自分の顔を話し手からそらすことで，ターンの交替を要求する。

　アイコンタクトを中断することやその中断を持続することは，人が相互作用をやめる準備をしていることを示す兆候である。たとえば，あなたがインタビュー中に，すべてうまくいっていると感じるならば，質問者の視線行動をチェックしてみよう。その人はアイコンタクトをやめることで，時間が切れたことをあなたに伝えているかもしれない。このシグナルに気づきそこなうと，質問者に否定的な効果を与え，あなたがすでに獲得していたすばらしい評判のすべてを打ち消すことになってしまう。

　関係の調節と統制には，権力誇示（power display）がともなう。凝視し続けることは，人が権力を誇示できる効果的な手段である。さらに，これらの力強い凝視は一般的に，

2つの視覚的反応のうちのどちらかを誘発する。他の人はあなたの権力誇示が拒絶されているということを伝えるために凝視するか、それとも逃げるために凝視回避を使用するだろう。あなたは子ども時代に、にらめっこ（stare-down）という遊びをしたことがあるだろう。楽しい遊びとして始まったことが、すぐに対人関係上の優位性を競う徹底的な戦いに陥るかもしれない。長く凝視する人は、もうひとりの統制を得る。子どもたちの間や悪意のない遊びの中でさえ、にらめっこの結果が、無力感といった長続きする対人関係上の結果を招くことがある（Duncan, 1972; Ellsworth, 1975; Exline, 1963, 1971; Exline, Ellyson & Long, 1975）。

アイコンタクトは人々の間の物理的距離を減少させる（decrease physical distances）ことができる。人はしっかりと見ることで、物理的に離れている他者にもっと近づかせることができる。たとえば、話し手が聴衆の中のだれかやグループを走査し、見つめると、聴衆全員が話し手とより近づいたと感じるようになる。有名人やロックのスター、伝道者は、より新しい技術を用いて、聴衆のそれぞれの人を見つめているように思わせられる。投影技術（projection technology）は話し手を聴衆に近づけるものである。

視線行動は会話から他者を閉め出すこと（close others out）に使用されうる。特定の人や人々を意図的に、かつ、じっと見つめることは、だれかの目の前でドアを閉めるのとたいへんよく似た機能を果たす。ある人を意図的に見つめることによって、その人に近づくな、会話に入るなということを伝えることになる。

最後に、視線行動とは、われわれがコミュニケーションしているということを示すサイン（sign that we are in communication）である。アーガイルとディーン（Argyle & Dean, 1965）が述べたように、「アイコンタクトがないと、人々は自分たちが十分にコミュニケーションしているとは感じない」（p.289）のである。

2 視線行動のタイプ

視線行動はさまざまに定義されている。以下でレビューされるいくつかのタイプの視線行動がある（Argyle & Cook, 1976; Argyle & Ingham, 1972; Ellsworth, 1975; Exline & Fehr, 1982; Exline & Winters, 1965）。

相互視（mutual look）や相互凝視（mutual gaze）は、お互いの顔の方向を見ている2人の人に関するものである。アイコンタクトは、目を中心とした相互凝視を特徴とする。

一方視（one-sided look）や一瞥（glance）とは、ある人が他の人の顔の方向を見ることである。しかしながら、ここでの凝視（gaze）は交換ではない。だれかが対人的な出会いで相手が自分を見ている時ですら、もうひとりを見ることを避ける場合

には，凝視回避（gaze aversion）が起こっている。

　凝視回避とは，意図的行為である。ふつう，他人から目をそらす人はそれを意識的に行ない，どうにかして見ないようにしている。凝視回避とは，相手が言おうとしていることに，あなたは関心がないということを示すシグナルだと考えられる。あなたは自分自身，不安であり，相手に知られたくないと思うかもしれない。それ以上話をしたいとは思わない時に，あなたは調整子（regulator）として凝視回避を使用するだろう。どのような理由で凝視回避が起こったとしても，一般的に，凝視回避はある種の回避（avoidance）として意図されたものである。

　凝視回避を凝視省略（gaze omission）と混乱してはいけない。凝視省略とは，ある人が他者を見ないが，それがアイコンタクトの意図的な回避ではない状況を述べるものである。回避と省略の混乱は，対人関係上の誤解へとつながるかもしれない。現実の行動は類似しているかもしれないが，異なるメッセージが伝えられる。下の各ケースで表わされているのは回避か省略のどちらだろうか？

1. ブランディとミゲルは，どのテレビ番組を見るかで口論している。最終的に，ブランディはミゲルが自分の意見を主張し続けている間に，テレビのスイッチを消し，そして窓の外を眺める。
2. マットはいつもクラスの問題児だ。ベーカー先生はついにマットの不作法にうんざりし，彼に授業後，居残るように求める。ベーカー先生がマットにお説教をしている時，マットは床を見つめ，微笑む。
3. デニスはバーの隅に座っている。ステファンはラウンジに入り，彼女をちらりと見る。ステファンは彼女と目を合わすことを期待して，彼女のほうに目をやる。彼が彼女に目を向けるたびに，彼女はだれか他の人と楽しそうに会話している。彼はがっかりし，デニスが自分に興味がないと判断する。

　もう十分だろうか？　それぞれのケースであなたはどう考えただろうか？　もしあなたがブランディは凝視回避をしていたと言うなら，おそらくあなたは正しいに違いない。彼女の意図は言葉による言い争いを止め，相互作用を終了させることにあった。彼女は十分にその意図を果たした。マットはどうだろうか？　彼もまた意図的にベーカー先生から視線を回避していた。よそ見をすることで，彼は意図的にベーカー先生へ自分は無関係で，確固としており，叱られることで少しも驚かされていないというメッセージを伝えている。一方，デニスはおそらくステファンに気づいていない。ステファンはアイコンタクトがないことを拒絶のシグナルととっているようだが，たぶん彼女はステファンのはっきりとわかる誘いにまったく気づいていなかったのだろう。彼女の視線行動は回避ではなく，むしろ凝視省略と関係するものだった。

　多くの環境で，儀礼的無関心（civil inattention）と呼ばれるタイプの視線行動が発

生する。これは，いわゆる，エレベータールックである。ゴッフマン（Goffman, 1967）によれば，儀礼的無関心とは，2人の人がお互いに存在するが，相互作用をともなわない場合の行動上の儀式である。2人は瞬間的な一瞥を交換し，それから凝視を回避する。他者の存在の単純な短い確認があるが，凝視回避は他者に関心がないことと，口頭によるコミュニケーションが起こらないということを保証する。儀礼的無関心は一瞥であり，認知であり，よそ見であり，それ以上でも以下でもない。儀礼的無関心は往来の多い道路や，エレベーター，地下鉄などで頻繁に生じる。儀礼的無関心はそれぞれの人に他者を認知させるが，会話をしようという期待は存在しない。

　じっと見ること（staring）とは，ある人が他の人に注目し，長く，熱心に，不快な感じで見つめる場合である。アメリカ文化では，じっと見ることは無礼であると考えられる。事実，この文化において，じっと見られていると感じた時の共通した言い返し方は，「何を見ている？」である。

CLEMs

　視線凝視に近い視線行動は，神経言語学プログラミングの理論から，共役眼球運動（Conjugate Lateral Eye Movements: CLEMs）もしくは外側眼球運動（Lateral Eye Movements: LEMs）と呼ばれる（Bandler & Grinder, 1979; Dilts, Grinder, Bandler, DeLozier & Cameron-Bandler, 1979）。これらの眼球運動は眼球の左右方向への不随意性の移動である（Theeuwes, Kramer, Hahn & Irwin, 1998）。CLEMs は認知処理と関連すると考えられる。つまり，考えている時には右や左へ視線をそらし，情報の処理を止めると，再び前方を見ることがよくある。各々の CLEMs のほぼ75％が一方向であるので，人を右利き目か左利き目のどちらかに分類できる。右利きの人々が右へ顔をあげる時，彼らはけっして見られることのない事象を想像しようとし，右利きの人が左へ顔をあげる時，彼らは事象を再生しようと試みているという示唆がある。効果的な相互作用にはアイコンタクトが必要とされるので，話し手が右と左という自分の傾向に気づいていないとするならば，視覚的によい位置で，聴衆に情報を伝えることはけっしてできない。たとえば，基本的に左を見る教師たちは，教室の重要な残り半分を視覚的に無視していることになる。ゆえに，自分の傾向を知れば，話し手がかかわるすべての人々を視覚的に含む適応が生じるに違いない。

　結論として，だれかが思考や思案を要する課題に取り組む時に，CLEMs はかなり重要である。他者の CLEMs に注意を促し，その人に統制するように求める場合，移動を止めることは認知的処理を乱すので，集中することを困難にさせるという推測がある。

瞳孔拡張

　目の瞳孔は拡張（大きさの増大）し，収縮する（大きさの縮小）。この事実は何世

紀もの間，知られている。しかしながら，コミュニケーション過程において，瞳孔拡張や縮小が重要であるかどうかは，いまだに疑問のままである。対人関係における瞳孔拡張（pupil dilation）や縮小の影響をはっきりとさせることはむずかしい。多くの要因がこの不随意な瞳孔反応に影響する。光の明るさや薄暗さといった物理的条件が，常に人の瞳孔の大きさに影響する。同様に，神経生理学的要因と化学的興奮剤が瞳孔の大きさに影響することが知られている。にもかかわらず，社会的相互作用に対して多くのかかわり合いを持つといういくつかの興味深い知見を提供している研究が存在する（Bakan, 1971; Burkhardt, Weider-Hatfield & Hocking, 1985; Exline & Winters, 1965; Exline, Gray & Schuette, 1965; Hess, 1965; Hess & Polt, 1960; Hess, Seltzer & Schlien, 1965; Hindmarch, 1970; Hood, Willen & Driver, 1998; Scherwitz & Helmreich, 1973; Vlietstra & Manske, 1981; Richmond, 2002）。

　研究者たちは瞳孔の大きさへのいくつかの視覚刺激の効果に関心を持った。彼らは男性が女性のポスターを見る時に瞳孔が拡張し，一方，女性は男性の写真を観察する時に瞳孔が縮小することを発見した。もうひとつの研究は，男性の写真を見せられた時に，同性愛の男性の瞳孔が拡張することを明らかにした。さらに，もうひとつの研究は新生児の写真を見せられると，女性の瞳孔が拡張することを見いだした。

　これらの研究は瞳孔拡張が肯定的な感情喚起と観察されているものへの関心を示す徴候であるということを示唆するものである。これに対して，瞳孔縮小は観察されているものや人への回避を示しているように思われる。つまり，話している相手の目が拡張するのを見るとすれば，その人はわれわれが話していることやわれわれ自身についてさえ関心があるという徴候であると推測することは，大きな飛躍ではない。

　実際，ある研究では，写真で女性の瞳孔が拡大していると，魅力度の知覚が上昇するということが見いだされた。この研究のかなり前，数百年前には，女性たちは自分の瞳孔を拡大させるために，ベラドンナという薬を使用した（これは眼科医が検査の時に瞳孔を拡大させるために使用する薬と同じもの）。女性たちは拡張した瞳孔が自分をより魅力的に見せると信じていた。引用された最近の研究では，同じ女性の２枚の写真（１枚は瞳孔が拡張しているように，もう１枚は縮小しているように見えるように修正された写真）が使用された。写真を評価した男性は，瞳孔が拡張した写真のほうをより肯定的にとらえ，瞳孔が縮小した写真のほうをより否定的であると考えた。

　上述した瞳孔測定（pupillometric）の研究で発見されているたいへん興味深い現象は，拡張された瞳孔を観察する人に返報の効果があるということである。つまり，だれかの瞳孔が拡張しているのを見ると，もうひとりの瞳孔が同じように拡張する傾向にある。これは瞳孔の拡張が肯定的な反応を拡大し，魅力的という知覚を作り出すということを示唆しているように思われる。反対に，瞳孔の縮小は一般的に肯定的な喚起を引き出さず，魅力的という知覚を減少させると考えられる。

　人間の相互作用における瞳孔拡張の重要性に関しては，あなたの判断に任せる。明

らかに，茶色の目をした人よりも青い目をした人における拡張を見るほうがより簡単である。ふつう，感情的反応が瞳孔の大きさを決定するような文脈では，他人の目の瞳孔を見ることはできない。周囲の明るさが常に必要となる。しかしながら，おそらく統制された条件下では，こうした人間の視線行動の側面から何らかの感情的な情報を得ることはできるだろう。少なくとも，それはポーカープレイヤーが信じているように思われる何かである。プロのプレイヤーは引いた手札にかかわらず，瞳孔を拡張させたままにしておくより，目を隠すためにサングラスや帽子を着用するほうを選ぶと言われる。瞳孔拡張はそれほど重要なのか？　その反対に賭けたいとは思わないだろう。

欺瞞と視線行動

　アメリカ文化では，もしだれかが重要な問題について目を見ずに話すとしたら，その人は嘘を言っているか，ごまかしているに違いないと仮定するのが一般的である。フロイト（Freud, 1905）は，こう宣言した。「見るための目を持ち，聞くための耳を持つ彼は，秘密を保つことのできる人間はいないと思い込むかもしれない。もし彼の唇が沈黙するならば，彼は指先でおしゃべりをする。裏切りは彼のあらゆる毛穴から漏れ出す」。現在，漏出は「非言語漏出手がかり（nonverbal leakage cues）」として言及される。この文化では，少なくとも，欺瞞（deception）や言行不一致のシグナルとして，視線行動（目をそらす，目を伏せる）だけに依存することはまれである。現在では，偽りの情報や不誠実な，もしくは悪い情報を与える時に，自分たちの表情と視線行動を統制することを学んでいる。事実，たいていのアメリカ人は上半身の30cm（胸部，首，頭部）をたいへんうまくコントロールすることを学んでいる。これは文化的規範が嘘を見破ることを確立したために起こっている。幼い頃から，われわれは嘘を隠すように教えられる（親や教師，友人や兄弟姉妹によって，しばしば無意識的かつ無意図的に）。たとえば，若くて，何か不正を働き，誤りを犯した時には，大人は「私の目を見て，そんなことはもうしないと言いなさい」と言うだろう。ゆえに，仮面をかぶり，大人の目を見て，自分がそんなことをしていないと告げることを学ぶのである。たとえ本当はしていたとしても！　コミュニケーションする際，アメリカ文化では，アイコンタクトに大きく依存しているので，他人の目を見たまま，大きな嘘を言うことを学んでいるとしても，それは驚きではない。他の人の目を見ない，ちょっと見下ろす，もしくは目をそらすならば，彼らはわれわれが何か罪の意識を持っていると考えるだろうということを直感的に知っている。それゆえに，目や顔を見ることは他人が嘘をついていることを示す信頼できる指標ではない。アメリカ文化の人々は他の身体の部分よりも表情を統制することに長けている。嘘をついている人々のスロービデオは，表情のたいへん短い動きが嘘の表現を妨げることを示している。しかしながら，これらは1/5秒以下しか持続せず，微細で瞬間的な表出である。

これらの微細で瞬間的な表出は短時間しか持続しないので，虚偽や嫌悪は見ることのできる意識的で確証的な表出というより，むしろ感じる感覚である。もし人を騙そうとする人が見知らぬ他人であったり，熟練した詐欺師であったりするならば，視線行動に基づいて，その人が騙している，もしくは不誠実であると言うことはできそうにない。たとえ手がかりは調べられても，虚偽を検出するのは容易ではない。

マサチューセッツ大学アマースト校のロバート・S・フェルドマン（Robert S. Feldman）は，ビデオ録画された，見知らぬどうしの大学生 121 組における 10 分間の自己紹介で，学生の 60％が一度は嘘をついたということを発見した。「嘘をついた人たちは，1 人あたり平均して 1 会話につき 3 回嘘をついた」。女性は「話している人が自分たち自身についてよい感情を持つように嘘をついた。男性は自分をよく見せるように嘘をつく傾向にあった」。男女両方が同じ割合で嘘をついた（Gravitz, 2002）。人は他者が言うことに疑いをいだくべきだろうと思われる。

3　視線行動と個人差

ある研究者は対人的関係において発生する凝視時間が全体の 28 〜 70％に及ぶと報告している。もうひとつの研究は通常，相手を見ることが 8 〜 73％まで変動すると報告している。これらの知見が示唆することは，何が正常であると考えられるかが個人差に大きく依存しているということである。ある人に対してはふつうの行動であっても，文脈や，性別，性格特性，価値観，文化的背景にしたがって，他の人には異常であるかもしれないということを，常に心に留めておかなければならない。コミュニケーション中の人々の視線行動に影響するものとして，これら個人差のいくつかについて考えてみよう。

人間関係の性質

視線行動のタイプと量も，人間関係の性質を明らかにできる。地位の違う 2 人の会話者は，お互いに向けて別々の視覚的行動をとる。一般に，より高い地位にある人は地位の低い人からの凝視を受ける。男女両方が自分たち自身と比較して地位の低い話し手をあまり見ない。地位と視線行動との関係は，2 つのことを示していると考えられる。第 1 に，地位の低い人はより地位の高い人を見つめることによって，自分たちの尊敬心を示すということが示唆される。第 2 に，地位の高い人は地位の低い人を観察する必要性を感じておらず，一方，地位の低い人は高い人を観察することが重要であると感じている。

他人を見る量もまた，その人をどれくらい好きであるかに依存する。お互いに好きどうしだと報告するペアでの相互凝視は，突出して多い傾向にある。アイコンタクト

は親密な関係にある人の間ではより多くなる。しかしながら，他者が適切であると判断する以上に見るとするならば，その人は固すぎるあるいはぶしつけすぎると思われる。このような場合，あなたはより親密になりたいということを他者に知らせるために，アイコンタクトを使用しているかもしれない。相手はあなたに引き下がるよう伝えるためにアイコンタクトを減らしていくかもしれない。

　話し手への凝視を増やすこともまた，話し手に注意を払い，相手が言うことに関心があるということを知らせる機能を果たす。しかしながら，これは文化特定的な視覚活動である。北アメリカの人は関心と注意を同一視するが，これは他のすべての文化でもそうであるわけではない。たとえば，ある北アメリカの教師はアジアの学生にイライラし，授業後に彼を呼び出した。若い学生に話している間，その学生がずっと床を見ていたので，先生は怒ってしまった。学生は先生の言うことに注意を向けていたが，高い地位の人を見つめないように社会化されているということに，その先生はほとんど気づいていなかった。講義中に権威者である先生を凝視することは，その学生にとって失礼であったのだ。この不幸な学生は，適切にふるまうように最善を尽くしたが，先生が凝視行動の文化差に不案内であったために，罰せられてしまったのである。他の文化から来た学生への配慮がないとして，その先生を批判するのは簡単であるが，非言語コミュニケーションと異文化コミュニケーションの教育を含む教師教育プログラムが，たいへん少ないことを思い出す必要がある。

文化差

　文化とは，ある人が適切な行動や不適切な行動の社会的規範を学ぶ文脈である。多くの研究者たちは民族的，文化的環境が視線行動へ影響することを観察している。

　ワトソン（Watson, 1970）は，異なるいくつかの文化の成員を含む広範囲な調査を行ない，ラテンアメリカ，南欧，アラブの人は話している時や聞いている時に，目や顔を直接凝視する傾向があることを発見した。一方，北欧，インド・パキスタン，アジアの人は周辺凝視が多いか，もしくはまったく凝視しない傾向にあった。周辺凝視とは相手の顔や目に焦点を合わせることなしに，その人の方向を向くことであるとワトソンは考えた。後者の文化の人たちがまったく凝視しない時，彼らは床を見つめているか空中を見ているかのどちらかであった。

　ナップとホール（Knapp & Hall, 1992）は，文化差の多くが凝視の頻度より，むしろ持続時間においてよく見られると示唆した。たとえば，会話中にスウェーデン人はイギリス人ほど頻繁に見つめないが，相手を見つめる時には，より長い間見つめると，ナップとホールは記述した。韓国などいくつかの文化では，他の文化よりも，目の動きが重要視されると示唆する人たちがいる。つまり，質問への本当の答えは目に現われると信じられているので，韓国人は視線行動への意識がとても高い。

文脈差

　議論の文脈や話題が視線行動の量や持続時間に影響することがよくある。たとえば，他者を説得しようと試みる時には，その人をより見つめる傾向にある。聞き手はアイコンタクトをより多く使用する話し手をより説得的で，信用ができ，誠実であると判断する。さらに，その状況を快適で，興味深く，幸福であると思う時，パートナーとのアイコンタクトをより多く確立する傾向にある。逆に言えば，パートナーを凝視することにより，困惑，罪の意識，悲しみといった時間が減少することが見いだされている。

性格差

　性格特性が会話中のアイコンタクト量と関係することは，驚くべきことではないだろう。親和性（affiliation），一体化（inclusion），愛情（affection）が必要な人々は，他者をより多くじっと見つめる。支配的な（dominant），権威的な（authoritative），外向的な（extravert）人もまた，頻繁に見つめることがわかっている。
　この問題に直接関連する研究は，ほとんど存在しないが，内気（shyness），コミュニケーション不安（communication apprehension），コミュニケーション嫌い（unwillingness to communicate）といった特性が，視線行動に影響すると示唆する研究がある。コミュニケーションに対する否定的志向を持つ人々はアイコンタクトをほとんどとらない傾向にある。アメリカ文化では，アイコンタクトは他者とかかわる際にはほとんど義務的なものなので，コミュニケーションすることに不安を持つ人たちは，かかわり合いを避けるために，可能であるならば，凝視回避や凝視省略といった行動を使用する。

性　差

　視線行動の性（ジェンダー）差に関して明らかであると思われる知見があるとするならば，それは全体として，女性が男性よりも見るという行動をよく行なうということである。女性は話を聞いている際に，自分の会話の相手を見つめるだけではなく，自分が話している間も見つめることが多い。しかしながら，実際のアイコンタクト量は，男性－男性や女性－女性ペアのほうが男女混合ペアの場合よりも多い。ある研究では，好きであるという手がかりとして，女性は話をしている時に凝視の変化を使用するのに対して，男性は一般的に聞いている際に凝視を使用するということが示唆されている。
　こうした男女差の多くは，性格差によって生じているように思われる。たとえば，女性は一般的に，一体化，親和性，愛情に対する欲求が高く，それらの欲求を充足するために，凝視をより使用するということを示す研究がいくつかある。女性は視線行動が対人的なやりとりに及ぼす社会的影響に敏感であるので，おそらく男性よりも視

覚的な刺激に大きく依存するということも，示唆されている。

先に述べた女性の一体化，親和，愛情に対する欲求は，今日では低下してきている。同様に，支配性（dominance）と断定性（assertiveness）という特性は，25年前には男性にのみ適切であると考えられたが，現在では，女性にとって嫌悪すべきものであるとは考えられなくなっている。これらの性格要因は視線行動と強い関係があることが知られてきているが，昔と比べて現代社会では，視線行動の性差が減少もしくは消失しているということはありうることである。このような推測について，われわれは確信を持っているわけではない。さらに，男女はますます同じようになってきている（それぞれの性は男性らしい行動と女性らしい行動の両方を行なっている）。ゆえに，断定性の高い女性が男性と同様に凝視を多くすればするほど，応答的男性がますます女性と同様に凝視を多くするかもしれない。

要約すると，一般的な視線行動とは，見る頻度と持続時間を含むものである。他者の凝視活動を評価する際には，性格上の，性別上の，文化上の，文脈上の影響を考えることが必要である。これらの影響を無視すると，対人関係での誤解へとつながるだろう。非言語的手がかりは真空地帯で生じているわけではないということを覚えておこう。非言語活動の周囲にあるすべての要因を考慮する時にのみ，それら手がかりの本当の意味が明らかになることがよくある。

視線行動についてわかっていることは何か？

1. われわれは好きな人や物を見ることを知っている。
2. われわれは好きではない物や人を見ることを避ける。
3. われわれの目は基本的な感情を表現できる。
4. われわれは承認を求める時や好かれたい時に他者をより見つめる。
5. われわれが使用する凝視のタイプは他者にわれわれの意図を知らせる。
6. 視線回避は意図的な行為であるが，視線省略はそうではない。
7. 他者の視線行動を見るだけで，虚偽が見破られることはほとんどない。
8. 魅力的で，興味のある人や物を見る時，われわれの瞳孔は拡張する。
9. 魅力的でなく，興味のない人や物を見る時，われわれの瞳孔は収縮する。
10. 女性は男性よりも会話の相手を長く見つめることが多い。

用語集

- **共役眼球運動**（Conjugate Lateral Eye Movements: CLEMs）：眼球の右や左への不随意性の移動。CLEMsは認知的処理と関係すると考えられる。つまり，考えている時には右や左へ視線をそらせるが，情報処理を止めると，再び前方を見ることがよくある。

CLEMsのほぼ75%が一方向なので，人々は右利き目か左利き目のどちらかに分類されうる。
- **凝視回避**（gaze aversion）：他者を見ないように回避することである。
- **凝視省略**（gaze omission）：ある人が他者を見ないが，それはアイコンタクトを意図的に回避しているわけではない場合。
- **相互凝視**（mutual gaze）：2人の人がお互いの顔の方向を見ている場合である。
- **視線学**（oculesics）：視線行動，アイコンタクト，眼球運動，視線行動の機能の研究である。
- **一方視**（one-sided look）や**一瞥**（glance）：他人の顔の方向へ向けた凝視であるが，凝視の交換ではない場合。

6章

音声行動

　アディントン（Addington, 1968, 1971），アーチャーとアカート（Archer & Akert, 1977），マクロスキー（McCroskey, 2001），ムラックとジャイルズ（Mulac & Giles, 1996）は，人間の音声には感情，健康状態，年齢，性別を含む，ぼう大な量の情報が存在するという見解を強調している。人々は他者の音声を聞くことで，とても鋭敏にその人についての情報を判断する。受け手にとって，実際の言語メッセージは付随する音声手がかりなしでは，とても不明瞭である（Guerrero, DeVito & Hecht, 1999）。話され方に基づいて，全体的な意味が解釈されることがしばしばある。

　音声行動もしくは周辺言語（paralanguage）の伝達価値の研究は，音調学（vocalics）と呼ばれる。周辺言語とは，一連の発話において，単語それ自身を除く，口頭によるすべての手がかりを含むものである。非言語コミュニケーションの一タイプとして音声行動が重要なのは，メッセージの言語的内容の認識に，それが影響を与えることにある。

　音声手がかりは口頭によるメッセージと相反しうる。皮肉（sarcasm）とは，あることがらを言いつつ，何か他のことを伝えることである。言葉であることを言い，音声手がかりが反対のことを伝える場合，それは皮肉である。これは音声行動にとても重要な点を提示する。皮肉とは，伝えることを学ぶものである。また，理解することを学ぶものである。小さな子どもには，皮肉がわからないことがよくある。小さい子どもは矛盾する音声手がかりによって示される意味よりも，メッセージの言語内容を信用しがちであるということを示す研究がある。さらに，通常，人は他の文化の人々の皮肉を理解できない。何をどのように言うかは，文化的要因によってかなり影響される（Berry, Hansen, Landry-Pester & Meier, 1994; Davitz, 1964; Liggon, Weston, Ambady, Colloton, Rosenthal & Reite, 1992; Mulac, Hanley & Prigge, 1974; Newman & Smit, 1989; Plazewski & Allen, 1985）。

　本章の後半でより詳しく議論するように，音声行動は他者との相互関係を調整する

際に，きわめて重要な役割を果たす。われわれは身体の動きや視線行動を使って会話の流れを統制するだけでなく，音声を使って聞き手にシグナルを送ることができる。発話権取得にともなう規則的行動は，音声情報を豊富に利用するものである（Duncan, 1972, 1973, 1974; Wiemann & Knapp, 1975）。

　同様に，音声手がかりは他にも多くのメッセージを伝達する。われわれの話し方は，地位，背景，性別，年齢，社会経済的状態，どこで育ったか，どこの出身であるかなどのその他多様な人口統計学的なデータを伝えられる（Johnson, 1985; Markel, 1965; McCroskey, 2001; Mulac & Giles, 1996; O'Hair, Cody & Behnke, 1985; Siegman & Boyle, 1993; Starkweather, 1961; Semic, 1999）。音声手がかりを聞くことによって，受け手は正確な情報の断片を集めることができ，そして，いくつかのやり方で送り手をステレオタイプ化するために，このような情報を使うかもしれない。たとえば，もしある人がニュージャージー州出身者と発音が似ているように思うなら，ニュージャージー州の人々という認識にそったステレオタイプを持っていると考えられる。

1　音声行動の分類

　言葉を取り巻く音声手がかりの研究なしに，だれかが何を言うかを研究したとしても，まったく意味がない。すばらしいスピーチの文章を研究したとしても，話し手がそのスピーチを実際にどのように行なったかについては何もわからない。そのスピーチを取り巻く音声的な雰囲気とは，周辺言語に関係するすべてである。話すことと書くことの基本的な違いは，周辺言語の存在にある。言語メッセージ（テキスト）は同じでも，伝えられることは異なりうるし，ふつうは異なるものである。スピーチの研究とは，音声的雰囲気のもとでテキストを研究することである。もちろん，現代の研究者たちはすでに故人となった話し手のテキストを研究するだろうが，これらのテキストは同時代研究として，音声記録が利用できない限り，スピーチとしては研究されえない。周辺言語的手がかりは，最近，出現したわけではなく，それらは常に重要であった。

　前述したように，何らかのことがらをどのように言うかは，あなたが実際に言う言葉よりも，多くの意味を，そして異なる意味を生じさせるかもしれない。しかしながら，音声行動とは，何かがどのように言われるかだけでなく，人間の口腔から発する多様な音声活動を含む。トレーガー（Trager, 1958）はすべての周辺言語活動をいくつかのカテゴリーのひとつに分かれるものとして分類した。トレーガーは話し言葉と周辺言語の関係を区分した功績が広く認められている。トレーガーの分類を検討することは有益である。

音声セット

われわれが話をする時には,トレーガーが発話行為の「設定(setting)」と記述することのもとで,話をする。この音声環境もしくは文脈的背景は話し手の音声から生じる。そして,それには話し手の個人的特徴のいくつかが含まれている。これらの要因の中には,年齢,性別,現在の健康状態,熱意,疲労度,悲しみやその他の感情などが含まれる。社会的状態,教育水準,集団の同一性といった,一見無関係に思われることでさえ,話し手の音声セットの原因として重要な役割を果たしていると考えられる。

音声セット(voice set)は,だれが話し手であるかと密接に関連する。このような情報は話し手の言葉をより正確に解釈する手助けとなる。音声セットという考え方はつくづく理解しづらいものだと思う。しかし,別々の話し手が同一の言い回しを同じ強勢で話す場合や,同一の感情を表現する場合には,聞き手は音声セットをかなりはっきりとわかるようになる。彼らの音声セットの違いが,彼らの音声活動に残っている違いを生み出すのである。何人かの異なる個人,たとえば,か弱い老人,トラック運転手,大臣,学校の教師,女性実業家を考えてみよう。この人たちが「とてもいい日ですね」「こんにちは,フェルナンド」「とてもおいしい」という文章を同じ程度の熱意と感情で話す場合に,どのように聞こえるのかについて考えてみよう。

おそらく,あなたはそのフレーズを考える前に,すでに,4人の音声手がかりに違いがあることを思い浮かべただろう。もしそうならば,あなたは音声セットの現象にかかわり合っていたのである。優れた役者にとって,役をリアルに演じるカギはキャラクターの個性と一致した音声セットを作り出すことにある。

声質と発声

トレーガーは音声行動を2つに区分し,それらを周辺言語研究の本質的な対象であると考えた。最初の分類は,声質(voice qualities)と呼ばれるもので,テンポ,残響,リズム制御,調音制御,ピッチ(音程)制御,声門制御,声唇制御,ピッチ幅などが含まれる。声質とは,発話にともなう音声手がかりの変化である。声質の変化によって,しばしば他者にたいへん重要なメッセージを送ることができる。それらには内容がないと考えられがちであるが,たとえば,速く話すといったテンポの変化が切迫性や興奮という感覚を伝えるということは,たしかにありうるだろう。たとえば,マリアは自分が怒っていることを伝える。彼女のよく響く声の爆発が彼女がどれくらい怒っているかを正確に伝える。

声質と関係が近いのは,発声(vocalizations)である。トレーガーによると,発声とは聞くことのできる音声手がかりであり,言語構造を持たず,話し言葉につきものであるかどうかはわからない。発声には,3つの異なる種類がある。発声の第1の種類は,音声特徴子(vocal characterizer)であり,笑い,号泣,すすり泣き,くすく

す笑い，忍び笑い，むせび泣きといった言語ではない音に関するものである。また，瞑想上の読誦を音声特徴子であると考えるかもしれない。他の特徴子として，うめき声，うなり声，あくび，うなり声，つぶやき声，めそめそ泣き，ため息などが含まれる。多くの人々は自分たちが頻繁に使用する特徴子を十分に認識し，それらと密接にかかわり合っている（Guerrero, DeVito & Hecht, 1999）。

　トレーガーによる発声の第2の種類は音声修飾子（vocal qualifier）である。音声修飾子は声質と類似しているが，ひとつの大きな理由によって，別のものであると考えられる。通常，声質はスピーチの流れ全体を変更するが，一方，音声修飾子は発言の特定の部分を修飾し，調整する。言い換えれば，修飾子とは話される文章に変化を与えるものである。音声修飾子には強度やピッチ高，ピッチ幅が含まれる。発言中に音の速度や大きさ，柔軟性を変える音声手がかりも修飾子である。アクセントの非言語的機能は，事実上，これらの音声修飾子によって提供される。ジャネットが「鉛筆を置いて，今すぐ」という発言の中の「今すぐ」という単語を，最後の単語の前に短い休止を置き，声の大きさを上げながら強調した。これにより，彼女の息子の心には，いつ鉛筆を置くべきかに関して疑う余地がまったく残らない（Poyato, 1991）。

　音声行動の最後の種類は，音声分離子（vocal segregate）である。重ねて言うが，これらの音声手がかりは聞くことはできるが言語的ではなく，単語として使用される非単語であると説明されてきている分離子である。これらの手がかりには，「シーッ（shhh）」，「フンフン（uh-huh）」，「ウウン（uh-uh）」といった発声が含まれる。さらに，音声分離子には多くの共通したフィラー音（filler sound），たとえば，「あぁー（uh-uh-uh）」，「えー（er）」，「あのう（ah）」が含まれ，「そしてー（and-ah）」，「あのー（you know）」といった単語と思われるものさえ含まれることがある。あなたも分離子をたくさん使う知り合いを思い浮かべることができるだろう。

　以下の会話で，音声分離子を確認できるか見てみよう。

　ディック：あー，授業に行くべきだと，あのー，僕は思うよ，そして，あー……
　ビル：あたりまえ……何のために？　あのー……僕らには他にやることがあるよ，あー，あのー，子ども部屋でタバコ吸うとかだれかの台所でびっくりさせるとか，ハハハ。
　ディック：あぁー，来週テストがあるから，あのー，授業に行かなくっちゃ。
　ビル：ウウン，行かない。絶対。無理。ない。
　ディック：そう，あのうー，そのー，あのう，何がしたいんだい？

　「uh-uh」，「uh-huh」といった音声分離子は言語的な発話の代替物として機能するが，次に何を言おうか考えている人々のスピーチの流れの中にそれらを見いだすこともある。数年前，パブリックスピーチの授業を教えていた時，ある学生の5分間のスピーチ中に，67回も「そしてー」が出てくるのを数えた。そのスピーチはこれらの

音声分離子のひとつで始まり、各文章は音声分離子で終わった。一般的に、ある人が新しい状況にいたり、注目されていたり、不安な時に、分離子の使用が増加するだろう。これらの音声分離子が発生しがちなコミュニケーション状況について考えてみよう (Davitz & Davitz, 1959)。

声紋

声紋 (voice printing) は、指紋やDNA鑑定に加えて、人を識別するもうひとつの手段になった。声紋の概念は新しいものではなく、長年にわたって存在している。声紋は音声のユニークな特徴と性質によって識別できるという点で、指紋と似ている。ワイツ (Weitz, 1972) は、声紋 (とりわけ電話会話の録音) が犯罪事件で利用されてきたと述べている。また、彼女は声紋の正確さについて意見の相違があることを指摘する。声紋が90％の一致率を示すと主張する人たちがいるが、50％しかないと示唆する人もいる。たしかに、犯罪者を識別する手段として、音声認識と声紋を使用することは、無罪か有罪かを指摘する数多くの面のひとつであると考えられる。しかしながら、最近では、有罪を決定するには、音声認識だけではなく、より多くの証拠が求められている。

沈黙と休止

沈黙はコミュニケーション的価値を持つ音声活動の重要な側面であるが、音声行動のひとつのカテゴリーとして、常に考えられるわけではない。「沈黙は金 (Silence is golden)」や「何かいいことを言えないなら、何も言うな (If you can't say anything nice, then don't say anything at all)」という言葉を聞いたことがあるだろう。多くの人々が信じていることとは違い、沈黙は話すことの反対ではない。沈黙は伝えないということと同じではない。それは音声行動の不可欠な部分であり、状況に依存しながら、思考や感情、態度、他者との関係についての多くの情報を提供できる (Braithwaite, 1999; Newman, 1982; Jaworski, 1999)。

一般的に、沈黙は発話の流れにおける休止 (pauses) という点から議論される。これらの休止は無声休止か有声休止のどちらかに分類される。無声休止 (unfilled pauses) もしくは沈黙 (silence) は発話中に音声活動が停止する区間である。これに対して、有声休止 (filled pauses) はスピーチ内容の流れにおける中断であり、「uh」、「er」、「ah」、吃音、言いそこない、くり返しといった可聴音が発せられる。

有声休止、無声休止は3つの異なる現象、ためらい沈黙 (hesitation silence)、心理言語学的沈黙 (psycholinguistic silence)、相互作用的沈黙 (interactive silence) として分類可能である。ためらい沈黙とは、一般的に、会話中の休止であり、次に何を言うべきかについてのある種の不安や不確実性によって起こる。これに対して、心理言語学的沈黙は、スピーチの符号化と復号化に関する休止である。休止はスピーチの

文法の流れの始まりで最も多く見られる。思考を言葉に変換する間，休止することがたびたび必要である。最後に，相互作用的沈黙は相互作用それ自身の産物であり，2人の関係について，さまざまなメッセージを伝えることができる。恋人どうしが共有する沈黙の時間，年長者への敬意を意味する沈黙，対立中の2人の冷たい沈黙，無視をする沈黙，これらはすべて相互作用的休止の例である (Argyle, 1999; Lalljee & Cook, 1969; McCroskey, 2001; Richmond, 1996a)。

また，休止は文法的なものと非文法的なものに分類できる。頻繁に引用されるゴールドマン＝アイスラー (Goldman-Eisler, 1968) によれば，休止は以下の接続で生じる場合，文法的である。文末などの自然な句読点，接続詞 (but, and, or) の直前，関係代名詞や疑問代名詞 (who, which, why) の直前，間接疑問や推定疑問 (I'm not sure about that) と関連して，時，方法，場所の副詞節の直前 (I will leave when I'm ready)，完全な挿入句が使用される時 (I am sure my students, those in my nonverbal communication class, will vote for you)。

同様に，休止は非文法的でもある。これらの休止は単語と反復されるフレーズ間の隙間や中断として (I think you will find／休止／will find that／休止／that I am right)，動詞由来複合語間の隙間や中断として (I have／休止／talked until I'm blue in the face)，途絶や出だしの失敗として (I am concerned／休止／the problem is your attitude)，言語フレーズの中間や最後で出現する。

ナップとホール (Knapp & Hall, 1992) は自発発話に関して興味深い観察を行なっている。自発発話におけるすべての休止の中で，文法的休止はわずか55％しかないが，一方で，テキストの音読といった良く準備された発表では，文法的休止が一貫して多いという特徴がある。

コミュニケーションにおける沈黙の使用

人間のコミュニケーション過程において，主として，沈黙は以下のように使用される。沈黙は対人関係における距離を定める。人は自分と他者との間に距離を置きたいと望む時がある。物理的に自分自身を取り除くことはできないが，沈黙したままでいることで，心理的距離を作り出すことができる (Jaworski, 1999; Braithwaite, 1999; McCroskey & Richmond, 1996; Mehrabian, 1968)。

人は自分の考えをまとめるために，沈黙を必要とすることがよくある。すでに述べたように，メッセージの符号化は，思考を言葉に置き換える過程で沈黙することによって，促進される。沈黙は別の人への敬意を示すためにも使用される。沈黙を通じて，敬意を示すだけでなく，権力を持つ人々は他者に自分への敬意を示すよう命令するためにも，沈黙を使用する。沈黙は他者の行動を修正するために使用される。昔から，親たちは自分の子どもを行儀よくしつけるために，無視を使っている。配偶者や友人たちも，また，こうしたアプローチを使うことで知られている。

沈黙はスピーチの流れの中で，内容のポイントを強調し，その一部分をより印象的にするために使用されうる。スピーチで驚くべき発言をする前後で，無音の休止を入れると，その発言に重要な意味を与えることができる。沈黙は感情的な状態を表示する手段にもなりうる。たとえば，ある人に反対しないことで，別の人を支持する方法としてや満足を示すしるしとして，単純に黙っている人々もいるだろう。

2 音声行動とターン相互作用管理

3章で，会話中のターン交替の概念を紹介した。話し手と聞き手との相互作用を調整するために，多くのジェスチャーや視線行動が使用されると示唆した。ふつう，このような行動は，会話中の話す意図や聞く意図を，他者へ知らせるさまざまな音声手がかりとともに使用される。ターン交替（turn-taking）には4つのタイプがあることを思い出そう。ターン維持，ターン譲渡，ターン要求，ターン否定（Dunkan, 1972, 1973, 1974）。

ターン維持

他者との相互作用において，もっと話し続けたいと思う時がある。つまり，発話過程において自分のターンを維持したいと望む。話し手が聞き手に自分が発言権を保ちたいということを伝えるために使用する合図は，ターン維持合図（turn maintaining cue）と呼ばれる。これらの合図は聞き手が口をはさもうとするかもしれない状況で最も顕著になる。ターン維持に関する音声的な合図には，音の大きさの増加が含まれる。ふつう，このような増加はターンを要求する可能性のある聞き手を圧倒する役目を果たす。もうひとつのターン維持の音声合図は，話速の増大である。一般的に，他者が速いスピーチの流れを遮ることはむずかしい。それは聞き手が話に割り込む機会を減少させる。たとえば，ジェイクの上司であるジョーンズさんはジェイクが遅刻したので，彼を注意した。ジェイクが説明しようとするので，「二度とやるな」と付け加えるために，ジョーンズさんは自分の話速と音量を上げた。

ターン維持において効果的なその他の音声的合図として，有声休止の使用がある。無言ではなく，音声分離子を使って休止を埋めると，聞き手に相手が特定の思考を終わりかけているが，まだ話し終えていないことを知らせることができる。

ターン譲渡

一般的に，話を終え，聞き手に話し始めることができるという合図を送りたい場合に，ターン譲渡行動（turn-yielding behavior）を行なう。聞き手に質問することも，たしかに，譲渡手がかりのひとつである。一般的に，質問をすると，発話の最後で音

声ピッチを上げることになる。ターン譲渡のシグナルとなるもうひとつの音声手がかりは，音声ピッチの低下である。ピッチの低下は，発話を尻すぼみにすることとともによく使用される。発言を尻すぼみにさせるために，ピッチを低下させた後で，終わりのフレーズが付け加えられるかもしれない。ふつう，フレーズの尻すぼみは，話し手が聞き手に話し始めるよう誘導している時に，最もよく見られる。

発話中における通常の音声の上下から逸脱したようなイントネーションの変化は，ターン譲渡のシグナルとなる。さらに，あなたの話速は聞き手にあなたが発話ターンを放棄しているということを伝えることができる。もちろん，長い無声休止（沈黙）もターン譲渡機能の役割を果たす。会話中の長い沈黙は，相手にとって心地のよいものではない。聞き手は何か言うべき重要なことはないかもしれないが，沈黙を破るためだけに話し始めるかもしれない。練習として，ちょっとした沈黙の実験をやってみよう。知人と会って，会話を始めよう。少し話した後に，沈黙休止を挿入し，相手がどのくらい黙ったままでいられるかを見てみよう。何秒も経たないうちに，相手は沈黙を埋める可能性が高い。

相手が話し終わった後で，別の人が話し始めるまでにかかる時間は，応答潜時（response latency）と呼ばれる。応答潜時の長さは個人間で違う。応答潜時がとても短い人々は相手の言葉と重なることがよくある。つまり，彼らは相手が話し終える前に，話し始める。彼らは会話を引き継ぐためのしるしとして，ほんの少しの休止を取る。対照的に，応答潜時の長い人々は，相手をとても居心地悪くさせてしまう。もし相手にターンを取らせるために休止を置いたのに，相手がすぐにターンを取らなければ，無理やりにでも，もう一度話し始めようと感じるかもしれない。応答潜時の短い人が応答潜時の長い人と接触する場合，ふつう，前者がその関係を支配する。たとえ，彼らにそうする意図がないとしても（Newman & Smit, 1989; McCroskey, 2001）。

ターン要求

だれかが話しているのを聞いている時を思い浮かべてみよう。その人が話を続けていると，あなたは自分が話すのを待っていることに気づいた。あなたは自分が話し始めるために，ほんのわずかでも，話し手が休止するのを待った。失望させることに，そして欲求不満が高まっても，休止はけっして来なかった。あなたはすぐに話さなければならないとわかった，もしくはあなたは言おうとしていたことを忘れてしまっただろう。あなたは何をしたのか？　もしあなたがふつうの人ならば，話し手が話を切り上げるだろうという望みを持って，ターン要求合図（turn-requesting cue）を使い始めるだろう。基本的に，あなたは話が終わるように非言語的にうながすだろう。このようなターン要求の音声的合図には，出だしの吃音（「But … but … but, I … I … I」）があり，それは話し手がまだ話している間でも，会話中に挿入されるかもしれない。出だしの吃音と音声バッファ（「ER … ah」や「UH … well」）のような音声合図は，

より短い時間で話し終えるよう話し手をうながす傾向にある。「Mm-hmm」,「Yes … yes」といった応答の速さを上げることも,効果的なターン要求シグナルとして役に立つ。

ターン否定

最後に,聞き手が話し手に自分は交替することを望まないというシグナルを伝える時がある。ターン否定行動（turn-denying behavior）もしくはあいづち合図（back-channel cue）は話し手のターンを譲渡し始めた時に,聞き手が何も話すことがない場合に最も頻繁に発生する。ターン否定には,応答速度の低下と,話し手に話すことへの報酬を与える傾向にある音声的合図が含まれる。「Mm-hmm」のような肯定的で非言語的な発声が,ゆっくりとしたペースで,肯定的なうなずきとともに伝えられると,それは話し手に「続けてください,あなたが言っていることは好ましい」というシグナルを送ることになる。

対人的相互作用の管理に使われる音声行動は,単独ではほとんど起こらないことに注意すべきである。視線行動と同様に,ジェスチャーとその他の身体動作は,発声と同時に生じることが多い。たとえば,眉毛に沿って指をあげること,前へ姿勢を傾けること,聞こえるように息を深く吸い込むこと,これは発話要求を伝える。逆に,話速を上げること,よそ見をすること,背を向けること,声を大きくすること,聞き手に向けて停止ジェスチャー（割り込みを停めるために手をあげる）を見せること,これらによって,あなたは自分の発話ターンを維持する。同様に,言葉によるコメントがターンを拒否するのに機能を果たすかもしれない。もし,聞き手が話し手への文章を完成させ,前述のコメントにおける分類を要求するならば,彼らはもっと簡単に聞き手としての自分たちの立場を維持できると思われる。

口調と方言

口調（accent）は,言葉の話され方の違いに関するものである。これに対して,方言（dialect）は類似した意味に言及するために,違った言葉を使用することに関するものである。口調は周辺言語的な関心であり,一方,方言は言語学的な関心である。アメリカ合衆国の異なった地域から来た人々やある地域内での異なった文化的な集団から来た人々は,口調や方言,もしくはその両方において異なっているだろう（Bradford, Farrar & Bradford, 1974; McCroskey, 2001; Sayer, 1979）。

もしあなたがみんなと同じならば,自分自身に口調があり,方言で話すとは思わないだろう。人は話し方の違う他者を口調が違う人や方言がある人と見なす傾向にある。だから,口調と方言は他者の話し方に対する人々の認識であると考えることができる。もしあなたがニューヨークのブルックリン出身で,典型的なブルックリン口調を話す

と，ブルクッリンの隣人には方言があるとは受け取られないだろう。つまり，あなたと隣人はお互いの話し方をふつうだと思っている。しかし，同じブロックの少し先に住む合衆国の南部から引っ越してきた人は，2人ともおかしな話し方をすると言うだろう。

同じように，ケンタッキーの田舎で生まれ育ち，南部アパラチアのゆっくりとした話し方の人は，仲間のケンタッキー州の人たちからは訛っているとは受け取られない。ブルックリンの人がケンタッキー州に行く，もしくは南部アパラチアの人がニューヨークに旅行に行くと，そこでは口調や方言があることになるだろう。事実，人は自分の話し方がおかしいとはけっして考えない。むしろ，おかしな話し方をするのは他人であり，方言があるのは他人だと思うだろう。

基本的に，口調や方言があるという認識とは，ある人が話すために社会化されてきた方法と一致しない発話傾向に遭遇した時に生じる。口調の認識を導く要因には，多くの音声的現象が含まれる。第1に，声質が違いとして認識される。たとえば，南部の口調はゆっくりとした話し方が特徴であり，テキサス口調もゆっくりとしている。一般的に，北部出身者は南部の人の話し方には音節が多く含まれていると表現する。全国コミュニケーション学会において，ある南部出身者がユーモラスな調子で，「cowboy」という単語は2音節ではなく，4音節である（「ca-o-bo-ah」）とコメントした。聴衆の中のもうひとりの南部出身者は，このような単語はfit（fee-itと発音される）などの2音節語とはまったく違うと指摘した。

口調の認識を導くもうひとつの音声現象は，単語の発音の違いである。Marryという名前はある地域では「Merry」と発音され，別の地域では「Marry」や「Maury」と発音される。「I'll」，「all」，「oil」という3つの単語を何度も言ってみよう。それぞれを別々に言えるだろうか？ アメリカの大部分の州の人々は，別々のものとして話すことができる。しかし，テキサス出身者ならば，おそらく，3つの単語をすべて同じように発音するだろう。鳥類について言及する時に，「bird」，「boid」，それとも「bud」と言うか？ 遠くの丘陵を指さして，「over younder」，「over yonda」，それとも「ova yawner」と言うか？ 「nyu tube in yer tire」や「noo toob in yer tar」と言うか？

同様に，口調の認識はその他の判断にいたることがありうるか？ いくつかの研究によれば，そのようである。教育環境において，教師は異なる発話傾向を持つ子どもたちを文化的に不利な状況にあると評価し，外国口調を持つ子どもたちを社会的地位が低いと判断することが知られてきている。また，英語を話す中南米出身者がスペイン語口調で話す時，成功することが少なく，知能が低く，社会的意識が低く，能力が低いと，非中南米出身者から見なされるということを示す研究もある。いくつかの研究では，南部のゆっくりとした話し方がアメリカ合衆国の他の地域では，知能が低く，思考が鈍いという認識を生み出しうるということが示されている。ブルックリンの口調は傲慢さやその他の否定的な認識を西部や南部のアメリカ人に暗示することが知られている（Argyle, 1999; Berry, 1990; Berry, Hansen, Landry-Pester & Meier, 1994; Camras,

Sullivan & Michel, 1993; Kramer, 1963; Massaro & Egan, 1996; Sayer, 1979; Semic, 1999; Williams, 1970; Zuckerman & Driver, 1989)。

「どうして口調のために人々についてのそのような好意的ではない判断をすることがふつうであるかのように見えるのか？」と自分自身に問いかけるかもしれない。それは公正ではない，違う？　しかしながら，それは現実に起こり，口調の認識のために，しばしば否定的な結果が生じる。そのような結果は，相対的に重要ではない社会的不利益から，特定の仕事には就けないと考えられることにまで及びうる。特定の地域の音声傾向や民族的な口調は，その人の適切な社交能力，遂行能力，行動能力と関連づけられることが多い。いや，話し方のせいで，人々を差別することは不公正である。口調によって，その人の知性を判断するのは不公正である。けれども，それは毎日起こっている。口調以外の情報源を使って正しいと確認できるまでは，判断を保留するのが賢明である。すべての人に方言と口調があることを知っておこう。これは他の地域や文化，一派の人々と交流する時にのみ明らかになる。たいていのことがらと同様に，人は自分自身の口調と方言を正しく，最良で，ふつうであると考える傾向にある。それは他の国の人々に北アメリカの人々が自民族中心主義（ethnocentrism）であると言わしめるかもしれないことの一部である。他国の人がそう言う場合，彼らはその言葉を賛辞のつもりでは使っていないだろう。

ムラック（Mulac, 1976）は，人は3つの主要な次元に従って，他人の口調を判断すると指摘する。彼の研究は口調が，

1. 社会的知的地位（地位，職業，収入，教養）
2. 審美眼的性質（口調がいかに心地よいか，不快か）
3. ダイナミズム（音声がいかに攻撃的か，断定的か，強力か，声高か，活発か）

で評価されると証明した。日々の暮らしの中で，これらの次元を耳にすることがある。たとえば，「だれかがよい声をしている」と言う時，その人が心地よい音や強力な音を出しているということを言っているのである（Hecht & LaFrance, 1995; Semic, 1999; Zuckerman & Driver, 1989）。

フィリップスら（Phillips, Kougl & Kelly, 1985）が，話すことについて彼らの著書に書いた言葉を考察することは価値がある。

人々がどのように話したいか，また，仲間を見つけたいと望む言語共同体は何かを選ぶ権利があるということを，記憶に留めておくことは重要である。さまざまな集団の言語様式を学ぶことは簡単な課題ではないが，ある人の起源や所属が示される関心の指標となる（p.241）。

3 音声行動の効果

音声行動はいくつかの点で他者との相互作用に影響を与えることがある。以下では，感情表現，性格の判断，学習能力，他者を説得する能力，効果的な話し方に対する音声的手がかりの効果の議論を提供する。

音声行動と感情

この課題に参加するために，パートナーやクラスメイト，ルームメイトを選ぼう。2人のうちどちらかが以下の感情リストを伝えようと試みる間，もうひとりは本を閉じる。伝達者役を交替する。ルールは2つある。

1. お互いに背中合わせになる。
2. 感情を伝達する役の人は，ひとつの文章だけを言うことができる。「玉ネギは朝に食べるとおいしい」

この文章だけを伝えて，あなたのパートナーがこれらの感情を答えることができるかどうか見てみよう。

怒り	嫌悪	関心	愛	軽蔑
悲しみ	同情	喜び	罪	裏切り
不信	恐怖	落胆	幸福	困惑
憎悪	失意	驚き	興味	退屈

あなたのパートナーは，常に正確な感情を答えられないかもしれないが，おそらく，かなり成功しただろう。ルールの制限を考えると，正しく答えられることに驚く人もいるだろう。実際の言語内容とは別に，音声行動は感情について多くの情報を伝える (Bachorowski & Owren, 1995; Camras, Sullivan & Michel, 1993; Davitz, 1964; Mehrabian & Ferris, 1967; Scherer, Koivumaki & Rosenthal, 1972; Starkweather, 1961)。感情の音声表現は発話の内容よりむしろ，周辺言語の手がかり中に見られる。感情の音声表現に関する研究では，無内容発話技法（content-free speech technique）を利用することが多い。つまり，聞き手は実際の発話内容が理解できないようにされた他人の音声を聞き，どの感情が表現されているか判断するように求められる。これは隣人たちがお互いに何を言っているのかはっきりと聞き分けられずに，彼らが議論しているのを聞くことに似ている。たしかに，彼らが怒っていると言うことはできるが，なぜ怒っているかを言うことはできない。

無内容発話アプローチを使用する研究は，どの音声手がかりが特定の感情を伝えるのかに関する理解にかなり役立っている。話し手が興奮している，もしくは落ち着いているかどうかは，ピッチと音の大きさにおける変化の程度とタイプに関連する。しかしながら，他と比較して，より正確に判断される感情もある。神経質，怒り，悲しみ，幸福といった感情を音声手がかりだけから解釈するのが，最も簡単である。一方，驚き，恐怖，愛は判断するのがかなりむずかしいことが多い。ふつう，人の音声はお互いにとても違っているが，男性と女性は同一の感情を表現するのに，同一の音声活動を使用する。たとえば，男女は怒りを表現する時，音量を増大させ，イライラしている時は話速とピッチが増大する (Addington, 1968; Bachorowski & Owren, 1995; Davitz, 1964; Kramer, 1963; Perlmutter, Paddock & Duke, 1985; Scherer, Koivumaki & Rosenthal, 1972)。音声手がかりと感情表現に関する研究のほとんどは，一貫して，5つの結果を示しているように思われる。

1. 否定感情は肯定感情よりも正確に識別される。
2. 音声における感情を識別する聞き手の能力は，話し手が自分の声に感情を符号化する能力の影響を受ける。
3. 自分自身の感情をモニターし，統制する人は音声手がかりを通じて他人の感情をうまく識別できる。
4. 自分と同じ文化圏の人と話す場合，さまざまな音声表現を識別することは容易である。
5. 微妙な感情を検出することはむずかしい。

　3つ目の総括については，何らかの説明が必要だと思われる。自己モニターが高い（ふつう，自分たちがすることに気づく，もしくは注意深い）と考えられる人々は，他人の音声表現により敏感である。これはおそらく彼らが自分自身の感情をどのように表現するかを観察し，音声手がかりを統制することに熟練している結果である。どの音声手がかりが特定の感情の表現につながるのかを知ることは，彼らにより他者の音声表現を判断する能力を身につけさせている。自己モニターの高い人々は音声表現を判断する際に他人をしのぐだけではなく，ある感情を意図的に音声に込めることにも優れている。

　シェアラーとオシンスキー (Scherer & Osinsky, 1977) は音声手がかりとそれに関連する感情状態を記述した。これらの音声手がかりは，メッセージ内容ではなく，他人が本当に意味することを教えてくれる。シェアラーとオシンスキーやその他多くの研究者たちは，特定の音声的感情状態と関連する手がかりが存在することを示唆している。音声の研究に基づいて，SADFISH感情と関連することが多い手がかりを以下に列挙する。

悲しみ（sadness）：遅いテンポ，低ピッチ，少しの調波，平板，少しの活発性，穏やか，無色

怒り（anger）：速いテンポ，高いピッチレベル，音が大きい，多くの調波，不快，耳障りな

嫌悪（disgust）：遅いテンポ，多くの調波，平板，硬い音，少しの抑揚，ひどく不快な

恐怖（fear）：ピッチ曲線の上昇，速いテンポ，甲高い，調和しない，不協和音，つんざく

興味（interest）：等ピッチ，適度なテンポ，適度な調波，活気のある，機敏

驚き（surprise）：速いテンポ，高ピッチ，ピッチの上下，多くの調波，ハッとして，あ然として

幸福（happiness）：速いテンポ，より高いピッチ変動，活動的，活気のある，生き生きとした，陽気な

音声行動と性格

　他人の性格についての印象を音声の聞こえ方だけに基づいて形成する場合が，たしかにある。おそらく，あなたはとても速く話す人や哀れっぽい声で話す人，声が常に震えている人を思い浮かべることができるだろう。一般的に，緊張した声，息の漏れるような声，耳障りな声，しわがれ声の人々をどう考えるだろうか？　彼らについてのステレオタイプ的な判断が存在するだろうか？　他者の話し方における音声性質の一致が，特定の性格特性と関連することがよくある。アディントン（Addington, 1968）が実施した大規模な研究を考察しよう。

　アディントンは，音声手がかりが一貫したステレオタイプ的な性格判断を生み出すかどうかに，大きな関心があった。彼は音声に表われる9つの性質，息漏れ（breathiness），か細さ（thinness），平板さ（flatness），鼻音性（nasality），緊張性（tenseness），かすれ（throatiness），明瞭さ（orotundity），速度の増加（increased rate），ピッチ変化の増大（increased variety in pitch）を確認した。アディントンは自分の研究でこれらのタイプの音声性質を持つと考えられる男女を使用した。以下はアディントンの知見の一般的要約である。

息漏れ

　息まじりの声は発話中に聞こえる呼気という特徴を持っている。通常，息漏れは男性とは関連しないが，この性質の声を持つ男性は存在する。一般的に，息まじりの声を持つ男性は他者によって，より若く，より芸術家であると考えられる。男性で息漏れが激しすぎると，優柔不断やホモセクシャルと関連づけられることが多いだろう。女性の場合の息漏れは，女性らしさや小柄という判断を引き出す傾向にある。この音

声性質を持つ女性は，よりかわいく，より快活で，より神経質で，しばしば浅はかであると認識される。

か細さ

通例，男性の場合の声のか細さは，特定の性格判断とは関連づけられないように思われる。しかしながら，女性の場合，いくぶん異なる図式が浮かび上がる。か細い声を持つ女性は，社会的かつ身体的に未成熟であると見られがちである。また，彼女たちは感情的かつ精神的に未成熟であると認識される。一般的に，これらの未成熟という認識は，否定的な判断であると考えられる。しかしながら，女性の声におけるか細さは2つの肯定的な認識，ユーモア感覚と感受性の高さとも関連する。

平板さ

平板な音声は男女を問わず，同じ認識と関連づけられがちである。音声の平板さは男らしさと気だるさという認識を生み出す傾向にある。さらに，平板な音声を持つ人たちは，より冷淡で，より内向的であると見なされる。

鼻音性

おそらく，鼻音性ほどアメリカ文化で望ましくないと考えられる音声性質は存在しない。「鼻をとおして話す」人々は，楽しい人であるとは見られないことが多い。しかしながら，これはアメリカ人に共通した音声の問題である。アディントンの研究によれば，男女両性における鼻音性は，怠惰，知性の低さ，退屈といった多くの社会的に否定的な認識を引き起こす。もちろん，あなたが友人を持つことや社会生活を送ること，求職面接でよい印象を形成することに関心がない限りは，これはだれにとっても感嘆するようなよい肩書きではない。

緊張性

もしあなたが喉と顎のまわりの筋肉を緊張させると，話すにつれ，声に負担をかけていることに気づくだろう。音声の緊張は他者が人について行なう判断とも関連することが知られてきている。アディントンの研究では，男性は一般的に，緊張した声の場合，より年長に見られた。さらに，彼らは会話においてほとんど譲歩しないと認識された。これに対して，女性は全然違って見られた。女性の場合における声の緊張は，話し手がより若くて，感情的で，女性的で，神経質であるという認識を引き起こしがちであった。また，緊張した声の女性は知性が低いと見なされた。

かすれ

アディントンの研究では，男性の声の音声性質におけるかすれの増加は，より年長

で，より成熟し，洗練されたというステレオタイプ的な判断を引き起こす傾向にあった。また，彼らは考え方がより現実的で，より調整的であると見なされた。これが示唆することは男性における声のかすれは肯定的で望ましい特徴だということである。女性にとっては，この音声性質によって生じる認識はほとんど正反対である。女性の場合には，感情的ではなく，醜く，粗野で，怠惰で，男っぽく，知性が低く，不注意で，非芸術的で，世間知らずで，神経過敏で，無関心で，謙虚で，つまらない人であると特徴づけられた。

明瞭さ

この性質は音声の頑健さ，明瞭さ，強さを示す。高らかな声の男性は精力的で，より洗練され，興味深く，誇りを持ち，熱心で，芸術的であると認識された。男性の一般的な認識はより表情豊かで，開放的で，美的に駆り立てられているというものである。また，類似した多くの性格特徴が女性の属性と考えられた。頑健で力強い声を持つ女性は，より社交的で，より生き生きとし，美的に敏感であると見なされた。しかしながら，アディントンによれば，彼女たちはユーモアがなく，誇り高いとも認識された。

速度の増加

アディントンの研究は，話速の増加が男性であっても女性であっても，同じ認識を生み出す傾向にあるということを示した。基本的に，話速の速い話し手は遅い人と比べて，より快活で，外向的であると見られた。おそらく，それはより速く話す人が，より社会的に方向づけられている人であると見なされることを意味する。速度の増加は肯定的な認識と関連するように思われるので，社会的に望ましい音声行動の特徴となる。話速の増加が話し手の有能さや信頼性という認識と関連することに着目している研究もある。話の流れの中で，言いよどむことなくもしくは流暢に，速い速度で話す人々は，自分が話していることに自信があるように思われ，また，自信たっぷりであるように見えるかもしれない（Kimble & Seidel, 1991; Markel, 1965）。

ピッチ変化の増大

アディントンの研究における判断は，ピッチの変化が男性らしい行動ではなく，むしろ女性らしい行動であると特定した。一般的に，男性はピッチ中に組み込まれる変化によって生じることがらを利点であるとは考えない。アディントンの知見は，ピッチ変化を使用する男性はダイナミックでなく，男らしくなく，美的傾向があると認識されることを示している。女性はよりダイナミックで，外向的であると見られた。

音声行動と学習

　教室環境でのコミュニケーションを研究する研究者たちは，主として，学生の学習や理解，記憶へ与える音声行動の影響に関心がある。おそらく，単調な声ほど，教師にとって悪い敵は存在しない。われわれ自身の研究では，抑揚のない声はその他の要因よりも教師への否定的な評価にしばしばつながることが示されている。抑揚のない音声には，発話中の音声性質の変化がほとんど含まれない。単調な話し手は話をする時に，抑揚や速度の変化がほとんどないか，まったくない。遠くで聞こえる環境音の鈍いうなりとそっくりで，単調な話し方は聞き手の注意と興味を妨げがちである。ひとつのことは明らかだ。人々は注意を引きつけないものは，何も学習できない。実際，単調さは話し手の情報提示に何ら寄与せず，話し手が学生の注意を活性化しようと努力しても，それとは逆に作用する（McCroskey, 2001; Richmond, 1996a）。

　研究者たちは音声の変化，音声の明確さ，自然に聞こえる音声が理解を導き，提示された素材をその後に再生することに影響すると示唆する。70年前，コミュニケーション分野における最も初期の実証的研究のひとつで，ウールバート（Woolbert, 1920）は，テンポ，勢い，ピッチにおける音声変化が，より高い素材の記憶を導き出すことを示した。さらに，最近の研究では，単調さは口頭で発せられた素材に対する聞き手の理解を実際に低下させることが見いだされている（Markel, 1965）。声のかすれや息漏れといった性質が，理解と記憶を妨害することを見いだした研究もある。不明瞭になることや不自然に音を出すことも，聞き手の理解と記憶を妨害しうる（Addington, 1971; Kimble & Seidel, 1991; McCroskey, 2001; Sereno & Hawkins, 1967）。

　学習における話速の影響については，これまで広範囲に研究されてきている。話速が速くなると，口頭による説明に対する聞き手の理解量とその後の再生量が，ある程度までは増大する傾向にあるということを知ると，驚くかもしれない。人はふつうに話す速度よりもずっと速く，情報を処理し，理解できると，専門家たちの多くは考えている。このため，自分たちの心を話し手が提示している特定のポイントの間でさ迷わせたままにしておくことがよくある。話し手がより速く話すと，話し手の話から自分の注意をそらす機会がほとんどない。もちろん，さらに速く話すことができる。聞き手はきわめて早口の話者の話を続けて聞く努力をすることを，単純に望まないかもしれない。また，度を超えた早口は中古車営業マンのステレオタイプを想像させてしまい，信頼性の低下につながるだろう（Addington, 1971; Kimble & Seidel, 1991; Markel, 1965; McCroskey, 2001; Meharabian & Williams, 1969; Miller & Hewgill, 1964; Miller, Maruyama, Beaber & Valone, 1976; Richmond, 2002）。

　教室における学習では，教師の温かく，肯定的な音声行動も重要である。肯定的な音声手がかりは，教師たちとよりたくさん話をし，教師たちからの説明を自分で探求することによって，より活動的に自分自身の学習に参加するように，生徒たちを勇気づける強化因子として役に立つ。また，教師の肯定的な音声手がかりは，学生に学習

素材や教師に対する肯定的な態度を生み出す傾向にある。一般的に，肯定的な音声行動は，どの学生群においても改善を生み出すが，中流階級の学生に対するよりも，下層階級の学生に対する学習や興味の改善に貢献するという結果を示す研究がいくつか存在する（Richmond, 1996a, 2002）。

音声行動は言語メッセージをさらに明確にできる。言語メッセージの明確性は，直接，口頭により提示される情報に対する聞き手の理解能力に貢献する。聞き手にとって，言語的発話は，部分的にしか明らかではない。なぜならば，話し手はメッセージの特定の部分を強調し，際立たせるために，自分の音声性質を利用するからである。たとえば，音声手がかりはどの部分が最も重要であるかを聞き手に示すことができる。音声手がかりは単語やフレーズを目立たせ，下線を引き，太字にし，斜字にする，そして次に，聞き手の素材を保持しようとする能力に貢献する（McCroskey, 2001）。

音声行動と説得

説得（persuasion）という用語を使う場合，他者の態度や価値観，信念への影響について言及している。一般的に言えば，聞き手の中に新しい態度を生み出すことによって，すでに持たれている態度を強化することによって，またはある方向から別の方向へだれかの態度を実際に変えることによって，説得できる。音声行動は他者に影響を与える能力に作用できるか？　何を言うかを取り巻く音声性質と発声は，態度が変化するか否か，信じさせるか否か，製品が売れるか否かといった差異を生み出すことができるか？　多くの要因が他者に影響する能力に作用し，そして，これらの要因が説得を強めるよう，互いに作用しあうことは明らかである。しかしながら，多くの研究は音声行動がきわめて重要な役割を果たすことを示してきている。

音声行動と説得に関するある研究では，話す速度が他者を説得する能力に影響するということがわかった。要するに，速く話せば話すほど（もちろん，無理でない範囲内で），他者に影響を与える可能性が高い。おそらく，早口のセールスマンといったステレオタイプのようなものが存在する。この知見へのありうる説明としては，すでに言及したように，話速の速さが有能性，専門性，知性といった認識としばしば関連することがあげられる。もし聞き手として話者のこれらの特徴を認識するとすれば，その話し手を信用できる情報源だと考える可能性が高く，結果として，彼らのメッセージを信じるようになるのだろう（Addington, 1971; McCroskey, 2001; McCroskey & Richmond, 1996; Meharabian & Williams, 1969; Sereno & Hawking, 1967）。他者に対していだく認識が，われわれに影響を及ぼす彼らの能力に大きく響くことがよくある。

これまでの研究では，ある人の発話における非流暢性と態度変容への影響との間には何の関係性も見いだされていないが，非流暢性が話者の信頼性評定に影響することを発見した研究は存在する。これらの研究者たちによると，言い間違いや口ごもり，くり返しなどの音声的非流暢性が，話者の有能性や力強さといった認識を損なうこと

がありうる。これらの研究はまだ，説得についての直接的影響を証明していないが，非流暢性が話し手の信頼性を阻害することが判明したので，信頼性のこれらの否定的印象が説得性にも影響しそうである（Addington, 1971; Kramer, 1963; Mehrabian & Williams, 1969; Miller, Maruyama, Beaber & Valone, 1976）。

音声行動と魅力

ザッカーマンとドライバー（Zuckerman & Driver, 1989）は，聞き手への音声の魅力の影響を調べる2つの研究を実施した。彼らの仮説は，「音声の魅力における個人差が，性格の印象に違いを生む」（p. 28）ということだった。彼らは聞き手が魅力的な声とは何かという認識で一致することを見いだした。また，ザッカーマンとドライバーは魅力的な声を持つ話者はそうでない人と比べて，より好ましいと評定されることを発見した。魅力的な音声は支配的で，好ましく，達成志向であると認識された（Semic, 1999）。

音声行動と自信

ある話者が自信たっぷりに話しているように聞こえるならば，その人は自信があると認識されるだろうと，何年にもわたって考えられてきた。自分の話す内容の中で，自信があるということを証明できる方法は，いくつも存在する。たとえば，「私はこれを確信している」「このことはよく知っている」「私はこの領域の専門家です」といった声明がよくなされる。また，たとえば，速く話したり，声を大きくしたり，力強く話したり，支配的に話したりするといった非言語的手段を使って，自信を示すこともできる。キンブルとサイデル（Kimble & Seidel, 1991）は，周辺言語の2つの変数，すなわち，音声の大きさと応答潜時について研究を行なった。取るに足らない質問へ答える際に，話者が自信を持っていると聞き手に認識されることと，上述の変数間に関連があるかどうかを調べた。彼らの結果は，以下のとおりであった。

- 人々は自分が言っていることに自信がある時には，音声的にかつ言語的に自信に溢れている。
- この自信は大きな声での話し方とより速い応答潜時によって示される。
- ある人が断定的であればあるほど，自信を持って応答する可能性が高くなる。
- 自信に溢れた応答はより大きな声で，より熱心に，より精力的になされた。ゆえに，自信があるように思われるためには，自信を持って話すべきなのである。

うまい説明の音声特徴

人は説明的な話し方をするように指導されるので，別の著書において，このようなコミュニケーションでの音声使用に関連する研究と理論を要約した（McCroskey,

2001)。6つの音声性質が，説得力のある話し手になるための能力に，直接的に影響すると考えられると結論づけた。これらの性質は，説明的な話し方という狭い領域を超えた価値があるので，ここでそれらをくり返す。

　第1に，あなたが話をする環境や聞き手を考慮する場合，音量コントロール（volume control）が絶対必要である。聞き手を圧倒するほどの大きさではなく，相手に聞こえるのに十分な声の大きさで，話すべきだと自覚することが重要である。実際，声の大きさとは，相対的なものである。声が大きすぎるか否かは，あなたがどこでもしくはだれに話しているのかに依存する。覚えておくべきポイントは，過度に大声で話すと，聞き手の感情を害し，興味を失わせてしまい，逆に，十分な大きさで話さないと，聞き手をイライラさせてしまうということである。最終的に，聞き手はあなたの言うことを理解する努力をやめてしまい，その結果，あなたが彼らに影響を与える機会は失われてしまう。

　他者を説得する能力に影響する要因として，話速についてはすでに議論した。話の速さ（faster rate）が説得力を高めるように思われるが，速ければ速いほどよいということではない。望ましい速度の特徴とは，聞き手が注意を持続するのに十分なほど速いが，別のアイデアを受け取る前に，ひとつのアイデアの意味を飲み込むのに十分なほどゆっくりとした話し方である。われわれの多くは毎分140～160語の割合で話し，140～160語の範囲内で話す人々の内容をうまく理解できる。もしだれかがあまりにゆっくり話すと，われわれは関心を失ってしまう。もしだれかがあまりに素早く話すと，われわれは言葉の速度に取り残されるので，その内容を保つことができない。たとえば，プロのオークション競売人が経営者や指導者だとしたらを想像してみよう。

　第3に重要な音声の性質は，ピッチの使用（use of pitch）である。ピッチは言語メッセージを明確にし，強調するために使われる。望ましい意味を確実に伝えるためには，メッセージの中にピッチの適切な変化を組み入れなければならない。単調な話し方が楽しくないことを思い出そう。単調な話し方はつまらないし，一説によると，聞き取りにくい。ピッチが高すぎようが，低すぎようが，もしくは中程度であろうが，抑揚の変化が少ないもしくはまったくないような同じ水準であり続けることは，その話に注意を向けるために，過度の努力をするよう聞き手に要求すると思われる。

　説得的メッセージで考察すべき第4の要素は，明瞭な発音（good articulation）である。不明瞭な発音や誤った発音は，聞き手のあなたへの有能さや知性，専門性という認識とは逆に作用するので，間接的に他者を説得する能力に影響しうる。われわれの文化では，明瞭な発音に価値が置かれ，適切に言葉を発音しない人々は軽蔑される。どのような発音が明瞭なのか？　明瞭な発音とは，言葉を強調しすぎることなく，たんに，単語中にふつうに存在するすべての音を含むものである。あなたは単語をどのように言うかについて，必要以上に注意することなくその単語を話せるならば，適切に発音している。しかしながら，もしあなたが歯切れ悪く話すとすれば，他者にメッ

セージ以外のその他の側面に，あなたが注意を怠っていると思わせてしまう。

また，他者を説得する話し方に関する5番目の音声性質は，流暢さ（fluent）である。流暢な話し方とは，滑らかに流れる話し方である。流暢ではない発話には，言いよどみ，くり返し，つっかえ，目立ったポーズなどの音声活動が含まれる。すでに，これらの音声手がかりが，信頼性に対する聞き手の認識に，否定的な影響を与えうることは示唆している。

最後に，効果的な休止（effective pauses）は，特定のアイデアへ注意を向けるために使用される。ある発言の直前もしくは直後に，無音の休止を置くことで，その発言がメッセージのとても重要で，鍵となる要素であると思わせられる。有効な位置で使用される無声休止は，さらにいっそうその発話を優れたものにできる。しかし，有声休止はメッセージの滑らかな流れを遮るので，有効な効果をもたらさず，ただ流暢さを損なうだけの結果になりがちである。有声休止は，あなたが今は存在しない考えを把握しつつあることを合図し，続いて，あなたが説得的なメッセージを伝える準備ができていなかったと聞き手に結論づけさせてしまうかもしれない。

✵ 用語集

- **口調（accent）**：言葉の話され方の違いに関すること。つまり，口調は周辺言語的な関心事である。
- **方言（dialect）**：類似した意味へ言及するのに違った言葉を使用すること。つまり，方言は言語学的な関心事である。
- **有声休止（filled pauses）**：発話内容の流れを「uh」「er」「ah」といった音や口ごもり，言い間違い，くり返しで中断すること。
- **応答潜時（response latency）**：ある人が話し終えてから，もうひとりが話し始めるまでの時間である。
- **皮肉（sarcasm）**：あることがらを言いつつ，何か他のことを伝えること。
- **ターン否定行動（turn-denying behavior），もしくはあいづち合図（back-channel cue）**：話すことを望まないということを伝えるために，聞き手によって使用される。ほとんどの場合，話者がターンを譲渡し始めた時に，聞き手に何も言うことがない場合に，これらの合図が出現する。
- **ターン維持合図（turn-maintaining cue）**：話者が発言権を保ちたいということを聞き手に伝えるために使用される。
- **ターン要求合図（turn-requesting cue）**：自分が話す番であることや，会話に加わりたいことを他者に示す。
- **ターン交替（turn-taking）**：ターン維持，ターン譲渡，ターン要求，ターン否定の4つの技法が含まれる。
- **ターン譲渡行動（turn-yielding behavior）**：自分が話し終え，聞き手に話すように促し

たいことを伝えるために使われる。
- **無声休止**（unfilled pauses），**もしくは沈黙**（silence）：発話中に音声活動が停止する区間。
- **音声特徴子**（vocal characterizers）：笑い，号泣，すすり泣き，くすくす笑い，忍び笑い，むせび泣きなどの言語ではない音。
- **音声修飾子**（vocal qualifiers）：声質と類似しているが，ひとつの大きな理由のために別のものであると考えられる。通常，声質がスピーチの流れ全体を変更するのに対して，音声修飾子は発話の特定の部分を修飾し，調節する。言い換えれば，修飾子は話される文章に変化をもたらす。音声修飾子には，強度，ピッチ高，ピッチ幅が含まれる。
- **音声分離子**（vocal segregates）：「uh-uh-uh」，「er」，「ah」などの多くの共通したフィラー音と，「and-ah」や「you know」といった一見したところ，単語に見えるものも含む。
- **音調学**（vocalics），**もしくは周辺言語**（paralanguage）：音声行動の伝達価値についての研究である。周辺言語には，単語それ自身を除く，発話の流れにおけるすべての口頭の手がかりが含まれる。
- **発声**（vocalizations）：言語構造を持たない音声手がかりであり，話し言葉につきものであるかどうかはわからない。
- **声紋**（voice printing）：指紋と似ており，ある人の音声における独自な特徴や性質によって，その人が識別できる。
- **声質**（voice qualities）：テンポ，残響，リズム制御，構音制御，ピッチ制御，声門制御，声唇制御，ピッチ幅を含む特徴である。声質は話し言葉につきものの音声の変化である。
- **音声セット**（voice set）：だれが話し手であるかに密接に関係する。このような情報は話し手の言葉をより正確に解釈するのに役立つ。

7章

空間とテリトリー行動

　ホール（Hall, 1959）が提案するように「空間（space）は語る」ものである。周囲を見回してみよう。あなたは自分，あるいはだれか他人の空間に入っているだろうか？ あなたが自分自身の空間にいる場合，その主張の方法に注目してみよう。「これは私の机である」と他人に伝えるために，あなたは何を行なったのか？　さて，今度は路地を散歩してみよう。あなたの隣人は，どのように空間の要求を伝えるのだろうか？ 彼らのテリトリーとそれ以外の世界との境界線を増強するために，囲い，生垣，しるし，あるいは独特な小さなマーカーを使用しているだろうか？

　人間は他の動物と同じように，空間をくいで囲い自分自身の所有物であると言い，主張する。必要があるように見える。人間はテリトリーを防衛し，他人のテリトリーを侵略し，他者と自己の間の距離を置き，ある程度の空間を使って回避する。文化によって，空間の使い方は異なる。また，年齢，性別，性格，経歴に依存した空間の使い方に違いはあるものである。空間の使い方，その要求と防衛，そして他者が自分の空間に入ってくるのを許す時に，われわれには非言語メッセージを送り，それと同時に多くの方法のすべきことがある。

　人は他人と空間を共有する必要があり，理解していてもいなくても，人は多くの時間をその空間の交渉に使っている。戦争と平和，成功と失敗，よい関係と悪い関係の違いは，われわれの空間の使い方にしばしば影響する。他者と空間的に対話する方法，他者の尊敬すべき点において敬意を表わす方法は，有効なコミュニケーションにおける重要な構成要素となりうる。さらに，空間的な必要性や他者へのふるまいに対して，もし人が無知であったとしても，その乱用や誤用は許されない。有効な対話では，自分自身のみならず，他者の空間のふるまいをも理解することが必要である。

　人が空間とともにコミュニケートする方法に関する研究は，近接学（proxemics）と呼ばれている。空間やテリトリーの使い方は，文化と強い関係がある。その程度を測定する時に，文化の理解なくして空間とテリトリーを完全に理解することは不可能

であり，また，空間とテリトリーの理解なくして文化を完全に理解することは不可能である。空間の使用方法というのは，その人の持つ文化的価値によって決定される。人は，先天的になわばり行動を表現することや，空間的なふるまいをする傾向があるが，それらに取りかかる固有の方法は後天的な学習によって得られる（Hall, 1959, 1963, 1966, 1968, 1983; Shuter, 1976; Watson, 1970）。

ホールのような人類学者の研究では，おもに，近接パターンによって文化を識別することが可能だと思うように導いている。また，空間の行動規範は，意識せずに習慣となるまで学習されることをその研究結果は示している。すなわち，相互に作用する者の間の適切な距離をいったん学習すれば，われわれはすべての新しい会話を始める時に適切な距離を維持することを思い出し続ける必要はないのである。しかしながら，われわれが異なる文化圏に行く場合には，空間の行動規範を新たに学習しなければならないのかもしれない。

本章では，基本的な3つの方法によって，近接学の概念について論じる。最初に，テリトリー行動の現象について示し，次にパーソナルスペースの概念について論じ，最後に，近接学における「混雑」と「密度」の分野について考えることにしよう。

1　テリトリー行動の現象

テリトリー行動に関する研究の大部分や，その後に導き出された結論は，いくつかの異なる種類の研究に基づいている。いろいろな種類の動物において，とりわけ犬や猫におけるテリトリー的なふるまいの多くに，あなたはおそらく気づいているだろう。もしあなたがペットを飼っているならば，そのペットは日々，屋内外でいくつかの形式によるテリトリー行動を示しているだろう。たとえば，犬は飼主の土地境界の物体に排尿し，また他の犬による侵入からその境界を守ると知られている。狼は犬が行なうようにテリトリーをマークする。猫は飼主の家の中で同じことを行なうだろう。また，マークする方法として飼主の脚に体を擦りつけることもある。熊は木に体をこすりつけるか，あるいは所有権のしるしとして木を引っかくだろう。

動物の世界では，テリトリーはさまざまな機能の役に立つ。動物がテリトリーを要求し防衛するのは2つのおもな理由があり，ひとつは確実な食物の供給と，もうひとつは交配の準備のためである。多くの場合において動物のメスは，最良のテリトリーをマークしたオスとのみ交配するだろう。よりよいテリトリーの所有権は，動物の世界において最も賢く最も強い個体のしるしでもあるために，最もよい個体だけが繁殖を可能としている。この選抜過程は，特定の動物の人口密度を維持することを支援し，望ましくない個体を最小にすると考えられる。動物のテリトリー的なふるまいを集中的に研究した研究者たちは，テリトリー行動は進化の過程を通じてよりよく調整され，

発展してきた，先天的なふるまいであると主張した。

人もまた自然界において，テリトリー的なふるまいを示す。人と動物のテリトリー行動のふるまいにはいくつかの類似性があるが，人は自分自身のテリトリーの防衛をすることは少ない。さらに，テリトリーのマークには異なる方法を用いている。

動物のテリトリー行動はとても積極的であり，またしばしば生き残るために必要であるが，人におけるこのふるまいの多くは消極的である。人間のテリトリー行動 (human territoriality) は，個人，あるいは複数の人による，正規の法的な根拠に基づく場合もあるし，そうでない場合もあるが，地理上の仮想的な区域に基づいた要求である。最も一般的には，その区域を連続的に占有することによってそれらの要求が確立される (Ardrey, 1966; Baxter, 1970; Becker & Mayo, 1971; Edney, 1976; Hall, 1963, 1968, 1983; Lyman & Scott, 1967)。

人におけるテリトリーは，その空間への要求を主張したまま，所有者と認められた人がそこに出入りができる，半固定か固定した空間である。そのテリトリーには要求が主張され，いくつかの方法で見張られ，侵略に対して防衛が行なわれる。さらにそれらの要求を主張することは，他の人々によって一般的に尊重されている。

テリトリーのカテゴリー

アルトマン (Altman, 1975) やライマンとスコット (Lyman & Scott, 1967) によって，いくつかのタイプに分類されたテリトリーをここで確認しよう。ここでは，①1次テリトリー (primary territory)，②2次テリトリー (secondary territory)，③公共テリトリー (public territory)，④わが家テリトリー (home territory)，⑤相互的テリトリー (interactional territory)，⑥身体テリトリー (body territory) の6つのタイプを考えてみよう。

①1次テリトリー

所有者の排他的な領地であると考えられるテリトリーは，1次テリトリーと呼ばれている。共同寝室であったとしても，少なくともあなたの側は，あなたの1次テリトリーである。他にも，個人のオフィス，父の椅子，母の書斎などがある。テリトリーの所有者によって事実上連日使用される場合には，それはこのカテゴリーに分類されるだろう。1次テリトリーは，たいていは，ほとんどの人から尊重され，所有者の許可のない侵入者によって破られることもまたほとんどない。正当な要求者がだれであるのかということを，ほとんど，あるいはまったく疑う余地がない。

②2次テリトリー

このテリトリーは，所有者の中心として日々機能することは通常はなく，また所有者の排他的な制御下にはない。しかしながら，2次テリトリーは一般的に，そのテリ

トリー内外で頻繁に見かけるある特定の人やグループに関連づけられる。例として，特定のグループが通っているバーやレストランのような，ポピュラーな集会場所などが考えられる。おそらく，そのグループは毎回同じテーブルにつき，そこの「守護役」を確立している。また事実，そのテーブルは，そのグループと非常に緊密に関係しており，彼らのテリトリーとして認められる。1次テリトリーと異なり，2次テリトリーは他者による侵入や乗っ取りに弱い。所有者と認められた彼または彼女が，1次テリトリーと同程度の頻繁さで通常の使用をせず，またコントロールもしない場合，それを維持することはより困難である。

　居間に置いてある大画面テレビを例にすると，もし父が毎晩テレビを見るために彼の椅子に座るならば，テレビが彼の2次テリトリーと見なされているかもしれない。しかしながら，だれが父の椅子（1次テリトリー）に座るか，ということよりも，だれがリモコン（2次テリトリー）を制御するか，ということに対する争いがあるだろう。

③公共テリトリー

　3番目のタイプのテリトリーに分類されるのは公共テリトリーである。そこはだれにでも開放されているために，ある特定の個人やグループの管理下に置かれることはめったにない。しかしながら，そこは一時的な所有権にしたがって，動産と同程度の法的有効性でしばしば保護される。フロリダ，テキサス，カリフォルニア，またはメキシコの海岸で，春期休暇中の，多くの学生をあなたは見つけたかもしれない。もしそうであるならば，その日の砂浜の一部分に対して各個人が彼ら自身のために行なっている，異なる方法の権利の要求を思い出すだろう。そこにはCDプレイヤー，タオル，傘，日焼けオイル，サングラス，飲食物入りのクーラー，本などが有利な場所に置かれ，他の行楽客に「別の場所を見つけてください！　この場所は取られています」と告げている。

　他の公共テリトリーの例には，駐車場，シアターの座席，レストランのテーブル，図書館の机，公園のベンチ，バスの停留所の待合室，その他の多くの一時的に所有することが可能な公共財産が含まれる。所有権に関する論争のほとんどは，公共テリトリーで発生している。これら公共テリトリーは，すべてのテリトリーの中で，制御し続けることが最も困難である。どの程度頻繁にショッピングモールの駐車場へ入ったのか？　駐車場を見つけ，そこに到達する直前に，あなたより他のだれかが滑り込むのを見たのか？　この空間はだれにでも利用可能であるが，急にあなたの場所を取られたら，おそらくあなたは不当に扱われていると感じるだろう。

④わが家テリトリー

　一団となった人々が，公共テリトリーを引き続き，かつ連続的に使用することによる"植民地化"を行なった時，それはわが家テリトリーとなる。近隣のバーの常連客，

特定のストリートや市街地区で仕事をするギャング，クラブの会合で巨大な楡の樹を要求する子どものグループなどは，すべて公共の場所を奪っており，それを彼らのものにしている。わが家テリトリーのおもな特性は，テリトリーを請求する人のふるまいから見ると，彼らは特権意識を持っており，また，彼らのテリトリーに対する制御はいくぶん連続的である。そのテリトリーは法的には公共のままであるが，機能的に2次テリトリーになる。彼らテリトリーの所有者は共通して，自分の家の中でするように，それらのわが家テリトリー内では快適でくつろげるように感じているだろう。

⑤**相互的テリトリー**

人々が社会的なやりとりのために集まる場所ならどこであれ，相互的テリトリーと呼ばれる特別な場所を展開することが可能である。この会話ゾーンには，可視化はされていないものの境界が存在している。会話を相互に続けている2人が，廊下の中央に立っている場合を考えてみよう。他の通行人がそこに立ち入るのを回避するために，どんなことでもするということに気づいたことがあるだろうか？ 2人の間を通る人はめったにいない。それを行なえば，対話における相互的テリトリーすべてを冒瀆してしまうだろう。社会的な機能として，パーティーや休日のオープンハウスでは，会話に従事している4〜5人からなる小規模な集団を観察することができる。われわれはこの空間的なセッティングをコミュニケーションクラスタ（communication cluster）や，徒党（clique）と呼び，それらが個別に相互的テリトリーを確立している。新しくそこにかかわる人は，慎重に，しばしばすまなさそうにして接近し，そこの断定的ななわばりの所有者のゲストであるということを悟らせる，と予想される。

⑥**身体テリトリー**

身体テリトリーは他のタイプのテリトリーと異なり，パーソナルスペースとして知られ，持ち運びが可能であり，われわれが行く所ならばどこへでも，われわれはそれを運んでいる。このパーソナルスペースは，人の体を囲む，目に見えない一つの気泡（bubble）だと考えよう。それは個人の，最も汚されざる形式のテリトリーである。所有者による厳密な制御が維持されており，またほとんどの人々が他者のパーソナルスペースを大いに尊重しているため，通常は防衛する必要がない。本章のこの後の部分では，近接学のトピックとしてパーソナルスペースについてより詳細に論じる。

テリトリー的な防衛と侵略

テリトリー的な防衛

テリトリー的な防衛（territorial defense）には，おもに2つの方法があり，必然的にそのどちらかをともなうことが可能である。防衛の第1の方法は予防（preventive measures）である。第2の方法はリアクション（reaction）であるが，それについて

は少し後で議論する。予防とは，侵略が生じる前に取るアクションである（Greenberg & Firestone, 1977; Scheflen, 1976; Scherer, 1974; Sommer, 1959, 1969; Watson, 1970）。われわれは今ここで，テリトリー的な防衛の4種の予防方法である，マーカー（marker），ラベル（label），攻撃の表意（offensive display），保有権（tenure）を考える。

マーカーとは，バックパック，財布，傘，オーバーコート，本，帽子，書類カバンなど，スペースの所有権をマークするために使用される個人的なアーチファクトである。この方法は通常，境界を確立するためにマーカーを使用して，彼ら個人のテリトリーを見張らせることが必要とされている（Lyman & Scott, 1967）。ソマー（Sommer, 1959）は，次のように主張した。「侵略を防ぐための有効なマーカーである物品は，ゴミではなくマーカーと捉えられるに違いない。これは，そのアイテムには象徴的意味，またはいくらかの固有の価値のいずれかを持つことが要求される」（p.53）。すなわち，侵入者になる可能性のある人は，マーカーをたんなる物としてではなく，ある人が問題となるスペースに対する所有権を主張するために置いたしるしとして知覚するに違いない。より個人的なマーカーが動かされることは，それほどありそうではない（Becker, 1973; Fisher & Byrne, 1975; Guerrero, DeVito & Hecht, 1999; Hughes & Goldman, 1978; McAndrew, Ryckman, Horr & Soloman, 1978）。

以前，あるバーテンダーが著者のひとりに対し，バーでのテーブルや場所を予約する有効な方法を示してくれた。まず飲み物を買い，そのグラスの上にナプキンやマドラーを乗せて予約をしたいテーブルに置く，と彼は語った。ちょうど彼が提案したように，他のテーブルがすべて満席となった時でも，そのマーカーのあるテーブルはまだ空席だった。その後，唯一あるカップルは思い切ってそこに座ったが，飲料が置かれた所を注意深く回避して座っていた。この予約の方法が，いつでも効果があるだろうと保証することはわれわれにはできない（Schaffer & Sadowski, 1975）。

予防の2番目のタイプは，一般的にはラベルと呼ばれている，象徴的意味を備えたマーカーである。ラベルにはサインが含まれており，たとえば「近づくな」「立ち去れ」「猛犬注意」「予約済」などと語っている。オフィスのドアの名札，ペン，コンピューター，コンピューター用の机などでさえ，サインを含んでいる。あなたは，他者が使っているどのようなラベルを観察したことがあるだろうか？

他の方法では，攻撃の表意として知られる，強く言い張るようなポスチャー，姿勢，睨みつけ，ジェスチャーを組み合わせてテリトリー的な防衛の形式による予防を行なう。防衛のこの形式は，「攻撃は最大の防御である」という古い格言に反映されている。攻撃の表意とは，たんに所有者が侵入者になる可能性のある人に対して，積極的に，かつ，恐ろしく見せることである。マーカーならば，所有者が不在の時でも，空間を保持することができるのに対して，この予防対策のおもなひとつの欠点は，所有者がテリトリー内に明確に存在しなければならない点にある。またソマーによれば，別の欠点として，いくつかの状況下においては攻撃の表意は裏目に出る点がある。こ

の点について例証してみよう。席の予約が不要な飛行機，列車，バスに乗った最初の乗客のひとりがあなただと仮定する。あなたは窓側の席に落ち着き，だれもあなたの隣に座らないことを希望している。他の乗客たちが乗り込むとともに，あなたは態度や姿勢を組み合わせて他の乗客たちが手に負えそうもないと認めるように，いくつかのふるまいを行なう。ソマーは，おそらく臆病で内向性の人ならば，あなたはその人を遠ざけることにすんなり成功するだろうが，しかしながら横柄で高度に好戦的な人は，あなたの攻撃の表意に潜在的な驚異を感じないので，あなたと相席するだろうと示唆する。あなたは，他者が使っているどのような攻撃の表意を観察したことがあるだろうか？

4番目の予防テクニックは保有権と呼ばれる。ある特定のテリトリーに長期間関係しているような人々は，有効的にそのテリトリーに対する所有権を要求することが可能である。ソマー（Sommer, 1959）は次のように陳述した。

> 彼らのその空間への権利は，たとえその場に物理的に存在しなくても，隣人によって支持されるだろう。あるミーティングで，テーブルのその特定の椅子に座らないようにと，新参者が用心しているのを見つけることは驚くべきことではない（p.52）。

ある新人の従業員が，知らない間に彼女が他人を怒らせた最近のできごとを話した。彼女は，会社の別部門からちょうど異動したばかりであり，従業員用のラウンジに関しては新人であるために，ベテランの従業員が以前から確立してきたような暗黙の規則や規範についての知識を持っていなかった。長い午前が過ぎ，彼女は短い休憩を取るためにラウンジへと移動した。彼女はラウンジに入ると，片隅にだれにも占領されていない，大きなクッション椅子があるのを見つけた。なぜ他の従業員がだれひとりこのリラックスできる魅惑的な場所を使っていないのかを，彼女は想像することができなかった。そして，喜んでこの椅子に座った。同僚が急いで彼女に警告した「ジョーンズ夫人が入って来たら，すぐに別の椅子を見つけなさいね」と。ジョーンズ夫人がだれなのかを彼女が尋ねようとした時，年上の女性がドアを開けて入ってきた。ジョーンズ夫人がそこに到着したのである。新人の従業員は，彼女が間違った椅子に座ったことを素早く学んだ。その後，だれも思い出せないほど前からジョーンズ夫人はその椅子を占有していた，と同僚が彼女に伝えた。新人の従業員は，ジョーンズ夫人が彼女を悪意のこもった眼で見たりすることを止めたり，話しかけたりするのに，3か月もかかったと言った。

テリトリー的な防衛の4種の予防テクニックを再考して，主要な第2の方法であるリアクションを熟考しよう。予防が失敗した場合，この防衛方法は重要である。われわれのテリトリーが他者によって侵略される場合，われわれは生理学上奮起するよう

になる。侵略によって奮起した場合，われわれはその奮起に対して，肯定か否定かのいずれかのラベルをつける。つまり，すべての侵略は悪いこととして解釈されるわけではない。2人の親しい仲間などにはしばしば発生するように，時々，それはわれわれを快適に感じさせ，安心させ，安楽にさせる。しかしながら他の場合では，ストレス，心配，困惑などを作り出すので，侵略は否定的に解釈される。

侵略によって引き起こされた奮起によって，われわれが肯定的，または否定的と決定することにより，われわれが行なう反応は2つの形式のうちからひとつを選ぶだろう。侵略を肯定的に受け取るならば，われわれは交換（reciprocate）を行なうだろう。これはわれわれがある肯定的な方法で，侵害した人を，さらに侵害することを本質的に意味する。たとえば，映画を見ている時，ついにジョンはヘザーの周囲におそるおそる彼の腕を置いた。ヘザーはこの侵略を肯定的に解釈し，ジョンの肩に彼女の頭をもたれかけることによって交換を行なった。

しかしながら，しばしばわれわれは否定的なやり方で侵略を知覚する。われわれが通常否定的に知覚する3つの一般的なタイプの侵略があり，それらを侵害（violation），侵入（invasion），汚染（contamination）の頭文字からVICと呼ぶことにする（Lyman & Scott, 1967）。

否定的な侵略のタイプ

侵害は，テリトリーを他人が許可なく使用することである。侵入と異なり，通常侵害とは自然界において一時的な行為である。侵入者は，許可なくだれかの不可侵な場所を使用する。父親が外出している時，幼いソーニャは父の椅子に自由に着席できるように感じる。大学生におけるルームメイトへのおもな苦情の多くは，事前に許可を得ることもなく車，DVDプレイヤー，ドライヤー，服，テレビを使用するということである。また，新婚のカップルは，お互いの人生で初めて，所有権を定期的に侵害されるために，しばしば結婚生活を調整しなければならない。

侵入は，侵入者が支配権の取得と保有の意思とともに，実際に他人のテリトリー的な境界線を横断し，徹底的かつ永久的な侵略を行なうことである。侵入が生じる場合，侵入者は，所有者のテリトリー上で所有者の物理的存在を威圧し，通常はその所有者が離れることを進展させたいと思っている。もちろん，侵入は大規模であっても小規模であっても起こりうる。ある国が領土境界の拡大のために他国を侵略することは，大規模な侵入を意味する。一方，すでに他人によって獲得されている運動場の区域に侵入する学校のいじめっ子は，小規模な侵入の例証となる（Fisher & Byrne, 1975; Hughes & Goldman, 1978）。

侵入はむしろその上に，陰険な偽装を行なうことがある。レストランのひとつのテーブルを2人が分け合って利用している場合，通常，彼らはそのテーブルの一部分を彼らのものとして要求する。たとえば，一方が水の入ったグラスやサラダの皿を，他

方のスペースへとゆっくりと移動させ，分け合っている自分のスペースを増加させるというのは，一般的な例である。

　汚染は，その定義と使用法に関して，他人のテリトリーを純粋でないものにすることの表現である。ある学生は「だれかのテリトリーに入り，その場所を悪臭で満たすことを意味する」と非常に適切に述べていた。テリトリー内部にはある程度のあなたの物が残っているために，あなたの物理的存在はそれほど侵略されていない。

侵略のリアクション

　われわれのテリトリーが侵害や侵入，または汚染によって侵略される時には，その侵略を否定的に解釈して，いくつかの異なる方法で補償や順応のふるまいをするだろう。否定的な侵略は典型的な逃避（flight）や闘争（fight）というリアクションを行なうように刺激する。これらの応答は，撤退（withdrawal），絶縁（insulation），なわばり防衛（turf defense），言語の共謀（linguistic collusion）として分類することができる（Lyman & Scott, 1967）。

　撤退は，われわれが侵入者から立ち去り，その侵入者に引き継がせることによる補償を意味する。要するに，戦わずして逃げることである。これは，典型的な逃避のリアクションであり，怯えに対する正常な反応である。ほとんどの侵略では実際に恐怖を作り出さないが，もし口論すれば（換言すると，戦えば），何が起こるか，ということをわれわれは恐れているのだろう。われわれが一時的に占領した公共テリトリーにだれかが侵入する場合，われわれは撤退が最善のリアクションであると見いだすだろう。公園のベンチで，もしだれかがわれわれに対してあまりにも接近して座れば，われわれはおそらくその侵入者に対して移動してくれるようにと頼むよりは，席を譲るか，立ち去るだろう。図書館で行なわれたある研究では，侵入者が勉強中の学生のテーブルを侵略した時，各々の学生は積極的にテリトリーを防衛するよりは，むしろ別の場所へと移動したことが示された（Greenberg & Firestone, 1977; Hall, 1983）。

　テリトリーが侵略された時の所有者に生じるであろう2番目のタイプのリアクションは絶縁である。この応答は，洗練された闘争と見なすことが可能である。われわれのテリトリーを他者が侵略しているのに気づいた時，われわれはその侵略を停止させるために格別の境界を構築するだろう。以前に論じたようなマーカーの形式をとるかもしれないし，また，身体の動作やジェスチャーで侵略者の前進をブロックするかもしれないだろう。シカゴで会議に出席している間，著者のひとりが，名所を観光するために都市バスに乗った。バスの他の乗客のふるまいは魅惑的だった。通路の向こう側には，荷物とオーバーを膝に乗せた高齢の女性が座っていた。彼女の両横の座席は空いていた。次の停留所で，数人の乗客が乗り込んだ。その女性は彼らが座る場所を探していることに気づき，荷物を横の座席に，コートをもう一方の横に置いた。侵入者になる可能性のある人に対して，彼女は彼女自身を十分に絶縁したので，不運な新

参者は立っていたが，その一方で，高齢の女性はまったく満足して座っていた。

　マーカーの使用によってしばしば絶縁は遂行される。いくつかのマーカーは他より有効である。学校の自習室でのエリアを保護するために，どのような個人的または非個人的なマーカーが使用されたのかを調査する研究が行なわれた。スポーツジャケットとペン，ノート，教科書の組み合わせのような個人的なマーカーは，侵入者になる可能性のある人に対して，だれかが戻ってくるというシグナルに見える。一方，雑誌や新聞のような非個人的なマーカーはしばしば無視される。個人のマーカーは2時間にわたり，侵入者を遠ざけることができたが，ランダムにばらまかれた雑誌が効力を発揮したのは，たった32分間だけだった（Bell & Barnard, 1984; Conigliaro, Cullerton, Flynn & Rueder, 1989; Greenberg & Firestone, 1977; Hughes & Goldman, 1978; McAndrew, Ryckman, Horr & Soloman, 1978）。

　マーカーに関連づけられた性別はさらに重要かもしれない。ある研究では，女性的なマーカーは男性的なマーカーに比べて，効果的に侵略を思いとどまらせないことがわかった。研究によると，女性のセーター，財布，ジャケットというマーカーが乗ったバーのテーブルは，男性的なオブジェクトのマーカーのあるテーブルに比べて，より頻繁に，より少ない時間で，到着した客に乗っ取られていた。もちろん，この結果は，もし男性ならば彼らのテリトリーが侵略された場合には，たんに，はっきりとした積極的な方法でリアクションを取るだろうという仮定の結果かもしれない。おそらく，これはほとんどの場合において，合理的な仮定だろう。

　なわばり防衛は，典型的な闘争によるリアクションに近い，テリトリーの侵略に対する3番目のリアクションのタイプである。これは利用できる防衛の中でも最も活発な形式である。なわばり防衛が所有者に要求することは，テリトリーから侵入者を追い払うことである。子どもはしばしば，「お山の大将（King of the Mountain）」と呼ばれるゲームをする。これは普通，塚や小さな丘のような高い位置の一部をひとりが占有し，全方向から接近してくる侵略者からそれを守ることをともなう。ゲームの目標は侵入者を駆逐し，山の管理を維持することである。ゲームの勝利条件は，高いテリトリーを奪って維持することにある。なわばり防衛は，成年版のお山の大将ゲームである。

　なわばり防衛はまた，動物の中でも見ることができる。たとえば，犬が争うことが思い浮かべられるだろう。しかしながら人間の場合，侵略に対するこのリアクションは一般的に最後の手段として使用される。侵入が非常に執拗でしつこいという状況，またはテリトリーが，まれな価値を持つ状況では，反撃し，撃退し，一歩も退かないことは最も一般的である。非常に望ましいテリトリーは，多数の人に社会的な礼儀を捨てさせ，そしてその代わりに，最良のテリトリーの獲得や保有のため，より利己的な気質へとその人を屈服させるかもしれない。また，それほど望ましくないテリトリーは，戦う価値がないものとして見られるのかもしれない。

言語の共謀は，グループによるテリトリーの保全が再確認されるプロセスの複合体であり，また，侵入者に対し部外者のラベルを貼る行為である (Lyman & Scott, 1967, p.249)。その空間を防衛する人々は，侵入者や部外者が混乱を感じさせるように意図された，または侵略者が彼らは部外者である（属していない）と感じさせる，会話，ジェスチャー，身体の動作に従事するだろう。防衛側の者は，しばしば侵入者には不慣れな，または外国の言語で話をするだろう。しばしば防衛側の者は，より大声で，荒々しく，より長時間話し，悪虐無道なジェスチャーを用いて，侵入者に彼または彼女がここに属していないと伝える。言語の共謀は，侵入者にはとても手に負えそうもないので，侵入者は何度もすごすごとそこを立ち去るだろう。

テリトリー的な防衛に影響を及ぼす要因

テリトリーの防衛にはいくつかの要因が影響を及ぼす。これらの要因は，われわれが使用する防衛手段と，その手段が成功する可否を決定する。われわれの侵略に対するリアクションの強度は，ほぼ7種の考慮すべきことがらに依存する，とナップとホール（Knapp & Hall, 1992）は示唆する。

1. だれがわれわれのテリトリーを侵害したのか？
2. なぜ彼らはわれわれのテリトリーを侵害したのか？
3. どのタイプのテリトリーだったか？
4. どのように侵害が達成されたのか？
5. どの程度の期間，侵略があったのか？
6. 今後，さらに侵害されると予想するか？
7. どこで侵害が発生したのか？

もし，侵入者があなたより低いステータスの人ならば，あなたはおそらくより荒々しく反応するだろう。その一方で，たとえばあなたは，あなたのマネージャーの侵入に対しては黙許して耐えるかもしれない。またあなたは，見知らぬ人に対しては，友だちに対しての積極性に比べて，より少ない反応をする。さらに，侵略された時には，公共のスペースからは撤退することを決めるかもしれないが，より個人的なテリトリーならば，絶縁や，真っ先に積極的な防衛をするかもしれない。侵略が故意でなかった場合や，支援が得られなかった場合には，力強くない応答や，黙許を決定するということを理解するだろう。たとえば，テリトリー行動についての考えを理解しない小さな子どもが，他者へ作用する場合などがある（しかしながら，その他者がテリトリーを侵略する場合には応答する）。

だれかがテリトリーを侵略する強度は，通常はその所有者の反応の仕方に影響される。ある調査では，もし侵略者が侵入し，公共のスペースにある占有者の所有物をた

んに移動させる場合には，占有者はより撤退しそうであることを示した。その調査はまた，侵入者が占有者に近づき，その向かい側に座った時，撤退はめったに生じないことを示した。ある人が公共の場所において，速やかに，かつ積極的に侵略された場合には，撤退に訴えるのはより一般的である。素早い応答が要求されるならば，退却は他のどの応答よりも簡単である。非常に強い積極性と防衛する傾向を持つ人々だけが異なる対応をするだろう。緩やかに侵入する場合は，それほど驚かせる行為でないために，恐喝しているようには見られそうにない。それゆえに，より筋の通った応答はありそうである。

　テリトリーの侵略と防衛に影響を及ぼす別の要因として密度の要素がある。高い密度の条件下では，低い密度の条件下に比べて，テリトリーの防衛は有効ではない。この理由は簡単である。多くの人々が存在する場合，1人あたりの利用可能な空間は少なくなる。それゆえに，いかなる個人も広い空間を保持することができそうにないからである。本章のこの後で，密度をより詳細に検討することにする。

2　パーソナルスペース

　テリトリー行動は，空間における固定の領域として見なされているが，パーソナルスペースは，個性，状況，関係性のタイプに依存して拡大・収縮する，われわれを囲む不可視の気泡である。さらに，パーソナルスペースは持ち運ぶことが可能であり，われわれが行く所ならばどこへでも，われわれはそれを運ぶ。

　パーソナルスペースの変動性に関する，おもな2つの考察について，以下に記述する。まず1点目は，スペースの適切な使用は，われわれの文化の中で，他の人々とのコミュニケーションを通じて社会的に学習されることであり，次に2点目として，われわれが取るそのスペースの距離は，われわれ自身，われわれの関係，われわれの必要性に関する情報を伝達している。これらの考察を念頭において，われわれが絶えず運ぶ，いわば不可視の気泡，スペースクッションに対して，影響を与える多くの要因を検討してみよう（Becker & Mayo, 1971; Hall, 1983; Sommer, 1959, 1969; Watson, 1970）。

対人距離

　ホール（Hall, 1959, 1963, 1966, 1968, 1983）の研究は，対人関係性（interpersonal relationship）のタイプが，相手に対して取る距離に影響すると示唆した。われわれの対話中の快適さのレベルは，他人とわれわれの空間的な配置，およびその他人とわれわれの関係性に依存して変化する。ホールは，コミュニケーションの関係をともなったタイプによって特徴づけられる4種の対人距離ゾーン（interpersonal distance zone）について記述している。ホールの距離ゾーンがアメリカの行動様式の規範を表わし，今日も使

用されていることは注目されるべきである。ここに記述した距離の規範は，他の文化では相当に異なっている。4種の対人距離ゾーンとは，密接ゾーン（intimate zone），個体ゾーン（personal-casual zone），社会ゾーン（socio-consultive zone），公衆ゾーン（public zone）である。

密接ゾーンにおけるパーソナルスペースの気泡は，最も内側で相互作用する範囲を表わす。それは触れる所から約46cmの範囲にわたるものである。このゾーンは通常，われわれの生活上のごく少数である，特別な人々のために確保されている。恋人，とても親しい友人，親しい家族の一員というのは，時間の長さを問わず，自由にこのゾーンへと入ることが許された唯一の存在である。人がぎっしり詰まったエレベーターや，長い待ち行列のような（まったく見知らぬ人や，密接ゾーンを侵略するような適切な対人距離の意識を持たない子どもがいる）公共の場所や状況に，われわれはしばしば自分自身を発見する。これらの場合は一般的に短時間の遭遇であるが，非常に多くのストレスとなる。われわれはその人々を遠方に押すことを望んでいるのかもしれないが，その状況は，われわれに侵入を許容することを要求する。ホールの規準に従った約46cmに，さらに約15cmを加えることをわれわれは提案する。この案ならば，もし他人の密接ゾーンを侵略しても，それによって非難を受けることはめったにないだろう。

個体ゾーンは，パーソナルスペースの気泡の次の領域である。約46cm〜122cmの範囲にわたるものである。個体距離は，親しい友だちとの会話，親類縁者との対話に使用される。われわれがそれらを友だちとして見るというひとつの合図でもあるために，長期間にわたる仕事仲間は，この領域に入ることがしばしば許される。

われわれが遭遇するほとんどの人々は，社会ゾーンに残ると予想される。約122cmから約244cmの範囲にわたるこのパーソナルスペースの領域は，しばしばアメリカ人が仕事の取引を行なう距離と呼ばれている。売り手は買い手となりそうな人と取引する場合において，社会ゾーン領域内を維持するようにしばしば訓練させられる。複数の企業が入ったオフィスビルを散歩する時，仕事の話題で議論しているならば，社会距離が観察されることはふつうである。話題がカジュアルや個人の問題に変わった場合には，対話をしている人たちが互いにより接近するのを見ることも，まったく一般的である。

教師が，年長の学生，他の教師，親，または校長とコミュニケートする場合にも，社会距離が使用される。しかしながら，小さな子どもがこれらの相互作用ゾーンの感覚を持っていないということを，小さな子どもの教員は早い時期に知ることになる（Fry & Willis, 1971）。

公衆ゾーンは，われわれが相互作用する空間の気泡の外部領域を表わす。このゾーンは約244cmで始まり，対話が可能な外側への限界を上限とした範囲にまで及ぶ。この外側への限界は，状況に依存して変化することが可能である。たとえば，数千人

が出席している公開演説でもまったく可能であるし，最先端技術によって，全員が公衆ゾーン内にいることにもなる。

性差

性別は，パーソナルスペースに影響を及ぼすおもな要因である。たとえば，女性は，男性が行なうよりも，より接近した距離で他者と対話する傾向がある。しかしながら，男性から男性，あるいは女性から女性への対話よりも，男性から女性への対話はより近づいている。他の研究では，性別とパーソナルスペースの間にある関係性は，他の要因に依存することを示した。女性は，他者が正面からよりも，横側から近づいてきて接近することを許可するが，男性はその逆を許可する。しかしながら，少なくともひとつの研究では逆の結果となることを発見した。さらに，面識の程度や社会的な状況が，性別やパーソナルスペースに影響するようにも見えるだろう。女性は，親友には非常に近接するように近づくが，男性は，たんに友だちであると考える人々に近づく。

他の非言語的なふるまいは，性別とパーソナルスペースの間にある関係性に影響していることがわかった。いくつかの研究では，他者へと近づく時に，その人がこちらを見ているか見ていないかに依存した，男女間の差異を示した。たとえば，男性の場合ではこちらを見ていない人には接近しそうであるが，それに対して，女性の場合におけるパーソナルスペースの程度は他者の性別に依存している。女性が男性に近づく場合，こちらを見ていない男性には接近する。女性が女性に近づく場合，こちらを見ていない女性に比べ，こちらを見ている女性にはより接近しそうである。

文化差

ホールや他の研究者によれば，他の文化ではスペースの使い方が異なるため，アメリカ人が外国へ旅行する場合に，その違いをおもな理由としたカルチャーショックをしばしば経験する。要するに，それぞれ異なる文化を持つ2人がコミュニケートを行なう時に，パーソナルスペースの規準の違いを起因とした多くの問題を経験する。ホール（Hall, 1959）は，特定のある状況について次のように記述している。

> ラテンアメリカでは，合衆国内に比べ，インタラクション距離はより短い。実に，北米人ならば性的感情や敵意をいだくような距離にまで近づかなければ，人々は快適に話すことができない。その結果，彼らが接近してきた時には，われわれは引き下がり，後退してしまう。それゆえに，彼らはわれわれを他人行儀で冷たい人だと思ってしまう。われわれはその一方，われわれにつきまとう，群がる，われわれの顔に飛沫をかける，と絶えず彼らを非難している (p. 164)。

研究によれば，アメリカ人はより大きな距離で対話する場合に，より快適に感じ

ることを示した。このため，われわれの文化は一般的に非接触文化（non-contact culture）と呼ばれている。他に，非接触文化に含まれるのは，北欧，アジア，パキスタン，インドがある。その一方，多くの文化ではより接近した距離で対話を行ない，それは接触文化（contact culture）と呼ばれている。接触文化に含まれるものとして分類されるのは，ラテンアメリカ，南欧，アラブ諸国がある。

いくつかの調査では，非接触文化と接触文化に関する上記の分類は，必ずしも該当するとは限らないことを示した。たとえば，すべてのラテンアメリカ諸国の人々は，近づいて対話を行なうのを好むという仮定は間違っている。たとえば，シューター（Shuter, 1976）の研究では，パナマ，コロンビアのラテンアメリカ人は，コスタリカ人よりも長い距離を置いて対話すると示唆する。ヒクソンとスタック（Hickson & Stacks, 1993）は，イタリアとドイツの文化の中でこのステレオタイプが関連づけられるのは，男性にのみ当てはまると示唆する。よってこれらの一般化には，単一の国のレベルを越えてなされるべきではないようである。また多くの場合，ひとつの国内にあるグループ間にも事実上，違いが存在する。

年齢差

パーソナルスペースとなると，小さな子どもというのは実際の「空間の侵略者（space invaders）」である。空間的な対応というのは文化的に学習されるものだが，その学習は早急には生じない。それゆえに，われわれの文化では，小さな子どもがおばあさんの膝から地面へと下りるやいなやウィザースプーン夫人の膝へと這い上がっても驚かない。何といっても，どちらの膝も柔軟で暖かい。しかし12歳までにほとんどの子どもは，パーソナルスペースの対応に関して成熟の域に達する。これは12歳前後より幼い子どもに関して大人が持っている予想とはおそらく異なった結果である（Fry & Willis, 1971）。

ある研究では，5歳，8歳，10歳の子どもによる，大人への侵略のふるまいの調査をした。一列になって映画を鑑賞している大人たちのパーソナルスペースへと子どもを侵略させる研究だが，年上の子どもは否定的に知覚されることが明らかになった。その一方，実際に5歳の子どもに対しては肯定的に受け入れられている。本質的に，年上の子どもは大人として扱われ，他者のスペースを侵略するよりも，よりよいことを知っていると期待された。年齢による差異は，研究論文での注目をほとんど集めていないが，われわれは2種の概念を与えることができる。ひとつ目に，ナップとホール（Knapp & Hall, 1992）は，自分と同じ一般的な年齢層の人と対話する時には近づくと仮定することは，合理的であると主張する。これは実質上，異なる世代の人々に比べ，より多くの共通のものを持つ可能性がありそうな同一年齢の人々による，単純な作用かもしれない。2つ目に，バクスター（Baxter, 1970）は，会話中の子ども，青年，大人のパーソナルスペースの適応を比較する場合，ある程度までは，年齢と距離に直接

的な関係があるように見えると示唆した。子どもはより近づいて対話し，大人はより長い距離を保って対話する。このように，対人スペースの使用について，時どき，観察される年齢に起因した差異は，ちょうど相手との類似性の作用によるものかもしれない。この件の確証については，将来研究されるに違いないだろう。

性格差

ハーパーら(Harper, Wiens & Matarazzo, 1978)やリッチモンドとマクロスキー(Richmond & McCroskey, 1998)による包括的な非言語コミュニケーションの書籍によると，外向的な人が会話をする時には，内向的な人に比べて少ないスペースの要求をする，との示唆をまとめている。もし親密な状態ならば，内向的な人はとくにより遠い場所に立つだろう。

一般的に不安傾向を持つ人も，対話中に，より長い距離を要求すると報告された。おもしろい研究としては，非常に不安な人は不安でない人に比べて，以前に対話をしたことを思い出し，著しく相手に近づく傾向があることを示している。また，社会的な不安の強さは，対話時の距離と明確に関係があると発見された。驚くべきことではないが，人が相手に近づけば近づくほど，より多くのコミュニケーションが要求されるために，内気な人はより長い対人距離を好むということがわかった。

いくつかの研究では，強い友好関係を必要とする人は，対話の相手に対してより接近するように移動するだろうということが示された。さらに，内的統制（internal locus of control）の人は，外的統制（external locus of control）の人に比べて，見知らぬ人に対して近接した空間の対応を確立しているように見える。より少ない距離の要求は，自己指向型（self-directed），低い権威主義，高い自己概念（self-concepts）の人々に関係している (Gifford & O'Connor, 1986; Hickson & Stacks, 1993; Mehrabian & Diamond, 1971)。

スティグマ

ヒクソンとスタック（Hickson & Stacks, 1993）は，「人は，スティグマ（stigma）のある他者に対して，より長い距離を維持するという，注意が払われていないと受け取られていた領域を見つけた」と示唆している。基本的に物理的，社会的という2種類のスティグマがある。物理的なスティグマには，松葉杖・ステッキ・歩行補助器の使用，目が不自由な人，手足を失った人，顔や体に火傷や傷のある人が含まれる。コニグリアロら（Conigliaro, Cullerton, Flynn & Rueder, 1989）は，歩行者が，白い杖を持っている法律上の目が不自由な人には約86cm，それに対して杖を持っていない人には約14cmの空間を与えることを発見した。社会的なスティグマには，前科者，ストリッパー，ヘルペスやAIDSのような性感染症患者（であるというような評判）を含んでいる。少なくともここの文化では，われわれは，われわれと物理的・社会的なスティグマのある人との間に，より長い距離を維持しているように見える。

精神障害と逸脱者のグループ

マランドロら (Malandro, Barker & Barker, 1989) は，「統合失調症などの精神疾患歴，囚人歴，犯罪経歴がある人，破壊的な高校生といった人物」(p.192) を含めて逸脱者と見なしている。これらの人々のおもな共通性のひとつに，これらの人々は一般的に，社会における非逸脱者に比べてより多くのスペースを要求する。犯罪者か，統合失調症患者か，狂暴かどうかと，逸脱者は防護手段の準備のために空間的に引き離すことに依存しているようだ。すなわち，社会における非逸脱者に比べ，彼らはより大きな身体の緩衝地帯を要求している。

3 混雑と密度

密度 (density) は，空間における人の数を指す。したがって，高密度とは，ひとつの領域に多くの人が存在することである。高密度の条件下では，ひとりが利用可能な個人スペースはより少なくなるために，不本意な侵略がしばしば発生する。

密度は，混雑と混同すべきではない。混雑 (crowding) は，人の空間的な制約に対する認識である。高密度は必ずしも人々に混雑していると感じさせるとは限らない。高密度状態で生活し，働いている人々は，絶えず続く侵略と空間的な制約を上手に処理することを学んだ。密度は混雑に結びつくかもしれないし，結びつかないかもしれない。この知覚は実際にどの程度の物理的な密度状態なのかというよりは，他者との遭遇に対する許容の程度をわれわれが日々発見するということにより依存しているだろう (Carey, 1972; Galle, Grove & McPherson, 1972; Sommer, 1969; Watson, 1970)。

3つの要因が，混雑に関連して人々に不快を感じさせることが可能である。第1の要因は監視 (surveillance) であり，見知らぬ人があなたを見ているのを感づく段階である。監視が激しいと認識した場合には不安になり，その状態を回避するよう努力するかもしれない。第2の要因は行動の制約 (behavioral constraint) であり，移動の自由が縮小することを指す。人の活動を抑制すればするほど，より混雑を経験しそうである。混雑を導く第3の要因は過負荷刺激 (stimulus overload) で，過度の雑音，音，光景，他の感覚を激しく同時刺激することを指す。与えられた状況下での無数の刺激に対処することができない彼または彼女は，撤退し，より静かな場所を見つけて避難するというリアクションをするだろう。

これらの要因のうち，ひとつでも，またはこれらの組み合わせでも，混雑に結びつけることが可能である。混雑を感じる前に彼らが経験する監視，行動の制約，過負荷刺激の量は，個人で異なるという点は重要である。高密度が原因で混雑を感じるためには，その人は現在の，または現在ではなくとも，監視，行動の制約，過負荷刺激の要因を知覚しなければならない。

高密度のインパクト

　低密度である地方の田舎よりも，高密度の巨大都市エリアにおいて，犯罪がより一般に行なわれていると耳にしても，それはおそらく驚くべきことではない。ある研究では，都市の居住者はより頻繁に暴力行為を犯すことが示された。さらに同じ研究によると，都市の人々は地方に居住している人々に比べ，他者を支援することにはそれほど自発的でないことを示した。このような結果から，高密度は反社会的なふるまいを引き起こす，と多くの専門家に結論を下させた。その主張に真実があるかもしれないが，他の研究者は，都市エリアの犯罪や非行のような実りのない活動は，密度というよりはむしろ教育，社会的地位，所得水準に起因すると提案している。

　他の研究者は，より高い死亡率と出生率，増大する健康問題が，高密度と密接に関係があると主張した (Knapp & Hall, 1992 に要約)。全体として，研究文献はひとつのおもな関心事に一貫しているように見える。それは一般的に高密度エリアでは低密度エリアに比べて，1人あたりにおいてより多数の人災で悩まされるという点である。さらに，巨大な都心で居住する人々は，密度の状態に起因する監視，行動の制約，過負荷刺激を適切に対処することに1日の多くの時間を費やしており，また彼らのような都市居住者は，混雑が人の思いやりをなくしたと思わせるように，適切にふるまうことによって対処している。ナップとホール (Knapp & Hall, 1992) によれば，そのような人々によって使用される対処手段は，下記のものが含まれる。

1. 互いに短い時間を使うこと（短い会話）
2. 優先度が低い相手に対する無関心（道，地下鉄，エレベーター，通勤列車中の他の人々を無視）
3. いくつかの業務の責任転嫁（バス運転手がお金を崩す必要はない）
4. 他者をブロックすること（守衛がアパートを守り，人の出入りを制限すること）

　小さなコミュニティーで暮らしている人々が，大都市から来た人々に「非友好的で，冷たく，よそよそしい」と言うのは不公平である。われわれが都市を訪れた場合に観察する否定的なうわべのふるまいは，おそらく都市居住者が絶え間のない高密度の状態で生き残るために使用する，他ならない方法である。もしフランクが「冷たく，よそよそしい」行動を学ぶならば，彼は次の都市への旅行を，前回の時以上に楽しめるかもしれない。

用語集

- **行動の制約（behavioral constraint）**：人の移動の自由が縮小することである。人の活動を抑制すればするほど，より混雑を経験しそうである。
- **身体テリトリー（body territory）**：パーソナルスペースとして知られ，最も汚されざる形式のテリトリーである。他のタイプのテリトリーと異なり，持ち運びが可能であり，人の身体を囲む目に見えない気泡だと考えられる。
- **汚染（contamination）**：その定義と使用法に関して，他人のテリトリーを純粋ではないものにすることの表現である。
- **混雑（crowding）**：特別な制約下にある個人の認識である。
- **密度（density）**：空間における人の数を指す。したがって，高密度とは，ひとつの領域に多くの人が存在することである。高密度は必ずしも人々に混雑していると感じさせるとは限らない。なぜならば，高密度の条件下では，ひとりが利用可能な個人スペースはより少なくなるために，不本意な侵略がしばしば発生するからである。
- **わが家テリトリー（home territory）**：ひとつのグループによって，公共テリトリーを接収し，かつ連続的に使用することによる植民地化である。
- **人間のテリトリー行動（human territoriality）**：個人，あるいは複数の人による，正規の法的な根拠に基づく場合もあるし，そうでない場合もあるが，地理上の仮想的な区域に基づいた要求である。
- **絶縁（insulation）**：テリトリーの侵略に対して格別の境界の構築を含むリアクションである。この応答は，洗練された闘争と見なすことが可能である。
- **相互的テリトリー（interactional territories）**：特別な場所であり，人々が社会的なやりとりのために集まる所ならどこであれ展開される。
- **密接ゾーン（intimate zone）におけるわれわれのパーソナルスペース**：最も内側で相互作用する範囲を表わす。触れる所から約 46cm の範囲である。
- **侵入（invasion）**：侵入者が支配権の取得と保有の意思とともに，実際に他人のテリトリー的な境界線を横断し，徹底的かつ永久的な侵略を行なうことである。
- **ラベル（labels）**：象徴的意味を備えたマーカーであり，予防の一タイプである。ラベルにはサインや名札が含まれ，接収を防ぐために使われる。
- **言語の共謀（linguistic collusion）**：一団となった人々がテリトリーを防衛する時に，言語的・非言語的に侵入者に部外者のしるしをつけることである。
- **マーカー（makers）**：たいてい，スペースの所有権をマークするために使用される個人的なアーチファクトである。
- **攻撃の表意（offensive displays）**：侵略を防止する意味を表わす，強く言い張るような攻撃的なポスチャー，姿勢，睨みつけ，ジェスチャーである。
- **個体ゾーン（personal-casual zone）**：約 46cm 〜 122cm の範囲のパーソナルスペースである。
- **パーソナルスペース（personal space）**：個性，状況，関係性のタイプに依存して拡大・収縮する，われわれを囲む不可視の気泡である。パーソナルスペースは持ち運ぶことが可能であり，われわれが行く所ならばどこへでも，われわれはそれを運ぶ。

- **1次テリトリー（primary territory）**：所有者の排他的な領地であると考えられるテリトリーである。
- **近接学（proxemics）**：人が用いる空間とともにコミュニケートする方法の研究である。
- **公共テリトリー（public territory）**：だれにでも開放されているために，ある特定のひとりやグループの管理下に置かれることはめったにない。しかしながら，それは一時的な所有権にしたがって，動産と同程度の法的有効性でしばしば保護される。
- **公衆ゾーン（public zone）**：パーソナルスペースの気泡よりも外側の領域を表わす。このゾーンは約244cmで始まり，対話が可能な外側への限界を上限とした範囲にまで及ぶ。
- **2次テリトリー（secondary territory）**：一般的に，そのテリトリー内外で頻繁に見かけるある特定の人やグループに関連づけられる。2次テリトリーは1次テリトリーに比べて，侵入や乗っ取りに弱い。
- **社会ゾーン（socio-consultive zone）**：約122cm〜約244cmの範囲のパーソナルスペースの領域である。この領域は，しばしばアメリカ人が仕事の取引を行なう距離と呼ばれている。
- **過負荷刺激（stimulus overload）**：過度の雑音，音，光景，他の感覚を激しく同時刺激することの応答である。
- **監視（surveillance）**：見知らぬ人があなたを見ているのを感づく段階である。
- **保有権（tenure）**：侵略を防止するひとつの形式であり，ある特定のテリトリーに長期間関係している人々は，有効的にそのテリトリーに対する所有権を要求することが可能である。
- **テリトリー（territory）**：その空間への要求を主張したまま，所有者と認められた人がそこに出入りができる，半固定か固定した空間である。そのテリトリーには要求が主張され，いくつかの方法で見張られ，侵略に対して防衛が行なわれる。
- **なわばり防衛（turf defense）**：テリトリーから侵入者を追い払うことを，所有者に要求することである。
- **侵害（violation）**：テリトリーを他人が許可なく使用することである。侵入と異なり，通常，侵害は自然界において一時的な行為である。侵入者は，許可なくだれかの不可侵な場所を使用する。
- **撤退（withdrawal）**：われわれが侵入者から立ち去り，その侵入者に引き継がせることによる補償を意味する。要するに，戦わずして逃げることである。

8章

接触とコミュニケーション

　触覚コミュニケーションは，最も初期の，おそらく最も基本的なコミュニケーションの形態である。最も原始的な生命体は，周辺環境と相互作用するために，接触にほとんどすべてを依存している。人間は，他の人間との接触の最初の，そして最も重要な形態として，触覚に依存している（Argyle, 1975; Dolin & Booth-Butterfield, 1993; Fromme, Jaynes, Taylor, Hanold, Daniell, Rountree & Fromme, 1989; Glausiusz, 2002; Jones & Yarbrough, 1985; Mehrabian, 1971, 1981; Montagu, 1978; Richmond, 1997, 2002a）。赤ちゃんは生まれる前でさえ，母親の子宮の中で育まれ，愛撫され，安全に守られている。母親の心拍が，赤ちゃんをなだめ，満足させる快適な生活のリズムを与える（Clay, 1966; Maurer & Maurer, 1988）。

　五感とは，視覚（sight），聴覚（hearing），嗅覚（smell），味覚（taste），触覚（touch）である。視覚，聴覚，嗅覚，味覚は人体の特定の器官にあり，触覚は全身にある。触覚は真皮（dermis）という皮膚の最下層で起こる。真皮は，皮膚に接触した物の情報を脳に送る細かい神経終末で満たされている。神経終末は，熱いか，冷たいか，痛い時にはいつでも，その情報を伝える。他に比べて，体のある器官は接触に関してより敏感である。たとえば，体で最も接触に鈍感なのは，背中の中央である。一方，最も敏感なのは，手，唇，顔，首，舌，指先，足である。これらの器官はとてもよく他者に接触される器官であり，接触をとおして，他者がわれわれにどのような気持ちを持っているかがわかる信号を継続的に受け取っている。

　7章で，人間は多様なメッセージを伝えるために，空間定位を使うという考えについて議論をした。人の近接学的行動（proxemic behavior）によって，関係，態度，気持ちなど多くのことがわかる。本章のために保留にしてあった近接学的現象は，コミュニケーション過程に関連づけられるすべての非言語コードの中で，最も重要かつ異論の多いものだろう。触覚学（haptics）は，触覚行動のタイプ，量，使われ方，結果について研究する。接触や身体接触は，コミュニケーションのための豊かで強力

なツールとなり，動物や人の生存や通常の発達にとって，きわめて重大なものである。

さらに，接触は気持ちや感情を伝えるための最も効果的な手段であるので，非常に重要である。身体接触は，好意や受容の信号である。これに対して，接触を抑制することは，憤り，敵意，怒り，不信のような否定的な感情に分類されるものを伝えるかもしれない。他者への接触は，親密性というわれわれの欲求を満足させるのに役立つ。接触の助けを借りることなく，だれかとロマンチックな関係を持つことを想像できるだろうか？

対人コミュニケーションに関する本の中で，アドラーとタウン（Adler & Towne, 1975）は，接触は生命そのものにとって必須であると強調した。

> 触れることは，われわれが他者と接触をするために行なう最初期の手段であることに加えて，われわれの健常な発達にとっても必要不可欠である。19世紀から20世紀初期の間，毎年生まれたたくさんの子どもたちが，ギリシャ語の「衰える」という言葉から翻訳された「マラスムス（Marasmus）」で死亡した。死亡率がほとんど100％の孤児院があった。しかし，ほとんどの「先進的な」家庭や病院，他の機関の子どもたちでさえも，この病気のために一様に死亡した。子どもたちは十分な接触を受けなかった。その結果として，彼らは死亡した（pp. 225-226）。

親子関係において，接触が持つ驚くべき機能を強調する研究者たちもいる。親の無意識な感情でさえも，接触をとおして，子どもたちに伝達され，時には混乱や葛藤を引き起こす。最終的に，接触欠乏が言葉の学習やシンボル認識の遅れといったコミュニケーションと関連した無数の問題につながるかもしれないと，強く主張する専門家も多くいる（Boderman, Freed & Kinnucan, 1972; Davis, 1978; Despert, 1941; Johnson & Edwards, 1991; Morris, 1971, 1976; Thayer, 1986）。

ホール（Hall, 1966）は，人が自分たちの文化の文脈からはみ出さないために，接触の研究が不可欠であると主張する。多くの研究が，「接触，とくに，能動的接触の重要性を把握し損ねている。彼らは，人が自分の住む世界と関係し続けることが，いかに重要であるかを理解していない」（p.57）。ホールの主張は，非常に重要である。われわれが接触するやり方，接触する量，何のために接触を使うのかは，われわれの文化的規範から導かれる帰結なのである。

本章では，いくつかの方法で，コミュニケーションプロセスにおける接触の影響について議論する。最初に，生涯発達と接触について議論する。次に，アメリカ社会における接触（touch）の機能と接触の規範（touch norms）を提示する。

1 生涯発達と接触

　動物や人の生涯を通じて，接触刺激は，相互作用の必要不可欠な形態である。本節では，人間の発達における接触の性質を議論する。初期の接触研究の多くは，動物の集団について行なわれ，成長や発達に関する接触の効果についてかなりの洞察を与えた。

動物における接触

　接触によるコミュニケーションは，動物生活における多くの基本的形態のための相互作用の原初的手段であることをすでに示唆した。接触にかなり依存しているハチやアリのような社会的な昆虫の間のコミュニケーションを考えてみよう。このような昆虫は，小社会の円滑な運用を保証するメッセージを，触角をとおして伝える。ほとんどの動物種における接触信号は，一般に嗅覚をとおして感知される化学的な信号と一緒になっている。

　多様な種の間で起こる2つの重要な触覚現象は，撫でることと舐めることである。これらは成長した動物が，生まれてすぐの子に使う接触である。撫でる（gentling）行動は，生まれたての動物をさすって接触することである。一方，舐める（licking）ことは，動物世界では子をきれいにするために使われる。舐めることは生まれたての動物の生理学的機能を刺激することについて，非常に重要な役割を果たし，結果的に，生存に対して劇的に貢献している。

　ラットの撫でる行動に関する研究により，撫でることがきわめて重大な役割を果たしていることが明らかになった。撫でられ，接触されたラットは，よりおとなしく，怯える傾向が少ない。この実験では，撫でられたラットと撫でられなかったラットはともに，甲状腺と傍甲状腺を切除された。撫でられなかったラットの79％が死亡したのに比べて，撫でられたラットはわずか13％しか死亡せず，ずっと高い生存率を示した。

　動物における接触の効果に関する最も注目すべき研究のいくつかは，心理学者ハリー・ハーロー（Harry Harlow）らによって，サルを使って行なわれた（Harlow & Zimmerman, 1958; Harlow, Harlow & Hansen, 1963）。ハーローは，母親のサルとその子どもの間の身体的な接触に興味を持った。厳密にコントロールされた研究室の条件下で，母親から引き離された赤ちゃんのサルが，かごを覆ったガーゼパッドを好きになり，本質的に愛着（attachment）を持つことを研究者たちは観察した。パッドを除去した条件では，赤ちゃんサルは狂暴化するとハーローたちが指摘している。また，むき出しのワイヤーメッシュの囲いの中で養育された赤ちゃんサルは，生後の数日間の生存がかなり困難であることもわかった。

その後の研究で，研究者は囲いの中に赤ちゃんサルと一緒に2つの代理母を置いた。一方の代理母は，タオル地の布製で，頭部の後ろに温めるための電球があり，もう一方の代理母は，ワイヤーメッシュ製であった。布製の母親とワイヤーメッシュ製の母親は，それぞれ条件の半数に授乳する。赤ちゃんサルは，両方の代理母に，同じ回数アクセスし，一緒にいたいだけの時間，滞在することが許可された。結果はいくぶん驚くべきものであった。ワイヤーの母親が泌乳した時でも，赤ちゃんサルは布製の母親を好んだ。研究者は，布製の母親への誘因は，得られる触覚的な快適さのためであると結論づけた。ハーローらは，赤ちゃんサルにとって触覚的な快適さから起こった愛情や好意が，哺乳をすることよりもはるかに必要であるらしいという観察結果に驚いた。少なくとも，いくつかの環境において，接触は食事よりも大切であるかもしれない。

人間の発達
子ども

触覚刺激が動物にとって重要であるように，人の成長や発達にとっても，とても必要なものである。ナップとホール（Knapp & Hall, 1992）は，人のコミュニケーションプロセスにおいて，接触をきわめて重大なものと説明している。

> 接触コミュニケーションは，コミュニケーションにおける最も基本的あるいは原初的な形態であろう。実際に，触覚の感受性は，機能化する最初の感覚プロセスかもしれない。胎児期に，羊水によって拡大され，子どもの全身を打つ母親の心拍による振動に，子どもは反応を始める。ある意味で，「人生」がどのようになるのかについての最初の入力は，触覚から生じる (p.231)。

これらのコメントや他の専門家が含意することは，生涯の非常に初期段階における触覚コミュニケーションが，後に発達する他のコミュニケーション形態の基礎を構築するかもしれないということである。本章の最初に示唆したように，乳幼児期の接触は言葉の学習やシンボルの認識のための能力という，後続して起こる発達にとって必要である。

1世紀ほどさかのぼると，乳幼児のマラスムス（marasmus），消耗病（今日では発育不全として言及されることが多い）は，触覚刺激不足と結論づけられた。しかし，医学界では処置としての接触を受け入れるのに，何年もかかった。いかに接触がたいせつであるかということについて，ヨーロッパで第二次世界大戦のすぐ後に起こった乳幼児の生存についての劇的な実例がある。孤児院での赤ちゃんは十分食事を与えられ，技術的にもよく看護されていたにもかかわらず，死亡率がきわめて高かった（大人数の赤ちゃんに対して，職員がほとんどいなかったため，赤ちゃんは手段としての接触はたくさん受けたが，感情表現的あるいは看護としての接触はほとんどなかっ

た)。しかし，赤ちゃんを抱き，なだめて，食事を与えるために，その多くは未亡人か子どもがいない高齢の女性たちが雇われると，乳幼児の死亡率はほとんどゼロにまで落ちた。接触して，抱いて，なだめ，看護することが，本当に乳幼児の命を救ったのである。加えて，戦争ですべての家族を失った高齢の女性たちの多くは，それまでに乳幼児の看護をしていた人たちより，うまく赤ちゃんを生き延びさせ，成長させた。

　乳幼児期に，他者から受ける接触が，その後の人生で受ける接触よりも多いことは驚くべきことではない。母親と乳幼児との間における接触頻度や間隔はともに，14か月から2歳の間がピークになる。この期間を過ぎると，接触は一貫して減少する。実際には，最初の6か月に男の赤ちゃんは女の赤ちゃんより多くの接触を受けるが，この後は女の赤ちゃんがより多く接触を受け，それが助長される。これは，生後1年という初期に，予期された大人の性（ジェンダー）役割に適合するように，親が子どもの触覚行動を社会化していることを示唆している。少年が外に出て親と離れて遊ぶことが奨励されるのに対して，少女は逆のことをしてほめられるのである (Clay, 1966; Glausiusz, 2002; Harrison-Speake & Willis, 1995; Montagu, 1978; Morris, 1976; Nguyen, Heslin & Nguyen, 1975, 1976; Patterson, Powell & Lenihan, 1986; Thayer, 1986; Willis & Briggs, 1992; Willis & Hofman, 1975)。

　バーグーンとザイネ (Burgoon & Saine, 1978) によると，接触はいくつかの理由により幼児期の発達にとってたいせつである。第1に，接触には生物学的価値がある。新生児は非常に傷つきやすく，保護や安楽を全面的に他者に依存しており，それらは母親の身体的接触をとおして与えられる。第2に，接触はコミュニケーション価値を与える。この初期段階で，「接触は母子間コミュニケーションに必要である」(p.66)。第3に，接触には心理学的価値がある。バーグーンとザイネは，接触は子どもが自己同一性を発達させる基本的な手段であると説明している。子どもは，自己とその他の世界を分離することを学習する。周囲への意識は，直接的な触覚探索がどのくらい可能であったかに依存する。子どもは，物への接触や操作をとおして，空間的な次元，大きさ，形，テクスチャーを学習する (p.66)。第4に，バーグーンとザイネは，幼児期や児童期の接触には，社会的価値があると主張する。彼らは，「身体的接触は，満足できる対人関係の発達にとって必要であるように思われる」(p.67) と示唆する。

　子どもが幼児期から児童期になるにつれ，接触を与えたり，受けたりする頻度が着実に減ってくるように見える。ウィリスとホフマン (Willis & Hofman, 1975) によると，幼稚園から6年生までの子どもたちにこの傾向があることがわかった。青年期になると，身体的接触の量は小学校初期の頃の半分に落ちる。しかし，青年期の若者はしばしば成人より多く接触することも指摘している。要するに，子どもも年とともに接触が減っていくが，残りの人生での接触よりも多くの接触を経験する。しかし，青年期の接触はゆっくり減っていく潜伏期に入ったと示唆する者もいる。性が重要なものになると，身体接触は急に増加する (Fromme, Jaynes, Taylor, Hanold, Daniell, Rountree &

Fromme, 1989; Johnson & Edwards, 1991; Morris, 1971, 1976; Nguyen, Heslin & Nguyen, 1975; Pines, 1984; Pisano, Wall & Foster, 1985; Sigelman & Adams, 1990; Thayer, 1986; Willis & Briggs, 1992; Willis & Hofman, 1975)。

成　人

　人は成人期になると，これまでよりかなり，接触行動が制限される。成人の接触の多くは，歓迎や別れの場面に限られる。さらに，より規則に制限されるように見える。すべてではないが，多くの社会では，大人には自分たちが使用する接触の量や型に責任がある。結果として，アメリカ文化では，他者と身体接触しようとする時には，慎重であることが求められる。成人期には，文化によって接触規範が強制される。この規範に逆らうと，社会的に広範囲な影響をもたらす（Boderman, Freed & Kinnucan, 1972; Jones & Yarbrough, 1985; Schutz, 1971; Willis & Hofman, 1975)。この段階では，文化差がかなり顕著になる（Remland, Jones & Brinkman, 1991; Shuter, 1976)。非言語コミュニケーションの多くの書物によると，われわれの社会では，身体接触に関する特定の制約として，2人の成人男性間で接触することがあげられる（Roses, Olson, Borenstein, Martin & Shores, 1992)。

　今日，男性よりもずっと多くの女性が，周囲の子どもや他者の身体的な世話に従事しており，接触に対して否定的な気持ちを持つ可能性が低い。ほとんどの男性と違って，女性の多くは，風呂に入れ，体を拭き，パウダーをつけ，キスをして，服を着せ，服を脱がせ，持ち上げ，連れて行き，くしですき，身繕いをし，食事を与え，抱き，髪をなでつけ，愛撫し，決まりきった日常の基盤を快適にするような接触行動を行なう。このような日常的な接触を等しく共有する男性は，接触をあまり恐れず，苦にしないと思われる。

　青年期から成人期になるにつれて，触覚コミュニケーションは，しだいに他のコミュニケーション形態へと移行する。成人は他者との身体的接触が不足することで，少なからぬフラストレーションを経験するので，彼らがさまざまな代替物に頼るという考えはかなり一般的である。モリス（Morris, 1971）によると，われわれの社会における成人の接触の減少によって生じる身体接触欲求を満たすために，成人はしばしば資格を持って触診を行なう人（licensed touchers）のサービスを利用する。われわれはマッサージ師，理容師，美容専門家を雇い，そしてまれに接触という薬をもらうために，医者に行くことが増えるかもしれない。

　多くの北アメリカの成人たちは，接触をとても渇望しているので，さまざまな形態の接触に代わるものに頼っている。人の代わりに，犬や猫を使う人もいる。さらに，指を吸い，煙草を吸い，哺乳瓶と同じ大きさのビンで飲み，苦痛の時に自分自身を抱きしめることで，幼児期の快適さを取り戻そうとする（Rosenfeld & Civikly, 1976, p.130)。この種の接触への渇望は，今日のアメリカ文化にも存在している。

接触の代替は，成人が接触欲求を満たすための基本的な方法かもしれない。家族のペットは子どもの楽しみのためよりも，成人の日々の快適さにとって，より大切かもしれない。そもそも子どものために購入されたペットが，母親や父親のものになることはまれではない。たいていは，子どもはペットの世話を怠るので，大人が介入することになると説明される。子どもの怠慢と成人による世話のどちらが先だと思うだろうか。

人が年をとるにつれて，接触は減少していく。高齢者の大部分は，成人期の初期には十分に多かった性的接触さえも，減少し始める。高齢者の接触に関する研究では，接触に影響する規則は，他の年代よりも，この年代で制限されることがわかった。高齢者用住宅での老人の研究の結果，以下の結論に達した。高齢者が接触される場合，それは生殖器からずっと離れている。接触は，住人と異性のスタッフの間に，限定されている。最初に接触するほうが高い地位にある。身体障害がある住人は，それほど接触を受けない。研究者は，スタッフのほとんどが女性であるために，このような施設で重度の機能障害を持つ男性が受ける接触が最も少ないことも指摘した。機能障害が接触不足の前兆となるか，その逆であるかという疑問を持つかもしれない。いずれにせよ，われわれの文化の中で，高齢者が最も接触に恵まれない年齢群であることは間違いない。年をとってからの著しい接触の欠乏が，高齢者の孤立心の増大のおもな要因である（Watson, 1975; Willis & Hofman, 1975; Harrison-Speake & Willis, 1995）。

2 接触のカテゴリー

モリス（Morris, 1971）は，他者への接触と自己への接触を区別した。彼は，フィールド観察から，「457種類の身体接触」（p.92）があると結論づけた。また，二者間で起こる公的な接触には，14の主要なタイプがあると示唆した。彼は，この接触が二者間にある種の関係が存在することを知らせるので，結合サイン（tie signs）として，これらの接触に言及した。表8-1に，接触に関するモリスの主要なカテゴリーを記す。

われわれの接触行動は，さまざまな方法で機能する。他者との対人関係に依存して，われわれの接触方法や接触量は異なる機能を供給する。以下の議論は，専門職－職務上の（professional-functional），社会的－丁寧な（social-polite），友情－思いやり（friendship-warmth），恋愛－親密な（love-intimacy），性的－興奮（sexual-arousal）という接触の5つのカテゴリーに焦点を当てており，それぞれは異なる機能を供給するものである（Heslin, 1974）。

専門職－職務上の接触

あなたは医者，脊柱指圧師，歯医者に診察されたり，ヘアスタイリストに髪を切

表8-1 モリスの主要な接触のカテゴリー (Morris, 1977)

カテゴリー	説　明
1. 握手	握手していない手を見ることで，関係者間のつながりあるいは望んでいるつながりの強さにしばしば気づくことができる。
2. 身体誘導	ここでの接触は，指差しの代わり。他者の身体を誘導する人は，しばしば出会いの間に主導権を持つ。
3. 軽く叩く	モリスは，成人が他の成人を軽く叩く時，それは恩着せがましいジェスチャーか性的ジェスチャーであると言う。よく知られた例外は，男性のチームスポーツでうまくいった後に，（しばしば尻の上を）祝って軽く叩くことである。
4. 腕を組む	この接触形態は，人が衰弱している時に支えるために使われるかもしれないが，しばしば親密な関係を表わすためにも使われる。モリスは，主導権を持つ人は他者の腕をつかみそうにないと言う。
5. 肩を抱く	この不完全な抱擁は，男性間の関係で親友であることを示すのと同様に，男女間の恋愛関係で使われる。
6. 完全抱擁	このジェスチャーは，時に，抱きしめること（hug）と呼ばれ，しばしば激しい感情，スポーツイベント，恋愛，歓迎，送別の間に起こる。また，握手が表わすよりも親密な関係であることを表わすために，儀式的に使われる。
7. 手をつなぐ	成人が子どもと手をつなぐ時はいつも，子どもが離れないように，あるいは子どもを保護するためである。成人にとって，手を握ることは，（2人の参与者が同じ行為をとるので）対等な関係であることを示唆する。手をつなぐことは，しばしば異性間の関係について考慮されるが，同性の手を握ることは，とくにグループの中では，まれなことではない。
8. 腰を抱く	モリスによると，参与者が相手の手を握ったり，肩を抱いたりすることよりも，さらに親密さを示したい場合に，これが完全抱擁の代わりに用いられることが多い。
9. キス	キスの場所，圧，継続時間や開放性が，その瞬間の関係の親密さや望んでいる親密さを表わす。
10. 手で頭に触れる	頭部はかなり傷つきやすい性質であることを考慮すると，だれかに頭を触らせることは，信頼していることやしばしば親密な関係を表わす。
11. 頭で頭に触れる	互いに頭を接触している二者は，通常の方法では，他に起こっていることがお互いに見えなくなるので，この接触形態は，たいてい，恋人たちのふつうの状態のように，自分たち以外の世界を2人とも見えないようにしていると考えられる。
12. 愛撫	相手への恋愛感情と結びつけられた合図であるが，他の合図のように，関係の深さを他者に欺こうとする親密でない人にも使われる。
13. 抱きかかえる	子どもの時に，親はしばしばわれわれを抱いて，持ち上げて，膝に座らせることで抱きかかえる。大人の時には，ふざけた場面あるいはある人が身体的に不自由を感じる時に，そのような抱きかかえが求められるかもしれない。
14. 攻撃をまねる	これは攻撃的でない態度で行なわれるが，攻撃的に見える行動である。たとえば，パンチ，髪をくしゃくしゃにすること，押すこと，つねること，耳を軽く噛むことなどである。われわれは，時々，友人に対して，相互に理解している行動範囲を示すために，このようなジェスチャーを使うことを許したり，助長したりさえする。このような攻撃まがいの接触は，父親が自分の息子に愛情を表わしたい場合に，時々，非常に息子をまごつかせる愛情を持った接触の代わりとなる。

ってもらったりしたことがあるだろう。このような専門職による相互作用では,専門家は完全な仕事を行なうために,患者や客に接触しなければならない。しばしば,これらの出会いには,他の状況では,きわめて親密で不適切に思われる身体的接触が含まれる。しかしながら,一般的に,われわれは医者が検査し,注射を打つことを必要なこととして受け入れる。同様に,ヘアスタイリストが頭や髪を触ることも受け入れる。このような状況では,接触は非個人的レベルで使われる。専門職-職務上の接触 (professional-functional touch) とは,仕事やサービスを達成し,遂行するために使われる非個人的で,事務的な接触である。専門職の接触が起こるのは,医学的文脈においてのみではない。あなたが靴を試そうとする時,ヘアスタイリストを訪れた時,あるいは他者と両替する時にも,それは起こるかもしれない。これらすべての状況には,接触があなたと他の人との取引という目的に付随しているという共通点がある。

社会的-丁寧な接触

社会的-丁寧な接触 (social-polite touch) として知られるタイプの接触は,対人的なかかわりの限定的形態を伝えるのに役立つ。この形態の接触が使われる時,われわれはたんなる対象以上のものとして,他者に接触する。それどころか,われわれの身体的接触は,あいさつの時のような社会的役割において,他者を受け入れることに役立つ。しかしながら,社会的接触は厳密な文化的規則に従っている。結果的に,人々が何を社会的接触であると考えるかは,文化によって大きく違うことがわかる。アメリカ文化では,握手は他者を受け入れるために,広く受容されている方法である。この文化では,相手の手を握っている時間の長さによって,丁寧さ以上のことを伝えることができる。したがって,握手が「こんにちは,お会いできて光栄です」ということだけを伝えるということには批判的である。他の文化では,同じ機能を持つものとして,肩を抱いたり,互いの頬にキスをしたり,頬や口にキスをすることを見かける。社会的接触とは,2人の人間の間にある立場の違いをなくす接触行動の一形態である。

友情-思いやりの接触

友情-思いやりの接触 (friendship-warmth touch) は,われわれが相手を心配したり,尊重したり,興味を持っていることを,他者に知らせるものである。接触の受け手と外部観察者の双方にとって,この形式の接触を解釈することは,おそらく最もむずかしい。その理由のひとつは,友情の接触が起こる関係とは,愛情関係や性的誘因と混同するほど近い関係であることが多いからである。もうひとつの理由としては,この形式の接触が関係それ自身に特有であることがあげられる。このレベルでの対人的なかかわりでは,相互作用する人たちは専門職に対してより,あるいは社会的な理由以上に,多くの接触を行なうことが見られる。ここでは,2人は相手を対象ではなく,人として接触し,さらに夜に通りがかった見知らぬ人ではなく,お互いに知っている

人として接触する。

　異文化間でのばらつきは，他のタイプの接触よりも，友情の接触の場合に，より多く起こる。たとえば，アメリカ文化では，友情－思いやりを伝える接触はかなりの配慮を持って扱われる。われわれは非接触指向型社会の一員であるので，このやり方で，いつ接触することが適切であるかを規定する多くの慣例的な規則があるように思われる。この文化では，親友が2人だけで一緒にいる時，他の文化に比べて，友情の接触は実質的にほとんど存在しない。これは，われわれの文化では，密かに行なわれる接触を愛情行為や性行為と結びつける傾向にあるからである。公共の場で，何か月あるいは何年か離れていた後に，空港で会う友人たちにとっては，この種の接触はより適切なものである。後になって，2人だけの時には，それは適切ではないように思われる。他の文化の中には，公の場でも私的な場でも，アメリカ人の男性や女性が行なうより，男性どうしの接触が多い文化もある。

恋愛－親密な接触

　親密な関係の恋人や配偶者間での関係において，接触はより重要な特徴を持つ。恋愛－親密な接触（love-intimacy touch）は，頬を撫でたり，相手の腰を抱いたり，抱きしめたり，抱擁したり，キスをしたり，とくに親しく，個人間の関係がある交際であることを伝えるその他多くのジェスチャーを含む。親密な接触は，コミュニケーション性が高く，関心や愛情，感情的で情緒的な愛着を表現するものである。また，親密な接触は，その意図が明確であることを確実にするために，その他多くの非言語手がかりを同時にともなう。たとえ自分自身に不都合があっても，われわれは自分の愛する人からの接触要求を満たすために，恋愛－親密な接触を使う。

　親密な接触は，いくつかの最も重要な対人関係のメッセージを伝えることができる。われわれは，このような接触によって，「あなたを愛している」「あなたは私にとって特別な人だ」「あなたは私の人生のとてもたいせつな一部だ」という言語メッセージを補完し，また立証する。覚えておくべき重要な点は，親密な接触には，必ずしも性的活動がともなわれないということである。性行動は二者を親密にするものではない。この混同によって，多くのカップルは自分たちの特別な関係に不満足を感じるように導かれている。2人のうちのどちらかが，頻繁な性的接触が相手の欲求を満たさないことを理解しないのかもしれない。

性的－興奮の接触

　先に書いたように，性的興奮はしばしば親密な接触と同等と考えられる。しばらくこのことについて考えてみよう。あなたはだれかと親密であることなく，性的な交際ができるだろうか？　売春婦とその客についてはどうだろうか？　売春婦はその経験全体をたんに商取引と考えるのに対して，客は情熱的で個人的な衝動を満足させるか

もしれない。さらに，売春婦は接触を事実上，商売にともなうものと見なしがちである。この出会いを恋愛や親密な関係として記述することはほとんどできない。一夜限りの情事と言われる別の性的現象についてはどうか？　一夜限りの情事が「即席の親密性」という一時的な接触形態をともなうことはありうるが，厳密に言えば，ほとんどの接触は満足を与えるだけの体験である。関係者間の人間関係は親密性もかなり少なく，ほとんど友情とは言えない。

　性的－興奮の接触（sexual-arousal touch）は，接触において最も激しい形態である。それは最もコミュニケーション的なものかもしれない。多くのセラピストが，効果的な性的交渉こそが究極のコミュニケーションであると信じている。われわれは，セラピストが理想に目を向けているとすれば(Sloan, 2002)，彼らの多くは正しいと思う。しかしながら，親密な関係なしに，性的交渉を持つことはないとは言えないので，事実上，コミュニケーション的でない性的交渉を持つことも可能である。

3　接触規範とコミュニケーション

　何が標準的な接触だろうか？　答えは多くの要因に依存する。とくに，あなたと私が同じ文化圏の出身でなかったり，同じ年齢層ではなかったり，性（ジェンダー）が違っていたりといったことがあれば，標準についてのあなたと私の概念は違うかもしれない。標準的な接触はかなり個別的に扱われており，この分野での研究を非常に困難にしている。

　この分野で最も広く引用されている研究者のひとりは，ジュラード（Jourard, 1966a）である。人の接触行動に関する彼の最初の研究で，彼は身体の接近可能性の調査を考案し，未婚のアメリカ人大学生に対してそれを実施した。この調査手段には，いくつかの領域に分割された人体図が含まれている。実験参加者は，親や親友のようなたいせつな人から受けた接触の総量を，身体の領域ごとに示すこと，逆にたいせつな人の身体の領域に接触した程度を示すことが求められた。驚くほどではないが，ジュラードの調査によって，両手，両腕，両肩，背中，頭は最も頻繁に接触にかかわる身体部位であることが明らかになった。その他の興味深い結果を以下に示す。男性は，母親から接触を受けるよりも，母親に接触することが少なかった。自分自身を魅力がないと思う者は男性女性ともに，どの身体領域においても接触がいっそう少ないことを示した。ユダヤ人の女性が報告したボーイフレンドとの接触は，新教や旧教の女性の報告に比べて少ない（Jourard, 1966a, 1966b, 1968, 1971; Jourard & Friedman, 1970; Rosenfeld, Kartus & Ray, 1976）。

　接触規範（touch norms）が時代によって変わるかどうかを確かめるために，ある研究者のグループがジュラードのずっと後に同様の研究を行なった（Jones, 1999）。実

験参加者と母親，父親，同姓の友人との間の接触に関して，多くの同様な結果が得られた。しかし，この研究結果で2つの主要な差が明らかになった。男性は，胸から膝にかけての領域において，女性の友人へ先に接触する総量が増えた。また，女性は，胸，腹，尻について男性の友人により頻繁に接触した。この差は，アメリカ文化の変化を反映しており，またこれが若者の行動に反映されていると推測される。

ジョーンズ（Jones, 1999）は，接触のための青写真があることにも言及している。彼らの研究は，接触についての18種類の異なる意味を明らかにした。この接触の意味は，肯定的情動（感情），ふざけ，管理，儀式，混成（混合），仕事関連，偶発的の7つの型にグループ分けされる。最後に，彼と他の研究者たちは，アメリカ文化には非難を受けにくい身体部位（nonvulnerable body parts: NVBP）があることを明確にした。このNVBPは，手，腕，肩，背中の上部である。彼らは，非難を受けやすい身体部位（vulnerable body parts: VBP）があることも示唆している。VBPは，NVBP以外のすべての身体領域である。迷った時には，手，腕，肩，背中の上部以外には接触しないほうがよい（Richmond, 1997）。

接触規範は，対人関係上の相互作用が行なわれる状況の型に依存する。接触は，ある状況では他の状況に比べてより頻繁に起こりそうである。以下のような文脈で，接触がより多く頻繁に起こりそうである。

- 説得されるより，むしろ説得しようとしている。
- 「心配」や「関心がある」というメッセージを他者に送るよりも，むしろ他者から受けている。
- 表面だけの何気ない会話より，むしろ複雑かつ深遠な会話に引き込まれている。
- 興奮や熱狂を受けるより，むしろ伝える。
- 忠告を請うより，むしろ与える。
- 命令を受けるよりも，むしろ与える。
- 会社のような職業的場面より，むしろパーティーのような社交的集会。

このような状況的な制約が，あなたにとってふつうのことだと思われるならば，それはあなたが周辺の文化規範に同化しているしるしである。そうでないならば，自分の接触行動（あるいはその欠如）が，他者に非常に否定的な何かを伝えることに気づくかもしれない（Goldberg & Rosenthal, 1986; Henley, 1973, 1977; Patterson, Powell & Lenihan, 1986; Pines, 1984）。

文化差

個人が与えたり受けたりする接触の量や型について何が標準と考えられるのかは，状況だけでなく，生活している文化にも依存する。アーガイル（Argyle, 1975）によると，

接触行動のいくつかの型は西洋文化に共通である。アーガイルの研究にあるように，表8-2に接触の型と通常触られる身体領域をまとめた。

この研究によって，アメリカ人，イギリス人，ドイツ人，フィンランド人，日本人の間での身体接触は，他の文化における個人間接触より頻度が少ないことが明らかになった。アメリカ人はしばしば非接触指向型と言われる。ジュラード（Jourard, 1966a）の研究によって，各文化における成人間での1時間あたりの接触率は，かなり違うことが明らかになった。彼の結果では，コーヒーショップでの観察において，一対の成人がそれぞれ1時間あたり，サンフアン（San Juan）では180回，パリでは110回，ロンドンでは1回，フロリダのゲインズビル（Gainesville）では2回，接触した。

アメリカ人はたいていの文化の人に比べて頻繁な接触はしないが，いずれにせよ，ある研究によって，われわれが日本人よりも頻繁に身体接触に携わっていることが明らかになった。バーンルンド（Barnlund, 1975）は，ジュラードが使ったのと同様な技術を使って調査を行なった。彼は，アメリカ人と日本人の両方に，さまざまな身体領域を与え，受ける接触の総量と頻度を示すように依頼した。この結果によって，ほとんどすべての領域で，アメリカ人のほうがより多く相手に接触することがわかった。

われわれは，大規模な文化を接触指向型か非接触指向型のどちらかとして，ステレオタイプ的に見ている。そのようなステレオタイプでは，ラテンアメリカ人は相当の時間，接触している。しかし，研究によってラテンアメリカの文化でさえも，接触についてサブカルチャーによる差が明白であることが示された。たとえば，シューター（Shuter, 1976）は，パナマ，コスタリカ，コロンビアの3つのラテンアメリカ文化を観

表8-2 接触の型（Argyle, 1975）

タイプ	身体領域
軽く叩く	頭，背中
平手打ち	尻，手，顔
パンチをする	胸，顔
つねる	頬
撫でる	髪，顔，上半身，膝，生殖器
揺する	両手，両肩
キスをする	口，両頬，胸前部，手，足，生殖器
舐める	顔，生殖器
つかむ	手，腕，膝，生殖器
誘導する	手，腕
抱擁する	肩，体
組む	両腕
上に置く	両手
蹴る	両脚，尻
身繕いする	髪，顔
くすぐる	ほとんどの領域

察した。この研究によると，接触行動やつかむ行動の総量はその文化が南から離れると減少する。この研究以前に，接触についての世界的なパターンがあると主張した研究者らがいた。その信念は，文化が赤道に近ければ近いほど，その文化の人々はますます多く接触するというものだった。これは興味深い推測であり，多くの文化はこのパターンに適合するが，シューターの研究は接触パターンがこの推測が認めることよりも複雑であることを示唆する。

性（ジェンダー）差

一般に，接触する人が親友や恋人なら，通常「立ち入り禁止区域」はない。しかし，アメリカ文化では接触行動は男女間で異なる。驚くことではないが，女性はたいてい男性よりもさらに接触指向型のように見える。これは一般的で矛盾のない観察である（Andersen & Leibowitz, 1978; Larsen & LeRoux, 1984; Fromme, Jaynes, Taylor, Hanold, Daniel, Rountree & Fromme, 1989; Richmond, 1997）。しかしながら，さらに興味深いことは，男性と女性が接触について異なった知覚をすることである。女性は，接触可能性に関して，身体部位間で男性よりさらに区別している。女性は，手を握りしめることを愛情や友情のサインであると思うが，胸をつかむことをふざけているとは思わない。一方，男性は自分の身体の特定の部位についての関心はない。男性は，特定の種類の接触に特定の意味を当てはめないが，接触を受ける身体領域よりも受ける接触の型に，より関心がある。女性は，接触欲求を満たすために自己接触をするかもしれない。接触に抵抗がある男性と結婚する女性は，つかんだり抱かれたりするために，性交を行なうことがしばしばあるだろう。男性，女性，接触についての結論は，以下のとおりである。

関係	接触される領域についての結論
異性の親友	女性：全身
	男性：頭から膝下までのどこでも
同性の親友	女性：頭，首，両腕，両手，背中の上部
	男性：後頭部，両腕，両手，両膝下，背中の上部
異性の他人	女性：なし
	男性：後頭部，両肩，両腕，両手，胸，背中，両太腿の上部，両膝
同性の他人	女性：両腕，両手
	男性：後頭部，両肩の上部，背中の上部，両腕，両手

接触不安

本節では，接触不安（touch apprehension）の概念について概観する。アンダーセンらは，接触回避（touch avoidance）と呼んだ類似した構成概念について述べてい

る。接触不安についての概説の多くが，アンダーセンらの初期の研究に基づいている (Andersen & Leibowitz, 1978; Andersen & Sull, 1985; Guerrero & Andersen, 1994, 1999)。

あなたには，パーソナルスペースや接触規範を配慮することなく，あなたや他者に絶えず接触する友人がいるだろうか？　われわれはこの集団を接触者（touchers）と呼ぶべきである。接触者は絶えず接触して，時々，他者に「触るのをやめろ！」と言われる。状況や相手にかかわらず，接触者は他者に接触する。彼らは周辺にいる他者の接触規範に気づいているとは思われず，また彼らの絶え間ない接触が相手を悩ませることがあることを自覚しているようには思われない。

この対極として，あなたには自分からほとんど接触せず，他者からの接触を理解しない友人がいるだろうか？　われわれは，この集団を非接触者（untouchables）と呼ぶべきである。彼らは，だれに，いつ，どこで接触した，あるいは接触されたかについて非常に意識する。その上，自分たちがだれと相互作用するかやどのような状況であるかを，ほとんど気にしない人，すなわち一般に接触を避ける人がいる。彼らは，接触回避者（touch avoiders）と呼ばれる。

あなたは極端な接触者や接触不安ですか？　接触は状況や相手に依存するだろうか？　接触不安質問紙（図8-1）を完成してみて欲しい，そうすると点数によって，どのように分類されるのかがわかるだろう。ただし，これはあなたが知覚していることであって，あなたについての他者の知覚ではないことを忘れないで欲しい。

行動の中のあるパターンが，接触不安と呼ばれる。人が，めったにあるいはけっして自分から接触を始めることなく，また自分に先に接触しない人を好む時，その人はほとんど接触不安であろう。接触不安に関する研究は，かなりわずかである。しかし，ここで利用可能なこととして，同性者との接触について，男性は概して女性よりも多く接触不安を持つ。一方，女性は男性に比べて，異性の個人との接触について，より多くの接触不安を持つ。また，宗教的所属や年齢は，接触行動と関係する。たとえば，新教徒はそれ以外の宗教徒に比べて，より接触を回避する。また，高齢の既婚者は，かなり異性からの接触を避ける傾向にある。アメリカ人人口の約20％が，接触不安を持つ。

接触不安のない人が，さらに他者との接触を先に始めがちであり，また他者から接触を受ける時により気楽である。また，これらの低接触不安者は，よりおしゃべりで，社交性に富み，元気よく，社会的で，接触についての社会規範にそれほど束縛されない。接触回避者（極端な接触不安をもつ）は，さらに他者からの接触を拒否しそうであり，また標準の人に比べて他者に接触しそうにない。この極端な接触不安を持つ人は，あまりしゃべらず，より内気で，感情的にもろく，社会的に引っ込み思案でありそうである。

ソレンセンとビーティ（Sorensen & Beatty, 1988）は，実験参加者が発達させる知覚を研究するために，研究助手に実験参加者に接近して接触させた。接触回避者や極端な

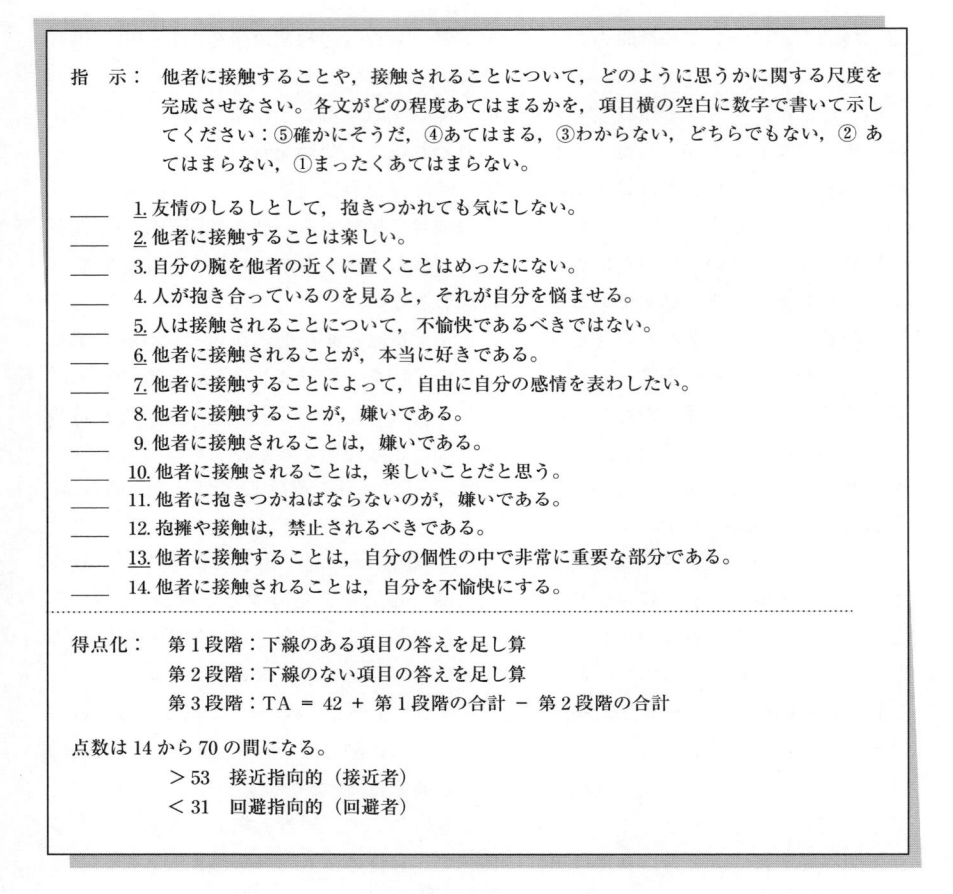

指　示：　他者に接触することや，接触されることについて，どのように思うかに関する尺度を完成させなさい．各文がどの程度あてはまるかを，項目横の空白に数字で書いて示してください：⑤確かにそうだ，④あてはまる，③わからない，どちらでもない，② あてはまらない，①まったくあてはまらない．

_____ 1. 友情のしるしとして，抱きつかれても気にしない．
_____ 2. 他者に接触することは楽しい．
_____ 3. 自分の腕を他者の近くに置くことはめったにない．
_____ 4. 人が抱き合っているのを見ると，それが自分を悩ませる．
_____ 5. 人は接触されることについて，不愉快であるべきではない．
_____ 6. 他者に接触されることが，本当に好きである．
_____ 7. 他者に接触することによって，自由に自分の感情を表わしたい．
_____ 8. 他者に接触することが，嫌いである．
_____ 9. 他者に接触されることは，嫌いである．
_____ 10. 他者に接触されることは，楽しいことだと思う．
_____ 11. 他者に抱きつかねばならないのが，嫌いである．
_____ 12. 抱擁や接触は，禁止されるべきである．
_____ 13. 他者に接触することは，自分の個性の中で非常に重要な部分である．
_____ 14. 他者に接触されることは，自分を不愉快にする．

得点化：　第1段階：下線のある項目の答えを足し算
　　　　　第2段階：下線のない項目の答えを足し算
　　　　　第3段階：TA ＝ 42 ＋ 第1段階の合計 － 第2段階の合計

点数は14から70の間になる．
　　　　＞53　接近指向的（接近者）
　　　　＜31　回避指向的（回避者）

図 8-1　接触不安質問紙

接触者を同定するために，アンダーセンとレイボウィッツ（Andersen & Leibowitz, 1978）によって開発された接触回避測定法を使って，極端な接触者は研究助手を一貫してより肯定的に評価し，接触回避者は一貫して否定的に評価することがわかった．性差もまた明らかになった．一般に，女性からの接触は，男性からの接触に比べてより許容できると考えられる．

4　接触は何を伝えるのか？

接触と感情

接触コミュニケーションは，感情を伝えるのに有効な手段である．接近性は，接触

にかなり関係している。われわれは，他の接近性の手がかりとして，相手を互いに好きな人の間で接触が多く起こり，相手が嫌いな人の間で回避行動の量が増えることを経験する。他の接近性の手がかりのように，接触は対人魅力を増大させる傾向にある（Richmond, 1997, 2002a）。

また，状況がより感情的である時，接触が増加する傾向がある。空港での人の観察により，歓迎や別れの時に，観察された人の60%が接触をすることがわかった（Knapp, 1978）。さらに他の研究により，われわれは接触によって他者の感情をうまく識別できることがわかった。

多様な対人態度が，身体接触によって伝えられる。接触は，性的興味，所属，友情，さらに攻撃，無礼，不快のような否定的な態度でさえ伝えることができる。しかしながら，伝達された特定の感情をともなうメッセージは，かなりの程度を個人に依存することにも注目されるべきである。性（ジェンダー）差に関する初期の議論を思い出してみよう。何がふざけ，友情，愛情あるいは性行為として知覚されるのかは，接触される領域や接触の種類（たとえば，軽く叩く，撫でる，握りしめる）と同様に，個人の性（ジェンダー）に依存する。しかしながら，われわれは一般に，軽く叩くことをふつうはふざけと知覚するのに対して，撫でることを愛情や思いやりや性欲と結びつけがちである（Boderman, Freed & Kinnucan, 1972; Goldberg & Rosenthal, 1986; Henley, 1973, 1977; Johnson & Edwards, 1991; Jones & Yarbrough, 1985; Montagu, 1978; Morris, 1971, 1976; Nguyen, Heslin & Nguyen, 1975, 1976; Patterson, Powell & Lenihan, 1986; Pines, 1984; Pisano, Wall & Foster, 1985; Watson, 1975; Willis & Briggs, 1992; Willis & Hofman, 1975）。

接触と地位

ヘンリー（Henley, 1973, 1977）は，接触と地位に関する文献について，3つの普遍的な結論を提案した。

1. 人は，特定の役割関係において，接触することや接触されることについて，一定の予想を持つ。たとえば，上司よりも部下により多く接触すること，また部下からよりも上司からより多く接触されると予想する。
2. 接触は状況的な文脈に依存する。
3. 接触と支配は関係がある。とくに，支配的な人は接触を始める傾向が強い。

ヘンリーの結論と一致して，先に接触する人はより高い地位に属する可能性が高いことが観察されている。そこで，われわれは，学生より教授，流れ作業の従業員より管理者が接触開始者であると予想するだろう（Storrs & Kleinke, 1990）。

接触と自己親密性

あなたは自分自身がトラウマ状況におり，自己接触によって自分自身を慰めたり安心させたりしようとしていたと実感したことはあるだろうか？　モリス（Morris, 1971）は，これらの自己親密性行動が危機の場合に自分たちをなだめるという心理学的欲求を表わすと示唆した。これらの行動は，本書で先に議論した自己適応的行動にかなり似ている。一般に，われわれが神経質，孤独，恐れ，あるいは意気消沈したと思う時，自己親密性行動が最も優勢となる。モリスらによると，自己接触は保護動作（耳や口を覆う），清掃動作（拭く，こする，ほじる，引っかく），自己親密性（自分自身を抱く，自分の手を組む，マスターベーション）を含んでいる。

居心地のよい自己接触は，だれかに抱かれたいという欲求や願望を表わしているかもしれない。接触とは，人間のこのような強い欲求である。他者によって，その欲求が満たされないならば，われわれは自分自身でそれを満たすよう駆り立てられるかもしれない。

5 接触欠乏の影響

われわれが信じていることは，人や人の相互作用において，接触欠乏が最も深刻な問題のひとつであるかもしれないということをまとめることで，本章を終わりたい。本章を通じて，われわれは身体接触がコミュニケーションに多様な方法で影響することについて言及してきた。しかし，接触欠乏の影響は，社会的交流自体をはるかに超えている。接触の不足は，正常な話し言葉，読解力およびシンボル認識を発達させる能力に，悪影響を及ぼしうる。さらに，幼少期での接触欠乏により，皮膚障害やアレルギーを含むさまざまな健康上の問題が起こることを，多くの研究者が主張している。

定期的な空腹が食べ物への欲求を強く感じるように，皮膚飢餓（skin hunger）は接触への欲求を強く感じる。これは，心理学的かつおそらく身体的健康に対して，身体接触が不十分なために起こる。接触欠乏（touch deprivation）は，心理学的な問題を起こすだけでなく，ストレスに耐える能力に負の影響を与えるかもしれない。ハイト（Hite, 1977）は，新生のラットをサンプルとした接触の3条件の影響について研究したシーモア・リヴァイン（Seymour Levine）の研究を報告している。最初の条件では，赤ちゃんラットは母親から身体接触を受けることが許されている。2番目の条件では，ラットは完全に接触を奪われる。3番目の条件では，赤ちゃんラットに電気ショックが与えられる。一定期間経過後，接触欠乏群には虚弱や病気が見られた。一方，母親との身体接触が可能なラットは，健康で生き生きしていた。

リヴァインを最も驚かせたのは，ショックを与えられたラットの状態であった。このラットは，母親との身体接触群のラットと同様に元気で健康であった！　この発見

は，むしろ驚くべき影響を示唆しているかもしれない。正常な生物学的発達のためには，「悪い」接触は接触がまったくないことより，よいということになるのだろうか？これは少し不自然かもしれないが，この劇的な結果は，接触欠乏が確かによくないことを例証している。

用語集

- **友情－思いやりの接触（friendship-warmth touch）**：われわれが相手を心配したり，尊重したり，興味を持っていることを他者に知らせる。
- **撫でる（gentling）**：生まれたての動物をさすって接触することである。
- **触覚学（haptics）**：触覚行動のタイプ，量，使われ方，結果について研究する。
- **資格を持って触診を行なう人（licensed touchers）**：成人の接触の減少によって生じる身体接触要求を満たすために雇われる専門職。マッサージ師，理容師，美容専門家，さらに医者さえも含む。
- **舐める（licking）**：動物世界では子をきれいにするために使われる。
- **恋愛－親密な接触（love-intimacy touch）**：感情的で情緒的な愛着や関心を表わす接触である。たいていは抱きしめたり，愛撫したり，さすったりする。
- **マラスムス（marasmus）**：触覚刺激不足と結論づけられた乳幼児の消耗病である。
- **専門職－職務上の接触（professional-functional touch）**：仕事やサービスを達成し，遂行するために使われる，非個人的で事務的な接触である。
- **性的－興奮の接触（sexual-arousal touch）**：恋愛－親密な接触の一部であるが，また区別することもできる。性的－興奮の接触は，魅力あるいは肉欲の対象として，あるいは商売として人が使うことも含む。
- **皮膚飢餓（skin hunger）**：定期的な空腹が食べ物に対する要求が強いように，接触に対する要求が強いことである。これは，心理学的かつおそらく身体的健康に対して，身体接触が不十分であるために起こる。
- **社会的－丁寧な接触（social-polite touch）**：他者の独自性を肯定，あるいは受け入れる。このタイプの接触は，厳密な文化的慣例に従う。アメリカでは，社会的－丁寧な接触は，上品な握手に例示される。
- **接触不安（touch apprehension）**：自分からめったにあるいはけっして先に接触せず，また接触されることを好まない時のことである。
- **接触回避（touch avoidance）**：他者からの接触を回避し，自分から先に接触することも気が進まないことである。
- **接触回避者（touch avoiders）**：ほとんどの状況で接触を受けること，および接触に報いることを期待されることを好まない人である。

*9*章

接近性とコミュニケーション

接近的なコミュニケーション行動は，さまざまな職業や背景を持つ人々に対する認識を形成するものである。相互関係における接近的・共感的行動は，今日のコミュニケーション研究においても最も重要な非言語コミュニケーション（nonverbal communication）であるといえよう。

1 接近性

接近性（immediacy）とは，二者間において認識されたある一定の身体的・心理的な親密性のことである。接近性の概念については，メラビアン（Mehrabian, 1966, 1971a, 1981）による接近性の原理によって最もよく理解できるだろう。彼は，「人は，自分が好む人物や物に引き寄せられ，それらを高く評価し，選択する。嫌いなものに対しては，回避するか遠ざかり，否定的な評価をし，選ばない」（Mehrabian, 1971a, p.1）と述べた。この社会的－心理学的視点は，肯定的な感情は人をより接近的にし，一方，否定的な感情は接近性の低下を招くことを示唆している。

接近性は，対人関係・集団・健康コミュニケーションに興味のあるコミュニケーション研究者たちから注目されており，おもに大学の講義という状況の中で研究されてきた（Anderson, 1979, 1985; Barringer & McCroskey, 2000; Chesebro & McCroskey, 1998, 2001; Christophel, 1990; Frymier, 1994; Gorham, Cohen & Morris, 1999; McCroskey & Richmond, 1992, 1996; McCroskey, Richmond & Stewart, 1986; McCroskey, Sallinen, Fayer, Richmond & Barraclough, 1996; Moore, Masterson, Christophel & Shea, 1996; Mottet & Richmond, 2002; Plax, Kearney, McCroskey & Richmond, 1986; Richmond, 1990, 1997a, 1999, 2002a, 2002b; Richmond & Hickson, 2002; Richmond & McCroskey, 1990, 1998, 2000, 2001; Richmond, Gorham & McCroskey, 1986; Richmond, Wrench & Gorham, 2001; Richmond, Smith, Heisel & McCroskey, 2001; Rocca & McCroskey, 1999;

Thomas, Richmond & McCroskey, 1994; Thweatt & McCroskey, 1998)。教育上のコミュニケーションにおける教師の学生に対する接近的行動に注目して、さまざまな研究が実施された。その結果、接近的行動は認知的な学習を増加させることと関連があり、また学生の教師に対する肯定的な評価を高めるという効果があることが明らかになった。これらの研究は、メラビアンの社会心理学的法則とは逆の意味でのコミュニケーション法則の適切さを示唆した。すなわち、「接近的行動の多い伝達者は、他者からの好意が増し、高い評価を受け、選択される。そして、肯定的行動が少ない伝達者は、他者から好まれず、低い評価を受け、選択されない」ということである。われわれはこれを「接近的コミュニケーションの原理」と呼ぶ。接近性には非言語（nonverbal）と言語（verbal）の2つの主要な形式が存在する。以下ではこの2つについて検討していく。

言語的接近性

　われわれはどのような言葉によって、他者に近づいた、あるいは遠ざかったと感じるのだろうか。言語的接近性（verbal immediacy）は、相互作用において接近性を増す言語を使用することによって、引き起こされる。接近性の増加は、言語的接近性あるいは開放性や友情関係、共感などを示す効果的なメッセージによって引き起こされる。「あなた」や「あなたと私」よりも、「私たち」や「私たちに」といった表現を使用する、などといった単純なことで、感じられる接近性は増加するのである。たとえば、仲間に対する言語的接近性を示すには、「あなたはこれを試すべきだ」よりも「われわれは一緒にこれをやろう」と言ったほうがよい。

　対人関係において言語的接近性を増す最も重要な方法のひとつは、相手にコミュニケーションを促す言語的メッセージを送ることである。たとえば、「あなたの言っていることはわかります」「もっと話してください」「続けてください」「それはよいアイデアです」「これは協力する仕事です」「それについてもっと話しましょう」といった発話は、接近性を増加させる。反対に、「黙ってください」「からかっているのですか」「とんでもない。それは私の考えです」「それはまったくばかげたことです」といった言葉を含む発話を聞いたり読んだりした場合、これ以上、コミュニケーションをとりたいと思うだろうか？　おそらく思わないであろう。明らかに冗談を言っている場合を除いて、このような発話をする他者に対して、親しみを感じないであろう。

　モテットとリッチモンド（Mottet & Richmond, 1998）は、関係性の発展において、言語による接近性あるいは接近志向的なコミュニケーション方略が、回避的あるいは言語的に非接近的なコミュニケーション方略よりも強力なコミュニケーションの道具となることを示した。言語的アプローチ（approach: AP）方略は、人間関係を構築するうえで、最も一般的な方略のひとつである。言語的回避（avoidance: AV）方略は、人間関係の発展を回避する時に用いられる、最も一般的な攻撃的コミュニケーション

方略のひとつである。

　モテットとリッチモンドは，10の一般的な言語的アプローチ方略を作成した。

1. 儀礼的な発言を用いること。たとえば，「やあ，調子はどう？」「やあ，元気ですか？」「お大事に」「気をつけて」「また電話します」「また会えることを願っています」など。
2. 自己開示をともなう発言をすること。相手に対してその他の人に伝えないような内容を伝える，あなたの人生に関する個人的な話を打ち明ける，考えや心配事，抱えている問題について伝えること。
3. 気遣いや感謝を伝えること。「あなたのために私はここにいます」「あなたのことを心配しています」「友だちであることを嬉しく思います」「あなたとの友情をたいせつに思っています」など。
4. 相手の人格に注意を向けた発言を用いること。たとえば，「あなたのことを信じています」「あなたを尊敬しています」「あなたは信頼できます」「あなたはどう思いますか？」「……についてあなたはどう思いますか？」など。
5. 共感的な発言を用いること。たとえば，「あなたがどう感じたかわかります」「続けて話してください」「もっと聞かせてください」「聞きたいです」など。
6. コミュニケーションにおいて，過去の会話やそれを示すものを思い出す，相手に関する特徴的な点を思い出す，あるいは「あなたがそこに居ればよかったのに，と思います」「……の時にあなたのことを考えました」などと発言することによって，接近的な言及や個人的な認識を利用すること。
7. 賞賛，お世辞，奨励を示す発言を用いること。たとえば，「今日はすてきですね」「あなたはユーモアのセンスがよいです」「あなたと居て私はとても楽しいです」「あなたはよい仕事をしています，その調子で続けてください」など。
8. あなたのふだんのできごとを話すこと，相手と一緒に過去に行なったことを話すこと，あるいは「私たちと一緒に行きませんか？」「一緒に出かけましょう」などの発言を行なうことによって，相手を含むコミュニケーションを用いること。
9. 相手の理解できる言葉を使い，相手より優位にあることを示す言葉は用いないこと。そして，相手を見下したり言い負かしたりしないこと。
10. あなたがコミュニケーションをとりたいと望んでいること，コミュニケーションを続けたいと思っていることを，「今夜電話をします」「次はいつ会えますか？」などの発言を伝えることによって示すこと。

また，この研究は8つの一般的な回避的方略も生み出した。

1. 相手を邪魔したり，変更したり，不適切に冒瀆したり，質問に対して簡潔に「はい」

「いいえ」のみで答えるなど，失礼で無愛想なコミュニケーションを用いること。
2. すべてのコミュニケーションを厳格に仕事だけに限ること，小さな会話や自己開示コミュニケーションをけっして用いないことによって，課題志向的なコミュニケーションしか用いないこと。
3. 相手が関係したり理解したりできないようなことを話したり，俗語や仲間内言葉を使用する，専門的な会話を行なう，相手の理解できない店に関する話をする，相手の会ったことのない人物や行ったことのない場所に関する話をするなどの，排他的なコミュニケーションを用いること。
4.「あなたと話をする時間はありません，疲れているのです」「かけ直してもらえますか？」「またの機会でよいですか？」などと言うことによって，非同調的なコミュニケーションを用いること。
5.「あなたは自分で何を言っているのかわかっていません」「あなたの考えはばかげています」「なぜあなたはそのようなことをするのですか？」「あなたには理解できません」「あなたはお子様ですね」などと言うことによって，相手を見下すようなコミュニケーションを用いること。
6. 相手の服装や体重，一般的な見かけを笑い者にすることによって，相手を傷つけたり気分を害したり，からかったり，冗談にしたりして相手を見下すこと。
7. 相手の民族性，宗教，人種，生活様式，性などを見下す発言をしたり，醜い冗談を言ったりすることによって，攻撃的なコミュニケーションを用いること。
8. 相手に言及する際に，相手の名前やニックネームを使用しないこと，相手の名前やニックネームを発音し間違えること，あるいは相手を「あなた」と言及するなどの方法をとること。

　言語的接近方略が増加すると，好意的な関係性の程度も増加する。一方，言語的回避方略の増加に従って，好意的な関係性は減少する。したがって，もしあなたが他者に対して親しみや好意を持っておらず，言語的に回避的な発言を行なうならば，あなたはあなた自身を相手から遠ざけることになるだろう。また，重要な関係性は存在しないし，もし関係性があったとしてもそれは否定的なものであることは，事実上，保証されているであろう。

非言語行動

　われわれは，好む人物や物に対して物理的に近づいたり，嫌いな物や人物から遠ざかったりすることを，いつも行なえるわけではない。しかしながら，われわれは感情の伝達の大部分を非言語行動によって行なっている。たとえば，だれかがわれわれに関して好意的な発言をした時は，われわれは相手に近づき，より注意深く耳を傾け，アイコンタクト（eye contact）を増加させ，微笑み，ことによると接触さえ行なう

可能性が高い。一方，だれかがわれわれに関して不愉快な発言をした時には，相手から遠ざかり，アイコンタクトを少ししかせず，黙り，しかめ面をし，（相手を殴らない場合に限り）接触を行なう可能性が低くなる。ゆえに，われわれは相手に接近したり，相手から回避したりするような非言語的方法を用いるのである。これらの非言語行動は，人物間の心理的接近の度合いを示唆するものである。接近のような行動の増加は，非言語的に接近性をより認識させる。回避のような行動の増加は，非言語的に非接近性をより認識させる。

　行動は，回避志向的から接近志向的までの，一連の連続体に配置することができる（図9-1）。われわれは身体的な暴力をふるったり，敵意的，挑戦的な言語（言語的非接近性）を用いたりする人に対して，明らかにその人物を回避したいと考えるであろう。中間的な行動を示す人物に対しては，われわれは接近してもよいと感じるかあるいは相手が自分に接近してもよいと感じ，また，接近的な行動をとる相手に対しては，われわれは積極的に接近したいと感じたり，相手が自分に接近するのを認めたりする可能性が非常に高い。

　したがって，回避－接近連続体上では「接近性」という一点においてのみ，われわれの多くは対人関係における出会いの中で他人に対して安らぎを感じる。回避志向の限界点では，われわれは安らぎを感じないし，身体的・言語的にわれわれを虐待する相手とコミュニケーションをとりたいとは思わない。接近指向の限界点では，ほとんどの人と親密なコミュニケーションをとるうえで，われわれの多くは快適さを感じない。中間点もまた，共感性に欠けるために，われわれは安らぎを感じない。非共感性はしばしば，否定的な応対として解釈されるために，会話を終わらせることになる。

　非言語メッセージの重要な点は，ブラックマンとクレベンガー（Blackman & Clevenger, 1990）の研究によって明らかにされた。その研究は，電子会議におけるコンピューターを介した相互関係に注目したものである。このような相互関係においては，それぞれの参加者は各自のコンピューター端末にひとりで座っている。一般的な非言語メッセージは利用できない。それにもかかわらず，参加者たちは，対面で会話をしている時と同じ程度に，各々の言語的発言を表現する必要性を感じる。

　図9-2は，媒介的なやりとりにおいてどのようなことが起こるのかを調べる研究のために用意された，模擬電子会議を示したものである。この短い例の中には，多くのメッセージの形式が含まれている。非言語行動の言語的な描写，とりわけ，動作的（kinetics）なもの［（ぺこり）（ぴしゃり！）（ウィンク）］，音声的行動［（痛い！！！）（おえっ）（ジャジャーン！！！）］，あるいは表情の描写を横に倒したもの［:-(（しかめ面）や :)（笑顔）］などがよく見られた。

　このような形式の4,000以上のメッセージを慎重に分析した結果，ブラックマンらは，非言語メッセージを22カテゴリーに特定した（表9-1）。これまでの章で述べられてきた非言語行動のすべての主要なカテゴリーは，空間・時間・匂いを除いて，こ

9章 接近性とコミュニケーション　169

| 身体的暴力や敵意 | ― | 言語的敵意や攻撃 | ― | 中立 | ― | 接近性 | ― | 親密性 |

▲ 図9-1　回避―接近連続体

電子会議における非言語行動への代替

　コンピュサーブ（CompuServe）のような電子会議サービスに参加しているとしよう。コンピューター画面には、図9-1の回避―接近連続体のどこかにあてはまるような一連のメッセージが表示される。各メンバーは各々のコンピューターの前にひとりで座っている。コンピューターシステムの公開会議ソフトウェアは、すべての人に同時に供給され、すべての登場人物が通信を行なうことができる。

CHUCK:　やあ、みんな。
MARY:　会いたかった、チャッキー。
DON:　僕には会いたくなかったの、メアリー。（ぺこり）
MARY:　DON...（ぴしゃり！）
DON:　寂しい...（あいた！）
CHUCK:　ニューヨークから戻ったばかりだ―お金がない :-(
JACK:　チャックーワイン？　女性？　それとも鮨？（オエー）
CHUCK:　ハハハ、ジャック、おもしろい！
MARY:　だれがそんなジョークを作ったの、ジャック？
JACK:　< =======［ジャジャーン］
DON:　よし、ジャック、きみはここにいてもいいよ。
CHUCK:　僕も一票。（メアリーにウィンク）
MARY:　（ウィンクを返す）オペラ座の怪人を見たの？
CHUCK:　いや、キャッツを見た。
MARY:　私はまだ見てない... よかった？
CHUCK:　ダラス公演よりはよかった。
DON:　僕とは意見が違うね :)
JACK:　フン。

画面を見ると、Chuck, Mary, Don, Jack が、対人コミュニケーションのように、各自のコンピューターを使っている印象を受ける。彼らの相互作用の顕著な特徴は、以下のとおりである。

1. 彼らは短い間隔で交代し、送信者を頻繁に変えることによって、短いメッセージを用いた他者とのコミュニケーションを行なっている。
2. メッセージの多くは、あるひとりからもうひとりに対して送られている。
3. 話題は「個人的な」ことがらについてである。このことによって、彼らの間の関係性や、相互作用の感覚が引き起こされる。
4. 相互作用の調子は、自然でリラックスしており、堅苦しくない。
5. メッセージの多くは先行するメッセージに対する速やかな返事であり、このことは相互作用におけるフィードバックの証拠となるものである。

▲ 図9-2　電子会議での相互作用シミュレーション

表9-1 非言語的代替方法の概要

動作的な代替方法
  1. 動作的な記述
  2. 動作的な絵文字
  3. 自分を指差す

音声的な代替方法
重要度の示唆
  4. 読点の多数使用
  5. すべてを大文字で記述する
  6. アスタリスクで囲む
時間や度合いの示唆
  7. 拡大文字の反復
  8. 文字間の間隔
  9. 文字の結合
休止の表示
  10. 楕円
  11. 行中の空白
発　声
  12. 音声特徴子
  13. 音声分離子
  14. 感嘆詞

触覚の代替方法
  15. 接触の描写
  16. 触覚の絵文字

外見的特徴の代替方法
  17. 外見の描写
  18. 絵文字による操作

アーチファクトの代替方法
  19. 物の表示

行動の代替方法
  20. 行動の描写
  21. 音響効果

その他
  22. 会話のシンボル

こに示されている。このような相互作用の中には，空間や時間，匂いなどへの代替方法は見られたが，これらに関する特定の研究は過去に見当たらなかった。

口頭および記述を介した相互作用において関係性の雰囲気を表現するためには，言語的なメッセージとともに非言語的なメッセージを使用することが必要である。個人的な手紙を分析しても，同じ結果が得られるであろう。これらの非言語メッセージおよびその代替方法によって，相互作用において認識される接近性は増加あるいは減少するのである。次の節では，いくつかの重要な非言語メッセージについて概説する。

2　非言語的接近性

非言語行動のほとんどは，非言語的接近性（nonverbal immediacy）を増加させたり減少させたりするのに使われうる。ここでは，それぞれについて考えてみよう。

外見的特徴

2章において明らかになったように，人間の一般的な外見的特徴は，コミュニケー

ションのひとつの手段となる。伝達されるものは，身体，匂い，毛髪，衣服，アーチファクトの利用などはもちろん，その人間の魅力によってさまざまである。

魅 力

よく知られているように，魅力的な人物は，魅力的でない人物に比べて，より好ましく，社交的で，友好的で，評判良く，説得力があり，成功しており，幸福であるように周りから受け止められる。ほとんどの状況において，魅力的な人物は魅力的でない人物に比べてより好意的な対応を受けるということが研究によって明らかになっている。たとえば，魅力的な男性は魅力的でない男性に比べて，もし能力が同等であったとしても，より高給の営業職を得やすい。ある人物が，魅力的でなさすぎるために，職を拒まれたという報告すらある。魅力的であると受け止められることは，以下のような2つの接近性に関連する結果を生み出す可能性がある。

1. 魅力的な人物は，他者からより好ましく社交的であると受け止められるので，親しみやすい人物であるとも受け止められる。もし彼らが接近的な方法で他者から対応されるならば，彼らもおそらく同じ方法で他者に対応するであろう。
2. 魅力的な人物は，より敏感に反応する社交的な人物のように他者から扱われてきたため，たいてい，彼らはより接近的な行動を示すだろう。人生のほとんどをとおして，魅力的な人物は他者から接近され，しばしばそれはたんに外見が原因である。したがって，彼らは他者に対する接近性を学習してきており，そのことが彼らを魅力的にするのである。このことは，魅力的でない人物が接近的ではないということを意味するのではない。魅力的でない人物の多くは，接近性が魅力を増すためのひとつの要素であることを学習しているのである。

以下のことを考えてみよう。相互作用をしている時に，微笑んだり，うなずいたり，アイコンタクトを行なったり，あなたに近づいたり，ということをめったにしないような，魅力に欠ける人物と会話をしたいと思うだろうか？　それとも，相互作用をしている時に，微笑んだり，うなずいたり，アイコンタクトを行なったり，あなたに近づいたり，ということを行なう，魅力に欠ける人物と会話をしたいと思うだろうか？ほとんどの人は，後者を選ぶであろう。多くの魅力に欠ける人物は，このような行動を学習しており，より魅力的に，社交的に，そして好ましく見せるために，そのような行動を利用するのである。人間の本質的な魅力の程度にかかわらず，接近的な行動を用いる人物は，より魅力的であると受け止められる。さらに，あなた自身の身体的魅力を増すことにより，他者はあなたに近づき，またあなたを社交的で接近的であると受け止めるようになるのである。

体格と体のサイズ

これまで論じたように，体格と体のサイズは，人物に関する重要な情報を伝える。内胚葉型の人物はたいてい，社交的，友好的，そして陽気であると受け止められる。中胚葉型の人物はたいてい，自信があり，積極的で，活動的で，支配的であると受け止められる。外胚葉型の人物はたいてい，緊張しており，不安げで，不器用で，神経過敏であると受け止められる。一般的に，内胚葉型の人物と中胚葉型の人物は，より接近的で親しみやすいと受け止められる。一般的に，外胚葉型の人物は，彼らの体型に関連する認識のせいで，接近的でないと受け止められてしまう。したがって，外胚葉型の人物は，接近的であるように努めたり，親しみやすく見られるような行動を行なったりすることによって，印象を払拭することができるのではないだろうか。

匂　い

体臭は，あなたを接近的または非接近的に見せるための原因となりうる。たとえば，職場において強い匂いの香水やアフターシェーブを身につけている人物について考えてみよう。一般的に，強い匂いは嗅覚的に不快なため，他者は強い匂いのする人物を避けるであろう。人間は不快な匂いのする人物に対して，より接近を避けようとするのである。一方で，他者が自分に接近しないようにするために匂いを使用する人もいる。人は，好ましく，かつ強すぎない匂いによって，みずからの接近性を増すことが可能である。また人は，不快な匂いを用いることによって，他者を遠ざけるような非接近性を示す可能性もある。非接近性につながる匂いを回避するためのおそらく最適な方法は，人工的な匂いを使用することよりも，定期的に入浴することである。

髪　型

毛髪の長さ，髪形，色は，接近性や非接近性を強化しうる。たとえば，一般に受け入れられるような髪の長さ，髪型，色をした人物は，めずらしい髪の長さ，髪型，色をした人物よりも，親しみやすいと受け止められる。多くのロックスターは，一部の人々からは親しみやすく接近的であると受け止められるが，他の人々からは突飛で近寄りがたいと受け止められるかもしれない。その多くは，髪の長さ，髪型，髪の色と関係するのである。

服装とアーチファクト

人の選択する服装やアーチファクトは，接近性や非接近性を伝達しうる。堅苦しくないが，だらしなくはない服装は通常，その人物が親しみやすいということを伝達する。しばしば人は，非常にフォーマルな服装によって威圧される。フォーマルな服装は，社会的地位の高さを示す方法のひとつであり，社会的地位の高さは，接近性を低下させる。ある場面では，人は社会的地位を高く，そして接近性を低く受け止められ

たいと感じる。たとえば，仕事の面接において，面接官は，だれが面接官で，だれが面接を受ける人物であるかをはっきりさせることを望んでいる。面接官の着用する服装の形や品質によって，たいていそれは成し遂げられるのである。

　アーチファクトとは，宝飾品，衣類，眼鏡，化粧，パイプ，書類鞄，本など，身体を飾る物のことである。アーチファクトの利用が，その人の接近性あるいは非接近性を示唆する場合がある。たとえば，「私を連れて行って，私はかわいらしくて愛らしい」と書かれたTシャツを着ている人は，「私の前から消えうせろ」と書かれたものを着ている人とは，異なったことを伝達する。あなたから着用者の目を見させないような，反射するサングラスもまた，一般的には非接近性を示す。

ジェスチャーと身体動作

　動作学の研究は，接近性に関する話題を提供する。3章で示唆されたように，ジェスチャーや身体動作は，多くの情報を伝達する。ここでは，ジェスチャーや身体動作が，どのように非言語的接近性と関連しているのかを議論する。

エンブレム

　エンブレムとは，文化をともにする人間のほとんどが理解できる特定のメッセージを伝達するような，言語の接近的な言い換えとしてのジェスチャーのことである。たとえば，アメリカ文化では，「親指をあげる」サインがよく使われるが，これはすべての人からその意味するところが理解されている。記号は，他のジェスチャーと違って，一般的には明確な意味を促進するものである。よって，記号は接近性や非接近性を伝達するために，用いることが可能である。たとえば，「退散しろ」「恥を知れ」「黙れ」のようなジェスチャーは，一般的に非接近的なジェスチャーとして解釈される。このようなジェスチャーのほとんどは，そのジェスチャーをする人物が接近的であるという意味で解釈されない。われわれの多くは，このようなジェスチャーをする人を拒否するだろうし，このようなジェスチャーは友好関係や好意を意味するものではない。一方，あいさつの時に握手をしたり，相手に同意するためにうなずいたり，仕事がうまく運んだ時に相手の背中を叩いたり，ピースサインをしたり，というようなエンブレムは，友好関係や好意，そして接近性を伝達する。エンブレムは接近性や非接近性のメッセージを伝えることができるのである。

例示的動作

　これらのジェスチャーは，話されている言語とつながって，それを例示するのに有効である。言語のみの場合に比べて，例示的動作を利用する場合には，より正確で豊富な意味合いを促進することができる。たとえば，もしわれわれが何かにとても興奮したり喜んだりしている時，その喜びを伝えるために，より例示的な動作を用いるこ

とは有効である。同様に，もしわれわれが何かに怒ったり不快に思ったりしている時，その意味合いを促進するために，例示的動作を用いるであろう。もしわれわれが退屈していたり単純なメッセージを伝えていたりするだけの場合，例示的行動は少ししか用いないであろう。これはつまり，喜びや興奮を促すような例示的動作は怒りや退屈を促す例示的動作よりも，接近性を増す効果があることを意味している。

調整的動作

対人相互作用におけるコミュニケーションの流れをコントロールするのに有効なジェスチャーは，調整的動作と呼ばれている。これは，うなずき，手や身体の動作，視線行動，接触，声の使用などによって行なわれる。調整的動作は，肯定的なうなずき，アイコンタクト，沈黙，くつろいだ姿勢，いくつかの肯定的な音声の使用，接触などによって，接近性を増加させる。このようなすべての行動は，相手に対して話を続けることを促すと同時に，あなたが相手の話に興味を持っていることを伝達する。

接近性を低下させるであろう調整的動作は，否定的なうなずき，少ないアイコンタクト，だらしのない姿勢，後ろにもたれる姿勢，相手の腕への圧力，鈍い音声的行動などである。一般的に，このような行動は，あなたが相手や相手の話していることに退屈していることか，あるいはたんに相手に興味がないことを伝達する。どちらの場合も，このような行動はたいてい接近性を低下させる。

情動の行動

感情の強さや激しさを反映させるような動作（情動の行動）は，しばしば，われわれの情動の状態を表示する。このような行動は身体のうちの多くの部位によって示すことができる。最も容易に認識されやすい情動表出は，喜び，悲しみ，怒り，嫌悪，興味，緊張，侮辱，情動不安，くつろぎ，である。緊張の例を見てみよう。初めて人前で話すために準備をしている人物は，体が緊張しており，ことによってはこぶしを握ったり放したり，あるいは首や顔の筋肉が張りつめていたりする。反対に，話を終えたばかりの人物は，くつろいだ姿勢をしており，ことによっては前かがみになって，首や顔の筋肉も弛緩し，手も弛緩している。このように，情動状態は，その人の動作をしばしば左右するのである。よって，喜びや興味，緩和といった情動の状態は，おそらく悲しみや怒り，嫌悪といった感情よりも，接近性を伝達する。

適応的動作

意図的でない行動である適応的動作は，人や状況への否定的感情あるいは不安の感情と関連づけられる。このような行動は，鼻をほじる，にきびを潰す，髪をいじる，机をペンで叩く，体を引っかく，衣服をもてあそぶ，他人の襟元の糸くずをつまむ，などをさす。多くのこのような適応的動作は，接近性を増加させない。相手を不快に

感じさせるため，接近性は低下するだろう。

　日常的に不安な人や，他者とのコミュニケーションに不安をいだく人は，適応的動作をより行なう傾向がある。このような人々は，集団の中でも目立ちやすい。彼らは，手や指を噛んだり，頭を掻いたり，衣服をいじったり，その他いろいろな適応的動作を行なう。彼らはけっしてリラックスしているようには見られないため，他者に対して接近性を伝達しない。彼らが伝達するのはたいてい不安だけである。

姿　勢

　よいポスチャー（posture）というものは，まっすぐ立つよりもよいものである。研究者らは長い間，姿勢によるコミュニケーションが，他人に対するあなたの認識のすべてを伝達するものであると感じてきた。われわれが腰をどっかりと落としているのか，前かがみなのか，直立しているのか，背中がふらついているのか，うずくまっているのか，モデルのように立っているのか，横になっているのか，生き生きと動いているのか，足を引きずっているのか，などの身のこなしは，われわれが他人に対して，われわれ自身に対して，またその状況に対してどのように感じているのかを伝達する。

　上記のことをもとにすると，接近性を促進するあるいは示すようなポスチャーを定義するのは，比較的簡単である。前かがみになって，肩を落とすような姿勢が，接近性を促進しないことは明らかである。一方，直立し，硬直して，前かがみになっていないような姿勢は，コミュニケーションをより促進しやすく，接近性を認識させる。腕を組んで後ろに反っているようなポスチャーは，思いやりがなく，感受性が低いことを伝達する。したがって，接近性を構築するためには，積極性や興味，注意を示唆するような姿勢をすべきである。このような姿勢の動きとは，身を乗り出すこと，くつろいだ体勢をとること，まっすぐに体を向けること，などである。ジェスチャーや身体動作は，対人関係における身体的・心理的な親密さの程度を示すのである。これはまた，接近性を非言語的な動作の調節によって増加させることができることの証拠でもある。

表情と視線行動

　表情はともすると，感情や情動の最大の指標である。あなたの顔や目は，おびただしい量の情報を伝達するのである。たとえば，われわれは他者の表情の全体をもとに，ステレオタイプ的な仮説を構築する。われわれは，悪い人間とよい人間をどのように見分けるのかを学習してきた。悪い人々はいつも，傷跡があり，刺青をしており，吹き出物があり，うさん臭い目をしている。そして，彼らは渋面で，目をそらすか，下を見ているか，もしくは顔や体に醜い傷を持っている。よい人々は，顔色が明るく，目も澄み，笑顔をたたえ，体や顔に醜い傷がない。

研究は，人は表情をもとにして，他人の性や人種，国籍，年齢，性格，感情などに関して，完全に正しい判断を下すことができることを示している。この最後の2つについては，判断がよりむずかしい。しかしこれらに関する判断の手がかりは存在するのである。

　感情や心の状態を最もよく表わす顔の領域は存在しないので，接近性を議論する際には，顔の全体を見なければならない。もし人が笑顔ではなく，アイコンタクトも少なく，また（あるいは）しかめ面である場合，そこから接近性を伝達することはほぼ不可能である。なぜなら，笑顔は最も一般的かつ普遍的な表情であり，明瞭な笑顔は接近性，あるいは，少なくとも，友好を伝達するからである。接近性を示唆する他の要因としては，興味のありそうな顔つきや，接近的なアイコンタクト，そして双方が目を合わせることなどがあげられる。瞳孔の開きを興味のサインとして注目する場合もある。しかし，これは予測として頼りになるものではない。なぜなら，光によって瞳孔が収縮することもあるからである。接近性の認識は，アイコンタクトの種類や長さによっても増加する。アイコンタクトを行なう人は，より魅力的で，関心が高く，誠実で，正直で，自信があるように見られる。そのような人はまた，伝達者としてのスキルや能力がより高いように受け止められる。したがって，視線行動は接近性増加のための基礎的な手段である。

　表情行動と視線行動は，接近性や非接近性の認識において重要な影響を持つ。肯定的な表情を表わしてアイコンタクトを多く行なう人は，否定的な表情を表わしてアイコンタクトをあまり行なわない人に比べて，より接近的であると認識される。

音声行動

　単調な声で話す人とコミュニケーションをとったり，声を聞いたりする時，あなたはどのように思うだろうか？　とげとげしく，かん高く，けたたましく，鼻にかかったような声で話す人とコミュニケーションをとったり，声を聞いたりする時，あなたはどのように対応するだろうか？　どちらの場合も，おそらくあなたはその人から遠ざかりたいと思うであろう。しかし，その理由は2つの場合で異なっている。単調な声はあなたを死ぬほど退屈させ，とげとげしい声はあなたの神経に触るであろう。マランドロら（Malandro, Barker & Barker, 1989）が示唆するように，「あなたの声はあなたの印象に関する最も重要な要因のうちのひとつである。あなたが話し始めるとすぐに，あなたの声からのイメージは優勢になり，それは視覚的なイメージを抑えるほどである」(p. 232)。

　音声は，発話者のイメージを映し出すことや会話を調節すること，感情を伝えること，社会的地位や人種，年齢，性を同定すること，信頼性を増すこと，感情を高めること，そして接近性を増加させることに有効である。

　接近性を増加させるような一般的な音声の質とはどのようなものだろうか？　発言

の頻度を上げたり（異常なほど速くはない），音の高さに変化があったり，自信のある口調であったり，休止が少なかったり，表現力が豊かであったりするような音声的行動は，接近性を増加させる傾向がある。発話の速度がゆっくりであったり速すぎたり，音の高さの変化が少なかったり，敵対的あるいは攻撃的な口調であったり，弱々しい口調であったり。休止が多かったり，軽蔑するような響きであったり，皮肉があったり，沈黙が多かったりするような音声行動は，接近性を減少させる。このような行動の多くは，発話者が不安あるいは緊張しているという印象を与えるだけでなく，他者を不快にさせる。実際には，不安な発話者はしばしば，応答的でない音声行動に加えて，適応的な行動を多く示すものである。さらに，弱々しく，退屈な，怒った，嫌悪感があり，興味がなさそうに話す人物は，接近性が低下するが，それに対して，快活に，活動的に，興味がありそうに，楽しそうに話す人物は，接近性が増加する。

空間行動

空間の利用は，パーソナルスペース（personal space）の定位と，なわばり（territoriality）の両方を含んでいる。最初に，パーソナルスペースの位置定位と，接近性への影響について概観する。

パーソナルスペース

以下の2つの例を見てみよう。どちらの人物がより接近性を促進するような適切な空間定位を行なっているだろうか。

1. ビルは知り合いに向かっていつも走って行き，相手を腕の中に抱きよせる。彼はしばしば手をいっぱいに広げて相手を抱きしめキスをする。彼の行動は友人たちからは予測可能である。彼はこのような行動を女友だちにも男友だちにも示す。
2. アランは知り合いにめったにあいさつをせず，握手すらしない。彼はしばしば後ろに立ち，背後から健康について質問したりする。彼の行動は友人たちからは予測可能である。彼はこのような行動を女友だちにも男友だちにも示す。

あなたはおそらくこのように考えただろう。どちらの行動も接近性を増加させない。ビルの行動は接近的すぎて，個人的な範囲に立ち入っており，平均的な人たちをとても不快にさせる。アランの行動は非接近的すぎて，平均的な人たちをとても不快にさせる。これらの行動は，他者がビルやアランを拒否したいと感じる傾向を高めるが，2つの理由は異なっている。ビルと一緒にいる時，他者は手荒く扱われていると感じ，アランと一緒にいる時は，冷淡に扱われていると感じる。ただ接近することは，接近性を増加させるために必要ではない。むしろそれを妨害しうる。たいせつなことは，状況に適切な接近の量なのである。

これまでの章でも述べたように，会話場面における適切な空間の大きさと，個人的なコミュニケーションにおける適切な空間の大きさとは異なる。したがって，われわれは個々の状況に沿った行動の示し方を学習しなければならないのである。われわれのほとんどは，個人的なコミュニケーションにおける適切な行動を知っているので，ここで詳しくは論じない。会話の状況は，日常生活において最も一般的な状況であるため，ここではこのことについて扱う。

　一般的に，アメリカ文化では，他者の近くに立ったり，近くへ移動したり，あるいは他者へ近寄ったりする場合，他者の後ろに立ったり，他者と反対に寄ったりする場合に比べて，より接近的であると認識される。会話中に他者に対して近づくことは，ある程度の距離までであれば，親しさや接近性を認識させる。しかし，適切な距離を越えて，相手のパーソナルスペースに入り込んだ場合，その人は侵入者と見なされ，攻撃的で不愉快であり，無礼で，高圧的な人であると受け止められる。したがって，以下のガイドラインに沿って，他者から十分な距離を保つべきある。

・アメリカ文化では，迷った場合，他者との間に腕の長さに，15cm加えた長さを保つことを，われわれは提案する。この距離ならば相手と話す時に十分な距離であり，個人的すぎたり離れていたりすると思われることなく，接近的でいることができる。
・迷った場合，より距離を空けること。相手の空間に迫ってはならない。もしそのようなことをすると，相手からの予期せぬ行動を引き起こす恐れがある。

　背が高い人はそれだけで支配的であると受け止められる。なぜなら，単純に，その高さが支配的であると受け止められるからである。よって，背の高い人は，相手に対して身を乗り出すような姿勢にならないように注意すべきであるが，少し離れて立つことによって，相手の前に立つことができる。

なわばり意識

　他者に対してコミュニケーションを増大させたいのか，それとも最小限に保ちたいのか，ということを伝えるような環境を，人はどのようにして整え，選んでいるのだろうか。ここで，2つの居間を見てみよう。ひとつ目の部屋は，長椅子やソファを半円形に並べることによって，すべての人がお互いを見ることができ，多くのアイコンタクトを行なうことができる。この部屋は，家具は快適そうに配置され，それは最近使用されたように見える。次に2つ目の部屋について考えてみよう。この部屋は，長椅子やソファがL字型に配置され，すべての人が窓からの景色を見ることができ，アイコンタクトは少ししか行なえない。家具は新しく，まだ使われていないように見える。どちらの部屋が会話を促すようにあなたは感じるだろうか？　もちろん，ひと

つ目の部屋である。この居間は，暖かさや快適さを伝え，接近性を認識するような感覚を与える。この部屋は「お入りなさい，ようこそこの部屋へ」と言っており，もうひとつの部屋は「長居はしないでください」と言っているのである。

　なわばりを用いることによって，感じられる接近性を増加させたり，減少させたりすることができる。もしあなたが会話を増加させたければ，会話が増加するようになわばりを配置すればよい。もしあなたが会話を減少させたければ，会話を制限するようになわばりを配置すればよい。会話を増加させるような空間を作り出すためのよい方法は，すべての人が部屋のすべての人とアイコンタクトを行なえるような環境を作ることである。もしあなたがなわばりを接近的な方法で配置すれば，他者はあなたをより接近的であると感じるであろう。

触覚行動

　接触（touch）とパーソナルスペースの利用は，関連している。どのくらいパーソナルスペースを用いるかということは，その人物の接触の方向性を示唆する。ビルとアランの例に戻ろう。それぞれの人物は，どのような接触を行なうだろうか？　あなたはこう推測するだろう。ビルは相手に抱きついている間に，背中や首を撫でる。一方，アランは，握手の時でさえ相手の手を握ることはしない。どちらも接近性を示すためには不適切な接触である。ビルの行動は私的な親密さを示唆する。彼は男性に対しても女性に対しても不快な思いをさせるのである。アランは他者から，冷酷，他人行儀，そして友好的でないと認識される。そうすると，接近性を増加させるためにどのように接触を用いるか，という疑問が出てくる。その答えはそれほど単純ではない。われわれが言えることは，見ればわかる，ということである。しかし，接近性を増加させるいくつかの接触行動について，以下で見てみよう。

　接触は，違った人々から，違ったように認識される。われわれは文脈を理解する必要があるのである。しかし依然として，接近性を伝達するために最も一般的に用いられうる接触行動が存在する。手，前腕，肩，背中の上部などにふれることは，ほとんどの人々にとって適切であり，受け入れられる。これらの接触は，人々がどのように解釈するかが決まっているのである。これらの体の領域に触れることは，思いやりや優しさを意味し，接近性とコミュニケーションを増大させることに関連している。肩を叩くことや，軽く肩を押すことによって，その相手を人として認めているということ，そして相手の話を聞いているということを他者に知らせる。他者はあなたを，私的な親密さを抜きにして，より接近的であると認識するであろう。これらの体の領域を叩いたり，押したりといった接触の行動は，たいていの場合，接近性を伝達する。これに対して，こする，撫でる，圧力をかける，などの行動は，多くのことを伝達するものの，接近性はその中に含まれていない。

環境的要因

　これまでの章でわれわれは，物理的環境の諸相が社会的相互作用の中で重大な影響を持ちうるということを述べてきた。ある領域は，人を離れさせ，非接近的にする。また他の接近的な領域は，人々を近くに集めるようにさせる。ここでは，接近的であると認識される領域と非接近的であると認識される領域とを区別する特徴に焦点を当てる。

　すべての場面は，接近性の認識に影響を与え，さらにその結果としてその場面の中で行なわれるコミュニケーションの性質にも影響を与える。たとえば，ほとんどの教会は意図的に，敬意と尊敬を伝えるように，構築されている。これは，最小限のコミュニケーションしか促さないように，環境が構築されていることをさす（固定されているかあるいは動かすことが困難な座席が一方向に向けられており，単調な色彩で，とても高い天井がある）。しかし，教会の中にある教室のほとんどは，コミュニケーションを促進するように，構築されている（可動式の椅子，明るい照明，明るい色）。よって多くの教会施設は，ひとつの構造の中に接近的な環境と非接近的な環境の両方があるという，とてもよい例である。集合住宅や寮の多くも，ひとつの構造の中に接近的・非接近的な領域を持つ。個室はプライバシーを保てるように構築されているが，建物は，開放された領域あるいは社会的領域として区別された領域を含んでいる。社会的な領域では会話が促進されるが，各居住者は，その領域を出て自分の部屋という私生活へ行くという選択肢を持っている。

　施設の全体構造が，その施設にいる時に人が認識する接近性の量を決定するのに大いに役立つことは明らかである。しかし，座席の配置や，色，照明，音，そして一般的な人を引きつけるものなど，環境の他の部分もまた，接近性や非接近性を促進する。

　テーブルの形が，勢力や魅力，接近性の認識における効果をとおして，コミュニケーションに影響を与えることがわかっている。丸テーブルは座る場所によって上座が存在しないため，すべての人に対して平等を意味する。正方形のテーブルも，すべての辺が同じであるために，平等を意味することができる。長方形のテーブルのさまざまな座り位置は，地位の違いを意味することができる。しかしテーブルの形が何であるかにかかわらず，もし参加者が心理的な親密さを望んでおり，接近性の感情を持っているのならば，隣どうしに座るか，角の席に座るか，あるいは面と向かって座るべきであるということが研究によって明らかになっている。このような座り方はより接近的であり，協力関係や会話において開放性を示唆する。またこのような座り方は，高い交友関係や好意とも関連している。ところが，テーブルの反対の端どうしに座るような非接近的な座り方は，争いの感情を意味しうる。近くに座るほど，心理的な親密さを認識するということが研究から示されているのである。また研究から，物理的な接近が制限されているような時には，アイコンタクトの増加によって接近性や心理的親密さの増加を意味することができることも示唆されている。

未塗装で汚い壁は，接近性の感情を促進しないことは明らかである。このような環境は，心理的苦痛や攻撃的な行動さえも促進する。人は，色に対して心理的あるいは身体的に反応するのである。黒は一貫して，暗闇，悪，謎，力と関連づけられている。白は一貫して，純粋，楽しみ，潔白と関連づけられている。もしかするとこれは，新生児がいつも白い毛布でくるまれている理由のひとつであるかもしれない。赤ちゃんが黒い毛布で包まれて連れてこられた時の母親の反応を想像できるだろうか？

　壁や家具の色は，その部屋にいたいと思う程度と，他者とコミュニケーションをとりたいと思う程度に影響を与える。明るいあるいは中間の青で占められた部屋は，ほとんどの人に対して，温かく，接近的な感じを与える。人々はこのような系統の色をした環境にいたいと思うのである。このような部屋では，人々は他者との会話を楽しみ，他者をより好むようになる。これに対して，明るいオレンジや赤の色合いで占められた部屋は，居住者を混乱させる。このような色をしたバーでは，大きな声での議論や暴行事件を許しやすいことが，先行研究から明らかになっている。これは非接近的な環境における目立った反応である。色が他者や周りの環境に対する認識に影響を与えることは明らかである。

　どのような色が，接近性や心理的親密さを促進するのであろうか。暖かさ，安全，親密さ，優しさ，静かさ，幸福を促進する色が，コミュニケーションと心理的親密さを促進することが，研究から明らかになっている。深い木の色調の中にある赤やオレンジの明るい色は，相互作用を促進し，接近性の感情をも起こさせるだろう。しかし，前述のように，明るすぎるオレンジや赤の色は，間違った形での過度な会話を促進しうる。深い青や，赤，茶色は，安全と接近性を促進する。多くのナイトクラブや類似した私的な場面は，客が信頼できる雰囲気を促進するような内装で作られてきた。たとえば，客が長居したいと思うようなクラブは暗く，そして贅沢な影と色が用いられている。マクドナルドのような環境では，人々は素早く食事をして出て行くことを求められているため，明るいオレンジや派手な赤といった生き生きした色調が用いられている。

　照明もまた，心理的親密さを促進するために用いられる。暗い照明は，接近性の感情だけでなく，親密さを招く。この点でもやはり，バーやクラブの多くでは，客に信頼できる感覚を起こさせるために，このような照明が用いられている。明るい照明は事実上非接近的であり，疲れやいらだち，そして攻撃的な行動さえ引き起こす。中程度の照明は，中程度の接近性と多くの作業だけが求められているような，課題指向的な環境には最善である。

　接近性を促進するような音は通常，音量やピッチ（音程）が低い。たとえば，バラードは一般的に接近性を増加させる傾向にあり，行進曲は減少させる傾向にある。ヘビーメタルバンドが鳴り響いている時に，接近的になろうと試みたことがあるだろうか？　このような音楽は，興奮や強さを引き起こすが，おおよそ接近的ではないので

ある。

　最後に，環境の全体的な魅力度は，心理的親密さあるいは非接近性を伝達しうる。魅力的でない環境（汚い，散らかった，不快な匂い）は一般的に，嫌悪，攻撃性，敵意，あるいは憂鬱さえ引き起こす。「ソフトな建物」よりは「ハードな建物」のほうが，非接近性の感情を促進する。より魅力的な環境（清潔，散らかっていない，心地よい匂い，よい色）は，幸福，陽気，温かさ，安全の感情を引き起こす。一般的に，魅力的な環境は，接近性の感情や肯定的コミュニケーションを引き起こし，否定的な環境は，非接近性の感情や否定的なコミュニケーション，そこから去りたいという願望を引き起こすのである。

香りと匂い

　研究から，匂いは，人や動物からの情動的，身体的な応答を引き起こすことが明らかになっている。たとえば，スカンクは，防御としていやな匂い（odor）を放つ。スカンクと近づきたいと思う動物や人間は，ほとんどいないだろう。動物から放たれる匂いの多くは，本能的なものである。しかし，人間は確かな応答を引き出すために，香りを調節することを学習してきた。ムスクは，その香りに引きつけられる人々にとって，一般的な香りであると信頼されている。不快感を与えない好ましい香りは，会話を増大させ，攻撃的で不快な匂いに比べて，接近性を引き起こすこともある。香水のつけすぎのような強すぎる香りは，接近性を引き起こさないということは，研究者らも同意するところである。このような香りは，非接近性を引き起こすので注意しよう。香りの金銭的価値と接近性の価値とは，必ずしも関連しない。最も高価な香りのいくつかは，他者に対して最も不快でもある。香りの業者の多くはそのことを知っている。少なくとも，この文化では，香りは控えめであるべきであり，また，心理的，身体的な親密さを増加させるような好ましいものでなければならない。もちろん，洗浄剤や体臭，汚れた足，臭い息のような匂いは，接近性を低下させる。

時間要因

　ある人々は，認識のために時間をとる傾向がある。これは間違いである。他者は，われわれの時間（time）の使い方によって，われわれの判断を下したり，属性を判断したりするのである。いつも時間に遅れるような人は，この文化ではとても否定的な礼儀を持つと認識される。そのような人はしばしば，思いやりがなく，怠惰で，鈍く，つまらない，無骨であり，さらに確実に非接近的であると認識される。いつも時間を守り，遅れてもごくわずかな時間であるような人は，この文化では，思いやりがあり，賢く，活動的で，おもしろく，文化変容されており，そして接近的であると認識される。

　時間と接近性は，複雑に関連している。適切な時間の利用は，社会的・課題的レベルで接近的であると認識されるか否かを決定する。この文化では，だれかがあなたに

何かを質問した場合，あなたは言語的であれ非言語的であれただちに応答すべきであると期待されている。迅速な応答は親密さを生み出し，遅い応答は不安や緊張を引き起こす。会話において，応答潜時（response latency）は心理的な親密さを認識するうえで重要である。迅速な応答（重複した発話）は，接近的である。より多くの時間を他者に対して取ることは，相手との接近性を増加させる。おそらく会話における最も非接近的なジェスチャーは，腕をあげて腕時計を見ることである。これはしばしば故意に，相手に対して費やす時間がもうないことを示唆するものである。時間が，認識される心理的な親密さを減少させたり増加させたりするために利用されることは明らかであり，有効である。どのように時間を使うかが，その人がどのように認識されるかを決定するのである。

3 接近性の結果

これまでの接近性に関する概説からわかるように，人間関係の中での肯定的な結果が，接近的な手がかりによって促進されることは明らかである。たとえば他者に対し，言語的に接近的であり，近接して立ち，寄り添い，笑顔を見せ，アイコンタクトを行ない，相手の顔を見て，接触し，肯定的なジェスチャーを行ない，適切な時間や匂いの用い方をする場合，その他者に対して，好意的な印象を与えることができる。表9-2は，接近性・非接近性を示すために用いられる，言語的・非言語的なカテゴリー分けと行動を記述したものである。本章の残り部分では，人間関係における接近性の結果について述べる。

好意・交友関係・感情の増加

メラビアン（Mehrabian, 1971a），モテットとリッチモンド（Mottet & Richmond, 1998），リッチモンド（Richmond, 1978, 1990, 1997b, 2002a, 2002b），リッチモンドとマクロスキー（Richmond & McCroskey, 1990, 1998, 2000, 2001）は，接近性が増加することによって，対人間の接触における好意が増加することを明らかにした。メラビアンは，「接近性と好意は，一枚のコインの裏表のようなものである。つまり，好意は接近性を促進し，接近性は好意を引き起こすのである」（1971a, p.77）と示唆した。メラビアンや他の研究者たちは，ふつう，人は肯定的な印象を持つ他者に対して，コミュニケーションするものだと示唆してきた。好意を持つ相手とよりコミュニケーションを取るにしたがって，接近性の利用が感情をより高めることができる。さまざまな領域における研究から，人は他者に対して好意を持つと，近くに寄ったり，接触したり，相互に見つめたり，笑顔を見せたり，うなずいたり，といった肯定的な手がかりを用いるということがわかっている。これらはすべて，接近的な手がかりである。コインのもう片面として

表9-2 接近的・非接近的行動表

カテゴリー	接近的行動	非接近的行動
言語的接近性	「私たち」「私たちに」などの発話。他者との会話。好意を推察できるような発言(「あなたの服装が好きです」「私はそれが本当に好きです」「あなたは正しい」)。	「あなた」「あなたと私」「私」などの言葉の使用。他者に対して話しかける。好意に関する慎重な発言(「あなたの服装はオッケーです」「それはばかげている」「それはばかげた考えです」)。
外見	魅力的,清潔,こぎれい。堅苦しくはないが,だらしなくない服装。適切な髪型。	魅力的でない,汚れた,手入れされていない服装。堅苦しい服装。適切でなく異常な髪型。
ジェスチャーと身体動作	相手に身を乗り出す。相手に対して開かれた姿勢。ジェスチャーを多く用いる。より積極的な感情を示す。リラックスした姿勢。落ち着いた動作。肯定的な頭の動き。	相手から体をそらす。閉じた姿勢。ジェスチャーをあまり用いない。より消極的な感情を示す。緊張した姿勢。神経質な体の動き。否定的な頭の動き。
表情と視線	アイコンタクトや相互凝視。喜びを示す表情。多くの微笑み。	限られたアイコンタクト。目をそらす。不満を示す表情。多くのしかめ面。
音声	短い休止。少ない沈黙。肯定的な音声による影響。声の多様性。リラックスした声色(落ち着き)。自信のあるような響き。生き生きした,活気に満ちた,興味のあるよう。友好的な音声手がかり。	長い休止や沈黙。皮肉を言う。一本調子で,鈍く,イライラするような声色。鼻声。耳ざわりな響き。軽蔑する響き。退屈した,友好的でない音声手がかり。
空間	他者に近づく。他者の近くに立つ。より近くに座る。正面に向かう。座っている間,身を乗り出す。	相手から体をそらす。遠くに座る。着席時に,体をそらしたり,後ろにもたれたりする。離れて立つ。まっすぐでない身体の向き。
接触	手,前腕,肩に触れる。軽く叩く。友好的な握手。頻繁な接触。抱きしめる。	接触の回避や取り下げ。べとべとした,よそよそしい握手。まれな接触。相手を打ったり,叩いたり,突いたりする。
環境	暖かく,安全で,快適な環境。柔らかい色づかい。可動式の椅子。中程度から柔らかめまでの照明。	冷たく,よそよそしく,不快な環境。明るい照明。固定された座席。不快な部屋。不快な色。
匂い	好ましく,防御的でない匂い。親しみのある匂い。その人自身の文化の匂い。	不快で嫌な匂い。親しみのない匂い。異なる文化の匂い。
時間	応答までの短い潜時。迅速さ。他者に対してより時間を費やす。だれかが選ぶ時にも,その人に時間を費やす。	応答までの長い潜時。時間を守らない。他者に短い時間しか割かない。しばしば時計に目をやる。

メラビアンは「接近性を増加させる機会は、より多くの好意を促進する」(1971a, p.77)と述べた。もし他者から好かれたければ、好意を増加させるような接近的な行動を行なうべきである。たとえば、メラビアン (Mehrabian, 1981) は、以下のように述べた。

　遠くでなく近くに立つこと、後ろに反って座るのではなく相手に寄ること、一方だけを向くのではなく相手の顔を接近して見ること、接触すること、相互に見つめ合ったりアイコンタクトを取ったりすること、握手をするなどして身体的な接触を持つこと、長い別れのあいさつをすること、遠くにいる相手に対して手を伸ばすようにあいさつをするといったジェスチャーを用いること、といった行動によって、多くの好意は伝えられる (p.42)。

　メラビアンは、上記のような行動が他者への好意や感情を増加させるだけでなく、その人物の親しみやすさをも増加させるのだと示唆した。

より親しみやすいコミュニケーションスタイル

　接近的な行動を示す人物は、非接近的な行動を示す人物よりも、より親しみやすいコミュニケーションスタイルを持っていると理解される。たとえば、笑顔でいる人としかめ面でいる人と、どちらの人物にあなたは近づきたいと思うだろうか？　これは単純な例ではあるが、自分に近づいてくる人に対して笑顔を見せない人は多いのである。もし笑顔としかめ面の間の単純な違いが、他者に近づきたいと思うか否かという大きな違いを引き起こすのならば、どのような接近的あるいは非接近的な行動の集合体を行なうことができるか想像してみてほしい。また接近的な手がかりは、より親しみやすいコミュニケーションスタイルを与えるだけでなく、人物や状況に関する不確実性を減少させる助けにもなる。われわれはしばしば、他者から与えられた非言語的な手がかりをもとにして、どうすれば会話がうまく運ぶかを推論することがある。接近的な手がかりは、コミュニケーションや状況に関する不確実性を減少させる助けになるのである。

応答性，理解，断定性の向上

　応答性 (responsiveness) は、他者とのコミュニケーションに敏感になること、よき聞き手となること、コミュニケーションにおいて相手を心地よくさせること、そして相手の要求や願望を理解すること、などに関する能力である。多くの研究が、接近的な行動を示す人は他者に対してより応答的であり、他者をより理解していると認識されることを示唆している。応答的な人物と、非応答的な人物の、どちらとよりコミュニケーションを取りたいか、自問してほしい。応答的な人物は、いつ、どのように相手の話を聞くべきであるかということだけでなく、与えられた状況でどのように応答し、コミュニケーションをより良くするためにどのように適切な言語・非言語行動

を取るべきかを知っているのである。

　断定性（assertiveness）は，明確な態度を打ち出し，信念を守り，また，非難したり言語的あるいは身体的に攻撃的になったりせずに，どのように自分自身を表現するか，ということに関する能力である。接近的な人物は，応答的なだけでなく断定的であると認識される。

参加者間の連帯感の向上

　連帯感（solidarity）は，感情や行動の類似や親密さの象徴から得られる親密さの認識である。人と人との間で接近性が増加すると，連帯感も増加する。連帯感が増加すると，接近性も増加する。われわれは，非接近的な手がかりを用いる他者よりも，接近的な手がかりを用いる他者との間で，揺るぎない関係を発展させたいと感じる。さらに，他者に対して親密になるほど，接近性は増加する傾向にある。

不安の軽減

　多くの人間関係において，初めに知り合った段階では，高い不安や緊張がともなう。しかし，関係が発展するにしたがって，不安は減少する。不安の軽減は，言語コミュニケーションの結果である場合もある。しかし多くは，非言語的な手がかりの結果である。接近的な行動は，他者をリラックスさせ，落ち着かせる傾向にあるため，その他者は高い不安を感じずにコミュニケーションを行なうことができる。これは，接近性が不安への助けとなることを意味するのではない。接近性は，人間関係において緊張を緩和させるためのたんなるひとつの方法である（Richmond & McCroskey, 1998）。

地位の違いの軽減

　地位とは，人の社会的レベルのことである。二者間で地位が大きく異なることは，効果的なコミュニケーションを減少させる。認識される地位の違いを減少させ，コミュニケーションをより良くするための立証された方法のひとつとして，接近的な行動を行なうことがあげられる。組織において高い地位にいる人物は，部下とより効果的なコミュニケーションをとる方法を学習してきており，彼らは権力を放棄することなく，彼らと部下の間で認識される地位の違いを軽減しなければならないのである。接近性は，このことを可能にする。上司は，力を放棄することなく，友好的に，接近的になることができるのである。

コミュニケーション能力の認識の増大

　コミュニケーション能力の定義については研究者間で一致していないが，有能な伝達者に必要な特性として，いくつかのコミュニケーション変数が過去の研究から明らかになっている。その中でも最も一般的なものは，断定性や応答性，そして汎用性

（versatility）である。有能であると認識されるためには，断定的，応答的になり，また，いつ断定的あるいは応答的になるべきかを知るという点で融通を利かせなければならない。接近的な行動は，このような特性の一環となりうる（Richmond, 1997b; Thomas, Richmond & McCroskey, 1994）。人は，接近的である時に，断定的であることができる。応答的な人物は，確実に接近的である。

汎用的な伝達者は，いつ接近的であることが適切なのか，いつならばそうでないのかを知っており，また，必要な時にいつでも使うことができる選択肢を持っている。多くの不適格な伝達者は，接近性とは何かを知ってはいるが，必要な時にそれを使うことができない。つまり，接近性を効果的に使う技術は，より有能な伝達者であると認識されるための助けとなるのである。

ブーアら（Buhr, Clifton & Pryor, 1994）は，接近的な行動が，話者に関して認識される好意や能力，信頼度，類似性を高めることを明らかにした。彼らは次のように述べている。

> 話者の接近性は，情報の処理に影響を与える。聞き手は，話題や話者に関する肯定的あるいは中間的な考えを頭の中でくり返し，否定的な考えはほとんどくり返さない。……非接近的な話し方は，話題や話者に関連した考えを促進する。（そして）そのような考えはおもに否定的なものである。このような話者に対する否定的な感情は，話題そのものへの否定的な考えをより引き起こす（p.5）。

接近的な行動は，人が持つことのできる最も価値のあるコミュニケーション手段のひとつである。接近性の欠点は，ふつうは非接近性の欠点ほど深刻なものではないが，いくつかの問題を引き起こす。

4　接近性の欠点

接近性の第1の欠点は，認識と関連している。時に人は，接近的な手がかりを親密さの手がかりとして，間違えたり，読み違えたりする。あなたには以下のような経験があるだろう。あなたはバーにいて，だれかがあなたに微笑みかける。あなたは友好的であると見られたいために，微笑み返す。すると10秒も経たないうちに，相手はあなたの隣に座り，一緒にその人物の部屋へ行かないかと尋ねる。あなたのしたことは，微笑んだことだけであったのに！　これは接近性を親密さと読み違えた例である。これまで接近的な行動を用いるたびに，あなたはそれをいつどこで用いるのが適切かを学んだであろう。

第2の欠点は，不安と関連している。一部の人は，だれかが接近的でいる時に，リ

ラックスできなかったり，不安が軽減されなかったりする。このような人々は，できるだけコミュニケーションを敬遠したいと思っている。接近性は通常はコミュニケーションを増大させ，コミュニケーションの回避性を減少させる。よって，彼らの不安の程度が上昇するのである。これは容易に見分けがつく。もしあなたが接近的でいて，だれかが応答せず，不安そうに見えたならば，あなたができる最善のことは，接近性を減少させることである。他の人物を会話の流れに入れるようにしよう。接近性を低下させコミュニケーションを回避することは，彼らの不安を低減する助けとなる。

最後の欠点は，肯定的にも否定的にも解釈しうる。接近性は人と人との間のコミュニケーションを促進する。時にこれは，とても価値のあるものである。しかし時には，そうはならない。より多くのコミュニケーションは，より多くの時間を必要とするのである。たとえば，患者に対して接近的な看護師は，コミュニケーションを増大させることがわかる。このことは，その看護師がその日に可能な時間よりも多くの時間を患者に対して割くことを要求するだろう。したがって人は，次の人に移る必要がある場合にコミュニケーションからいかに潔く引き下がるかを学習しなければならない。販売員は，この点で非常に適応的である。彼らは別れのあいさつをするために握手をしている時にもかかわらず，接近的であることができる。

接近性の欠点は，問題を引き起こすことがある。しかし，人が非接近的である時に他者の心内で作られる認識は，なおさら厳しいものである。非接近的な人物は，友好的でなく，応答的でなく，社交的でなく，冷淡で，高飛車で，あるいは敵意があるとさえ他者から認識される。したがって，接近性の長所は，その欠点を上回るのである。

本章を終える前に，接近性に関する自己報告質問紙（図9-3）に記入し，あなたの点数を得てみよう。これにより，あなたがコミュニケーション行動においてどれくらい接近的であるとみなせるかがわかる。もしあなたの行動が，あなたが望むよりも接近性に欠けるならば，本章で議論してきた接近的な行動のいくつかを試してみてほしい。容易に見つけられそうなものをひとつ選び，そしてそれがあなたと他者の関係性を高めるかどうかを見てみよう。2つか3つを試したあと，結果を評価し，人間関係の中で利用してみて，あなたが心地よいと感じられるような，あなたに適合する行動が見つかるまで，さらにいくつかを試してみよう。すべての人がすべての接近的な行動を使用できるわけではないので，あなたに最もあったものを選ばなければならない。人々はそれぞれ違った方法で接近性を実現するのである。接近性の効果は，いくつかの方法を使うのであれば，どの方法を用いるかによって決まるわけではないのである。

9章 接近性とコミュニケーション

指　示：　以下の文章は，他者と話したり他者に話しかけたりする時の人の行動を説明したものである。**あなたにとって**，その文章があてはまる程度を，各文章の左の空欄に記入しなさい。記入にあたり，以下の5件法を用いること。①＝けっしてない　②＝めったにない　③＝たまにある　④＝しばしばある　⑤＝とてもよくある。

____ 1. 私は他者に話している時，手や腕によるジェスチャーを用いる。
____ 2. 私は他者に話している時，相手の肩や腕に触れる。
____ 3. 私は他者に話している時，単調なあるいは退屈な声を使う。
____ 4. 私は他者に話している時，遠くを見たり相手から目をそらしたりする。
____ 5. 私は他者と話している時，相手が自分に触れると，相手から離れる。
____ 6. 私は他者に話している時，リラックスした姿勢をとる。
____ 7. 私は他者に話している時，しかめ面をする。
____ 8. 私は他者に話している時，アイコンタクトを避ける。
____ 9. 私は他者に話している時，緊張した姿勢をとる。
____ 10. 私は他者と話している時，相手の近くに座るか相手の近くに立つ。
____ 11. 他者に話している時の私の声は，単調で退屈である。
____ 12. 私は他者に話している時，いろいろな発声の表現を使う。
____ 13. 私は他者に話している時，ジェスチャーを行なう。
____ 14. 私は他者に話している時，生き生きとしている。
____ 15. 私は他者に話している時，退屈な表情をしている。
____ 16. 私は他者に話している時，相手に近づいていく。
____ 17. 私は他者に話している時，相手を正面から見る。
____ 18. 私は他者に話している時，こわばっている。
____ 19. 私は他者に話している時，たくさんの種類の声を使う。
____ 20. 私は他者に話している時，ジェスチャーを敬遠する。
____ 21. 私は他者に話している時，相手に身を寄せている。
____ 22. 私は他者に話している時，相手とアイコンタクトを維持する。
____ 23. 私は他者と話している時，相手の近くに座ったり立ったりしない。
____ 24. 私は他者に話している時，相手から身をそらす。
____ 25. 私は他者に話している時，微笑んでいる。
____ 26. 私は他者に話している時，接触を敬遠する。

得点計算：第1段階：78点を基準として，1, 2, 6, 10, 12, 13, 14, 16, 17, 19, 21, 22, 25の点数を加える。
　　　　　第2段階：3, 4, 5, 7, 8, 9, 11, 15, 18, 20, 23, 24, 26の点数を足す。
　　　　　第3段階：第1段階の点数から，第2段階の点数を引く。これがあなたの点数である。
期待されるアルファ係数：0.87 − 0.92
基　準：　女性　平均点 =102.0　標準偏差 =10.9　最高点 =>112　最低点 =<92
　　　　　男性　平均点 =93.8　　標準偏差 =10.8　最高点 =>104　最低点 =<83

この方法を使う場合，これらの自己報告の結果には，男女の間に，統計的・文化的な差が存在することを認識しておくことがたいせつである（つまり，点数の実質的な分散は，生物学的性差に還元される）。この差が「事実」であるのか（女性は男性よりも明らかに非言語的に接近的である），社会的好ましさの作用であるのか（女性は男性よりも，自分たちが接近的であるべきだと考えている），あるいは実際の行動の作用であるのかについては，今のところ明らかになっていない（2002年11月時点）。

図9-3　非言語的接近性の自己報告質問紙

✖ 用語集

- **接近性**（immediacy）：二者間において認識されたある一定の身体的・心理的な親密さのことである。
- **非言語的接近性**（nonverbal immediacy）：対人関係において接近性を増加させるような非言語行動の利用である。
- **言語的接近性**（verbal immediacy）：対人関係において接近性を増加させるような言語の利用である。

10章

男女の非言語コミュニケーション

　男女が同性あるいは異性の友人との間で行なうコミュニケーションには，非言語という観点から見て，研究者と実践者の両方にとって豊富な情報が含まれる。「男性と女性が特徴的に用いる非言語的手がかりは，それぞれの明確な性同一性を発展させるために役立つ」(Gamble & Gamble, 2003, p. 96)。

　2人の子どもが道を歩いているとしよう。2人は，同じくらいの身長であり，年齢も同じ4歳である。2人ともよく似た服装で，髪の長さも同じくらいである。後ろ姿しか見えず，顔ははっきり見えない。子どもAは，ふんぞり返って歩いており，腕を振り，大またである。子どもBは，左右に揺れながら歩いており，体全体が滑らかに，左右に揺れている。あなたはそれぞれの子どもの性別を見分けることができるだろうか？

　子どもAを男児，子どもBを女児と答えたならば，ほとんどの男女の非言語的な歩行行動の一般的な違いに関して，現代的感覚を持っているといえる。早ければ3歳，あるいはもっと早い時期でさえ，男女間には明確な非言語的差異がある。男性は典型的な男性の歩き方を示し，女性は典型的な女性の歩き方を示す。そして，それらは4歳児に関する記述とよく似ているのである。

　男性と女性は，これらの点やさらに他の多くの非言語行動において，違いがあると考えられている。このような現実場面での差異を前提として，本章でのわれわれの関心は次の3つの点についてである。第1に，セックスとジェンダーの違いは何であろうか？　第2に，男性と女性は異なる非言語行動をどのように発達させるのだろうか？　第3に，これらの異なった行動は，コミュニケーションにおいてどのような影響を持つのだろうか？

1　定義：セックスとジェンダー

　セックス（sex）とは，男児と女児あるいは男性と女性の間における，生物学的，遺伝的な差異のことである。換言すると，われわれが生まれつき持っているのが生物学的な性である。解剖学的に，セックスは男性と女性の識別可能な生殖器官によって表現される（Bate & Bowker, 1997; Bem, 1974; Canary & Dindia, 1998; Eakins & Eakins, 1978; Gamble & Gamble, 2003; Hall, 1984; Hickson & Stacks, 1993; Knapp & Hall, 1992; LaFrance & Mayo, 1978; McCroskey & Richmond, 1996; Tannen, 1994）。

　ジェンダー（gender）とは，心理学的，社会的，文化的な発現のことであり，人が男女の行動に関して適切であると認識する程度のことである。そして，これらの発現は，人の生物学的な性と一致する場合もあれば，そうでない場合もある。換言すると，すべての男性が男らしい男性としてのステレオタイプ（stereotype）的な手がかりを示すわけではない。また，すべての女性が女性らしい女性としてのステレオタイプ的な手がかりを示すわけでもない。ある男性は女性らしいあるいは応答的な面を持っているだろうし，ある女性は男らしいあるいは断定的な面を持っているだろう（Bate & Bowker, 1997; Bem, 1974; Canary & Dindia, 1998; Eakins & Eakins, 1978; Gamble & Gamble, 2003; Hall, 1984; Hickson & Stacks, 1993; Knapp & Hall, 1992; LaFrance & Mayo, 1978; McCroskey & Richmond, 1996; Tannen, 1994）。したがって，本章では男女間の非言語的（あるいは生物学的）な性差に焦点を当てる。また，男らしい行動と女らしい行動の間にある非言語的なジェンダーの差異についても検討する。

2　男女における非言語行動の発達

　なぜ男性と女性は一般的に異なった非言語行動を発達させるのかについて，過去の研究から3つの理論的説明が提案されている（Bate & Bowker, 1997; Birdwhistell, 1970; Canary & Dindia, 1998; Eakins & Eakins, 1978; Gamble & Gamble, 2003; Henley, 1977; Kalbfleisch & Cody, 1995; Mehrabian, 1972, 1981）。原因となる要因として，遺伝子（genetics）の要因，年上の男女からのモデリング（modeling），そして，文化内での特定行動に対する条件づけ（conditioning）と強化（reinforcement）があげられる。

遺伝子の要因

　ある学者は，非言語行動における男女差の発達に，遺伝子が役割を果たしていないと示唆する。しかし，われわれはこれに異議を唱える。生物学の研究から，男女は異なった骨格や体型を遺伝で受け継いでいることが明らかになっている。何百年か埋葬

されていた骨格からでも，その性別を識別することができる。このような骨格の違いは，いくつかの非言語行動の遂行において重要である。通常，体型や体の構造のような生得的な特徴は，大きく変えることができない。そして，そのような生得的特徴は，われわれの歩行やジェスチャー，姿勢を決定し，また笑顔のような他の非言語行動に影響を与える。

われわれの体の形は，さまざまな非言語行動を決定する。たとえば，平均的な女性は，概して，平均的な男性よりも大きな胸を持っている。これは女性の姿勢に影響している。男性は女性よりも通常，大きな肩幅を持っている。これは男性の姿勢を決定するうえでの要因となる。遺伝子は，いくつかの男女の非言語行動における発達の差異に対して，完全な説明を提供する。この事実はもちろん，その他の原因となる要素の存在を否定するものではない。

モデリング

もし親たちに対して，あなたの子どもはどのように非言語行動を発達させたのですかと質問すれば，おそらく，多くの親はモデリングによって発達させたのだと説明するだろう。われわれは行動の多くを，他者を観察したり，他者の行動を模倣したりすることによって学習してきた。これがモデリングである。子どもたちは，両親やきょうだい，教師，仲間たちの，注意深い観察者である。男児や女児は，「年かさの少年」「年かさの少女」のように行動するにはどうすればよいかを，自分たちの環境にいる他者を観察することや彼らの行動を模倣することによって学習するのである。女児は母親を模倣しようとし，男児は父親のようになろうとするのかもしれない。

男性と女性の非言語行動の違いを説明するモデリング説は，子どもが他者の行動を観察し，またそれを見習おうとしていることを示唆している。この理論は，なぜある文化における子どもたちが，その文化における大人の典型的な行動とともに育ち，一方，他の文化における子どもたちは，他の文化における大人の典型的な行動とともに育つのかという理由を説明する助けとなる。このことはまた，なぜあるひとつの文化の中で，男女の非言語行動が異なるのかを，少なくとも部分的には説明する。これまでの研究からは，モデリングが男女の非言語行動の発達を説明する主要な理由であることは確認されていない。しかし，おそらく，モデリングは多大な寄与をしているだろう。

強化と条件づけ

男女における非言語行動の発達の違いを説明するためのその他のよく知られている理論は，強化と条件づけである。強化理論の基本的前提とは，強化されたり，条件づけられたりした行動は増加し，強化されなかった行動は減少するというものである。もし役割モデル（role model）となる人が子どもたちに，男性あるいは女性らしく歩

くこと，性別に合致するような服装をすることを強化したならば，子どもたちはその行動を続けようとするだろう。もし子どもたちが歩き方や服装を強化されなければ，その行動を続けないだろう。われわれの生きる文化は，子どもたちの適切な行動や不適切な行動に対して，強化したり，罰したりしているのである。男児は人形で遊ぶことでしばしば叱られるが，女児はそのようなことはない。女児はトラックで遊ぶことでしばしば叱られるが，男児はそのようなことはない。

強化は，男女における非言語行動の発達において大きな役割を果たすが，決定的な説明ではない。たとえ，多くの人が望もうとも，これらの違いの単一かつ決定的な説明は存在しないのである。以上で述べた遺伝子，モデリング，強化や条件づけという3つの説は，確かな説であり，ひとつの説が他の説の妥当性を排除するものではない。おそらく，これらの要因はすべて，男女の非言語行動の違いに寄与する。それぞれが寄与する程度は不明であり，少なくとも今のところ知ることができない。

3　際だった特徴と類似した特徴：ジレンマ

女性の非言語行動と男性の非言語行動を単純に識別することは，簡単な課題ではない。それぞれの性（セックス）がなぜ特定の非言語行動を行なうのかを知るために，まず，男女の特徴を見なければならない。

多くの著者は，われわれが男女の非言語行動の違いを理解できるようになる前に，文化において期待される性（ジェンダー）役割の違いを理解しなければならないと考える。このような役割期待は，主として，文化の作用であり，文化の変化によってのみ変えることができる。アメリカ文化について記述する著者たちは，アメリカにおいて女性に期待されていることは，反応性（reactivity）に特徴づけられ，男性に対して期待されていることは，主体性（proactivity）に特徴づけられるとする。このことは，アメリカ文化における女性が，他者に対して敏感，応答的で，感情をよく表現し，協力的であることを期待されていることを意味している。それに対して男性は，断定的（assertive），独立的で，自信があり，確信的で，決断力があることが期待されている。

同じ考え方にそって，メラビアン（Mehrabian, 1981）は，この文化において男性は支配的な社会的スタイルを持つことを期待されており，女性は服従的な社会的スタイルを持つことを期待されていると示唆している。彼は，女性は男性に比べて一般的により快活で，より支配的でなく，より友好的な社会的スタイルを持っていると結論づけている。男性はより活動的で支配的な社会的スタイルを持っている。同じ傾向として，ヘンリー（Henley, 1977）やイーキンズとイーキンズ（Eakins & Eakins, 1978）は，男女の非言語行動が異なる理由として，アメリカ文化において男性が上位，女性が下位にいることがあげられると示唆している。社会は，下位の者（女性）に対して服従的な行

動をとる(服従的役割を演じる)ことを期待しており,上位の者(男性)に対しては支配的な態度でふるまう(上位あるいは断定的役割を演じる)ように期待しているのである。性(セックス)差が人々のコミュニケーション方法にどのように影響するかという研究は,むずかしい研究活動を提起するものであることに注目する著者たちもいる(Canary & Dindia, 1998)。男女差はこれまで考えられてきたほど,頑健でも決定的でもないことを多くの著者が示唆していると,彼らは述べている。

とりあえず,われわれがこのようなステレオタイプ的な性(ジェンダー)と役割の同一視が望ましいと主張したいのではないことを述べておきたい(なにしろ,本書の第一著者は女性である)。むしろ,これらのステレオタイプがどこから生じるのかを特定したいとの希望から,この情報を示しているのである。男女ともに多くの人は,このようなステレオタイプ的規範がなくなることを望んでいるだろう。しかし,日常生活でステレオタイプ的行動を機能しなくさせるほど効果的に,文化が変化しなければ,それは不可能であろう。そして,そのようなことは今のところ起こっていない。

男女のコミュニケーション行動における特有の差異は,何が適切な男女の社会的役割であると見なされるかに依存していると思われる。男性はより断定的に,女性はより応答的にふるまう傾向がある。過去にバーナード(Bernard, 1968)は,「女性は他者をなだめ,安心を与える微笑を見せ,静かに賞賛することを期待されている」と述べている。われわれが好むかどうかにかかわらず,いまだにこの文化では,女性は支援的な人であり,男性は断定的な人であるという強力な社会的,文化的なバイアスが存在する。ゆえに,ステレオタイプ的な性(ジェンダー)役割(断定的あるいは応答的)は,非言語行動における性(ジェンダー)差を説明することができるだろう。本章の残りでは,文化に規定された断定的,応答的機能に起因する非言語行動における男女差について概観する。

外見と魅力

アメリカ社会では,身体的に魅力的であると認識される人や,魅力的な外見を持つ人は,その性別にかかわらず,魅力的でない人物に比べて高い評価を受ける。この社会では,魅力的でないことは評価されないのである。しかし,美しさは見る人の見方に依存するものであり,男女の一般的な魅力に関する研究からいくつかの結論が導かれている(Widgery & Webster, 1969)。前述のように,魅力的な人物はより社交的,外向的で,より好ましく,賢く,幸福であると他者から認識される。一方,魅力的でない人物は,より社会的でなく,外交的でなく,好ましくなく,賢くなく,幸福でないように他者から見なされる。

文化的に,女性は信頼できると見なされるためには,男性よりも高い魅力の基準を兼ね備えなければならないのかもしれない。イーキンズとイーキンズ(Eakins & Eakins, 1978)は,よく考えられた課題を使い,男女の魅力度に応じた有意差があるこ

とを見いだした研究を報告している。この課題では，2名の男性と2名の女性にディベートの利点に関する説得力のあるスピーチを行なわせた。彼らのスピーチは2回ずつ行なわれた。1回目は，話し手は魅力的に見えるようにさせられ，2回目は魅力的でないようにされた。服装は一貫して同じであった。話す内容は以下のように設定された。ディベートに賛成であるとする1回目のスピーチは，説得力があり，よく考えられており，ディベートに反対であるとするスピーチはよく考えられておらず，独善的だった。2回目のスピーチでは，ディベートに賛成であるスピーチは独善的でよく考えられておらず，ディベートに反対であるスピーチは説得力があり，よく考えられていた。評定者は大学生であり，事前に話し手に関する態度について予備検査を行なっており，そして話し手に関する事後検査にも記入した。

その結果，各話し手の魅力の違いが，聞き手が話し手の論拠に関して持つ支持に影響を与えることが明らかになった。結果をさらに以下に示す。

> 予想されたように，よく考えられたスピーチの話し手は，魅力的な場合，より説得力のある効果が得られた。スピーチがよく考えられているか否かにかかわらず，魅力的でない場合に引き起こされる説得力の男女差について興味深い結果が得られた。魅力的でない男性は，魅力的な場合に比べてわずかな影響しか得られなかった。しかし，女性の場合は，身体的な状態によって，かなりの差が見られた。女性の魅力のなさは，その見た目から明らかに否定的な受け入れられ方を引き起こすのである。実際，説得力のある，ディベートに賛成するスピーチを行なった魅力的でない女性は，とても重苦しいと評価され，一方，よく考えられていない，ディベートに反対するスピーチを行なった魅力的な女性のほうが，より大きな影響を聞き手に与えた。男女ともに，魅力的でない人物に比べて，魅力的な人物のほうが，論議や見解が受け入れられやすいようであった。男性はたいてい，魅力的でない女性の根拠について否定的であった（Eakins & Eakins, 1978, p.166）。

男性の話し手において，魅力的でないことは否定的な影響を持つことに注目しよう。男性と女性の話し手の違いは，程度の問題であった。どちらも，魅力的でないことが妨害的に働いたが，女性の場合はよりその傾向が見られた。他の研究においても，個人の信頼性に関する評定が，写真のみを基準にして行なわれることがわかっており，話し手の性（ジェンダー）にかかわらず，魅力的な人物は魅力的でない人物に比べて，信用性の面で高い評価を受けることが明らかになっている。この領域の研究はいまだ少なく，正確な結論にはいたっていないが，イーキンズらの古典的研究では，「魅力的でない男性は，魅力的でない女性よりも容易に受け入れられやすい」（p.167）と示唆されている。このような判断は，今日でも成り立つであろうか？　答えは，決定的にイエスである。女性は社会（男性も女性も含めて）からより厳しく判断されるだけでなく，初対面で観察される場合においても，女性の能力ではなく，見かけや服装が関係するのである。もう一度述べるが，受け入れられたり，信用されたりするために，

女性は魅力的でなければならないという方向性は、いまだ健在である。そのうえ、興味深いことに、過剰に魅力的な女性は、魅力的でない女性よりも社会のせいで苦労するのである。たとえば、過剰に魅力的な女性は、男性からも女性からも「信頼できる人間」というよりも「性の対象」として認識される。よって、女性には一貫して「何を着るべきか、どう見えるべきか、見た目が他者に何を伝達するか」ということに関する非言語的ジレンマが存在するのである。よって、性別にかかわらず、人はよい第一印象を示すように努めるべきであり、女性ならばなおさらそうすべきであると結論づけて間違いない。過去40年、この点に関して、文化はあまり変化していないのである。

ある特定の服装スタイルがコミュニケーションにどのように影響するかということへの結論が出される前に、服装の流行はまたたく間に変化することが多い。しかし、以下のように結論づけて間違いない。すなわち、「状況に合った服装をする」ことである。フォーマルな服装を要求する状況では、それぞれの性別において期待される服装をすべきである。性（セックス）的規範に合わない服装をする人物は、集団の中で笑いものになりうるし、集団から排除すらされるであろう。信用できて社会的であると認識されるためには、それぞれの性（セックス）的規範で期待される文化的服装をしなければならない。

ジェスチャーと身体動作

就学前くらいの早い時期から、小さな子どもたちは、それぞれの生物学的な性の身体動作やジェスチャーを示すようになる。幼稚園において、女児は男児と一緒にいる時よりも女児と一緒にいる時のほうがより身体動作を示すことが、研究から明らかになっている。彼女らは、男児といる時には、恥ずかしそうな、遠慮がちな動作を示す傾向にある。行動における性（ジェンダー）差は、幼稚園の子どもたちにおいてすでに明白である。子どもたちは男性や女性に期待される行動を早くも示すのである (Birdwhistell, 1970)。

バードウィステルによる古典的著書 (Birdwhistell, 1970) の中の、小さな子どもに関するいくつかの研究から、性（セックス）役割の差別化が、とても早い年齢から始まっていることがわかっている。たとえば、彼は以下のように記している。

> ある女児は、15か月になるまでに、南部の中流上層女性の、体型に関するふるまいの方法の一部を学習していた。彼女はすでに、骨盤の前部の揺れや大腿部内の接触姿勢を発達させており、それは22か月の男児における足の広がりや骨盤の後部の揺れと明らかに対照的であった (p.49)。

男性は女性とコミュニケーションをとる際に、より支配的なあるいは威厳のあるジェスチャーや身体動作をとる傾向にある。同様に、男性と比べて女性はより迎合的あ

るいは従属的なジェスチャーをとる傾向にある。多くの研究結果から，女性は男性とコミュニケーションする際に，次のような行動を行なう傾向があることが明らかになっている。空間を小さく取る，体を小さくしたり寄せたりする，話したり聞いたりしている時にうなずく，男性に比べて髪を整えたり髪をもてあそんだりする，手を膝に置いたり腰に置いたりする，手を叩く，足を組む，足首を交差させる，空間を譲る，伏し目がちである，瞬きを多くする，座る時に足をそろえる，などの行動である。

男性は，女性とコミュニケーションする際に，次のような行動をする傾向がある。より凝視する，空間を大きく取る，腕をまっすぐ伸ばす，足を広げて立つ，足を外へ伸ばして足首を離して座る，膝を広げて座る，よりあごを撫でる，大きくて大雑把なジェスチャーを用いる，より足を動かす，腕を体からより離す，などの行動である。

これまでの研究は，男女間の相互作用において，男性の支配的なジェスチャーと女性の服従的なジェスチャーが見られることを，一貫して示唆している。これらの行動は，その性における異性への対応として単純に考えられるのではない。なぜなら，同じ行動は，それぞれの同性との相互作用の中でも見られるものであり，異性相手の時に比べて，多少極端でないだけだからである。このことは，男女において観察されるジェスチャーや身体動作が，ある部分は遺伝的傾向によるものであるが，大部分は社会的，文化的ステレオタイプによる性（セックス）役割や，何がそれぞれの性別にとって適切かということに関する認識によるものであることを示唆している。基本的に，それぞれの性（セックス）の人々は，その状態になりやすく，彼らの生きる文化に対して適切なサバイバルスキルを学習するのである。

表情と視線行動

男性は女性に比べて，感情を隠したり覆ったりする傾向にある。アメリカの文化では，女性に対しては表情豊かに見せることを許容するが，男性がそうすることは不適切なようである。ある研究で，男性と女性の両方に，感情や表情を喚起するように，あらかじめ選別されたスライドを見せた。そのスライドには，やけどの被害者や，幸福そうな子どもたち，景色，性的な呈示物などが含まれていた。評定者が実験参加者の表情を観察して，その感情の表示度を判断した。その結果，女性実験参加者の表情をもとにした場合に，評定者はより正確な感情を評定しやすいことが明らかになった。男性の場合，感情を内面化あるいは隠す傾向にあるようであった。すなわち，彼らは感情を顔に表わさなかったのである。研究者たちは，アメリカの文化が男性に対して，人前で泣いたり感情を表わしたりすることが不適切であるとしていることに，この原因があるのではないかと示唆している（Buck, Miller & Caul, 1974）。つまり，男性は感情的反応を内面化することを学習しているが，女性は表情をとおして感情を外面化することを許されているのである。

ほとんどの人は，「微笑めば，世界中があなたに微笑む（Smile, and the whole

world smiles with you)」という歌詞を聞いたことがある。そう，これは部分的には正しい。女性はアメリカ文化において，幸福か否かにかかわらず，微笑むべきであると学習している。一般的に，どちらの性別でも是認を求める場合には笑顔になるが，男性より女性のほうがより笑顔を作ると，研究者たちは示唆している。男女があいさつをしている時，適度に知り合いの場合，女性は男性よりも多く微笑む。女性は男性よりも微笑みや笑いを多く見せ，また女性は不安や緊張を隠したり覆ったりするために微笑む。研究によると，女性は男性に比べて，ひとりでいる時でも微笑むことが示されている（Berman & Smith, 1984; Bugental, Love & Gianetto, 1971; Dittmann, 1972; Duck, 1998; Hall & Halberstadt, 1986; Henley, 1995; Trees & Manusov, 1998）。おそらく，なぜ女性がより頻繁に微笑むのかということへの最適な説明は，女性が応答的でみずからを文化変容していることであろう。アメリカの文化では，女性は繊細で応答的であることが期待されている。笑顔は，友好や理解を示す国際的なサインである。よって，女性は，そのようなコミュニケーションが期待されているために，笑顔を見せるように条件づけられているのである。

　子どもたちは，男女の笑顔に対して，異なった反応を見せる。なぜなら，男性はおもにおもしろかったり楽しかったりする場合に笑顔を見せるが，女性は否定的メッセージを送る場合でさえ笑顔を見せるからである。つまり，子どもは男性の笑顔に対しては友好の一種として解釈することができるが，女性の笑顔を正確に解釈するためには，状況を完全に理解しなければならないのである。なぜ否定的メッセージを送っている時でさえ，女性は微笑むのだろうか？　社会は女性を「公共的／社会的微笑み」とともに否定的メッセージを送るように適合させてきた。また，社会はコミュニケーションの状況にかかわらず，「公共的／社会的微笑み」を送るように女性を適合させてきた。情報を受けている時のさまざまな大統領とその夫人のいろいろなビデオを見てみよう。性別（セックス）間で，受け止め方に違いがある。夫妻たちがすべての男女の行動を表わしていると指摘しているのではない。彼らの生活は多くの人の目にさらされている。つまり，女性は無情や厳しさではなく，好ましく繊細に見えるように，条件づけられているのである。笑顔とは，女性が社会的に取り入る方法であり，否定的メッセージを送る時でさえ使われるように学習してきたものなのである。よって，女性は子どもを叱る時にも笑顔を見せるのである。

　「目はすべてを語る」という古い言い回しは，ある意味，真実である。本書の著者の友だちで，知り合いや友だちとめったにアイコンタクトを行なわない人がいる。アメリカ文化では，コミュニケーション中に相手の目以外のどこかを見ている人は，非常にいらだたしいと感じられる。われわれの友だちの女性教師は，教える時に生徒をめったに見ない。生徒は彼女に対して一様にいらだたしいと感じるであろうし，彼女が応答的でない教師であると感じるだろう。彼女の行動は，一般的には男性や女性の行動として典型的ではない。会話中にあなたを見ない人がいたとすると，あなたは自

分が本当はその会話に参加していないのではないかと感じるだろう。男性と女性は，視線行動に対して同じような機能を持っている。しかし，その使い方が異なる。通常，その量，頻度，持続時間の要因において，両者は異なっている。

　女性は男性より，会話場面においてより相手を見ることが研究から明らかになっている。また，男性どうしの場合より，女性どうしの場合のほうが，より長く相手を見つめ，アイコンタクトを保つ。一般的に，女性は男性に比べて会話の相手をより見つめる。表情の場合と同じく，この女性の行動に対する基本的な説明は，この行動が女性にとって，対人関係を維持し成功させるための方法であると感じていることである (Bate & Bowker, 1997; Gamble & Gamble, 2003; Hall & Halberstadt, 1986; Henley, 1977; McAndrew & Warner, 1986; Mulac, Studley, Wiemann & Bradac, 1987)。

　社会は女性に対して親しさを期待し，アイコンタクトや凝視は親しい傾向を示す。他の説明としては，女性は下位の立場であるとステレオタイプ化されており，男性は上位な立場であるとステレオタイプ化されているということがあげられる。下位の立場にある人物は，上位の立場にある人物に対して，より注意を払うよう期待されているが，上位の立場にある人物は，それに従うようには期待されていない。女性と男性がかなり離れた位置にいる場合は，この限りではない。人と人との間がより離れた場合，男女ともにより相手を見る。これは，たんに身体的な距離を減少させようとする試みであるが，近しい距離関係に存在する親和的状況が要求するものを越える傾向にある。対人関係において，女性はより凝視し，男性はより相手をじっと見る。女性は，相手をじっと見ている男性に対しては，視線を下に向ける。これは前述のことと矛盾するようである。もし女性が相手をより見たり，より長く凝視したりするのなら，なぜ男性よりもより視線を下に向けるのだろうか？　答えはきわめて単純である。ほとんどの女性の視線行動は，相互的な凝視からなるものである。女性は相互的な凝視を中断するだけでなく，男性よりも相互的なアイコンタクトを行なうのである。女性はまた，相手がよそを向いている間に相手の顔をちらりと見る傾向にある。なぜなら，女性は男女間の相互関係において，話し手よりしばしば聞き手になるからであり，相手をより見るのは，アイコンタクトが記銘力と密接に関連するからである。知人程度のつきあいの場合，男性はたいてい初めに女性とアイコンタクトを確立する。他の方法であることはまれである。もう一度述べると，男性は断定者であると見られ，女性は応答者であると見なされるのである。

　マクアンドリューとワーナー (McAndrew & Warner, 1986) は，男女大学生をランダムに同性どうし（男性と男性，女性と女性）あるいは異性どうし（女性と男性）で2人1組にし，できるだけ長い時間，無言で相互に目を合わせることを維持するということを2～3試行行なわせた。大学生はまず，メラビアン覚醒傾向尺度（Mehrabian Arousal-Seeking Scale）に記入した。そして，彼らはにらめっこに参加するよう求められた。彼らは，相手の目を中断することなく，できるだけ長い時間見つめた。その

時間の長さはストップウォッチによって計測された。2人のうち片方が，3試行のうち2試行で勝ちを収めると実験は終了し，実験に関する解説を聞いた。

　結果は以下のようであった。実験参加者を凝視接触の成績で勝者と敗者に分けると，男性－男性ペアでは，覚醒傾向尺度で高い点数であった実験参加者が，100％勝利しており，女性－女性ペアの場合も同じく90％であった。20組のうち1組だけが，覚醒傾向尺度で低い点数の実験参加者が勝利者となっていた。つまり，同性どうしペアにおいて覚醒傾向の高い実験参加者は，低い実験参加者に比べて，長い時間見つめ続けることができたのである。この種の非言語的な凝視行動は，人々に対して人間関係における一定の力を与えうるのである。

　異性どうし（女性と男性）のペアでは，「覚醒傾向の高い実験参加者の優位は支持されなかった」(p.170)。これらのペアでは，覚醒傾向の高い実験参加者は10組中4組のみで優勢であり，覚醒傾向の低い実験参加者が残り6組では勝利した。覚醒傾向の影響は，これらのペアでは和らげられており，10組中7組で女性が勝利していたことから，明白な女性の優勢が認められた。

　マクアンドリューとワーナー（McAndrew & Warner, 1986）は，「とくに同性どうしのペアにおいて，だれも話していない時の相互的な見つめ合いをどれほどよく維持できるかについて，覚醒傾向の個人差がこれを事実上予測することができる」と結論づけた。覚醒傾向の高い実験参加者は，同性どうしのペアにおいて，より長く相手を見つめ続けることができる。しかし，この行動には性（ジェンダー）の影響が強いようである。

　さらに，凝視の方法，とくに相互凝視において，女性は男性よりも相手を見ることが，研究から示されている。このことは，アイコンタクトを維持しようとする女性の意欲と結びついて，相互的な見つめ合いが，異性ペアの男性よりも女性にとって「奇抜でなく，不安でない」状況であることの説明として役立つであろう。同性どうしのペアでは，このような性（ジェンダー）差はなく，覚醒傾向がより顕著な変数となっていた（p.171）。

　男女は視線行動の利用という点で，異なっている。相違点の大部分は，男女がどのように行動すべきであるかという文化的ステレオタイプに起因している。

音声行動

　われわれがだれかの声を好む場合，その人物に対してより親切になり，より耳を傾け，より広くその人物との会話にかかわろうとする。ある音声は，他の音声よりも心地よいものである。また，あるアクセントは，他よりも心地よいものである。ニューヨークのブロンクス風アクセントは，ある人にとってはかん高く不快であり，南部のゆっくりした話しぶりは，ある人にとっては愚かに聞こえる。われわれは，人の声というものを，その人の性格を示すものであるとして読み取っており，前章でも述べて

いるように，少なくともある程度は，声は性格の正確な投射なのである。しかし，男女の声の違いは，おもに，生得的なホルモンによるものであり，性格によるものではない。

子どもたちは，自分たちの声をどのように発するべきかについて，社会が男女の発声方法はこうあるべきだとしている方法から学習している。たとえば，アメリカ文化は，女性の深く低い声に対しては，応答的ではない。同様に，アメリカの文化は，高音で女性のように聞こえる男性の声に対しては，応答的ではない。また，アメリカ社会は文法的に正しくなく，正式でない発話や方言のアクセントに対して応答的ではない。しかし，アメリカ社会は，正しくない文法や正式でない発話，方言のアクセントについて，女性に対してよりも，男性に対してより批判的ではない。女児は男児よりも早くから話し始め，男児よりも早く成熟した調音の能力を学ぶことが研究から明らかになっている。では，女性や男性に対して受け入れられる音声性質とは，どのようなものか？

古典的かつ印象的な研究で，アディントン（Addington, 1968）は音声判断に対する包括的な調査を完成させた。男女2人ずつが9種類の音声的特徴をまねし，聞き手がその話し手の性格について評定を行なった。アディントンは，特定の声の特徴が，女性と男性の両方にとって受け入れられやすいことを見いだした。

- 男女ともに，速い速度で話すことのできる人は，肯定的に認識された。
- 鼻声の人物は，男女両方の聞き手から，社会的に好ましくない特徴を幅広く持っていると認識された。
- ピッチ（音程）の高い男性は，活動的でやさしく，美的な傾向であると見なされた。これに対して，ピッチの高い女性は，活動的で，外向的であると見なされた。
- 明瞭な声の特徴を持つ女性は，ユーモアがなく，さらに活発であると認識された。明瞭な声の特徴を持つ男性は，生き生きして高慢で，おもしろい人であると認識された。
- 擦れた声の特徴を持つ女性は，醜く粗野でおもしろみにかけると認識されたが，擦れた声の特徴を持つ男性は，年長で成熟しており，よく順応していると認識された。
- 緊張した声の特徴を持つ女性は，若くて感情的であると見なされた。緊張した声の特徴を持つ男性は，年長で頑固であると見なされた。
- 平板な声の特徴を持つ男女はともに，あまり肯定的な観点では見られなかった。
- か細い声の女性は，感情的で社会的に未熟であると見なされると同時に，ユーモア感覚において高い評定を得た。か細い声を持つ男性に対する有意な相関はなかった。
- 息もれのある声の女性は，か弱く浅はかであると見なされ，息もれのある声の男

性は，より若く芸術的であると見なされた。

以上の結果をもとに，決定的な結論を示唆することは困難である。これらの声の違いは，人が話している相手が自分と同性であるか異性であるかという点によるものであり，異性（セックス）間コミュニケーションの働きによるものではない。同じ音声的特徴をもとにして，男性と女性では非常に異なる認識がなされることが明らかになった。

とくに，男女間の相互作用という文脈において，若干の違いが指摘されている。これらの違いは，やはり，ステレオタイプ的な性（セックス）と性（ジェンダー）役割の区別と一致している。男性はより激しい傾向にあり，女性よりも大声で話す。女性は男性と話す時に，声の高さを上げ，穏やかな音色で話す傾向にある。

空　間

小学2年生になるよりも早く，子どもたちはその文化における空間利用の規範を使っている。小学生の子どもは，幼稚園の子どもに比べて，他者からより離れて座り，他者にあまり触れない。ロマランツら (Lomranz, Shapira, Choresh & Gilat, 1975) は，3歳，5歳，7歳の子どもに対して，初対面の仲間の隣に座らせ，課題を行なわせるという実験を行なった。3歳の子どもたちは他の2グループの子どもたちに比べて，相手の近くに座り，初対面の仲間に触れることさえした。子どもたちは学校に入ると，大人の空間規範をより認識するようになる。子どもたちは，他者の膝に座ることがもはや適切なことではないと知り，教師は自分の空間を持とうとする。一般的に，子どもたちは3年生か4年生までには空間規範を学習するが，やはり男女の空間の利用は異なっている。

少年は，少女に比べてより空間を必要としているように見える。このことは遺伝的に生じていると思われる。なぜならば，少年が少女よりも身体的に大きくなる前に起こるからである。しかし，多くの親や大人たちは少年に対して，少女のする遊び（人形遊び）よりも空間を必要とするような遊び（トラック遊び）をするように，社会的に強化する。玩具の種類はしばしば遊びに必要な空間の量を決定する。ゆえに，少年は少女よりも多くの空間を必要とすることを学習するのであろう。しかし，生物学的影響の可能性が完全に却下されたわけではない。ある研究では，少年は少女よりも外での遊びに時間を費やし，少女よりも広い領域で遊び，少女よりも50％も広い空間を要求することが示された。少年と少女が発達しても，これらの顕著な空間的な違いは消滅しない。

古典的な記述では，ピエルシー (Piercy, 1973) は男女の空間的な違いは，劇場における身体動作を記述する際に，最大となると叙述した。

男性は利用可能な空間に体を広げる。彼らは手足を伸ばして座るか，足を広げて座る。彼らは腕をひじ掛けに乗せる。彼らは足を交差して，片方の足をもう片方の膝に乗せる。彼らは広い空間を占めている。女性は小さくなっている。彼女らは足を交差して，片方の足をもう片方の足の上に乗せて並べている。彼女らはひじを体の横に保ち，できるだけ小さな空間を占めるようにしている。彼女らは，男性の体をこすったり，触れたり，当たったりしないようにすることが義務であるかのように，ふるまっている。交渉が起こると，女性はしり込みする。女性が男性に当たると，男性はその行動を誘惑であると解釈するだろう。女性はひじを使ってかばうように座り，支配的な空間を占めないように，なわばりを示さないように，彼女らの柔らかな組織を守るようにしている（p.438）。

これらの観察は，女性が空間をほとんど必要としておらず，小さな空間を使うことによって彼女らの身体を守っており，自分たちの空間を侵されがちであるということを示唆している。本節の残りの部分では，これらの行動について考察する。

空間に関連する性（セックス）差の研究は，いくつかの興味深い区別を明らかにしている。女性を取り囲むパーソナルスペース（personal space）の気泡（bubble）は，男性のそれよりも小さいように見える。公共の場では，女性ペアは男性ペアよりもお互いに接近している。しかしながら，男女ペアがどの組よりも接近して立っている。1時間の間，混み合った部屋にいた場合と混み合っていない部屋にいた場合の，男女の反応を調べると，それらは非常に異なっていることがわかる。女性はその経験を好ましいものと感じ，より他者を好み，男性よりも友好的であった。男性はその状況を不愉快であると感じ，あまり他者を好まず，あまり友好的ではなかった。待合室では，女性のペアは男性のペアよりも接近して座っていた。初対面の状況では，女性は男女のどちらからもより接近された。

女性は男性よりも小さい空間を必要とし，小さい空間を与えられても動揺しないようである。これは，女性が空間を侵略されたり，空間を分け合ったりすることに慣れていることが原因であろう。典型的な家庭では，子どもや夫に空間を譲り渡すのは母親や妻である。空間を譲り渡すのが男性であるのはまれである。新しく子どもが生まれると，空間を譲り渡し，子どもとともに時間を費やすのは，たいてい母親である。女性が小さい空間を要求する他の理由は，男女の地位役割の違いによるものである。社会の中で高い地位を与えられるおかげで，男性はより広い空間を占める権利を認められており，男女の認識は一致している。

男女の空間利用の主要な違いを示す証拠となる多くの研究によると，他者と出会った場合の空間利用に男女差があることは驚くべきことではない。古典的研究では，シルベイア（Silveira, 1972）は，男女ペアが相手に道で出会った場合，女性が空間を譲ることが期待されていることを明らかにした。19組の男女ペアが観察された。うち12組で女性が男性の進路から離れた。残りの7組のうち4組では，男女どちらも相手の

ために進路を譲った。3組だけが男性が女性に道を譲った。

　これら一連の研究は何を示唆するのだろうか？　典型的な男女の相互作用では、男性が利用可能な空間の大半を支配するだろう。女性はより多くの空間を求めて争うことはしないだろう。見知らぬ他者を含む空間侵入の研究において、その場から逃げるのはたいてい女性であるが、男女の相互関係では、女性は相互作用における空間の損失を侵略として認識しそうにない。もしかすると、女性は親和的であると認識されるためには、空間のことで争うべきではないと感じているのかもしれない。争ったり逃げたりするよりも、譲るほうがやさしいことだと感じているのかもしれない。また、もしかすると、女性はたんに小さい空間を必要としており、より空間を取ることなど気にしていないのかもしれない。どのできごとにおいても、男女間における空間の交渉はたいてい円滑であり、どちらの意識的な注意も必要としないのである。

　より多くの空間占有が支配を反映するという点で、男性は女性との相互関係において支配的な地位を用いることがさらにわかった (Grady, Miransky & Mulvey, 1976)。しかし、この空間的支配性の多くは、女性が職場において男性と同等の立場になりつつあること、また男性が女性と同等の立場になりつつあることによって、変化しつつある。たとえば、女性の経営者は最高の空間を支配し、男性の部下よりも多くの空間を持つことができる。男性看護師は医者のようなより高い地位の人物に対して空間を譲り渡す。つまり、空間の使用を決定するのは、性（セックス）役割ではなく、その人が持つ社会的あるいは仕事上の役割なのであろう。

接　触

　この社会では、成長すると、幼年期よりも接触が減少することは、悲しいことであるが事実である。接触に関する数多くの歌について考えてみよう。われわれの文化では、接触を大いに礼賛しているが、その行為自体はまれにしかなされない。この社会では、われわれがだれに、いつ、どこで接触を行なうかは非常に選択的である。多くの人の目には、2人の男性がお互いに接触することは、スポーツの場面という文脈以外では侵害である。アメリカ社会で2人の男性が接触すると、人々は即座にその接触に否定的な何かを読み取る。早ければ幼年期には、男女の接触に顕著な違いが存在する。女児は男児よりも多くの接触を受けるが、この違いは2歳くらいで消え始める。アメリカ文化では、男児はあまり接触を行なわないように仕向けられ、接触を少ししか必要としないように学習するのである。

　女性は男性よりも、自分たちが行ない、受ける接触のタイプについて関心を持っているように思われる。古典的研究で、グエンら (Nguyen, Heslin & Nguyen, 1975) は、未婚の大学生に対して、異性のだれかから体のさまざまな部位への、軽く叩くこと、抱きしめること、軽く触れること、撫でることが、どのような意味を持つかについて質問した。男女間の差は顕著だった。男性は叩く、撫でる、抱くという行動の違いを認

識したが，触れられている体の部位とは関連がなかった。男性は思いやり，愛情，性的欲求，心地よさなどのすべてを同じ意味として感じていた。一方，女性は体のどの部位が触れられるかを非常に重視していた。女性は手，頭，顔，腕，背中への接触が愛情や友情を意味すると感じたが，生殖器や胸への接触は性的欲求のしるしであると感じた。ゆえに，女性は接触のタイプと接触される体の部位を，友情あるいは性的欲求のどちらかを意味すると解釈した。反対に，男性は接触部位にかかわらず，類似した接触を友情と性的欲求とに関連づけた。このような接触の意味における認識差が，男女間の相互関係における問題の前兆となる。

　男女の関係において，接触を始めるのはたいてい男性である。女性は，自分から接触を始めると，男性に自分がふしだらだとの誤解を与えると教えられる。社会はこの点について，かなりはっきりしている。男性は接触を始めることを許され，女性は許されていない。事実，女性が他者に近づく時，接触範囲の外側で立ち止まることがしばしばある。男女の関係においては，たいてい，男性が女性に近づき，最初に触れる。逆であることはめったにない。

　結論として，われわれの社会が接触行動におけるいくつかの文化的禁忌（男性が男性に接触する，女性が男性との接触を始める）を取り除く時まで，われわれは依然として，きわめて非接触志向の社会のままとどまり続けるだろう。われわれは子どもの頃から「手を伸ばして相手に触れる」（長距離電話会社の長く続いている広告が，われわれにそうするように訴えていることではあるが）ことをしないように条件づけ

表10-1　男女のコミュニケーションにおける非言語行動

おもに女性によって行なわれること	おもに男性によって行なわれること
視線を下に向ける	凝視する
笑顔	しかめ面をする
頭を傾ける	頭をまっすぐに保つ
指差さない	指差す
多くの肯定的なジェスチャー	少ない肯定的なジェスチャー
狭い空間を占める	広い空間を占める
男性に道を譲る	女性の空間に侵入する
接触を受け入れる	接触を開始する
体を引っ込める	まっすぐの姿勢
足を揃えて立つ／座る	足を広げて立つ／座る
睫毛を瞬かせる	先に相手を見る
膝の上や横に手を置く	腰に手を置く
擦り寄る	打つ
身をかがめる	身を乗り出す
より優しく話す	より大声で話す
話の邪魔をあまりしない	より話の邪魔をする

られている。この社会での男女間の接触は，ほとんど親密な関係のためにとっておかれ，ほとんどの場合，接触は事実上，性的なものであると見なされる。一般的に，この狭い範囲の外に起こる接触は，男性によって始められ，女性によって受け入れられる。しかしながら，本章で議論してきた多くの非言語行動とは異なり，接触は無意識的レベルよりも意識的レベルにおいて起こりやすい。この社会では，異性間の接触がこのように強い性的な意味合いを伝えるので，男女の関係のどちらかひとりあるいは両者によって気づかれずに接触が生じることは，事実上，不可能である (Jones, 1986; Jourard, 1966a, 1968; Jourard & Robin, 1968)。

　本節では，非言語コミュニケーション行動における多くの男女間の区分を列挙した。表10-1に，より重要な区分のいくつかについて短い要約を示した。この題材の概観に役立つだろう。

4　アメリカ人男女の好みと求愛

　シェフレン（Scheflen, 1965）は，アメリカ人の求愛行動における慣例と，それらが好意や嫌悪とどのように関連するのかについて研究を行なった。彼は，さまざまな対人関係的な出会いの映像を内容分析し，デート行動や求愛行動に関連した出会いに共通したいくつかの行動傾向を見いだした。彼はこれらの非言語行動を「準求愛手がかり（quasi-courtship cues）」と名づけ，4つのカテゴリーに分類した。

　ひとつ目のカテゴリーは，「求愛準備手がかり（courtship-readiness cues）」と名づけられた。彼はこのカテゴリーに，以下のような行動を含めた。目の腫れぼったさの少ないこと，筋緊張が高いこと，あごのたるみが少ないこと，あまり前かがみにならないこと，肩を丸めないこと，腹部のたるみが少ないことである。彼は男女ともに，求愛準備行動を行なっていると結論づけた。結局，たるんだお腹には男女ともにだれも魅力を感じないのである。

　2つ目のカテゴリーは，「身繕い行動（preening behavior）」であり，以下のような行動に特徴づけられる。髪をなでる，化粧を直す，服装を整える，鏡を見る，シャツやブラウスのボタンを開ける，背広の上着を調節する，靴下を引き上げる，ネクタイを調節するなどである。明らかに，男女ともに状況に応じて上記のいくつかの行動を行なっている。

　3つ目のカテゴリーは，「位置の手がかり（positional cues）」と呼ばれる。これらの手がかりは，座席の配置に影響を与える。人は，すでに話している人以外のだれとも会話するつもりがないということを示すために，自分自身の着席する位置を選ぶ。たとえば，人は他の人が会話に入り込むのがむずかしいと感じるように，自分の腕や足や体を配置するのである。

4つ目のカテゴリーは，「アピールあるいは誘因の行動（action of appeal or invitation）」である。これらの手がかりは，骨盤を揺らす，媚びるような視線を注ぐ，相手の凝視を保つ，腿をさらすように足を組む，手首や手のひらを見せる，筋肉を誇示するなどである。

以上のすべてのカテゴリーが，男女の準求愛行動に関連していることは明白である。男女ともに，それぞれのカテゴリーの手がかりを使い，異性を魅了しているのである。

同じように，バードウィステル（Birdwhistell, 1970）は，男女の初対面から完全に親密な性的関係までの間に，24の段階があり，その段階は連続的であることを示唆した。たとえば，女性が男性のアイコンタクトに返礼をしなければ，その男性は次の段階へ進むべきではない。男女ともに，相手が段階に従っているか否かによって，「性急」か「鈍い」かのラベルづけを行なうのである。もし段階が無視されたり飛ばされたりすると，「性急」であるとラベルづけされる。もし段階に応答しなかったり，段階をないがしろにすることを選択したりすると，その人物は「鈍い」とラベルづけされる。しかし，特定の段階では，女性が進行を遅くすることが期待されている。たとえば，男性は女性の胸に手を入れた時，少なくともしばらくの間は，女性が拒むことを期待するのである。

モリス（Morris, 1971）の提案した求愛行為の概観が，おそらく最も有名である。彼は西洋文化のカップルが初対面から親密な関係までの間に，12の段階が存在することを示唆した。彼はこれらの段階には順序があり，一般的に，男女関係においては，その順序がたどられることを示した。これらの連続的な段階は，以下のようなものである。

1. 目と体
2. 目と目
3. 声と声
4. 手と手
5. 腕と肩
6. 腕と腰
7. 口と口
8. 手と頭部
9. 手と体
10. 口と胸
11. 手と生殖器
12. 生殖器と生殖器あるいは口と生殖器

段階を飛ばしたり，ある段階への反応を怠ったりする人は，他者から性急あるいは

鈍いと見なされる。12段階のうち初めの5段階は，接近的行動に分類される。おそらく，6段階目もこの分類に入るだろう。しかし，後半の6段階は，明らかに親密な行動である。接近的行動はしばしばその後に起こる親密的行動の前兆となるために，接近性が親密性の序章であると誤解されることがある。われわれは初めの6段階を接近性の範囲内であると考えるが，3段階目以降を親密的であると解釈する人もいるだろうということを認識しておこう。

われわれはこれまでシェフレンやバードウィステル，モリスらの男女の行動に関する研究を紹介するために時間をとってきた。なぜならば，それは求愛行動に関するある特定の関心のためではなく，これらと同じ行動が求愛を意図しない男女間の相互関係においても頻繁に用いられるからである。明らかに，モリスの提唱する段階の初めのいくつか，そしてシェフレンの示唆したすべての行動などは，求愛抜きの男女関係においても起こることである。これらは，日常的に職場や商店，教室，図書館，病院，そして男女が接近するほとんどすべての場面において示される，一般的な行動なのである。

たとえ求愛の開始を意図しないとしても，明らかに，これらの行動がコミュニケーションの誘因となる。たとえば，このような誘因を，たんに顔を背けることによって，穏便に拒絶すると，たいていは嫌な侵入行動を終わらせることになる。しかしながら，時には，その結果はそう容易でも肯定的でもない。人は他者の非言語行動に関する感受性の点において，大いに異なるのである。極端な例としては，他人が媚びるような視線と見なすことを，性的嫌がらせであると考える人もいる。人々はまた，みずからの非言語行動に鈍感で，他の人が怒る時に理解できないことがある。

問題の回避

男女のコミュニケーションにおいて，言語，非言語コミュニケーションの問題はどのように回避されるのであろうか？　完全に回避されることはありそうにない。しかし，これらの行動が存在し，多様な解釈にさらされうることに気づくことは，さまざまな問題を抑えるのに役立つ。

- 行動の意味は，人々の心にあるということを覚えておく。言葉や非言語行動にあるのではない。
- もしわれわれがある人の言葉に不快感を覚えたなら，相手にそれを知らせて，相手が今後同じ問題を起こさないように回避できるし，不快感を無視して別の方向に進むことができるし，あるいはその相手を回避して，今後その人物との関係を持たないようにすることもできる。
- われわれは，他者のであれ，われわれ自身のであれ，不快な非言語行動に対して同じような選択肢を持っている。もしわれわれかわれわれが不快にさせた人物が

対立を選択するならば，たいてい深刻な争いが起こりがちである。関係はおそらくとてもひどく傷つき，そして周りの友人たちも巻き込まれることになるだろう。
- 対立を解決するよりも防止することのほうがよいのは明らかである。非言語行動やコミュニケーションの適切な教育が，今まで見いだされた最良の防止システムである。

非言語的感受性

われわれは，非言語的手がかりに対して他の人よりも敏感な人々がいるという事実を，暗に示してきた。性別によって敏感であるということがありうるだろうか？

- 女性が男性よりも非言語的手がかりに対して敏感であると主張する観察者たちがいる。少なくとも，非言語感受性テスト（Profile of Nonverbal Sensitivity test: PONS）という非言語的感受性の測定においては，女性が高い点数を示している (Rosenthal, Hall, DiMatteo, Rogers & Archer, 1979)。
- 女性はさまざまな感情状態を判断する場面において，男性よりも正確であるということを指摘するさまざまな研究がある。
- 女性は男性よりも，非言語的に応答的であることが，多くの文献によって示唆されている。たとえば，女性は男性に比べて，相手をよく見，他者に場所を譲り，他者に触れられることを許容し，表情をより容易に解釈することができる。
- 女性は男性よりも非言語的に敏感なのであろうか？ おそらくそうであろう。しかし，その理由は明らかになっていない。男性は，この文化では応答的であるように努力してこなかったために，あまり敏感でないのかもしれない。もし男性が，応答的であるように努力したならば，女性と同じように非言語的手がかりに対して敏感になるだろう。多くの部分で，応答性は他者の非言語行動に関する手がかりとなるので，非言語的感受性を発達させずに応答的になることは困難である。
- この社会では，女性は男性よりも感情を表に出す傾向にある，女性が感情を外面化することは受け入れられやすいが，男性はそうではない。男性は，感情を見せることや表情豊かにすることは，弱さや失敗を意味すると教えられてきている。つまり，男性は感情豊かでありすぎないようにすることを学習してきているのである。おそらく，これが男性が他者の非言語行動に含まれる意味を理解することが困難な理由かもしれない。彼らはこのような行動をたんに意味のないものとして見ており，解釈を必要としていないのである。

本章では，堂々とした男性が，男女間の関係における多くのことを始めることを暗に示してきた。女性が真の開始者となりうることがあるだろうか？ 親和傾向と接近行動に関するメラビアンの初期の画期的な研究によると，女性は男性に比べて明らか

に親和的な傾向があり，接近行動を行なうことが示唆される。親和傾向とは，他者に対して自分たちがどれほど友好的かを示す行動である。女性は男性よりも明らかに，親和的で応答的な傾向を見せる。男性は女性よりもより支配的な傾向を見せる。しかし，実際には，だれが男女の相互関係を始め，統制するのだろうか？

5　接近性の利点

　より接近的であるように見える男性や女性は，接近的でないように見える人に比べて，より好ましく友好的であると認識されるので，彼らはより接近できる人として認識される。また，より接近的であるように見える男性や女性は，接近的でないように見える人に比べて，より好ましいと認識される。他者は好ましい人に近づきたいと思い，より頻繁に話しかけ，相手により多くの時間を割こうとさえする。

　より接近的に見える男性や女性は，そうでない人よりも評判がよいと認識される。評判のよい人物はたいてい，親しみやすく友好的であるように見えるので，接近性は人気を増加させるのである。

　より接近的に見える男性や女性は，そうでない人に比べて，他者からより多くのコミュニケーションを受ける。人々は，接近できるという手がかりを発する人に近づき，コミュニケーションをとりたいと思うのである。接近的な人物は非言語行動をとおして，自分がコミュニケーションを受け入れており，歓迎していることを伝えている。非接近的な人物は非言語行動をとおして，コミュニケーションを妨げる。たとえば，時間を聞くために，開かれた姿勢の人と，胸の前で腕を組んで地面を見ている人のどちらにより近づきたいと思うだろうか？　明らかに，われわれのほとんどは，開かれたように見える人に近づき，時間を聞くだろう。

　これらの利点は，すべての人間関係で共通することに注目しよう。これらは男女の関係に特有のものではない。しかし，接近性は男女間の関係を発展させるうえで重要なことをわれわれはもう一度強調しておく。これらの対人関係において，接近性にはある種の不利がある可能性もあると思われる。

6　接近性の不利点

　接近性は，より多くの言語・非言語コミュニケーションをもたらす。しかしながら，これは多くの人がそれを望んでいるとは限らない。性別にかかわらず，コミュニケーションの増加は，だれかとの相互関係の増加を意味する。ゆえに，男女関係において，コミュニケーションを減少させたいならば，非接近的になるべきである。

接近性は，誤解をもたらしうる。接近性の非言語行動は，親密な関係性を示唆する手がかりとして誤って判断されるのである。たとえば，たくさんの男性に対して，いつも笑顔でいる女性は，たんに行動のうえで接近的であるだけであっても，たやすい標的であると認識される。このような誤解がどのように生じるのかを見るために，いくつかの接近的行動について考えてみよう。あなたはレストランにいて，2つ向こうのテーブルにいる人物があなたに微笑みかけ，直接的なアイコンタクトを行なってきたと想像しよう。あなたはその行動を誤解するかもしれない。

接近的行動は，男女両性に対して，否定的な認識をもたらしうる。たとえば，接近的な男性は他の男性から，男らしくないあるいは少女っぽいと認識されるかもしれない。一方，接近的な女性は，親しみやすいあるいは友好的であるが，愚かであると認識されるかもしれない。人は，接近的すぎないよう慎重でなければならないし，どの状況が接近性に影響し，どの状況が影響しないのかを決定しなければならない。明らかに，すべての男女関係が接近性の増加を要求しているわけではない。

7　両性具有者

両性具有（androgyny）という用語は，ギリシャ語で男性を意味する andros と女性を意味する gyne の合成語である。両性具有者とは，男性的な特徴と女性的な特徴の両方と交際することのできる人物のことである。心理学的なジェンダー志向の観点からは，このようなタイプの人物は，状況に応じて，応答的行動か断定的行動のどちらかをすることで，さまざまな役割に適応することができる。今のところ，アメリカ社会では，応答的役割は，おもに，女性の役割であると定められており，断定的役割は，主として男性の役割であると定められている。両性具有とは，今はまだ断定的であるが，より応答的になりたい人々や，今はまだ応答的であるが，より断定的になりたいと望む人々への答えである。両性具有者は，ある状況では温かく，思いやりがあり，誠実で，助けになり，共感的で，おとなしく従うようにふるまい，また別の状況では，競争心があり，リスクを冒し，断定的で，独立的で，支配的にふるまう。両性具有の男性は，週末に恵まれない子どものために家で働く重量挙げ選手（ステレオタイプ的な男性）なのかもしれない。両性具有の女性は，サッカー観戦やビリヤードを楽しむ，家庭の経済の先生（ステレオタイプ的な女性）なのかもしれない。

一般的に，両性具有の人は行動にとても柔軟性がある。他者との言語・非言語コミュニケーションに限界を感じない。このような人は，他者の親和性や制御願望を十分に認識し，受け入れる。つまり，両性具有の人物は，他者の要求を感じることができて，それに適応できるのである。このようなタイプの人は，相互関係の相手が親和的な行動を要求していることを認識し，それを与えることができる。また，他者が断定

的に行動することを必要としていることを認識し，その状況に適応できる。性（ジェンダー）役割に対してステレオタイプ化された人（典型的な女性あるいは典型的な男性のようにしかふるまえない人）は，言語・非言語コミュニケーションにおいて適応的でない。彼らは，ステレオタイプ的な方法でしか応答できないのである。また，彼らは他者が求めていることに対して，あまり応答的ではない。要するに，両性具有者は，ステレオタイプ的な男性や女性に比べて，非言語的に敏感である傾向にある。

　ベム (Bem, 1974)，リッチモンドら (Richmond, Beatty & Dyba, 1988)，リッチモンドとマクロスキー (Richmond & McCroskey, 1989, 1990)，リッチモンドとマーティン (Richmond & Martin, 1998)，そして両性具有者の研究を行なってきた他の研究者らは，両性具有の男性や女性が，社会における伝統的な役割に従っている男女と比べ，状況に対して柔軟で適応的であることを明らかにした。社会規範は，女性にある状況では応答的な方法によって対処しなければならないと要求しており，その女性の役割として断定性を許容していない。同様の規範は，男性にある状況では，断定的あるいは支配的な方法によって対処すべきであると要求し，その男性の役割として応答性を許容していない。このような社会規範に従う人々の行動は，性別（セックス）によって分類されているのである。彼らのコミュニケーション行動は，われわれが本章で提供している規範的な記述とほぼ一致する。

　しかし，これらの規範が，男性や女性として，完全に発達するための障害になると感じる人たちもいる。そのような人は，それぞれのステレオタイプ的な性（ジェンダー）役割を人間の半分しか表現していないと見なすのである。残念なことに，時として，進歩的な解決方法が問題自身と同じくらいやっかいであることがある。女性が男性の行動役割を，男性が女性の行動役割を担おうと試みることが時々ある。こういった試みで果たされるのは，ある人間の半分をもう半分と交換することであるが，通常，新しい半分はもとの半分が行なっていたようには，うまく働かない。

　男性が応答的であることを必要とする状況や，女性が断定的であることを必要とする状況が存在する。伝統的な役割が発達してきたのは，それが何らかの点で機能的だったからだということを覚えておくべきである。男性が断定的，女性が応答的であるべき状況は，これからも残るだろう。ゆえに，個人はこれまで発達させてきた能力を犠牲にすることなく，必要であれば，男性の応答性，女性の断定性を増加させる助けとなる非言語スキルを発達させるよう努力すべきなのである。両性具有者は，性（ジェンダー）役割がステレオタイプ化した人に比べて，文脈をとおして，より適切に応答することができる傾向にある。適切に応答するためには，状況を見極めなければならない。もし状況が断定的な行動を必要としているならば，断定的になるべきである。もし状況が応答的な行動を必要としているならば，応答的になるべきである。有能な伝達者とは，両方のタイプの行動ができ，どちらが適切であるか知ることができるほど賢明なのである。

✖ 用語集

- **両性具有（androgyny）**：ギリシャ語で男性を意味する andros と女性を意味する gyne の合成語である。両性具有者とは、男性的な特徴と女性的な特徴の両方と交際することのできる人物のことである。このようなタイプの人物は、状況に応じて応答的行動か断定的行動のどちらかをすることで、さまざまな役割に適応できる。
- **ジェンダー（gender）**：人が男女の行動に関して適切であると認識する、心理学的・社会的・文化的な発現のことである。これらの発現は、人の生物学的な性と一致する場合もあれば、そうでない場合もある。
- **準求愛手がかり（quasi-courtship cues）**：求愛関係において見られる非言語的手がかりのことである。これは4つのカテゴリーに分類される。求愛準備手がかり、身繕い行動、位置の手がかり、アピールあるいは誘因の行動の4つである。
- **セックス（sex）**：男児と女児あるいは男性と女性の間における、生物学的、遺伝的な差異のことである。換言すると、われわれが生まれつき持っているのが生物学的な性である。解剖学的に、セックスは男性と女性の識別可能な生殖器官によって表現される。

11章

職場での人間関係

　上司と部下の関係は，管理-黙従連続体（control-acquiescence continuum）を特徴とし，それはしばしば支配-服従連続体（dominant-submissive continuum）として知られる。これは，人が感じる権力の程度や管理の程度，あるいは服従などへの影響を与える程度を表わしている。メラビアン（Mehrabian, 1971, 1976, 1981）は，権力のメタファーが管理や支配の推論，そして黙従あるいは服従感の基礎にあると示唆する。アメリカ文化や他の文化では，二者の関係において，彼らの接近行動と回避行動を観察することによって，われわれは多くのことを学ぶことができる。多くの関係において，だれが上司で，だれが部下かは明らかである。高位の人は，より広い空間が与えられ，低位の人により多く接触することが許され，その関係においてより支配的な人であると考えられる。

　地位（status）とは何か？　地位とは，一般に，集団での階級や身分として定義される。したがって，ほとんどの関係では，年齢，経験，訓練，教育あるいは他の要素によって，通常はだれかが高位になり，だれかが低位になる（Richmond & McCroskey, 2001）。メラビアン（Mehrabian, 1981）は，ロットとソマー（Lott & Sommer, 1967）を引用して，訪問者の状況で，高位と低位の人を識別することは容易であると示唆する。

　　　地位の差や支配の差の手がかりは，訪問者が今にも他者に接近しようとしている時に，各段階で表出する躊躇や不安の程度である。もし地位格差が重要であれば，訪問者は接近する際に大きく動く前や，高位の他者の感情を害するリスクを冒す前に，許可を待たなければならない。何気なく椅子に座ることは休憩や滞在の意図を言外に示すので，訪問者はこれをすることで，あえて親しみを示すことには躊躇するだろう。実際に，着席を勧められた時ですら，訪問者はそのことをわかっているので，その状況での地位に矛盾しない方法でふるまう。訪問者の椅子以外にも椅子があれば，訪問者はホストから少し離れて座ろうとするだろう。しかし，二者が親しいか対等であれば，訪問者は着席を勧められることなく，自由に椅子に座り，ホストに近づくだろう（pp.

58-59)。

　結論として，われわれはすべての人は平等であると考えることを好むが，われわれはさらによいことを知っている。ほとんどどのような関係においても，高位の人と低位の人が存在する。たとえば，教師と生徒の関係では，一般に，教師が高位の人として考えられる。仕事環境においては，上司（supervisor）が一般に，高位の人であり，部下（subordinate）は低位の人である。本章での残りの部分は，仕事環境での上司－部下の関係について議論する。上司－部下の関係における際だった特徴を検討し，この関係における非言語的特徴を概説する。

1　際だった特徴

　上司－部下の関係での際だった特徴を見ていこう。まず第1に，仕事環境において，上司は部下に仕事の責任を求める正当な権利を持つ。上司が自分の役割を達成するために，正当な職権が，しばしばひとりあるいは複数の部下に割り当てられる。それから，正当なあるいはさらに高い職権によって，部下からある特定の行動，応諾でさえ求める権利が上司に与えられる。ほとんどの組織には，各人に委託され，その人が遂行しなければならない特定の仕事の責任がある。したがって，組織の中での上司は，自分の部下に特定の課題を遂行することを要求でき，そして要求し，また期待したりするものである。

　第2に，上司－部下の関係は，上司の高い役職，肩書き，専門知識のために，一定量の敬意が上司に与えられることを要求する。

　第3に，上司－部下の関係では，上司は部下に賞罰を与えることができる。ほとんどの組織は，従業員への動機づけとして使うために，上司に一定の報酬（たとえば，賞与金）や罰を与えることを認めている。たとえば，従業員が仕事を履行しないならば，多くの組織は上司がその従業員の給与を減らすことを認めており，上司が仕事の質に関して，従業員を評価することを認めている。もし質が低いと評価されれば，部下は辞めるよう求められるかもしれない。つまり，一般的に，組織の中の高位の人は，低位の人へ与えられる賞罰を管理する。高位の人は，直接的には賞罰の管理をしないかもしれない。しかしながら，どんな種類の賞罰が与えられるべきかの査定に関係することを求められるかもしれない。

　第4に，上司－部下の関係では，上司は通常，最も情報権力を持った人である。すなわち，上司は部下の仕事を知っているだけでなく，他のユニットの部署情報，変更，方策などを知っており，それらは，うまく仕事をするために，部下が知る必要のある情報である。したがって，上司は必要とされる情報を部下と共有するかどうかによっ

て，管理や地位を維持することができる。必要とされる情報がないと，仕事は非常にむずかしく，長たらしく，時間がかかることがある。したがって，上司が情報権力を持つ場合，上司に気に入られるのが最もよい。

要約として，仕事環境での上司－部下の関係における4つの主要な際だつ特徴は，以下のとおりである。

- 上司は特定の仕事の責任を果たすことを部下に求める正当な権利を持つ。
- 上司はより高位への権利を持つ。
- 上司はしばしば部下に賞罰を与えることができる。
- 上司は必要な情報を部下と共有する，あるいはしないことができる (Richmond & McCroskey, 2001)。

これらの独自な関係的特徴によって，上司－部下の関係に権力（管理－黙従）の感覚が構築される。

2 非言語メッセージの役割

他の関係と同様に，非言語メッセージは，主として，労働関係を明確にするのに役に立つ。ジェスチャー，接触，着席，声の調子，時間の使用，空間や人工物，対象の使用のような非言語メッセージはすべて，だれがボスで，だれが従業員かを明確にするのに貢献する。それらはボスがどのくらい「偉い」か，従業員の地位がどのくらい低いかを明確にするのにも役立つ。コルダ (Korda, 1975) は，上司－部下関係において権力のメタファーを記述した。彼は次のように述べる。

> 180cmの身長やフットボール防具のような体格である必要はない。しかし，権力を言外にほのめかす身体的サインが存在する。不動性，きょろきょろしない目，おとなしい手，幅の広い指，これらすべての確固とした存在は，たとえ他人の事務室やベッドであったとしても，自分がどこに所属するのかを示唆するものである (p.19)。

ある組織に入る時，地位の階層を理解している訪問者は，使われているさまざまなシンボルを見ることで，だれが高位で，だれが低位かを決定できる。多くの組織で共通した地位のシンボルが見られる。つまり，仕事の肩書き，給与水準，衣服，机や事務室の大きさや場所，割り当てられる車の種類（車が割り当てられれば），秘書，プライバシー，設備類，特権（タイムレコーダーを押さなくてよいようなフレックスタイム），着任式である。

組織における非言語メッセージの役割とは，組織における個人の地位を明らかにすることである。これは新来者が職場でどのようにコミュニケーションをするかを知る手助けになる。したがって，人々がメッセージに順応できるように，多少なりとも，地位が明快であることが重要である。高位の人が低位の人のコミュニケーションによって気分を害すると，低位の人と組織の両方に，悲惨な結果がもたらされることがある。結果として，以下のフリッポ（Flippo, 1974）からの引用文が，組織において地位の非言語メッセージがいかに重要であるかを説明している。

　　しかしながら，会社ではシンボルの多くは経営管理の中にあり，多くの血なまぐさい争いの土台を構成する。重役たちは執務室の大きさを測り，比較するために，四つんばいになる。窓が数えられ，社長室からの距離が歩測され，秘書が要求され，駐車場所が争われ，やかましく言って社用車が入手される（p.219）。

われわれは地位のシンボルについて冗談を言うが，自分自身の地位については不安である。みんな何らかの地位が欲しい。何も欲しくないと言う人たちは，自分自身を偽っている。非言語メッセージによって，われわれは自分の地位を定め，他者に伝える。本章の残りでは，各種の非言語メッセージとそのメッセージが上司－部下の関係において，地位や権力（管理－黙従）をどのように伝えるかを概説する。

外見的特徴

　第一印象は印象を持続させるかもしれない。われわれは，他の非言語要素よりも，衣服によって，多くを判断されることがよくある。キャッシュとキルカレン（Cash & Kilcullen, 1985）やカイザー（Kaiser, 1997）は，人々がインタビューや就職という状況で，衣服や一般的な外見的特徴に基づいて，他者を判断するという考えを支持する。
　2人の女性が，取締役副社長の控え室に入る。2人とも同じ身分，つまり取締役副社長のアシスタントの面接をされるために，そこにいる。彼女らは同時に秘書に近づく。候補者Aは，淡い青色のシャツと無地のグレーのスーツを着て，ストッキングと靴を合わせている。候補者Bは，黒と赤の格子縞のスーツの上着に，無地の黒いシャツ，赤いストッキングと靴を着ている。秘書は候補者Aに非常に好意的だが，職業的な調子で，「スミス氏は数分後にあなたにお会いします。座っていてください」と言う。候補者Bには非常に軽蔑した調子で，「スミス氏はたいへん忙しく，少しだけお会いいたします。向こうでお待ちいただかなければなりません」と言う。
　どちらの候補者が就職できそうだろうか？　候補者Aは，衣服や外見が組織の期待に適合しているので，Bより有利である。候補者Bはより適任かもしれないが，彼女の派手な外見が彼女の機会を失わせることになるだろう。コルダによると，「すべての企業の仕事着として最も重要な要素は，それが権力や職権を立証すること」で

ある (p.230)。格子縞は権力や職権を立証しないが，無地はそれらを立証する。

衣服はしばしば，受け手がその衣服を着ている人にどのように反応するかを決定する。コルダ (Korda, 1975) は，「成功しそうに見え，十分に教育を受けたと見える人々は，社会的あるいは職業上の出会いのほとんどすべてにおいて，優遇を受ける」と示唆する (p.12)。成功のための衣服を着ている従業員は，より成功しそうである。ビクスラーとニック＝ライス (Bixler & Nix-Rice, 1997) は，外見は昇進だけでなく，「しばしば現金」として換算できることに注目する (p.6)。彼女らは，「二流の職業上の外見を洗練された印象的なものへと格上げした結果」として，われわれの外見に基づいて，給与の金額が 8 〜 20％高くなることがあると示唆する (p.6)。

結果として，会社はそれらしく見える従業員に給与を進んで支払う。この「それらしく見える従業員」は，適切な職業上の服装について訓練をする必要がない。したがって，「いかにも見えること」についての訓練が必要な従業員より早く，より重大な仕事の論点を，彼らに紹介することができる。職業上の衣服は権力や地位を立証するので，それに応じた服装をする人は，よりよい仕事を考慮されたり，昇給したり，優遇されることがより多くなりそうである。上司 − 部下の関係では，パーティーごとに着る衣装の種類が，しばしば組織，その組織での職種，その人の地位によって決められる。たとえば，機械工はほとんどいつもジーンズの上下姿で見受けられる。しかし，機械工が会社のパーティーや集会に権力や地位を意味する衣装を着て現われたならば，機械工部署での次のボスになるかもしれない。

そのとおりではあるが，男女の様式はいつも同じではなく，またさまざまな組織によって様式も変化する。たとえば，大学教授は，IBM の取締役よりカジュアルな服装をすることができる。教授はまた，学科長，学部長，学長よりもカジュアルな服装をすることができる。従業員は，適切な敬意を受けたければ，自分の役割に合った服装をすることを覚えておかなければならない。衣服は地位のシンボルとして役に立つ。もし人々が期待されたように衣服を着ることができないならば，職業上の融通性が妨げられるかもしれない (Henley, 1977; Hickson & Stacks, 1993; Molloy, 1975, 1977; Richmond & McCroskey, 2001)。

人は他者によい印象を与えるために，仕事に応じた服装をする。他者はわれわれの衣服から，社会経済的な地位，目的の達成，満足を連想する。1970 年代に，モロイ (Molloy, 1975, 1977) は，あなたがオフィスに何を着ていくかは，「あなたがそこにいるのは仕事のためか，ごまかしのためかどちらかを連想させる」と示唆した。モロイは重役へのはしごを登りたい女性は，セーターが低位を意味するので，着るべきではないと示唆する。また，ソフトで身体にぴったり合ったセーターはセクシーに見られるが，セクシーに見られることで出世したい女性はほとんどいない。セクシーなイメージは，彼女たちが受けることになる尊敬を彼女たちに与えることはないだろう。女性にとって，仕事でシャツと上着が調和していることは，「私はプロであり，プロとし

て扱われたい」という外見であると，モロイは示唆する。おそらく，女性は男性よりも，オフィスに何を着ていくかについて，より慎重でなければならない。最初に，これは仕事の世界では高位の女性重役に慣れてきているからである。したがって，彼女たちが会社のオーナーでなければ，女性はプロの職業女性の服装規範へ適合することに励むべきである。最後に，女性と男性は，組織での次期の最高位の人（next highest ranking person）が，かなりふつうでないあるいは風変わりな服装でなければ，その人と同様な服装をするよう努力するべきである。上位の人のように見えれば見えるほど，ますます上位の人になる好機となる。われわれの上司が昇進するか転出する時，われわれがその人の仕事に就く機会があるかもしれない。

　男性も組織に命じられた衣服を着るべきである。あらゆる組織は支持するイメージを持つ。そのイメージに合わない人は，著しく有望で，他に代わりがいないのでなければ，昇進することはないだろう。たとえば，この本の著者には，かなりカジュアルな服装をしている風変わりな友人がいる。彼のシャツはいつもスラックスの外に出て，たいていはボタンをかなりはずして，昼食の食べ物の染みをつけている。この人は大きな組織にコンピューターの専門家および分析者として雇われている。組織は彼が仕事に対して非常に優れているので，彼が風変わりな服装をすることを許している。彼は専門家なので，組織は彼が何を着るのかに関心がない。これは珍しい事例である。一方，彼の妻も仕事に対して非常に優れている。彼女は仕事のために，いつもプロとしての仕事の衣装を着ている。これは彼女が，ほとんどの女性が到達する機会のなかった，高位の管理職だからである。したがって，部下からの尊敬や好意を受けるに足りるために，彼女は組織によって命じられたプロとしての様式の服装をしなければならない。

　服装のために選んだ色は，しばしばある特性や気分を意味する。より明るい色の服を着る人は，典型的に活動的であると認められたい。臆病あるいは内気な人は，自分自身に注意を引かないように，しばしばより単調な色の服を着る。しかしながら，仕事環境では男性や女性は異常に明るい色を避けるべきであるということが，研究により示唆されている。ビクスラーとニック＝ライス（Bixler & Nix-Rice, 1997）は，適切な衣服の色について，以下のガイドラインを示唆している。暖色は茶／黒（黒は万人にとって伝統的な衣服），キャメル，クリーム，緑色がかった青，深紫，オリーブ色，濃いさび色，珊瑚色，トマト赤。寒色は，黒，グレー，白，濃紺／紺青色，赤みがかった濃紫色，黄色を帯びた濃緑色，赤ワイン色，ピンク，ルビー赤。

　何を着るべきか迷う時には，古典的な黒，濃紺，あるいはグレーの無地か，細い縦縞といったベーシックな様式とアクセサリーという基本的なままでいなさいと，われわれは示唆する。以下のことは避けるべきだとも示唆する。異常に明るい，ネオンのようなあるいはぎらぎらした色，格子縞のようなうるさい模様，ふつうでない様式，多すぎるアクセサリー，ぴったりしすぎる服装，短いスカートやスラックス。短いス

カートは多くのテレビ番組では受け入れられるが，実際の世界ではそうではない。短いスラックスはみすぼらしく見え，またしばしばソックスを多く見せすぎる。

ボビーとシル（Bovee & Thill, 1983）は調査で，面接者が認める，採用面接で不採用とするかもしれない否定的な要素のトップ10を示している。10個のうちの6個が非言語的要素である。以下がそのリストである。

1. 個人の外見が貧弱 *
2. 横柄，過剰に積極的，うぬぼれが強い，優越感を持つ，知ったかぶりに見える *
3. 自己をはっきりと表現できない：貧弱な声，話しぶり，文法 *
4. 経歴についての計画の欠如：無目的あるいは無目標 *
5. 興味と意気込みの欠如：受動的，無関心 *
6. 自信と平静の欠如：神経質，落ち着かない *
7. 正規外の活動に参加しない
8. 金銭を過剰に強調する：支払いの最もよい仕事にしか興味がない
9. 学校の成績が悪い：何とか切り抜けただけ
10. 下位からスタートするのに気が向かない：すぐに多くを期待する

＊印がついた要素は，外見的特徴，動作学，周辺言語と音調学，時間学，表情，視線行動を含んだ，非言語行動の多様な面を扱うものである。これらの非言語行動は，仕事市場で競争するためには重要なことである。被面接者が犯す最大の過ちは，採用面接に遅れることである。もし面接に遅れるのならば，その人は行かないほうがよいだろう。組織は遅れて来る被面接者を，たいてい無関心で，時間を意識しない人と評価する。さらに，組織はどのような衣服を着るのかをわかっていない被面接者を，たいてい無頓着，無関心で，訓練することはさらに困難であると考える。

人の体型は，仕事環境でその人がどのように扱われるかを決定するかもしれない。内胚葉型の人は，体型から怠惰で不適当と判断されるので，雇われないことが多い。外胚葉型の人は，たいてい知的と認められ，仕事についてよい機会を得るかもしれない。しかしながら，外胚葉型であることは，欠点を持つこともある。人は外胚葉型の人を敏感で不安に満ちていると考えるかもしれない。中胚葉型の人は雇われ，昇給し，お抱えにされる可能性が最も高い。雇用者は彼らを信頼でき，自信たっぷりであると見なす。

ブリーフケースや時計，眼鏡，宝石のようなアーチファクトも，組織における人の地位や権力を示す。高位の人は，たいてい低位の人よりも，高価なブリーフケースや時計を持っている。眼鏡は知性を意味する。もしある人がより真面目で知的に見られたいならば，眼鏡をかければよい。宝石に関しては，使いすぎないよう気をつけなければならない。過度な宝石は，その人の外見全体を損ねる。宝石は富のしるしになり

うるが，それはまた，だれかが自分の身分について不安であるというしるしにもなりうる。仕事の世界では，宝石は男性女性ともに，最小限にしておくべきである。

　身体的魅力についての研究に基づいて，一般的に魅力的な部下は，よりよい身分や機会を得る傾向にあると結論づけて間違いない。身体的に魅力的でないと見られたために，仕事を得られなった人々の実例がある。魅力的でない部下は，魅力的な相手と同じ利益を得ることができるように，自分自身をより魅力的にするよう励むべきである。

　以下は，上司－部下の関係における外見と衣服について，引き出される結論である。

- 組織の中で高位であればあるほど，その人の衣服がより多くの地位を意味する。
- 組織の中で高位であればあるほど，衣服の様式や外見についてより風変わりであることもできる。
- 低位の人は，高位の人よりも組織における衣服や外見の規範に従わなければならない。
- 男性や女性のための衣服は，組織ごとに異なる。
- 職員は魅力的であるほど，より優位な待遇を受けるようである。
- 職員は魅力的ではないほど，より消極的な待遇を受けるようである。
- 組織のイメージや外見の規範に適合する人は，より容易に受け入れられ，さらに好まれて，よりよい機会を与えられ，より優位な待遇を与えられるようである。

ジェスチャーと動作

　ジェスチャーと動作のタイプは，上司と部下の関係を表わすことができる。見知らぬ2人が出会う場合，それぞれの姿勢を見ることで，どちらがより高位であるか比較的容易にわかる。くつろいだ身体姿勢の人は，お互いからより高位であると認められる。また，進行中の関係では，相対的地位を暗示する同様な姿勢の手がかりが，しばしば出現する。組織の中でより高位の人（上司）は，くつろいだ構えや姿勢をすることができると考えられる。低位の人（部下）は，用心深い，緊張した，慎重な姿勢をとる。高位の人はすでに自分の世界を管理しており，低位の人は何らかの管理をしようと試みている。

　高位の人と話す時，低位の人はより適応的な非言語行動を見せようとする。これは基本的には，高位の人とのコミュニケーションが不安であるからである。高位の人と低位の人がより親しくなるにつれて，低位の人は適応的動作をあまり示さなくなる。適応的動作を示しすぎる人々は，他者から不安で緊張していると見られる。ゆえに，ある人が高位であろうと低位であろうと，適応的行動を示さないようにすべきである。爪を噛むことで，自信や能力がないように伝わる。

　座り方では，高位の人はよりくつろいだ姿勢をとることが許されている。たとえば，

低位の人がほとんど気をつけの姿勢で座っているのに対して，高位の人は椅子を後ろに動かし，くつろぐことができる。低位の人が高位の人と親しければ，よりくつろいだ姿勢で座るかもしれない。高位の人と会話をする時に迷ったら，動かずに，背筋を伸ばした姿勢をいつもしておこう。低位の人によるくつろぎは，高位の人から無礼あるいは無感動と見なされる。くつろいだ姿勢は，大胆な反抗や尊大のしるしでもありうる。しかしながら，部下が上司をあまり知らないで，くつろいだ姿勢をとるならば，それはたいてい部下が何が受け入れられ，何が受け入れられないのかを知らないことのしるしであるにすぎない。

　高位の人は低位の人と話す時，たいていは頭を一段高くして，肩をまっすぐにし続けるだろう。低位の人は相互作用の間に，肩を下げ，頭を下げ続けるかもしれない。言い換えると，高位の人はさらに支配的であるイメージを投射し，低位の人は支配者というイメージをほとんど投射しない。高位の人は，低位の人がもし椅子に座っていれば，上に寄りかかるかもしれない。2人とも座っていれば，低位の人が高位の人に対して傾くのに，高位の人は椅子で上体を後ろにそらせるかもしれない。これは低位の人が脅されたり，軽んじられているように見えることを意味しない。たんに，ある人が優位な役割を背負い，そしてまた，ある人が服従の非言語行動をとることを意味する。ラフランスとメイヨ (LaFrance & Mayo, 1978) は，座っている間かあるいは立っている間，高位の人の腕の位置は低位の人の腕の位置とは違うと示唆する。高位の人は片方の腕を膝に，もう一方を椅子の背面に置く。低位の人は，両腕を一緒，あるいは両腕を脇に置いて座る。ラフランスとメイヨは結論する。

> 高位の人の姿勢は，胴体の横への傾きと後ろへの傾き，組んだ足，ゆるく開いた指，椅子や長椅子の背にもたれている頭によって特徴づけられる。対する低位の人は，背筋を伸ばし，床に両足裏をつけて，あるものを握るか両手を握って座っている (p.99)。

　注意深く考えてみよう。あなたが最後に就職面接を受けたのはいつだったか？　あなたは何気なく座ったり，立ったりしたか，あるいはまるで関心があるかのように気をつけの姿勢で，座ったり立ったりしたか？　あなたがクラスで起こった問題について，先生に会いに行かなくてはならない時のことを考えよう。あなたはどのように立ったり，座ったりするだろうか？　おそらく，対話のペースを定めるために，とてもためらいがちに，不動の構えで，先生を待つだろう。

　高位の人は，よりくつろいだ姿勢をする権利が与えられている。低位の人は，高位のだれかと相互作用している時，たいていより緊張した姿勢をとり，より適応的行動を示す。高位の人のいる場で，くつろいだり，何気ない姿勢をとる低位の人は，失礼，無関心，あるいは反抗的と見なされるかもしれない。したがって，組織環境では，上司に何が受け入れられ，何が受け入れられないかについて，確実にわかるまでは，尊

敬，興味，注意や黙従を意味する非言語行動をとるべきである。

表情行動と視線行動

他の相互作用でもそうであるように，顔は上司-部下の関係においても，重要な役割を果たす。たとえば，上司と考えられる人は，部下よりも表情をより自由に表わすことができそうである。部下は，上司が話している時，マスキングやある表情を顔に出さないことを学習する。たとえば，仕事環境で上司が新しい方法を導入している時，部下は悲しそう，退屈そう，腹立たしげ，あるいは無関心であるようには見えないようにすることを学習する。もし部下が興味を持っているように見えるならば，情報を求められるかもしれないし，決定について上司に影響を与えることができる。退屈そう，あるいは無関心に見える人は，ほとんどアイデアを求められないだろう。したがって，表情は部下の有利な立場のために使うことができる。

高位の人は，たいてい低位の人から，より直接的で，長いアイコンタクトを受ける。高位の人は低位の人をほとんど見ることなく，低位の個人と話をしている時，しばしば目をそらす。高位の人は低位の人との相互作用において，視線行動を制御している。低位の人のターンの時，高位の人は話すか，話すのを止めるか，話し続けるか，あるいは沈黙を維持するかを制御する。また，高位の人は低位の人を不快にさせ，自信をなくさせるために，じっと凝視するか，じろじろ見るかもしれない。高位の人は，音声言語によるコミュニケーションを強化するために，凝視するかもしれない。高位の人がコミュニケーションしている間にその人を見ることは，低位の人にとって尊敬や興味を示す手段となりうる。また，目をそらすことは，低位の人にとって尊敬を示す手段になりうる。しかし，低位の人が目をそらしすぎると，高位の人が話していることに無関心であると見なされるかもしれない。結論として，高位の人はアイコンタクトを使うことで，上司-部下の関係を管理できる。低位の人が高位の人を直接的かつ長く見ることを強いられると感じるのに対して，高位の人は低位の人をそのように見ることを強いられることはほとんどない。

音声行動

人は，より権威があり，管理的に聞こえるように，自分の声を使うことができる。たとえば，自信のある大胆な声を使う低位の人は，か弱い，キーキー言う，さえない声を持つ人より，昇進して優位な扱いをより多く受けそうである。あなたが男性であれ女性であれ，厚顔で，大胆で，成熟し，活発で外向的な調子のような音声性質は，権威を意味する。浅い，鼻にかかった，めそめそした，病的に響く声は，無力を意味する。権威を意味する声は，高い信頼性や高い地位も意味する。無力を意味する声は，低い信頼性や低い地位も意味する。声が仕事に合わないので，雇われないある職業があることが知られている。ピッチ（音程）の高いか弱い声の男性は，信頼できるスポ

ーツアナウンサーにはなれないだろう。しわがれた低い声の女性は，よい受付になれないかもしれない。

高位の人と会話する時，低位の人は不安げに聞こえる声で，有声休止や無声休止をいつもより多く使う。低位の人と会話する高位の人はより自信のある，より権威的な声に聞こえるだろう。不安が減るにつれて，低位の人は非流暢性も有声休止も無声休止もほとんどなくなるだろう。

音声行動を議論する場合，常に沈黙の使用を考慮しなければならない。沈黙は，上司-部下の関係では，多くの異なることを意味する。一般的に，部下による沈黙のほとんどは，上司の話していることに注意を向けていることを示唆する。沈黙は，上司を妨げることより，よいことであると部下が知っていることも意味する。ほとんどの上司-部下の関係では，一般的に，部下は上司よりしばしば沈黙するが，例外もある。たとえば，部下が新しいアイデアを上司に紹介しているならば，上司より多く話しているかもしれない。上司からの沈黙は，部下のアイデアを分析していることを示すかもしれない。

仕事の人間関係では，上司はまれにしか音声性質を判断されない。しかしながら，部下は音声性質を判断されるかもしれない。うんざりした活気のない声の部下は，否定的であると見なされるかもしれない。最後に，上司-部下の関係を改良するために，沈黙を使うことができる。部下の側での沈黙は，尊敬や興味を表わす。しかし，部下の側に沈黙が多すぎると，その人が臆病で内気であるということを表わすかもしれない。

空　間

おそらく，空間の使用法は，他の非言語行動以上に，だれが支配的役割で，だれが黙従的役割かを定義するものである。研究によって，組織内で高位の人は低位の人の対人スペースにより侵入する傾向が高く，その逆は低いことが明らかにされた。組織的な構造は，上司が部下の作業領域やパーソナルスペースの範囲に侵入したり，入ることが許容できるということを非公式に伝える (Hall, 1959, 1966; Hickson, Grierson & Linder, 1991; Hunsaker, 1980; Jorgenson, 1975; McCaskey, 1979; Mehrabian, 1981; Remland, 1984; Richmond & McCroskey, 2001; Robinson, 1998)。

組織では，上司は部下がどのように職務作業を遂行しているのかを知る責任があり，またそれを知るべきである。したがって，彼らには部下の領域やプライバシーに侵入する権限が与えられる。彼らは，部下の近くに立つことで，彼らの対人スペースにさえも，侵入するかもしれない。

ジョーゲンソン (Jorgenson, 1975) は，ある会社で対等な地位あるいは対等でない地位の従業員ペアは，近くもなくあるいはそれほど離れることもなく立つが，異なった体の向きを示すことがわかった。対等な地位の人はお互いにより正面を向く角度で対

面したが，対等でない地位の人はそうではなかった。メラビアン（Mehrabian, 1971）は，「他者へ接近する特権は高位の人にある」と言及する (p.63)。彼は，この結論を支持するいくつかの研究を引用している。ソマー（Sommer, 1969）は，「上司は，動き回るためのより大きな自由と同様に，より広い，よりよい空間を持つ」と結論づけた (p.25)。彼は，これが対人関係においてだけでなく，仕事場や会社での物理的配置でも明らかであると示唆する。この配置のようすは，本節の環境に関する項で，さらに概説する。

接　触

　ボスは従業員の作業エリアに入って，状況がどうなっているのかについて数人の部下と話をするために立ち止まる。ボスは立ち去る時，各従業員の肩を軽く叩いたり，腕をきつく握ったりする。これは性的嫌がらせだろうか？　あるいはたんにボスがボスであるからなのか？　ほとんどの人は後者に同意するだろう。この上司は部下の仕事に満足していることを部下に知ってもらおうとしており，そして接触はそうするためのおもな手段のひとつである。

　近年，高位の人が，同性のあるいは異性の低位の人と接触することがますます困難になってきている（Cohen, 1983; Hickson, Grierson & Linder, 1991）。接触は常に，部下に満足していることを知らせる手段であった。しかし，多くの上司が，部下とコミュニケーションする手段として接触を使うことが気がかりであると不平を言う。セクシャルハラスメント法や政策が，接触を仕事環境でのやっかいな問題にしてしまった。

　あなたは性的嫌がらせを受けた時，どのようにそれを知るだろうか？　運よく，それがポルノのようなものであれば，あなたは見た時にそれとわかる。しかし，何がそうであるかについての普遍的な合意はない。他の例を見てみよう。上司のジョンはジェーンの事務室に入って行き，彼女の机の後ろをぶらぶら歩いて，彼女に状況はどうかと尋ねる。彼女が答えている間に，彼は手を彼女の首において愛撫した。それから彼は，「彼のしていることがわかる」のならば，彼の組織で彼女の成績を上げることができると話を続ける。ジェーンは彼の接触から離れながら，「ノー」と言う。これは性的嫌がらせのケースである。もし上司のジョンがジェーンの事務室に入って，彼女の向かいに座って，状況がどうなっているかを尋ねて，彼女が答える時に腕に接触するのであれば，これはおそらく性的嫌がらせにならないだろう。これはおそらく高位の人が接触によって低位の人を励まそうとしているケースである。

　もちろん，このことはジェーンがそのような行為が励ましの方法だと知っていることを意味しない。結果的に，上司への助言としては，もし非常にうまく確立された，明白な，しかし個人的でない関係が，あなたとあなたの部下との間になければ，手を離しておくことである。20年前の研究では，高位の人は低位の人とより自由に接触したことが示されたが，時代は変化している。安心や友情を表わすために使うことのできる接近的な手がかりは他にたくさん存在する。この目的を達成するために，接触

は必要とされない。そして，今日の組織環境では，接触の使用は誤認識という不必要な危険性を招くものである。

環　境

　ここでは職場環境についての2つの主要な見方，組織でどのくらい広いスペースあるいはテリトリーが与えられるか，設備類がどのように地位を伝えるかをレビューする。高位の人は周りで何が起こっているかを観察，あるいは見える場所を見つける。そして，そのような「ヘッドポジション」あるいは中心的な場所を求める高位の人は，他者から高い地位あるいはより支配的であることが確実と考えられる。アメリカのほとんどの企業において，あなたはどんな部署に入っても，そこで高位の場所と低位の場所を区別できるだろう。ある組織には，すべての部下の中央にオフィスの所有権を持つ上司がおり，彼女の事務室の壁はガラスである。彼女は処理されているすべての業務を見ることができ，すべての人に最も高い地位の場所にいると思われる。われわれの多くは，ものごとの中心にいたくはないだろうが，彼女はそうした。他の多くの上司は，事務室を取り囲むような壁によって保護されたそれぞれのテリトリーやプライバシーを保障する秘書を持つ。

　高位の人は，部下から上司にするよりも，より多く部下のスペースに入り込むであろう。高位の人が部下のスペースやプライバシーに侵入する正当な権利を持つことは，当然であると考えられる。したがって，高位の人はしばしば部下のスペースに入り込み，部下はそれを気にしない。高位の人はまた，低位の人より，広いスペースを持つテリトリー権を持つ。より広いスペースを持っている人は，他者から地位が高いと見られる。組織の中で役職が高いほど，より広いスペースが与えられる（Hall, 1959, 1966; Heckel, 1973; Hunsaker, 1980; Jorgenson, 1975; Korda, 1975; Lott & Sommer, 1967; Mehrabian, 1981; Oldham & Rotchford, 1983; Richmond & McCroskey, 2001; Sommer, 1969）。

　コルダ（Korda, 1975）は，「オフィスの設備類には強力な象徴的価値がある……。権力は，装備それ自体にあるのではなく，持っているものをどう使うかという点にある」（pp. 230-231）と示唆した。われわれは，オフィスや環境を権力と地位，または接近性，あるいはその両方を反映するように設計することができると示唆する。権力と接近性の両方を反映するオフィスが最も望ましい環境である。それは必要な時には，権力あるいは地位のある位置にいることを可能にさせ，さらに必要な時には，接近的で応答的な位置にいることも可能にさせる。成功する組織のリーダーのほとんどは，ひとつのオフィス内に両方の性質を持つ。

　大きなオフィスでは，人が設備類に沿って歩き，上司のところに到着するまでに，オフィスの端から端まで歩かなければならないように，設備類を配置するべきだと示唆する研究者たちもいる。加えてコルダ（Korda, 1975）は，人々が小さなオフィスで権力を伝えたい場合のガイドラインを以下のように示している。

たとえどんなに小さなオフィスでも，訪問者用の椅子をあなたに対面するように置くことが重要である。これにより，あなたは訪問者と机の奥行き分，隔てられる。これは，たとえあなたが自分の机にアクセスするのに不便になろうとも，訪問者があなたの机の隣に座るよりも，ずっとよい権力的な位置である。小さなオフィスが細長い時（ほんとがそうである），部屋の中で机を前方に置くことがしばしば役に立つ。つまり，訪問者が利用可能なスペースを小さくし，あなたにとって少なくとも心理学的に避難できる場所を広げるのである (p.232)。

　われわれはすでに，最も望ましいオフィスは，人に権力的な位置あるいは接近的な位置をとることを許すと示唆した。コルダ（Korda, 1975）は，彼が半社交（semisocial）スペースと圧力（pressure）スペースを持つと言及するオフィス空間を設計した。これは地位と接近性を与えるオフィスについてのわれわれの概念と似ている。圧力エリアでは，人はきっちりと仕事に集中する。半社交エリアでは，人はより気楽で，くつろぐことができる。

　図11-1は，権力あるいは地位エリア（status area）と接近性エリア（immediate area）の両方を含むオフィスの例である。高位の人は机の後ろにいるか，机の後ろから出てきて，より接近的な役割を装うことができることに注目しよう。このオフィスは高位の人には最も望ましい。つまり，他者とコミュニケーションする時に，必要に応じて地位の障壁を壊したり，打ち立てたりすることが可能である。

　机，机上の物，付随する設備類（椅子のような），窓や色彩といったその他の設備類はすべて，地位を誇張したり抑制したりする。大きな堂々とした机を持つ人は，たいていは高い地位を持っていると見なされる。壁に掛かった絵がそうであるように，

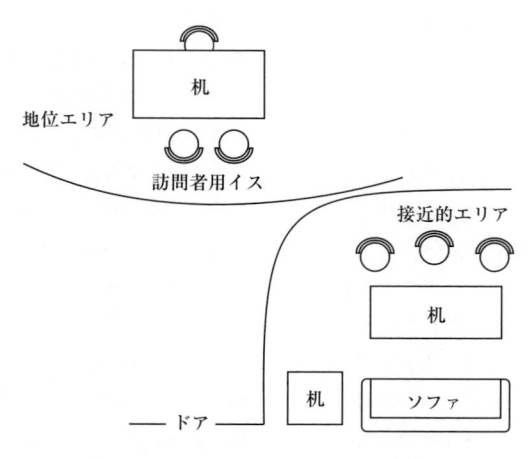

図11-1　地位エリアと接近的エリア

机上の物もまた地位を表わす。ほとんどの組織において，窓を持つオフィスは高位の人のオフィスと考えられる。オフィスの色彩，照明，カーペット地すべてが，組織での職業の階級を表わす。組織の中で高位の人は，低位の人に比べて，一般により広く，よりよいスペースを持つ。アメリカの組織では，これを成績を上げるためのインセンティブや仕事がうまくいった時の報酬として使う。たとえば，筆者たちの学科では，すべての教授は准教授や助手より先にオフィスを選択する。教授は家具も選択する。われわれの学科がコンピューター化された時，准教授や助手より先に，すべての教授にコンピューターとワードプロセッサーが与えられた。

それから，もっともなことだが，高位の人は低位の人よりもたいていよりよいテリトリーを持つ。高位の人は低位の人よりも，たいていはより広いスペースと，よりよい設備類が与えられる。アメリカの組織は，仕事がうまくいった従業員への報酬としてオフィス空間とテリトリーを使う。

時　間

時間の使い方が，組織に対する人の気持ちや態度を伝える。しばしば部下は，どのように時間を管理しているかに基づいて，上司によって判断される。筆者たちの学科では，数年前にその年最初の教授会で，学科の新任メンバーが半時間遅れで現われ，彼の妻が車で迎えに来て出発しなければならないために，1時間以上そこに居られないことをわれわれに告げた。だれも何も言わなかったが，学科での彼の経歴はその時点で決定された。

ゴードン（Gordon, 1975）は，面接の間，時間は被面接者を判断する際の関連要素でありうると言及した。もし，被面接者が面接に遅れるならば，これによって被面接者の関心の欠如が示唆される。ゴードンはまた，面接者は自分を優位にするために時間を使うことができることにも言及している。面接者は，休止の長さや自分自身の意見を言う速さを管理するために，時間学的技術を使うことができる。面接者は，被面接者のコメントに反応するまでに待つ時間の長さも管理することができる。ゴードンは，最初の技術をペーシング（pacing），2番目の技術を沈黙のプローブ（silent probe）と呼ぶ。両方の技術は，被面接者がより多く話すような励ましになり，したがって，面接者が被面接者を評価する際に利用するための情報をより多く与えるのかもしれない。

時間は，多くの組織で考慮される要素である。それは他者を判断する手段である。時間を守る人は，尊敬され，報酬が与えられる。時間に遅れる人は尊敬されず，しばしば怠惰で信頼できない人と見なされ，時には，組織から解雇されることがある。タイムレコーダーは（実物であれ想像であれ），アメリカ人の毎日の労働生活の一部である。仕事では，時は金なりで，時間の使い方にいい加減な従業員がいると，組織は金銭的損失を受ける。したがって，時間の浪費家に賢く時間を使うように訓練しよう

とするよりも，その人を解雇あるいは入れ替えるほうが簡単である。

　時間と地位には関係がある。高位の人は，低位の人より，時間を乱用すること（遅れるあるいは他者に時間通りになるように要求すること）が許されている。低位の人は，高位の人を待つことが当然である。もし低位の人が高位の人の到着前に出かけたならば（すでに遅れていたとしても），高位の人ではなく，低位の人が問題にされる可能性が高い。ホール (Hall, 1959, 1966) は，対等な地位にあるアメリカ人どうしは，5分以上遅刻すると，謝罪を求めると示唆する。アメリカ文化では，人は時間通りであることが要求される。高位の人は，規則からの逸脱が許される唯一の人たちである。

　高位の人は，低位の人より多くの時間を要求することもできる。たとえば，上司は部下にあるプロジェクトに余分の時間を費やすよう要求できるが，部下は上司に同様のことを求められない。

　従業員に日々のスケジュールを計画することを許す，フレックスタイムを使う組織では，高位の人は低位の人以上に，自分たちに合うタイムスケジュールを選択することが許されている。たとえば，もし高位の重役が夜更かしであれば，より遅いスケジュールの選択が許されるだろう。一方，低位の従業員はよりよいスケジュールを要求する権利を獲得するまでは，依然として，9時から5時の日課を行なうだろう。これは病院や郵便局，夜勤が使われている同類の組織ではよく起こることである。ほとんどの人は，午後11時から午前7時までのスケジュールで働きたくないので，たいていは新任の従業員がこのスケジュールを割り当てられる。

　時間は上司－部下の関係において地位についての多くのメッセージを伝える。高位の人は自分たちの時間，部下の時間についてより多くの管理を与えられ，よりよいスケジュールを選択できる。低位の人は，高位の人のスケジュールに適応しなければならず，求められれば，高位の人の割り当てに自分の時間の多くを捧げるように期待される。

3　上司－部下の関係についての結論

　表11-1はわれわれが部下の非言語コードの使い方と関連して議論した，上司の非言語コードの使い方を例示している。上司の役割は，高位の人や支配的あるいはより権力のある人に属する。部下の役割は，低位の人や服従的あるいはより権力のない人に属する。支配的あるいは高位の人が，自分をより支配的，より権力があるようにするために，非言語コードを管理できることは，表11-1から明らかである。これにはひとつの大きな欠点がある。上司－部下間のコミュニケーションが否定的なやり方に影響されるのである。

　組織の中で人の地位格差が大きくなればなるほど，上司と部下間のコミュニケーシ

表11-1 上司と部下の非言語的関係性

非言語コード	上司（高い地位）	部下（低い地位）
外見	無地の衣類が権力を伝える。成功するように見える。衣類は高い地位を認めさせる。風変わりな服を着ることができる。	あまり成功しそうに見えない。衣類が階級を教える。服は組織の標準に合わせる。尊敬される服を着なければならない。
ジェスチャーと動作	くつろいだ身体姿勢。落ち着いた，くつろいだ構え／ポーズ。適応の動作はほとんどなし。くつろいで座る。頭を高くする。まっすぐの肩。他者に寄りかかる。	緊張した身体姿勢。用心深い構え／ポーズ。より多くの適応的動作。背筋を伸ばして座る。わずかに頭を下げる。下がって／前かがみの肩。自分を抱く。
表情と視線	表情を自由に表わしてよい。他者をより多く，より長く見る。目でターン交替を管理する。凝視してもよい。	表情を隠すことを学ぶ（例，退屈）。アイコンタクトを多くするが，最初は目をそらすか伏せるだろう。ターン交替手がかりのために上司を見る。凝視しない。
音声行動	高圧的な声を発する。高い地位でより信頼できる人のような声を発しようとする。不安そうではない調子。流暢性が高い。権威的に話すために沈黙を使う。	従順な声を発する。上司が言うことに興味があるような声を発しようとする。より不安そうな調子。非流暢性が高い。有声，無声休止が多い。聞いていることがわかるように沈黙を使う。
空間	部下の空間やプライバシーに侵入する。接近する特権。より広く，よりよい空間。より自由に組織を動き回る。	上司の空間に入り，プライバシーを侵害することに注意を払う。上司に接近させる。小さく，あまりよくない空間。組織を自由に動き回れない。
接触	先に接触をすることが多い。関係性を示す接触を管理。より自由に接触。	上司から接触を受ける。接触を受容。けっして先に接触をしない。適切な時に接触へ返答。
環境	空間に関するテリトリー権。中央の位置。ヘッドポジション。他者をテリトリーの外に置くために障壁を築く。広い空間が与えられる。よい設備。大きな机。	割り当てられた空間を取る。低い地位の空間を取る。空間は上司に侵害される。狭い空間が与えられる。残り物の設備。より小さい机。
匂い	匂いについてより自由が与えられる。	匂いについてあまり自由が与えられない。
時間	より無頓着に時間を乱用し，使う。遅れて行ったり，早く帰ったりできる。時間の規範から逸脱する自由。最も望ましい仕事スケジュールを選択できる。予定外の会議を招集する。	時間を守らねばならない。時間の乱用は許されない。組織の時間規範に従わねばならない。割り当てられた仕事スケジュールに従う。予定外の会議に出席しなければならない。

ョン効果がより小さくなる。地位格差が小さければ小さいほど，上司と部下間のコミュニケーション効果がより大きくなる。地位格差は常に必要とされるが，大きなコミュニケーション障壁を生み出すほど，大きなものである必要はない。地位格差は，上司と部下間の対人的結束によって管理できるレベルまで軽減することができる。

　結束（solidarity）は，他者との好意的な理解を形成し，相互信頼を含む，対人的な親密さである。人々の間に高いレベルの信頼や相互友愛がある時，より高い結束が存在する。したがって，結束が大きくなるにつれて，上司と部下間の有効なコミュニケーションが増える。結束が大きくなるにつれて，地位格差は徐々に減少する。われわれは，部下と親友にならねばならないというつもりではないが，より親密で，よりコミュニケーション的な関係は，上司と部下間の情報の流れを改善するだろう。人は結束をどのように大きくするのか？　友愛や信頼を大きくすることによってであろうか？　よい方法は，非言語的接近性を使うことである。部下に接近する上司は，同情心があり，応答的で，地位を維持したまま，結束を構築しようとすると認められる。上司 – 部下の関係での接近性の有利，不利を見てみよう。

4　職場における接近性

接近性の利点

　研究によって，部下は上司に，敏感で，温かく，受容的で，応答的で，接近的であってほしいと望んでいることが示された。部下は，そのような上司のために，よく働くことができると感じる。接近的な上司は，強制力を使うことなく，部下からの協力を得る可能性が高い。協力は，どんな組織の成功にとってもカギとなる。接近的な上司は，より多くの協力を生み出すものである (Richmond, 2002b; Richmond & Martin, 1998; Richmond & McCroskey, 1998, 2000, 2001; Richmond, McCroskey & Davis, 1986; Richmond, Wagner & McCroskey, 1983; Richmond, Davis, Saylor & McCroskey, 1984; Richmond, Smith, Heisel & McCroskey, 1998, 2001, 2002; Robinson, 1998)。

- 接近的な上司は，より受容的で，応答的で，断定的で，敏感であると認められる。
- 上司による接近性の使用は，部下に興味や関心があることを示す。部下はたいてい同様に反応する。接近性は接近性を助長する。ほとんどの部下は，地位の障壁があるので，上司が部下に対するほど，上司に接近的であることはけっしてないだろう。上司からの接近は，部下からの接近のためのチャンネルを開く。
- 接近性は，上司と部下の間のコミュニケーションを改善する。くつろいだ部下は，不安に満ちた部下よりも，自由に上司へ気持ちを表現する。接近性は，部下の緊張を解くことを助け，上司と一緒にいることに安心を感じさせる。

- 接近性は，上司と部下の間のより積極的な関係を促進するだろう。加えて，より高い接近性を示すと認識される上司の部下は，より肯定的に彼らのコミュニケーションを評価するだろう。
- より高い接近性を示すと認識される上司は，部下によって，より有能で，信頼でき，対人的な魅力があると認められる。
- 最後に，より高い接近性を示すと認識される上司は，より高い仕事のやりがいや動機を表明する部下を持つだろう。

接近性の欠点

　接近的な上司は，そのボスによって，部下を管理できないもしくは大目に見すぎると，見なされるかもしれない。これは上司にとってジレンマを生み出す。部下を管理できないとか親しすぎると見なされることなく，どのようにして接近的になりうるだろうか？　簡単に言うと，ボスが近くにいる時は，接近的すぎず，地位の役割を部下との間ではっきり区別し，ボスが去った時に接近を再開することである。

　部下の中には，接近的なボスを有利に使おうとする者がいる。彼らは，接近的な上司はだまされやすく，操ることができると考えている。だが，上司が接近的であるということは，命令を実行したり，他者を叱責できないということではないことを覚えておくことである。

　最後に，接近性はコミュニケーション路線を開放する。したがって，上司は，効果的に処理できる量より多くのコミュニケーションを受けるかもしれない。有能な上司は，どんなコミュニケーションを処理して，どれを他者に委嘱するのかを学習しなければならない。

　結局，接近性はその欠点よりも，上司と部下の両方にとってより多くの利点がある。現実の問題が起こりそうなのは，接近性が過度に行なわれた時だけである。

✖ 用語集

- **地位**（status）：集団や組織構造における人の身分や階級である。
- **部下**（subordinate）：従業員である。
- **上司**（supervisor）：管理者あるいはボス。他者を監督，管理，指図する人である。

12章

教師と学生の非言語的関係性

　教室内でのコミュニケーションに関する初期の研究では，学生と教師の間の言語的相互作用に焦点が当てられていた。しかし，この30年のうちに，研究者や学者，実践者たちは，教室環境と非言語コミュニケーションとの関連性に気づき始めた。コミュニケーション過程における非言語的要素は，教師と学生の関係性において，ふつうは言語的要素と同じくらい重要であり，言語的要素より重要なこともしばしばある（Ambady & Rosenthal, 1993; Andersen, 1986; Andersen & Andersen, 1982; Buhr, Clifton & Pryor, 1994; Frymier, 1993; Kearney, Plax, Richmond & McCroskey, 1984, 1985; McCroskey, 1992; Kougl, 1997; McCroskey & Richmond, 1983, 1992; McCroskey, Richmond, Plax & Kearney, 1985; Mottet & Richmond, 1998, 2002; Plax, Kearney, McCroskey & Richmond, 1986; Richmond, 1990, 1997, 1999, 2002a, 2002b; Richmond & Martin, 1998; Richmond & McCroskey, 1984, 1998; Richmond, Gorham & McCroskey 1986; Richmond, Wrench & Gorham, 1998; Richmond, McCroskey, Kearney & Plax, 1987; Richmond, McCroskey, Plax & Kearney, 1986; Richmond, Smith, Heisel & McCroskey, 1998, 2001, 2002; Sidelinger & McCroskey, 1997; Smith, 1979; Thompson, 1973; Thweatt & McCroskey, 1996; Wiemann & Wiemann, 1975）。

　本書の著者らは15年以上の間，教師らとともに活動し，教室環境において効果的な伝達者となる方法について，教師らに訓練を行なってきた。われわれは，言語・非言語コミュニケーション両方の重要性を強調してきた。われわれは，典型的な教室において何が役立ち，何が役立たないのかについて，5万人以上の教師らと議論してきた。本章の大半は，非言語コミュニケーションについてのわれわれの結論と，教師と学生関係への影響力を議論することに当てられる。

1 教師の役割

スピーカーとしての教師

　講義を教授法として考える場合，われわれが頻繁に経験した講義形式の大学の授業を，最初に思い浮かべるであろう。教師が情報を与えるという役割を想定し，構造化された予定表にそって話をする時はいつでも，彼あるいは彼女は講師（lecturer）となる。この状況では，スピーカー（speaker）が発言権を握る。聞き手の注意を維持することは，スピーカーの責任である。

　講義は，教授時間のとても有効的な利用法である。講義では，多くの情報を最大限の学生たちに対して，設備をあまり用いることなく（あるいはまったく用いず）伝達することが可能である。講義は教師たちに教科書に載っていないようなことや容易には入手できない情報資源を提示できるようにし，それらがうまく示された場合には，学生たちに興味を起こさせ，刺激することができる。研究では，講義によって教えられた学生たちは，討論方式で教えられた学生よりも，事実の記憶再生テストで成績がよいことが明らかにされている。コミュニケーション不安の水準が高い学生たちは，相対的に匿名的な講義方法を好む。なぜなら，発言を求められることへの恐怖心が，講義で提示される素材への集中力を邪魔しないからである。

　欠点としては，講義は高いレベルの学習（適応，分析，統合，評価）の促進という点，あるいは精神運動スキルの発達という点で，他の方法ほど効果的ではない。学生たちは受動的になりがちであり，さまざまな研究によると，彼らの注意力は 15 ～ 25 分でしばしば衰え，記憶力も約 8 週間程度で 80％ほど減少する。講義とは，「全体－集団（whole-group）」教授法，つまり大量伝達であり，すべての学生たちの初期の理解水準が同じで，ほぼ同じ学習能力を持つという仮定のもとに成り立っている。また，フィードバックはとても限定的である。聞くことによってうまく学習しない学生たちにとっては不利である。

　講義は，教師たちに対して，効果的な提示的講義と発話に関する言語的・非言語的スキルを発揮することを要求する。学生たちは以下のことを期待する。

1. 教師は理解可能な用語によって話題を説明するに足る見識を持ち合わせているだろう。
2. 講義は入念に整理されたものであるだろう。
3. 教師は学生の注意を確保し，保つだろう。
4. 講義材料は，興味を重視することに注意して選択されるだろう。
5. 教師は有能で，やさしく，熱心であるだろう。
6. 教師はユーモアのセンスを見せるだろう。

7. 教師は効果的な教育上のコミュニケーションスキルを示すだろう。
8. 教師は学生の要求に対して，断定的かつ応答的であるだろう。
9. 教師は専門家としての役割モデルであるだろう。
10. 教師は「接近的コミュニケーションの原理」を示すだろう。

　これらの期待に背くことは，スピーカーや学科，科目領域への学生の情動を減少させるだろう。
　講義の有効性を最大化するためのひとつの方法は，(研究によって裏づけられた)一般的ルールに従うことである。その方法とは，スピーカーは割り当てられた講義時間の半分のみを使って，講義資料を取り上げるように計画し，残りの時間は，それらの概念を学生たち自身の経験に関連づけた例や図解を使って，情報を強化し，反復するために使う，というものである。教師たちは，手段を明確にするものとして，あるいは，たんに真面目な講義を止めたり，記憶力を復活させたりするために，ユーモアを取り入れた時間をとるべきである。学生は，ユーモアのある教師を好み，教材に影響を与えるようなユーモアを好む。可能ならば，教師たちはまた，講義の魅力を高めるために，視覚教材を作成すべきである。学生たちは自分が何について学んでいるかを知れば，より学ぶものである。効果的な講師は，学生が情報を意味ある単位に分類することを援助するために，プレゼンテーションのいたるところで，まとめに役立つ内容を提供するだろう。関連する講義中に何らかの形式の注釈が与えられると，学生たちはその後の試験でよい成績を収める。学生が講義中に説明の注釈を記録するための図や表，個所を使って，教師がキーポイントの広範な概要を提供すると，ノート取りを学生自身の工夫に委ねた場合よりも，学生はもっと勉強するだろう。教師がどこに到達しようとしているかだけでなく，結論にたどり着くまでに自分たちがどの程度離れているのかという感覚を学生たちに与えるという点で，この技術は学生たちに情動的な利益ももたらす。かつて交通渋滞に巻き込まれ，どのくらい耐えればよいのかわからないという不安を経験した人ならだれでも，進展が予測可能であることの利点を理解するだろう。
　学生たちがノートをまとめる助けとなるもうひとつの方略は，講義誘導方法 (guided lecture procedure) である。学生たちは教師の授業中に，たんに授業を聞くだけで，ノートを取ることを控えるように勧められる。これは講義時間のおよそ半分である。彼らはその後，講義の内容のうち，覚えていることを書き留めるよう求められる。教師は5分程度，授業の重要点を復習し，質問に答えるための時間を取る。そしてその後，学生らは小集団に分かれ，集団メンバー間で共有される講義ノートのセットを協力して作成する。この手続きは，後に参照するためにどの部分を記録しておく必要があるかを決定しようとする前に，全体像をつかむことができるという点，また小集団の中での協力的な相互関係を推奨することによって，教室の雰囲気を個人の問題とす

ることができるという点で,学生たちにとって有益である。欠点として,講義では教材の半分しか取り上げられないという点があげられる。重要なことは教師が取り上げる教材の量ではなく,学生たちが学ぶ教材の量であるということを覚えておけば,この点は心配することではない。

　最後に,効果的な講師たちは,潜在的によそよそしい教授法を行なわないよう注意しなければならない。このような方法は,接近的な教師－学生の関係性を確立しようとする試みを妨害するものである。学生の名前を使用したり,個人的な逸話や打ち明け話を組み入れたり,質問を投げかけたり,学生に発言を促したり,授業を「われわれの」授業や「われわれが」していることなどと言及したり,ユーモアを用いたりすることは,すべて接近性に寄与する。学生たちとのアイコンタクトを維持したり,微笑んだり,くつろいだ姿勢をしたり,生き生きとしたジェスチャーを用いたり,講義中に教室内を歩いたり,さらにこれはとても重要なことであるが,活動的で,表現豊かな話し方も有効である。これらの方略には,認知的・感情的な学習の利益があることが示されてきている。それらは説明を個人的な問題として受け止め,重要なポイントを強調し,断続的に音声的・視覚的手がかりを変化させることによって,興味を持続させることに役立つ。

モデレーターとしての教師

　教授方法と教室内の相互関係に関するいくつかの研究では,学生たちは講義によって厳密に教えられた科目よりも,クラス討論をとおして教えられた科目に,より影響を受けると結論づけられた。議論は学生たちに自分自身の言葉で原理や応用例を形成させることができ,それによって科目テーマに関する当事者意識を与える。議論はまた,教師たちに学生たちがどのように情報を処理しているのかという迅速なフィードバックを与える。リッチモンドら(Richmond, Wrench & Gorham, 1998)は,教室内相互作用に関連する効果的な教授スキルを明らかにした。そのスキルとは,質問の流暢さ,学生参加の強化,徹底的な質問の使用,高いレベルの認知的目標に注意を向けるような質問の使用,多様な質問をする腕前,教師の発言への依存を減らすための非言語コミュニケーション手がかりの適切な使用,退屈や無関心を減らすための相互関係テクニックの使用などであった。

　クラス討論を望み,奨励する主張と同じくらいふつうに,多くの教師たちは学生たちに発言させることを困難で,もどかしい課題だと考えている。クラス討論を生み出すうえで,教師が抱える問題点のひとつは,学生たちが討論の創始者であるべきだという教師たちの仮説にある。しかし,ほとんどの学生たちは疑問点や意見を持って教室には来ておらず,せめてそれを共有しようと思っているくらいである。クラス全体の議論を成功させるカギのひとつは,教師の質問能力であり,それは学生たちに対して尋ねるだけではない。さらに,教師の尋ねる質問の種類が,うまくモデレーター

(moderator) の役割を果たす要である。

　唯一のあるいは限られた数の正答しかない質問，つまり閉じられた質問は，学生たちに油断させないためのよい方法であるが，議論を盛り上げることはまれにしかない。「第二次世界大戦が始まったのはいつですか？」「虹がどのようにしてできるか，だれか説明できますか？」「接近的手がかりに関する知識は，営業においてどのように役立ちますか？」などといった質問は，知識や理解力，応用目的を扱っており，そして学生たちを意欲的な参加者になるよう勧誘するが，特定の正しい答えを要求するものである。

　教育者は，そのような質問に答えることを恐ろしい経験にさせないよう注意する必要がある。コミュニケーション不安の高い学生たちは，再度発言を求められることを避けるためだけに，「わかりません」としばしば答えるであろうし，どの学生も，答えられない質問で苦況に陥るならば，ある程度は困惑して苦しむ。よって，教師は参加したいという信号を出していない学生たちに発言を求めることを避けるべきである。自発的に発言しようとする学生たちだけに発言を求めることは，外向的な学生たちとの相互作用に限定してしまうことになる。よって教師は，そうしたくない時でも，学生たちに質問に答えさせようと固執する自分の動機を疑うべきである。これはその単元の教育的目的にとって重要か？　それとも，多くの教師によって行なわれる「わかった（Gotcha）！」ゲームの事例にすぎないのだろうか？

　円をまわるような，あるいは列を下がっていくような質問システムは，多くの学生たちによって，恐怖がどんどん増加する，悪い接近方法だと見なされる。このようなシステムが必ず成し遂げるのは，何人かの学生たちの認知的な学習を減少させるだけであり，同時に負の感情学習を生み出してしまう。どんな場合でも，間違った解答への教育者の対応や，適切で有益な助言を慎重に行なうこと（「待っていますよ」や「続けて」と言うだけよりも）は，閉じられた質問を使用する際に，威嚇的ではない環境を確立するのに大いに役立つ。

　閉じられた質問では，教師は教育者-学生の相互関係に主要な焦点を置いたままである。教師がモデレーターの役割に立ち返り，真の議論の雰囲気に焦点を移すという点で，最も効果的な方法は，開かれた質問をすることである。開かれた質問は分析，統合，応用目的（application objective）をねらいとする場合，とくに適切である。このような質問には正答がない。学生たちは自分の立場を守ろうと挑戦するかもしれないが，彼らが間違うことはありえない。最高の状態では，開かれた質問は学生間の議論を動機づける。そこでは，教師は議論を終結させたり，議論の焦点を変更させるため以外は議論に参加しない。これらは教室内で提起する問題ではないだろうが，それらは思考のよい刺激となるという点で，開かれた質問の力を証明する。教室に適用すると，以下のようになるだろう。「もしロミオとジュリエットが自殺を試みて，失敗したとしたら，生き延びたでしょうか？　彼らにどんなことが起こっただろうと思

いますか？」。このような質問をクラスに提起することは，学生に対してロミオとジュリエットや彼らの家族，その他この芝居を読んだことによる洞察について知っていることを引き出すように求めるだけでなく，学生たち自身の経験や，親子関係や愛，早婚，自殺などについての態度を引き出すように導くものである。

クラス討論への参加は，がやがやしたグループ（buzz group）によって，最大化されることが多い。がやがやしたグループとは，質問を簡単に議論するために，頭を突き合わせ，次に教室全体へ自分たちの回答を報告する学生の小集団である。開かれた質問によって，限りある時間の中でより多くの学生たちが自分たちの意見を表現するという機会をつくることができる。閉じられた質問では，特定の学生に注目が向けられ，仲間の指導が奨励される。学生たちの多くは，クラス全体の前に立つよりも，がやがやしたグループでのコミュニケーションに，より不安を感じることが少ない。そして，たいていのグループは，より自信を持って，すでに仲間の反応として試された回答を発言する。

モデレーターとしての教師の役割に関する最後の提案は，待ち時間と関係する。教師が自分の質問に自分で答えるという状況はきわめてよく観察される，なぜなら，ふつう，学生の回答がすぐになされないからである。学生たちはこのパターンを即座に学習し，参加に対する責任を免除する。質問が真の質問と受けられていない。われわれの多くは，教師が以下のように独白するのを，一度あるいは何度も聞いた経験があるだろう。「はい，だれが本章を読みますか？　だれ？　それは何についてだった？　第二次世界大戦。さて，その戦争は何に関するものでしょうか？　力に関する戦争でしたね，そうでしょう？　戦争をする価値があったでしょうか？　私はそう思います。だれか異論がありますか？　ないですね。さあ，さて，第二次世界大戦の最初の戦いは何でしたか？」。学生たちは，参加方式でない教室の規範と，質問がおもに修辞的である教師を何度も経験している。われわれは彼らのこういった予想を変えるために，時間を費やすべきであり，彼らに考える時間を与えるべきである。70％もの大学生が，クラス討論にけっして参加しないと推定されている。……これは，学生に回答するのに十分な時間を待たない教師によって，学生らが質問しないように教えられたからなのか？

トレーナーとしての教師

精神運動スキルを教えるうえで要求されることは，学生たちがその技能を習得するまでにその技能を練習する機会があることである。時として，車の運転を学ぶ時のように，学生たちはある動きを学習してしまうまで，同じ課題を何度もくり返したいという高い意欲にかられることがある。時として，学生たちは練習し続ける意欲にかられず，反復に飽きてしまうこともある。このような事態に直面した場合，スキル練習の有効性は，その技能の遂行を改めるために教師が提示する方法によって高められる

のである。たとえば，アルファベットの書き方を習っている子どもたちは，線の引かれた紙に何度もくり返し，文字を書くことには興味を失うが，壁にアルファベットを描いたり，プリンに指で字を書いたり，アルファベットを貼り付ける絵本を作ったり，黒板に字を書く機会を与えられることなどについては，依然として興奮して取り組むのである。

　学生たちがある技能を習得するまで，教師たちが彼らを効果的に指導するために重要なことは，その技能の動作を別々の要素に細かく分けることである。それによって教師たちは修正的な指示を与えることができる。著者のひとりは，小学校時代の体育の授業をはっきりと覚えている。そこでは，その教師は何かをすることができた生徒には報酬を与え，できなかった生徒には罰を与えたが，指導はけっして与えられなかった。その著者は，高校に進んで，自分がうまい野球選手になる必要がなかったことに驚いた。人は，打ち方についての修正的な指示に従うことによって，よりうまくなるのである。プレイ経験が多くなることで，どんどん野球がうまくなった学生たちがいた。一方，試合から降ろされるまでたんに効果的でない動きをくり返し，コツをつかむまで競技のひとつの側面だけに集中させられた学生たちもいた。

　高い技術を持つ学生を指導する教師やトレーナー（trainer）は，その性質上，訓練プログラムでの動作の特定要素を分離し，それぞれに取り組む名人である。競技ゴルファーのトレーナーは，調整を乱すような手首の小さなひねりを解消することに取り組むであろう。バイオリンの天才を教える教師は，さらなる指の器用さが若い音楽家を新しい高みへ到達させうることに注目しているため，指先の練習を割り当てるだろう。なぜ技能を習得できないのかについて学生たちが解決することを助けることのできる教師は，その教師自身が主要な指導技術を習得しているのである。

マネージャーとしての教師

　小集団プロジェクトは，一般的には2人から6人の学生たちが共通の課題に共同で取り組むことを必要とする。これは授業での学生たちの活発なかかわりを最大化し，学生たちの対人コミュニケーションと協力のスキルを高め，仲間で教えあうことを通じて知識を強化するための機会を提供する。学生たちはとくに仲間に対して情報を言語化する機会がある場合に，その情報を長い期間忘れないということが，研究によって明らかになっている。小集団での活動が学生たちの動機づけを高める傾向にある原因として，部分的には学生が仲間と互いに影響しあう機会を楽しむという点があり，また一部では，学生たちが仲間から肯定的に見られることを気にしており，自分の分担の失敗で級友を失望させたくないという点がある。

　すべての学生たちに何が起こっているのかを常に監視できず，教室で起こっていることを制御できないと感じるので，小集団での活動は居心地が悪いという教師たちがいる。学生たちが課題以外のことに時間を使いすぎること，集団のうちの1人か2人

が他のメンバーを支えていること，また，集団のプロジェクトへの個人の寄与度を採点することが困難なことなどが観察されている。また，教師たちの中には，学生たちが小集団で活動している間に自分が何をしなければならないかをきっちりとわかっておらず，自分が教える責任を放棄しているように感じる人たちがいる。このような教師たちの不安には根拠がある。すなわち，教師はよいマネージャー（manager）でないならば，集団活動は無用の長物である。

小集団教育での教師の役割は，情報資源と人員のマネージャーである。マネージャーとして，教師は当面の課題を明確に定め，スケジュールに関する指針と，課題を完成させるために必要なさまざまな段階の構成を提供すべきである。ひとつの授業時間内に完成するように計画されるグループ課題もあれば，一方で，数週間あるいは1か月間に続く課題もある。後者の場合，長期間の目標内での短期間の目的を判断して，集団を指導することが，とくに役立つ。学生たちに情報資源のリストを与えることや，「効率的なコミュニケーションについて報告しなさい，では6週間後に」と告げることは，非効率的な管理法である。以下の2つの主な理由から，集団はもたつき，課題以外のことに時間を費やす。彼らは，①何をすればよいのかわからない，あるいは，②そのやり方がわからない。

教師はマネージャーとして，課題を行なう集団の構成を考慮し，それらをどう組織するかを戦略的に決断しなければならない。さまざまなプロジェクトの間じゅう，一緒のままでいるホームグループを形成することには，正当な理由が存在する。たとえば，学生たちはお互いを知り，個人的な長所や限界を知るようになること，時間が経つにつれて，より効率よく活動するようになり，相互依存の小集団になっていくことなどである。そして，同様に，集団が割り当てられるごとに，新しい構成を作ることにも，正当な理由がある。たとえば，学生たちが広範な社会学的つながりを発展させること，派閥が構築される可能性が低いことである。動機づけの高い学生と低い学生を混合することには，正当な理由があり，同様に，動機づけの高い学生どうしを一緒に活動させ，動機づけの低い学生を自力で活動させることにも，正当な理由が存在する。よくて，新しいリーダーが発見され，悪くても，いつものリーダーは利用されているとは感じない。グループ分け方略の選択は，特定の授業への教育者の感情的目的と関連することがよくある。いったん集団が形成されると，マネージャーとしての教師は活動上の関係を監視し，争いが集団の機能性を損なっているならば介入すべきである。

情報資源のマネージャーとして，教師はグループが課題を完成させるために必要な情報や材料を入手させることができるべきである。教師はグループの進行を監視し，アイデアを検証し，情報を点検し，成果を公開するための手段を示唆するだろう。前もって監督しすぎないほうが，賢明なことが多い。もし学生たちが最初に，必要な情報資源すべてと，何を考え出すべきかという具体的な手本を与えられるなら，集団の

過程で偶発的に学習されることがらの多くが失われるだろう。そのグループは教育者のスタッフであり，学生自身のプロジェクトではなく，教師のプロジェクトに取り組むことになる。

コーディネーターとしての教師

指示を補足するために情報資源を利用することは，多くの目的のために役立つ。コンピューター利用学習（computer-aided learning: CAI）や，その他のプログラム化された指導パッケージは，主要な指導方略あるいは補助的手段として使われるために，開発され，購入される。映画やビデオテープ，音声テープ，教育番組，書籍，雑誌，新聞，実演，来賓の講演者，シミュレーション，パワーポイントによるプレゼンテーションなどは，他の指導方略の補助として，あるいは指導の基礎として使用される。

だいたいの場合，情報資源ベースの指導は補足的なものである。情報資源は教師が直接指導するような伝統的な方法の中で，さまざまな感覚を刺激したり，代替的な方式で情報を提示したり，教科書や授業の教材を強調するために用いられる。

情報資源ベースの指導を効果的に使用するための鍵は，情報資源が指導の目的を拡充するためにいかに用いられるかを正確に知ることである。情報資源の形式が何であれ，教師は授業でそれを使用する前にそのすべてを経験しておき，それを効果的に使用するために計画を調整すべきである。

準備や検証活動なしに，単独で役立つ強力な情報資源はほとんど存在しない。情報資源ベースの指導は，教師がその情報資源に盲目的に従うより，その情報資源を利用する時に，最大の効果をあげる。効果を最大化するには，教師側でかなり熟考され計算された調整が求められるが，それはたいてい努力するだけの価値がある。

さまざまな指導方略の採用は，さまざまな学習の方式にアピールし，教師たちと学生たちの双方が型にはまることを遠ざける傾向にある。当面の指導目標は，教科課程での与えられた時点における最も適切な指導役割を選択することを，常に中心とすべきであるが，教師の好みと個人的な長所が方略の決定に影響を及ぼすだろう。本章で，われわれは教師がさまざまな肩書きを持つべきであると示唆してきた。スピーカー，モデレーター，トレーナー，マネージャー，そしてコーディネーター（coordinator）。多くの教師はこのすべてで適切なようであり，多くの学生は毎日同じ肩書きを見ることに飽きている。多くの学生が望むことは，その教師がスピーカーなのか，モデレーターなのか，トレーナーなのか，マネージャーなのか，あるいはコーディネーターなのかにかかわらず，非言語的に受容的で，表現豊かで，そして協力的な教師である。

コントローラー，スーパーバイザー，ヘルパーとしての教師

教師は，学生たちに特定の行動や知識を身につけさせることによって，コントローラー（controller）として行動する。教師は，学生たちの行動を選択し，何が学生

たちの責任で何が教師の責任であるかを判断することによって，スーパーバイザー（supervisor）として行動する。そして教育者は，学生に感情や気持ちを理解したり，表現したりすることを促すことによって，ヘルパー（helper）として行動する。われわれはこのリストに，もうひとつの教師の役割を追加したい。それは，エンターテイナーとしての役割である。教師は教材を興味深く，おもしろい方法で提示する方法を知っていなければならない。これによって，学生たちはより注意を向け，長く記憶することができる。

　教育者は，本書でわれわれが議論する他のどの集団よりも，効果的で感情的な伝達者であるという大きな責任がある。教育者は，まだ態度や概念を形成していない子どもを管理する。もし教師が効果的で，感情的な伝達者でなければ，学生を管理し，監督し，助力し，あるいは引っ張ることができない。実際，多くの学生を学校嫌いにさせるだろう。この学校嫌いという行動は，どの学年においても起こりうる。教師はコミュニケーションによって，学生を動機づけることも，動機づけに失敗することもできるのである。

　多くの学生が学校を疎んじることは不思議ではない。この自由社会において，個人が日に6時間以上，週に5日，何か月にもわたって，ひとりの人の話を聞くように要求されるような場面は他にはない。われわれはひとりの人に，閉じ込められたその他すべての人からの注意を保ち，興味を引き続けることを期待する。その教師は，教室に閉じこめられた人たちがわれわれの社会の大人たちに，貢献するようになるために，知る必要があるすべてのことを確実に学ばせなければならない。これが簡単なことだろうか？　社会はそう考えているに違いない。なぜなら多くの地域では，教師に支払われる給料は，その他の専門職の人々より低いからである。残念なことに，教室内での効果的なコミュニケーションは，社会の中で最もむずかしいコミュニケーション課題であるかもしれない。驚くべきことに，コミュニケーションの集中的な訓練を受けた教師はほとんどいない。多くの教師は話し方教室の入門クラスぐらいしか受けたことがないし，それすら受講したことのない人が多い。非言語コミュニケーションでの教育は，ほんの一部分しか受けていない。

2　非言語コミュニケーションの役割

　1章で学習したように，非言語コミュニケーションは，言語を反復，矛盾，置換，補完，強調，調節するという機能を持つ。これは教室における非言語コミュニケーションでは，とくに当てはまる。われわれが1万人以上の教師を調査した結果，ほとんどの教師が言語コミュニケーションと比べて，非言語コミュニケーションが教師と学生の間のコミュニケーションをよりよくするうえで，効果的なコミュニケーション手段であ

ると感じていることを見いだした。彼らがこのように感じるのは，非言語コミュニケーションが教室環境のあらゆる場面で浸透しているからである。さらに，多くの教師はよいスピーカー，コントローラー，マネージャー，ヘルパー，エンターテイナーとなるために，非言語コミュニケーションが言語コミュニケーションに比べて，役立つとわかっている。非言語コミュニケーションはより繊細であり，より頻繁に用いられる。学生たちは教師の話に退屈し，ついにはそれを無視する。教師たちはコミュニケーションを強調せずに，学生とコミュニケーションするために，非言語コミュニケーションを使うことができるのである。

アンバディーとローゼンタール (Ambady & Rosenthal, 1993) は，「30秒：非言語行動と身体的魅力のほんの一部から教師の評価を予測する」と題した画期的な研究を完成させた。この研究は3つの調査から成り立っていた。調査1と2で，学生たちは10秒間のビデオ映像から大学と高校の教師たちの非言語行動と身体的魅力を評定した。調査3では，「さらに短いビデオ映像」を見せられたとしても，第三者の評定が調査1と2での教師の非言語行動と身体的魅力を予測できるか否かを調査した。ビデオ映像は10秒から，5秒，2秒と減らされた。結果は驚くべきものであった。彼らは以下のように明らかにした。

> 10秒・5秒・2秒の条件間で，判断の正確さには有意な差が見られなかった。さらに，2人の教師間でも判断の正確さに有意な差は見られなかった。また，30秒の条件（10秒を3回）と6秒の条件（2秒を3回）との間にも有意な差は見られなかった (pp. 437-438)。

アンバディーらは，印象形成における人間の能力がこの研究から支持されると示唆する。実際，非言語に関する研究からいつも示唆されてきたように，印象形成は関係性のごく初期において行なわれる。しばしばこれらの第一印象がその後のコミュニケーションを決定するのである。アンバディーらは短い時間のビデオ映像で見られる非言語行動（30秒以内）から，われわれが教師の素直さ・活発さ・親切さ・有能さ・信頼性・支配性・共感性・熱狂性・正直さ・好ましさ・穏やかさ・楽観性・専門性・協力性・温かさを判断するのだと結論づけている。実験参加者は，特定の非言語行動，すなわち左右対称の腕・しかめ面・うなずき・頭のゆれ・指さし・座り方・笑顔・立ち方・強力なジェスチャー・接触・胴体上部への接触・歩き方・弱いジェスチャーなどを観察した。アンバディーらは，以下のように結論づけている。

> 評定の高い教師たちは非言語行動や表現をより多く行なう傾向にある。彼らは歩き回り，胴体上部に触れ，笑顔である。効率的でない教師たちはより座っており，頭によく触れ，うなずくよりも頭を振る。これらの結果は，評定の高い教師たちは効率的でない教師たちに比べてより多くの非言語的表出を行ない，より関与することを示唆している (pp. 436-437)。

彼らはまた，教師たちは「自分の非言語行動から起こりうる影響を汲み取り，非言語的な技術を学ぶことさえすべきである」(p.440) と示唆している。しかし，研究者らの忠告は，このような判断は教育の感情面において最も的確であるということである。

　われわれは何年もの間，教室内における教師たちの言語行動の主要な機能（primary function of teacher's verbal behavior）は，学生たちの認知的学習の上達を満足させることであると述べてきた。また，教室内における教師たちの非言語行動の主要な機能（primary function of teacher's nonverbal behavior）は，学生たちの主題や教師，授業への感情や好ましさを上昇させること，そして科目を学習する熱意を教え込むことである。そこまでのひとつの段階は，教師と学生の間の積極的な感情的関係の発展である。教師が効果的な非言語行動をとおして感情を上昇させるならば，学生はより聞き，学び，学校に対してより積極的な態度を取る。教師と学生の間の効果的な教室内でのコミュニケーションは，学習への積極的感情の鍵である。教師と学生の間においてコミュニケーションが向上すれば，影響も増大する。教師たちが教室内での言語・非言語コミュニケーションをより効率的に行なうように訓練を受けたならば，教師と学生の間の関係性は向上し，学生の効果的，認知的学習も促進される。もし積極的な効果が見られれば，認知的な学習も促進される。

　教師の非言語行動は学生に対して意味を伝達する。たとえば，学生が話している時にめったに学生を見ない教師は，学生に対してまったく興味がないことを伝達する。学生の非言語行動も同様に，教師に対して意味を伝達する。いつもあくびをしている学生は，退屈しているか疲れているか，あるいはその両方である。教師は，学生が疲れていようといまいと，学生が眠ってしまうほど教師が退屈であろうとなかろうと，内容を再検討したり決定をしたりすべきである。

　本章の残りの部分では，さまざまな種類の非言語行動についての議論と，それぞれがどのように教師と学生の間の関係性に影響を及ぼすのかに焦点を当てる。われわれはおもに教師の行動と，それがどのように学生とのコミュニケーションに影響を与えるかに注目する。われわれがこのアプローチをとる理由は，教師に対する学生の認識が，コミュニケーションの有効性を決定するからである。もし学生が教師を威圧的であると感じたなら，学生は否定的な方法で反応するだろう。もし学生が教師を接近的であると認識したなら，学生は教師に対してより応答的になるだろう。教師が自分を好んでいないと認識するならば，その学生はたいてい教師を嫌うことを学習するだろう（Richmond, Wrench & Gorham, 1998）。以降で，教師と学生がどのようにして非言語行動をとおして感情や好ましさを表現するのかについておもに述べる。ここであげられるすべての例は，典型的な教室において適用することができる。

教師の外見

　教室場面では，外見は重要なメッセージを伝達する。教師の装いは学生の教師に対する認識に影響を及ぼす。フォーマルな服装をしている教師たちは学生から，有能で，整理された，準備された，知識のある，という認識を受ける。カジュアルあるいはフォーマルでない（だらしなくない）服装をしている教師は学生から，友好的で，外交的で，理解があり，融通が利き，攻勢であると認識される。

　われわれは，教師たちがとてもフォーマルな服装をしている場合，教師が自分たちの要求に対して理解がなく，自分たちとコミュニケーションを取りたいと思っていないと学生たちに感じさせることを明らかにした。その教師は有能であると認識されるが，理解がないと認識されるのである。カジュアルな服装をしている教師は，開放的で，友好的で，接近的ではあるが，フォーマルな服装をした教師よりは有能でないと認識される。つまり，われわれのアドバイスは，1，2週間あるいは信頼性が確立できるまではフォーマルな服装をするということである。そしてその後，学生との相互関係に対して開放的であるとの印象を示すためにカジュアルな服装をするのである。服装行動はたんにその教師の服装の好みを反映しているだけなのだが，いつもフォーマルな服装をしている教師は，学生との相互関係を望まないということを伝達する。教師の動機がどうであれ，学生たちの認識はたいせつである (Gorham, Cohen & Morris, 1997, 1999; Morris, Gorham, Cohen & Huffman, 1996; Roach, 1997)。

　魅力的でない教師たちはまた魅力的な教師たちに比べて，教室内でより厳しい時間を持つ。学生たちは魅力的な教師に対しては接近的で応答的であるが，魅力的でない教師に対してはそうではない。つまり，魅力的でない教師は信頼性や類似性，好意を確立するために，魅力的な教師よりもより一生懸命努力しなければならないのである。

　外胚葉型の教師たちはたいてい学生から不安げで落ち着きに欠けると認識されるが，ことによると知的であると認識される。内胚葉型の教師は一般的に学生から教室内で，鈍く，怠惰で，準備不足で，活動的でないと認識される。中胚葉型の教師は，説得力があり信頼でき，好ましく，有能であると認識されるが，ことによると強情で優勢的であると認識される。

学生の外見

　教師たちの服装が学生たちの認識に影響を与えるのであれば，学生たちの服装は教師たちの認識にどのような影響を及ぼすのであろうか？　教師たちは学生たちに対してその服装をもとに非常に明確な判断を下す。いつもだらしない服装をしている学生は，けっしてうまく何かをやり遂げることができず，だらしなく，鈍く，学校に対して興味がないと教師たちから認識されるような外見に関して，誇りを持っていないように見える。ある教師はわれわれに，いつもだらしない格好をしてだらしない作法である小学6年生の生徒について話をした。彼は数年間だらしなく鈍いという扱いを受

けたあと，彼女の期待を満たし始めた。彼女は彼が平均以上の知性を持ち，並はずれてよい読書スキルを持つことに気づいたのである。彼女は彼に対して，彼が読みたいと思うものは何でも読ませるようにすることで，彼に手を差し伸べ始めた。そして彼女は彼に対して自分の学業により注意を払わせ始めた。6年生の終わりには，彼はBプラスの評価を得た。彼女は彼の見かけや服装にも何とか注意を払うようにさせることすらした。他の教師たちは彼の服装の変化に気づいた時，いかに「彼の中でたしかに何かが変わった」かを論じた。

　奇妙でめずらしい服装の学生たちはまた，教師から否定的な態度で認識される。彼らはしばしば，学校の規範に沿わない服装をする学生を罰したり非難したりする。時として，彼らは学習や教師とのコミュニケーションを損なうような服装をする学生を非難する。1960年代の初め，多くの学校がとても厳しい服装規定を設けていた。これらの規定は若い女性がズボンを履くことや，若い男性が髪を長くすることを許さなかった。われわれは，ある少年が教師や仲間や校長からしばしばかなり迫害されており，高校を卒業することができなかったという状況を知っている。彼の大きな過失は，彼の髪が耳にかかっていたことであった。彼は，教師や校長が彼を他の学生の邪魔になると感じたために，高校を停学になったのである。同じようなことは，アメリカ中のあちこちで報告されており，多くの学生は外見のせいで迫害されていた。気が散ると見なされるような外見の要因は，今日では20年前とは異なるが，教師や学校管理者の反応は多くの場合，異なっていない。

　きちんとした，清潔な，容認される外見をした学生は一般的に教師や仲間，管理者から受け入れられる。彼らはしばしば，だらしないあるいはめずらしい服装の学生よりも比較的自由を与えられる。たとえば，教師がそうすべきであると考えるような服装をした学生は，教師にとってより魅力があり，より助けを得やすい。教師はそのような学生との相互関係により時間を持ち，課題に対してもより手助けを行なう。

　悲しいことに，しかし真実であるが，魅力的な子どもたちは魅力的でない子どもたちに比べて学校の環境の中でよりよい扱いを受ける。魅力的でない子どもたちは，教室や学校の社会的環境の中で差別される。魅力的な子どもは魅力的でない子どもに比べて，教師からより頻繁にコミュニケーションを受ける。教師たちはより積極的にかかわりを持ち，仲間たちもより好意的な反応をする。魅力的でない子どもは，魅力的な子どもほど，教師と子どもの間の相互関係を量的にもタイプ的にも持たない。魅力的でない子どもはまた，魅力的な子どもに比べて，仲間からもより否定的に認識される (Richmond, 1997)。

　しばしば知らないうちに，教師は魅力的な子どもには接近的であるのに対して，魅力的でない子どもを避け，非接近的な手がかりを示す。魅力的でない子どもたちは一般的に，教師から無視され，魅力的な子どもに比べて質問に答える時間を短くしか与えられず，会話が短く，アイコンタクトをより与えられず，より距離を取られ，あま

り接触をされない。このようなタイプの非言語行動は魅力的でない子どもに対して，自分自身が他の子どもよりも魅力的でないということを伝達する。魅力的でない子どもたちは他の学生たちよりもしばしば低い成績をつけられる。このことの多くは，教師から与えられる非言語的な扱いの違いが原因となっている。彼らは自分が好かれていないか，あるいは，他の子どもほどよくないというように感じ，ついには教室環境に無関心になり，あまり勉強しなくなる。われわれは子どもがこのように言うのを聞いたことがある。「ジョーンズ先生は私のことを好きではないの」。どうしてそれがわかるのかと尋ねると，その子どもはこう答えた。「私はわかる。それが先生のやり方だから」「それが先生の私への扱いだから」。

　少なくともある部分では，体型は人が他者からどのように認識されるかを決定する。外胚葉型の学生は教師から，神経質で，不安で，緊張が高まっていると認識されるが，たいてい有能であると認識される。彼らは仲間からは無能であると認識される。彼らは182cmの身長にでもならない限り，花形運動選手のようには認識されない。内胚葉型の学生は教師から，鈍く，怠惰で，あまり快活でないが，実は親切でおもしろいと認識される。彼らもまた，花形運動選手のようには認識されない。中胚葉型の学生は教師から，頼もしく，知的で，有能で，優勢で，魅力的であると認識される。彼らはしばしば花形運動選手のようにも認識される。

　教師や学生の一般的な外見や魅力は，教師と学生のコミュニケーションにおいて主要な影響力を持ちうる。一般的に，より魅力的な学生や教師は優先的な扱いを受ける。魅力的でない学生や教師は，有能で好ましいと認識されるためにはより一生懸命努力しなければならない。子どもが学校において適度に魅力的な外見を示せるように，親は手助けをすべきである。多くの子どもはこれを1人で達成することはできない。そして，これは学生の成績に違いをもたらすのである。

ジェスチャーと動作

　小さな子どもたちはしばしば，言語で発言できないことを説明するために，ジェスチャー（gesture）や身体動作（movement）を用いる。年齢が大きくなると，単純な手のジェスチャーの使用は減少し，複雑な手の動作が増加する傾向にある。アメリカ文化では，われわれは興奮したり複雑なメッセージを伝えたりする時に，よりジェスチャーを用いる傾向にある。一方，退屈していたり単純なメッセージを伝えたりする場合は，あまりジェスチャーを用いない。したがって，小さな学年の子どもたちはコミュニケーションのために言語的メッセージよりもジェスチャーをより用いやすいのである。しかし，12歳になる頃には子どもたちは大人の規範を要求され，より複雑なジェスチャーや幅広い言語的メッセージを用いるようになる。

　教室内では，学生によって用いられる最も一般的なジェスチャーは，適応的な動作である。多くの子どもたちにとって，教室は不安を引き起こす状況である。典型的な教

室を観察すると，学生たちが鉛筆を噛んだり，つめを噛んだり，机やノートをいじったり，髪を引っ張ったり，服を直したり，ペンをカチカチ鳴らしたりしているのに気づくだろう。あまりにも多くの学生がこのような適応的動作をしているような教室は，不安の程度が高いか，教師が退屈であるかのどちらかである。学生たちは不安な時や退屈な時に，よりこのような適応的動作を行なう。これらの行動はしばしば無作法であると認識され，非難される。絶えずペンをカチカチ鳴らしているような学生は，教師からは混乱を引き起こすと認識される。学生たちはそれを叱られるまで，自分がそのような行動を行なっていることに気づくことさえないかもしれない。

適応的動作は新学期の初めの数日間や，休日の近く，あるいは終業の近くになると一般的に行なわれる。学生たちはこのような時，何気なく，適応的動作が増加する。教師たちもまた新学期の初めの数日間，より適応的な行動を行なう傾向にある。新しいクラスに初めて直面する時，多くの教師は不安を引き起こすものである。より適応的動作を用いる教師たちは，不安で神経質であると認識される。

教室内で，まれにしかジェスチャーをしない人（教師・学生いずれも）も存在する。めったにジェスチャーをしないような教師たちや学生たちは，退屈で活気がないと認識される。教師たちは教室を活気のある興味深いものにするために，言語的メッセージとともに図解や効果的な提示をより使用するべきである。教師の伝達方式は活気があり生き生きしたものであるべきであり，ジェスチャーはこれを達成するためのひとつの方法である。活気のある生き生きとした教師は，教室においてより長い時間，科目に対して興味を持たせ続けることができる。活気のない退屈な教師は，教室内を眠らせてしまう。

開かれたポスチャー（posture）をとる教師たちは，学生に対して理解があり，接近的であるということを伝達する。しかし腕を組んだり閉じた姿勢をとったりする教師たちは，非接近的で理解がないと認識される。同じような姿勢の学生たちは，教師たちから同様に認識される。教師たちと話している時に座席でだらけた姿勢をとる学生たちは，退屈で，怠惰で，傲慢であるとさえ認識される。教師たちは学生たちに対して興味深そうに見えることを期待しているのである。興味に関する最もよい指針のひとつが，ポスチャーである。

適応的ジェスチャーを行なう教師と学生の双方は，彼ら自身の信頼性を低めようと努力しているかのようだ。教師は意識して，活気にあふれ生き生きしたように努めるべきである。これによって，教師と学生の間の関係性をよくし，教室内を刺激的な環境にすることができる（Richmond, 1997）。

表情行動

むっつりした，気むずかしい表情の教師や学生は，感じのよい表情の教師や学生に比べて，活気がなく，非接近的だと認識される。表情の使用は，教室環境において多

くのことを伝達するのである。人々はいつも自分自身の本当の感情を隠すことはできない。教師は表情をとおして何気なく学生に関する感情を表わしている。より小さな子どもたちはたくさんの表情を理解することができず，時に肯定的でない表情を否定的であると認識することもある。しかめ面はしばしば否定的な表情と結びつく。子どもたちは一般的に12歳くらいになるまで，さまざまな表情を学習しない。それまでは，子どもたちは教師の表情を区別することが困難である。したがって，小さな子どもは教師の思慮深い表情に対して，何か自分が悪いことをしたかのように反応するのである。教師は小さな子どもに対して，自分自身の表情のコントロールに非常に気をつける必要がある。

　また，学生たちの表情も，教師たちが彼らに対して，どう対応するかに影響する。窓の外を眺めて，全体的に退屈な表情をしている学生は，叱られる場合を除いて，教師から話しかけられることはない。このような学生はまた，教師からいかなる優先的な扱いも受けない。著者のひとりは，夜間の授業中，本当に眠っている学生に出会った。授業には146名の学生がいたが，退屈しているように見えるのは，彼ひとりであった。ある日その学生が寝ていたことと退屈しているように見えたことを謝りにくるまで，教師はその学生に悩まされていた。彼は郵便局で午前11時から午後7時まで働いているために，夜間の授業で起きていることが困難だったと説明した。

　教師たちの表情は学生たちがその教室環境をどう感じるかに影響する。話している時に鈍く退屈な表情をする教師は，学生や主題に対して興味がないように認識される。このような教師では，学生が教え方に退屈するために教室が混乱する傾向にある。教師たちは，授業の主題だけでなく学生たちに対しても興味があることを示すために，感じのよい表情をしなければならないのである。感じのよい表情はしばしば肯定的な頭部の動作をともなう。

　学生の発言への応答として，肯定的なうなずきを行なう教師は，友好的で，学生とのコミュニケーションに関心があり，接近的であると認識される。めったにうなずかない，あるいは肯定的より否定的な頭部の動きを用いる教師では，教師と学生のコミュニケーションがただちに息苦しいものとなる。教師が肯定的に反応してくれないだろう，あるいは少なくとも促してくれないと気づいた時に，進んで発言しようとする学生は少ない。肯定的なうなずきは，教室内の相互関係や学生の反応を活気づけるという意味を持つのである。同じようなうなずきを用いる学生は，教師と学生の間の相互関係を促進し，授業内容を学生が理解しているかどうかを教師が知ることの助けともなる。

　笑顔はこれまでの長い間，好意や交友関係，接近性と関連づけられてきた。笑顔であったり肯定的な顔の感情を表わしたりする教師は，そうでない教師に比べてより接近的で好ましいと認識される。学生たちは，しかめ面あるいは笑顔を作らない教師よりも笑顔の教師に対してより好意的に反応する。同じように教師たちも，しかめ面あ

るいは笑顔を作らない学生よりも笑顔の学生に対してより好意的に反応する。どちらの場合も，より他者がコミュニケーションに対して開いていると認識する。したがって，教師と学生の関係性は笑顔によって促進されるのである。幼稚園から大学院まで，学生は笑顔の教師に対してよりよく反応する。

　教師と学生の双方は，好ましい表情を使用しなければならない。これは教師と学生の間の関係性や認識をよりよいものにする。好ましい表情の教師や学生は，陰気あるいは不機嫌に見える教師や学生よりも，より接近的で親しみやすいと認識される（Richmond, 1997）。

視線行動

　教師と学生の視線の行動は，両者の関係性に影響を与えうる。教師が呼びかけている時に遠くを眺めたり教師のアイコンタクトを避けたり，下を向いたりするような学生は，無関心でおずおずしており，コミュニケーションを取りたくないと考えているように認識される。これらはどれもけっして肯定的な認識ではない。われわれは，他者とコミュニケーションを取る時には人々は目を合わせることを好むと知っている。アイコンタクトは学生が教室環境に対してどれほど興味を持っているかの大きな指針となる。教師とアイコンタクトを取らない学生たちは，興味を持っていないと認識される。教師もまた，他の人々と同じ認識である。教師らは相手を見て話し，アイコンタクトを取ってほしいと望む。もしそうされなければ，教えている内容に対する拒絶であり，さらに個人的な拒絶であると受け止められるのである。

　めったに学生とアイコンタクトを行なわない教師たちもいる。これは一般的には学生に対して，教師が学生に対して関心を持っていないこと，そしてその教師が近寄りがたいということを示す。学生に対してアイコンタクトを少ししか行なわない教師たちは，しばしば内気であり，おそらくとにかく教室にいるべきではない。教師たちと学生たちの間に少ししかアイコンタクトがない場合，学生たちはいつ質問すべきか，いつ発言すべきか，いかに教師に接近するべきかがわからない。このことはたいてい大学では不平の種となる。これは海外の教師からの指示であることもしばしばである。授業中に教師が学生をけっして見ないということについて，学生から不満が出る時がある。このような行動は，教師が受けてきた文化的なしつけによるものである。ある文化では，教師と学生が直接アイコンタクトすることを不適切であると見なしているのである。

　教室内で逸脱した視線行動を引き起こす状況が存在する。それは，試験の時間である。学生たちがふらふらとあちこちを見渡しているような行動を，教師たちはしばしばカンニングの現われであると思い込む。これは必ずしも真実とは言えない。テストの時間は，ほとんどの学生たちにとって，とても不安な時間である。教師たちは，学生がテスト中に周囲を見回していたからといって，カンニングであると責めることに

は，慎重にならなければならない。テストで情報を処理している時，学生たちは5章で議論されたような共役眼球運動（CLEMs）を多く行なう。もし学生が常に絶え間なく他人の答案用紙を見ているような場合は，間違いなくカンニングであると決めつけてよいだろう。しかし，学生が左右を一瞥したり，上を見上げたりしている時には，たいがい学生はたんに情報を処理しているだけである。

　視線行動は，学生と教師間の関係性に関する重要な指標である。教師とアイコンタクトを行なう学生たちは，より関心があり，よい学生であると認識される。学生をよく見るような教師たちは，より活発で，より関心があり，より接近的であると認識される（Richmond, 1997a）。

音声行動

　最近，われわれは，学生たちが好む教師たちの声の質，好まない声の質を割り出すために調査を行なった。単調な教師の声は，学生たちにとって，圧倒的に不愉快な音声行動であると受け止められた。彼らは，単調な声は退屈で思いやりがなく，非接近的な印象を投影するものであると認識した。また彼らは，教師が鈍いあるいは単調な声の場合，あまり学習をせず，勉強の主題についてもあまり関心を持たず，授業をあまり好きにならないと答えた。学生たちは教師に対して，活気のある生き生きした声を望んでいるのである（Richmond, 1997）。

　音声性質の中でも，単調な声は教師たちと学生たちの双方から最も否定的な非難を引き起こすようである。教師も学生も，単調な声の人物に対しては退屈で鈍いとの認識を持つと述べる。単調な声の学生たちは教室において困難を自分で乗り切ることがまったくない。教師は教室内で，関心があるような声をしている学生たちに対して教えたいと望むのである。

　本書の著者のひとりが，ある教育哲学の教授に出会った。彼は毎授業，2時間半にわたって，物憂げな単調な声で話し続けた。教室には100人以上の学生がいたが，ほとんどが居眠りをしていた。この教授は，教育学部が効果的かつ感情的な教師になる方法を未来の教師に教育するという目的のために雇う教授としては，最悪のモデルであった。この教授に対して，学生たちが持つ最も重大な批判は，彼の能力についてではなく，彼の単調な声についてだった。

　すべての教室に，「笑いは教室内で奨励されている」と書かれた標識を掲げるべきである。学生たちは教室内で笑う機会を与えられていない。だれも学習することが退屈なものでなければならないとは言っていない。本当によい教師は，学生たちとともに笑い，また何か楽しめることが教室内で起こった場合には，学生たちに笑うことを奨励し，許している。たとえば，著者のひとりがある日授業をしている時，彼女がノートに近づこうとして，後ろへ移動した。すると，彼女はごみ箱につまずき，ごみ箱の中に入ってしまって，抜け出せなくなった。教室は唖然とし，そして爆笑した。彼

女も笑い，最後には何人かの学生たちが，彼女をごみ箱から救出した。彼女が笑わなかったり，学生に対して笑うことを批判したりしたら，教室内はやっかいなことになっただろう。笑うことは学生たちに対して緊張を緩和し，リラックスすることを可能にするのである。バー（Barr, 1929）が初期に実施した研究では，社会科学のよい教師とよくない教師が研究され，よい教師はより多く笑い，学生にも教室で笑うことを許しているが，よくない教師はそうでないことを発見した。それ以来多くのことが変化したが，教室での笑いのたしかな役割は変化していない。よく笑い，学生たちに対しても笑うことを奨励するような教師たちは，そうでない教師に比べてさらに接近的である。

空　間

　教師や学生が対人関係において個人間の空間をどのように使用するかは，その人物が他者をどのように認識しているかということを伝達する。机や教卓の後ろに立ち，学生たちにめったに近づかず，学生たちに近づくことをめったに許さない教師は，学生たちから友好的でなく，受容的でなく，近づきがたく，接近的ではないと認識される。このような行動は，教師と学生間の関係性をよりよくする助けとならない。

　教師が近づいた時に遠のいたり，教師が近くに立ったり座ったりすることを受け入れない学生は，教師からも同様に認識される。そのような学生は学習に関心がないようにさえ認識され，教室環境に反抗心を持っているように認識される。たんに他者から近づかれることを好まない人もいる。このような人々は，接触回避的である。だれかが彼らに近づいた時，彼らは接触を避けるために遠くへ移動したり，後ろへ下がったりする。われわれは，このように相互関係から離れていく人を，無情に判断しすぎないよう用心しなければならない。そのような人は，たんに接触回避なだけかもしれないのである（Anderson & Leibowitz, 1978）。

　家庭で虐待を受けている学生たちは，そうでない学生たちよりも広い空間を必要とし，接触回避のようにふるまうと示唆する研究もある。またある研究では，破壊的な学生たちは，そうでない学生たちよりもより広い空間を必要とすることが明らかになっている。彼らの破壊性は，切迫感や圧力への抵抗なのかもしれない。

　体の大きさの違いは，学生と教師が空間の大きさをどう感じるかということについて大きな違いをもたらすかもしれない。たとえば，小学校の教師たちは，もし身長が152cmしかなかったとしても，生徒よりもかなり背が高いことになる。ゆえにわれわれは，生徒を怖がらせずに接近するために，教師が座っている時には生徒を近くに立たせるべきであると提案する。教師はまた，生徒に近づく時には時折，座ったり床にひざまづいたりすることもできる。同様に，高校や大学では，学生たちが教師たちよりも背が高いので，このようなことはしないように努力すべきである。教師たちは，学生が彼らに対して親密にしようとしているかのように感じることを望まないのであ

る。背の高い学生は，おそらくこのことに気づかない。最も簡単な解決方法は，学生が教師から離れて立つことである。これによって，学生が教師の上にそびえ立っているような効果を減少させ，両者のコミュニケーションを容易にする。

要約すると，空間は教室環境においてさまざまなことを伝達する。学生たちから引き下がるような教師は非接近的で思いやりがないように認識される。教師から引き下がるような学生は関心がなく，反抗していると認識されるかもしれない。われわれは他の問題が生じていないかどうかに気づくために，このような認識を見通しておく必要があるのである（Richmond, 1997)。

接　触

今日の教室において，表現に富んだ接触がほとんど行なわれていないことは，とても残念なことである。他者が言うかもしれない当てこすりのせいで，教師たちは学生たちに接触を行なうことをためらう。低学年以上の学生は，教師との立場の違いのために，接触をいつも嫌がる。

人間にとって接触は，社会の中で成長し適応するうえで助けとなることが研究から明らかになっている。しかしわれわれの学校環境では，われわれの社会が永続させている無接近の哲学が適用されている。もしあなたが幼稚園から中学3年生までのほとんどの子どもたちに教師からの接触の種類や量について調査すれば，ほとんどの子どもは年齢が上がるにつれて，接触が減少し，接触の多くが叱責に関連すると答えるだろう。最後に，表現的な方法で教師から接触を受けたのが，いつか思い出せない学生もいるだろう。

接触は，教師と学生の効果的な関係性を確立し維持するためのとても有効なコミュニケーション方法である。接触は，学生が課題をうまくこなせた場合の強化として教師によって用いられうる。また，ことばを使わずに，ことばによる叱責や統制の代わりに用いられうる。たとえば，間違ったことをしている子どもに教師が近づいて肩に触れることで，その子どもに注意を与えることになる。子どもは，自分がしていることを止めるべきなのだとわかる。接触は教師と学生の関係性において好ましいコミュニケーション方法である。学生の腕，手，背の上部に触れることは好ましい。このような接触は完全にことばを使わずにメッセージを伝達するうえでとても有効な手段である。

低学年では，接触は生徒と教師の効果的な関係性を確立するうえでの不可欠な要素である。小さな子どもたちのほとんどは家庭でたくさんの接触を受けてきている。彼らは学校でも同じことを期待する。小学校の教師はしばしば両親の代わりとしてみなされ，子どもは教師から接触を受けることを期待する。接触することはけっして間違いではない。もし教師が子どもに接触をしなければ，子どもたちはしばしば自分が何か間違ったことをしているか，自分が愛されていないかのように感じるのである。教

師は，1人か2人の子どもたちに対して，他の子どもたちよりも多く接触を行なわないよう気をつけなければならない。小さな子どもであってもそのような差別を理解し，自分よりもなぜ他の1人か2人が多く接触をしてもらえるのかと悩むのである。接触はこのように重要なコミュニケーション変数であり，教室環境では公平なやり方でそれを使用しなければならないのである。

より小さな子どもはまた，教師に触れる時，年かさの子どもには許容されないような場所に触れることがある。子どもたちはたいてい12歳くらいで大人の接触規範を学習する。子どもが1年生くらいの時には，教師の腿のあたりに抱きつくのはよくあることである。教師はそれに対して覚悟をし，その行動を受け入れるべきである。しかし，中学1年生や大学2年生の学生の場合，そのような行動はきわめて異例であり，一般的に受け入れられない。高学年になると，年かさの子どもたちは接触することやされることをあまり期待しない。しかし，それでも強化として，接触はまだ用いられる。高学年の子どもたちに対しても，課題がよくできた時に，背中や肩に触れることはありうることである。

教師たちは，接触回避の学生たちが存在すること，そして彼らは接触されると不安を感じるということを覚えておくべきである。接触回避の学生に遭遇した教師は，その学生から離れひとりにさせるべきであり，リラックスさせようと努めるべきではない。さらに，接触回避で触れられたくないと感じている教師たちも存在する。このような教師たちは小学校で教えるべきではない。接触回避の教師や学生は，非接近的であると認識されるかもしれず，ことによると，よそよそしいとさえ認識される。接触回避の人物は，他の非言語的手がかりを用いることによって接近性を伝達し，教師と学生の間の効果的な関係性を確立することができる（Richmond, 1997）。

他者の接触から引き下がるような教師たちや学生たちは，非接近的あるいは接近回避的であると認識される。教師たちや学生たちは，学校や集団の中での接触規範を知り，以下のようなことに関して慎重になるべきである。教師たちは叱責のためではなく強化のために接触を用いるべきである。体育や美術，音楽のような多くの教室では接触が多く許容されている。このような教室の教師は，コミュニケーションの手段として接触を用いるべきである。

環　境

最初に，われわれは，多くの教室が教師と学生の関係性においてコミュニケーション的でないと認識している（Green, 1979; Ketcham, 1958; Richmond, 1997; Sommer, 1977; Todd-Mancillas, 1982）。また，われわれは，多くの学校が単調で陰気な教室を持っており，その環境を変えることが困難であると認識している。しかし，ここで議論することの多くは，どんな学校のどのような教室にも適用することができるだろう。

魅力的な教室は，教師や学生を熱心にし，反抗心を減少させる傾向が強いようであ

る。多くの研究が，劣悪な環境が反抗的なコミュニケーションを生み出すことを明らかにしてきた。あなたがこれまで教育を受けた中で最悪の教室を思い浮かべてみよう。すべての劣悪な側面について考え，その環境の中で，あなたがどのように感じたかを考えてみよう。本書の著者は，あらゆる種類の劣悪な環境で教育を受けてきた。劣悪な環境では学生の注意を持続させることは困難である。劣悪な環境とは，暑すぎたり寒すぎたり，くすんだ黄色や暗い茶色，工業的な緑，戦艦のような灰色で壁が塗られている，あるいは清潔でないような環境である。この国の教室の多くを，スターウォーズのダース・ベイダーがデザインしたようであった。教室は暗く険悪な環境で，学生たちに対して，「ここでは何も楽しいことを考えてはいけない。黙って，座って，聞きなさい」と言っている。これほど裕福なこの国で，多くの教室がいまだに暗黒時代のままであることは，恥ずべきことである。教師たちと学生たちはこれを受け入れ続けなければならない。しかし，多くの教師たちは，学習の手助けとなり，学習を楽しめる環境にするために，教室を自費で飾り付けている。

座　席

　教え方に応じて，最適な座席配列がある。従来の行と列の配列（図12-1）は，聞くことやノートを取ること，また教えることに効果がある。モジュール式座席は，集団の相互関係に最適である。このような配列は支援を与えるために，集団から集団へ教師を移動させる（図12-2）。円形や馬蹄形，あるいはオープンスクエア式（図12-3）は，教師たちと学生たちの間で議論を推奨する場合に，とりわけ効果的である。教師が，このような配列を異なった学習の状況に応じて，使用することによって，学生の関心は増し，教師と学生の間のコミュニケーションも促進される。しかし，このような配列を用いることは，騒がしさの程度をあげてしまうことにもなるので，これも考慮されるべきである。

音　楽

　音楽は学生の退屈さを防ぎ，心地よい教室の雰囲気を確立するために使うことができる。われわれは，学生のよい行ないへの強化として，課題遂行への報酬として，そしてリラックスさせる目的として，教師が音楽を用いることが可能であることを，われわれの研究から見いだした。小学校の教師たちは教室内での音楽の力を以前から知っている。彼らは生徒たちをリラックスさせるため，会話を生み出すため，報酬のため，刺激するため，そして子どもたちをなだめるために音楽を利用する。どの学年の教師も，よりよい教室環境を作り出すために，時に音楽を利用することができる。たとえば，フランスの歴史の単元を活気づけたい場合，教師はその時代の音楽をかけるかもしれない。

12章　教師と学生の非言語的関係性　　257

■ 図12-1　伝統的座席配置

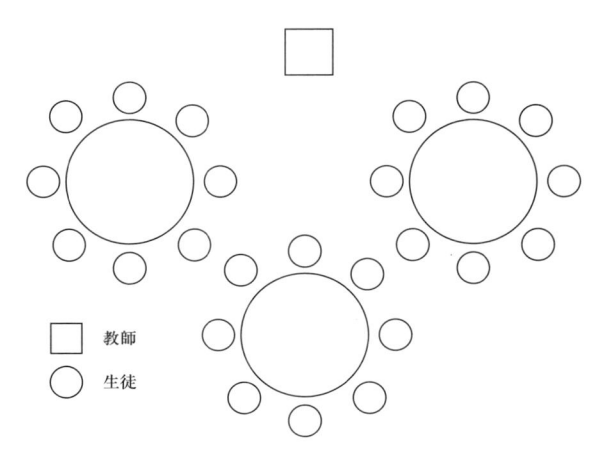

■ 図12-2　モジュール式座席配置

■ 図12-3　円形，馬蹄形もしくはオープンスクエア式座席配置

発言

「唯一のよい教室とは，静かな教室である」。これは多くの学校システムにおける標語である。多くの快活で元気な子どもたちが，ダース・ベイダーの校舎に入り，おもしろみのない教室に入れられ，静かにさせられ，ついには小さなダース・ベイダーに変貌してしまう。どの年齢の学生たちも，教室の議論に参加し，折に触れて発言するよう奨励されるべきである。学生に発言を許す教師たちは，学生たちから彼らの要求に対して，より応答的であり，より接近的で近づきやすいと認識される。われわれは，教室が目的もなく，騒がしくあるべきだと言っているのではないが，学生の発言は学生の成長と発達の基本である。教師は学生たちが叱られることなく，発言できるような環境を整えるべきである。集団での実習や課題および同様の活動では，指導内容を減らすことなく発言することが許されている。もちろん，教師は指導内容のためにこのような活動を使用するべきではなく，指導内容を教える手段として使用すべきである。

学生たちの年齢が高いか低いかにかかわらず，教師と学生の相互関係を許容することは，教師と学生の関係性をよくするという効果的な意味を持つ。発言は，学生のよい行ないへの報酬としても使用されうる。もし学生たちが座って聞いており，ノートを正しい方法で取っているならば，教師は集団での実習をさせたり，教室での議論を始めたりすべきである。発言の時間を許すことは，学生に対してリラックスや緊張の緩和という機会を与え，また教室環境をよりよいものであると感じさせる。しかし，発言したくない学生は，発言を強いられたり，発言しないことを叱責されたりすべきではない。

色

色は，暖かさや冷たさを表わすために，教室で使われる。すでに議論した，ケッチャム (Ketcham, 1958) による学校の魅力に関する研究を思い出してほしい。学校は，けっして暗い茶色や工業的な緑，戦艦のような灰色で彩られるべきではない。より小さい子どもたちには，柔らかな青や黄色，ピンクなどの暖色が，おそらくより機能するだろう。より年長の子どもたちには，青や青緑のような寒色が，おそらくより機能するだろう。虹色やネオンレッド，黄，緑，オレンジのような明るい色は，やりすぎるべきではない。このような色で塗られた部屋は，学生たちにとって刺激が強すぎるのである。しかし，壁の一面のみがこのような色で塗られている場合は，活気に満ちた活動的な環境を作り出す。

明るい色や装飾は，学校環境に影響を及ぼす。それは学生たちが学校や教師や全体的な学習環境をどのように感じるかに影響する。美術教師や工業芸術教師，美術管理者，管理者とともに，学生たちが一緒になって学校の内装を描く手伝いをするような学校がたくさんある。たとえば，廊下を暖色で塗り，さらに，幾何学模様を描いたり

するのである。10年以上前から，このような学校はこの種の努力をしていない学校よりも，学生たちが自分たちの学校に対して，誇りを持っていることを発見している。このような活気ある装飾を持つ学校では，壁の落書きや汚れ，シミなどがめったにない。もし壁が汚れた場合には，それを掃除する学生をふつうに見かける。学生たちを装飾や色塗りに巻き込むことで，学生が教室や学校の他の場所に心を配ることを保証する助けとなりうるのである。

照明

照明もまた，教師と学生の間の関係性に影響を与える。暗い照明や明るすぎる照明の教室は，疲れや目の痛みを引き起こす。そして，ついには退屈で反抗的な態度すら出てくるようになる。トンプソン（Thompson, 1973）は，教室内での照明についての指針を，以下のように示している。

> 明るい照明を維持すべきである。学生たちが見ることだけにエネルギーを費やさなければならない時，彼らは何を言っているのか理解することには，ほとんどエネルギーを費やさない。部屋のすべての領域は，明るさの均衡を取るべきである。工場や組立作業の労働者は，明るい環境において仕事をよくすることができる。工業界では，目の疲れが生産に損害を与えることが昔から知られている。激しい明暗差を避けるために，課題周辺の視野は，作業領域の約3分の1の明るさにすべきである。視野のどの部分も，直接の課題付近よりも明るくすべきではない。直接的な光源や反射からのまぶしい光は避けるべきである (p. 81)。

温度と湿度

温度32度，湿度90％の中で，教室に座り，授業内容を吸収しようとしている場面を想像してみよう。あなたにできることは，ただ座って顔の汗を拭き続けることだけである。多くの教室は，夏も冬も暖かすぎるように保たれている。夏は空調が効いておらず，湿度が高いために，暑すぎる。冬には，暑くて乾燥している。どちらの気候も，学習や学生と教師のコミュニケーションを妨害する。部屋が暑すぎると，人はイライラして短気になるのである。

最適な教室温度は，摂氏18度から22度である。これは，部屋が乾燥しすぎたり，湿気すぎたりしていない場合を想定している。多くの教室には温度調節機能がないが，教室が寒色で塗られていると，涼しそうに見える。しかし，外の温度が32度で，室内の温度が38度である場合，たとえ部屋が明るい青で塗られていても，だれも涼しいとは感じないことはわかりきっている，

冬の間，湿度は30％以下にならず，50％以上になることを許容すべきではない。湿度がこのレベルより高かったり，低かったりする場合，学生は体調を崩し，欠席が増加する。トッド＝マンシラス（Todd-Mancillas, 1982）は，グリーン（Green, 1979）によ

る気候の研究結果を要約している。この結果は，カナダのサスカトゥーン（Saskatoon）における 11 の学校の小学 1 年生から中学 1 年生までの 3,600 人の生徒たちに関する研究から得られたものである。

> 結果から，教室の湿度が 22％から 26％の学校に通っている子どもたちは，27％から 33％である場合に比べて，病気や欠席が 13％多かったことが示された。グリーンはまた，同様の研究によって，50％以上の湿度が呼吸器感染を引き起こすという結果が出ていることから，高すぎる湿度についても警告している（p.85）。

もし教師たちが教室内の温度を調整できない場合には，学生たちが温度をあまり気にしなくてもすむように彼らの活動を変化させるべきである。言い換えると，温度以外に考えることやすべきことをたくさん与えるべきである。寒い時期に教室が寒すぎる場合には，学生たちを運動させ，たくさん発言させるべきである。暑い時期に教室が暑すぎる場合には，集団での議論や活動によって，温度のことから注意をそらすようにする手助けをすべきである。

設　備

教室の設備はしばしば，学生たちの環境に対する感じ方を左右する。劣悪な設備は学生と教師のコミュニケーションを促進しない。多くの学校は，新しい机や椅子や設備やカーテンを購入するための資金を持っていないが，一般的により魅力的な学校は学生たちからより大事にされる。教師たちや学生たちは，魅力的なアーチファクトを取り入れることによって，教室環境を向上させることができる。ハードな構造物は，学生の注意の範囲や学習を妨害することがよくある。ハードな構造物の例としては，堅固な椅子，鋭利な机やテーブル，心地よくない作業机などがある。ソフトな構造物はしばしば，学生の注意や学習を促進する。ソフトな構造物は，快適さや歓迎という信号を送る。ソフトな構造物の例としては，人間工学に基づいた椅子，より柔らかな椅子，背もたれが動く椅子，丸いテーブル，その他心地よく見える教室の設備などである。

自分のいる空間を最適に利用する教師は，学生たちとよりうまくやっていけそうである。教室環境に気を配る教師に対する感情はよくなるだろう。空間や座席，照明，色，音，雑音，温度，設備を創造的に使用することは，教師と学生間のコミュニケーションを向上させることになるのである（Richmond, 1997）。

匂　い

人の発散する匂いは，他者の接近や回避に働きかけることがある。教師たちは教室内で強烈な匂いをまとうことを避けるべきである。強烈な匂いは，学生の記憶力や学

習，健康に影響を与える。アレルギーを持つ学生は，匂いや香りに近づくことができない。他の学生たちがそうでなかったとしても，教師はこのことに対して敏感であるべきである。

どの教室にも，不快な匂いのする学生がいるものである。教師たちはその学生を避けないようにすることを学習しなければならない。教師は，他の学生と違う匂いのする学生に対しても，やはり接近的でなければならないのである。われわれとともに活動したひとりの教師が，以下のような話をした。彼女はある学生の親に宛て，ジョーイには体臭があるために，そのことで問題を引き起こしているということを説明する文書を書き送った。するとジョーイの母親は，「ジョーイはバラではないのです。彼を匂わないでください。ただ彼を学ばせてください」と返信した。匂いについては我慢する以外に，できることはわずかしかないか，あるいはまったくない。保健や体育の教師たちは，匂いについて学生と話し合うことができるかもしれない。しかし，他の教師たちはおそらくできないだろう。しかし，すべての教師たちは，教室に有害な匂いをもたらさないように，気を配ることはできる。植物の中には，ある人にとっては匂いを感じないが，別の人にとっては強烈だと感じるような匂いを発するものがある。このような植物を教室内に入れないよう注意しなければならない（Richmond, 1997）。

時　間

教師たちは時間をうまく利用しなければならない。時間は，学生たちのよい行ないへの報酬のため，学生たちを統制するため，教室をより興味深いものとするため，そして他者について学ぶために使用される。教師たちはしばしばひとつの単元に時間を使いすぎる。人の話を効率的に聞くことのできる時間は30分程度なのに，ほとんどの大人たちは，なぜ学生たちに長時間注意を向けるように期待するのだろうか。教師たちは，学生たちの時間に関する要求を満たすよう，活動を構成しなければならない。杓子定規なスケジュールは，夜型の学生たちにとっては有害である。フクロウは一日の遅くに最もよく活動するが，スズメは朝早くか午後の終わりごろに最もよく活動する，ということを思い出すだろう。ゆえに，教師たちは学生たちの体内時計に対して，敏感でなければならない。フクロウにとっての最適な学習は，午後に行なわれ，スズメにとっての最適な学習は，朝に行なわれるのである。主題を教える時間やテストの行なわれる時間は，可能な範囲内で，変えられるべきである。融通の利かないスケジュールは厳格な組織には役立つが，それらが学生の個人差に適応していないならば，効果的な教育やテストのための手段ではない。

昼食前に休憩を取った場合，昼食時間中に，生徒たちはあまり興奮しない。昼食前に，子どもたちにストレスを解消させることによって，食堂での問題は減少するのである。生徒たちは食べ終わるとすぐに，教室にもどる準備ができる。教師たちはまた，

休憩を取り上げるという罰を与えることは避けなければならない。この警告を無視する教師たちは，結局，自分たち自身を罰することになる。休憩を取り上げられた生徒たちは，ふだんに比べて，その後の授業でより大きな問題を引き起こす。これは，生徒たちが余分なエネルギーを発散する機会を逸したからである。時として，何分間かの休憩を取ることは，授業のための時間をたくさん節約することになるのである。

教師たちは自由時間や会話の時間を許可するべきである。学生たちが課題を早く完成させたならば，やりたいことを何でもする時間を与えるべきである。また，このことは彼らに責任を学ばせる助けとなる。賢く時間を使う教師たちは，教室内の問題や学生の問題をほとんど抱えていない。彼らはまた，より多く，より上手に学ぶ学生を受け持っている。教師たちは，学生たちの時間の要求に敏感でなければならないのである。休暇や春学期，始業時の頃は，学生たちはよりそわそわしている。教師は，彼らの注意を維持するために，革新的かつ創造的にならなければいけない。教師たちは自分の学生たちをより理解するために，そしてより効果的に授業準備をするために，時間を利用できるのである（Richmond, 1997）。

3 教師の接近性の結果

本章をとおして，教師や学生によって行なわれうる，接近性や非接近性を示すような非言語行動について議論してきた。接近的な教師は非接近的な教師に比べて，明らかにより肯定的に認識される。これまでで述べてきた結果の多くは，リッチモンドとその共同研究者による研究の必然的な結果である。これらの研究者たちによると，教室内での教師の接近性から得られる著しい利点が存在する。教師の接近性が増加した結果として，次のことが述べられる。

- 一部の学生からの，好意や友好関係，肯定的な感情が増加する。接近的な教師たちは非接近的な教師よりも，大いに好まれる。
- 授業目的への学生の感情的反応が増加する。教師の接近的行動によって授業の主題を学ぶことを動機づけられた学生は，その授業内容でよい成績を取り，動機づけてくれた教師とは無関係に，その後も学習を長く続けるようになる。
- 学生の認知的学習が増加する。接近的な教師によって学習した学生たちは，非接近的な教師によって学習した学生たちよりも，授業の主題により関心を向け，その科目により集中し，内容をより記憶し，そして，がんばれば授業の主題を正確に思い出す。
- 学生の動機づけが促進される。接近性の増加によって学習の効果を生み出すという本質的な方法は，学生の動機づけの上昇によるもののようである。

- 学生の行動に影響を与えたり，行動を緩和したりしようとする教師の試みに対する学生の抵抗が減少する。接近的な教師たちは，より多くの指示物や尊敬，好かれる能力を持っているようである。ゆえに，学生はより接近的な教師の要請に従ったり，順応したりする傾向にある。非接近的な教師は要請に従わせたり順応させたりする場合には，より困難をともなう。
- よく話を聞いてくれたり，世話をしてくれたりするような，有能な伝達者として認識される。非接近的な教師は，無能な伝達者とまでは言わないにしろ，たいてい役に立たないと認識される。
- 教室の状況に関する不安を緩和したり，減らしたりすることができる。より接近的な教師は，面倒見がよく，敏感であると認識される。ゆえに，学生は授業環境のすべてに関して，不安をあまり感じない。
- 教師と学生のコミュニケーションが増加する。この側面について否定的にとらえる教師もいるが，そうではない。学生たちが彼らの教師たちとより多くのコミュニケーションをとれば，学生は必要な情報を得ることができるかもしれない。
- 学生と教師の立場の違いを減少させる。これは教師が学生と同じレベルになることを意味しているのではない。たんに，学生が教師の高い地位によって威圧されないということを意味しているのである。つまり，学生は教師を恐れることなく，授業の内容についての質問を進んでする傾向にあるのである。
- 接近的な管理者からの，高い評価を得る。これは変わったことだと思われるかもしれないが，実に簡単に理解できることである。管理者は問題が少なく，よい授業を行なう教師を好むものである。接近的な教師は非接近的な教師に比べて，問題が少なく，よい授業を行なう。よって，管理者は接近的な教師がより効果的な教師であると感じるのである。

　結論として，接近的な行動は，教師たちが利用できる最もたいせつなコミュニケーション手段の一部である。教師と学生がより幸福になるために，そして，実り多い授業経験のために，これらの非言語的接近性のスキルが役立つのである。

教師の接近性の潜在的な欠点

　接近性は多くの肯定的結果を持つ。しかし，よいことばかりではなく，やっかいな問題も存在する。接近的な教師たちは，同僚たちとの間で，個人的あるいは専門的な問題に出くわすかもしれない。彼らは教室内を管理できていないと受け止められるかもしれないのである。接近的な教師たちは，教室を管理できているが，同僚の中にはそう見なさない人もいる。

　接近的な教師たちは他の教師たちから，軟弱者と見なされるかもしれない。接近性とは，「学生のしたいようにさせる」ことを意味するのではなく，「親しみやすい」こ

とを意味するのである。接近的な教師たちは，依然として，毅然としており，基準を設定することができる。

　すべての人が同じ方法で接近的になれるのではない。あなたにとって満足できる行動を選び，使用すべきである。接近的になるには，本章で接近性として確認したすべての行動を行なう必要はなく，そのうちのいくつかが必要である。もしあなたが心地よくないような行動を試したならば，あなたは接近的ではなく，むしろやっかいで心地よくないように見えるだろう。接近性の間違いは，何もしないよりも悪いことである。

✖ 用語集

- 教室内における教師たちの言語行動の主要な機能（primary function of teacher's verbal behavior）：学生たちの認知的学習の上達を満足させることである。
- 教室内における教師たちの非言語行動の主要な機能（primary function of teacher's nonverbal behavior）：学生たちの主題や教師，授業への感情や好ましさを上昇させること，そして科目を学習する熱意を教え込むことである。

13章

異文化の人間関係

　地球は小さくなり，昔と比べると，文化がますます融合してきていると，ほとんどの人々は考えている。最新の輸送機関と電子コミュニケーションシステムの発展と進歩のために，人々はより簡単に，より遠くに離れた人とコミュニケーションができる。世界のさまざまな部分の文化は，お互いにコミュニケーションを行なうが，最低限しか成功しないことが多い。輸送システムと電子システムは急速に発展しているが，それらが世界の多様な人々の間に多くの誤解しかもたらしていないことには，議論の余地がある。人間が作り出した制度は，一般的に，技術システムに遅れずについていくことに失敗している。本章では，異文化コミュニケーション独特の特徴を概観し，非言語行動と文化を横断したコミュニケーションとの関連性を議論し，さまざまな文化からのいくつかの非言語メッセージを検討する。

　われわれは何らかのことがらを共有するが，自分たち自身の文化すべてではないサブカルチャーからの多くのことがらを含め，ますます，自分自身とはまったく異なる文化のさまざまな人々と接触するようになってきており，異文化間の接触における適切な行動と不適切な行動に関する自覚を増す必要性が存在している（Adler, 1974; Carbaugh, 1990; Gudykunst & Kim, 1997; Klopf, 1998; Klopf & Ishiii, 1984; Neuliep, 2002; Thomas-Maddox & Lowery-Hart, 1998; Ting-Toomey & Korzenny, 1991; Yousef, 1976）。これは以下にあげる誤解の説明によって確定される。

　最初の例は，ヘンリー・スミスという名前のアメリカ人で，エルサルバドルからの出張から帰ってきたばかりの人に関係するものである。彼は取引先に自分がスペイン語を理解し，話すことを伝えた。しかし，スミスは次のような事件に関係した。彼はビジネスマンの家に家族とともに招待された。その夜中，スミスは仕事について話し続けたが，エルサルバドル人のホストは仕事について議論することに，少々イライラしているように見え，すぐに会話を仕事から社交的な領域へと変えようとした。仕事の話をしようと何度か試みた後で，スミスはくじけてしまい，社交的な環境を楽しん

だ。しかし，彼にはなぜホストが家での社交パーティーで，仕事について話すことを拒むのか理解できなかった。スミスはそのエルサルバドル人のビジネスマンが明らかに家庭での社交パーティーでの仕事の話し合い方を知らず，経験豊富ではないと結論づけた。スミスがエルサルバドル人の過失を探している間ずっと，そのエルサルバドル人はスミスを押しが強く，攻撃的で，無神経な人であると考えていた。スミスがエルサルバドルの文化における規範（norm）を知らなかったので，彼にとっては不幸にも，彼の会社はエルサルバドル人のビジネスマンとの仕事を失った。エルサルバドルでは仕事の件はオフィスやレストランでの食事後に話され，家や家族のそばではけっして話されないというのが，慣習である。エルサルバドル人の家庭への招待は，常に社交的な会合であり，ビジネスの会合ではけっしてない。エルサルバドル人は，仕事と社交的会合を区別する。アメリカの人間は2つの会合を区別しないことが多い。

　第2の例は，トルコで起こった。ピート・マーチンは大企業の支社で現地職員に対する研修セミナーを行なうために，職場から派遣された。マーチンは「喫煙は自由である」ことに気づいた。彼はこれらの条件に対処できなかったので，トルコ人のセミナー参加者たちに，タバコを吸うことはできないと，簡単に伝えた。短い休憩の後，マーチンはセミナーを終えるために，部屋に戻った。彼の聴衆たちはまだタバコを吸っていた。不本意ながら，マーチンはセミナーを続けたが，「人々が不作法で思慮分別がない」と感じた。セミナーに先立って，彼はトルコの文化では喫煙が禁止されておらず，「喫煙自由ゾーン」といったエリアがないことを学習しそこなっていた。人はいつでもどこでもタバコを吸うことができるのである。セミナーがマーチンと参加者のどちらにとっても失敗だったことは，言うまでもない。

　第3の例は，カリフォルニアの教室で起こった。アンナ・マリア・ムーア先生は，アフリカ系アメリカ人の少年，小さなフェローク君に叫んでいた。彼女は「私があなたに話す時には，私の目を見て話を聞きなさい！　わかった？」と叫んだ。フェローク君はムーアのそばでどうすることもできずに立ったまま，彼女を見上げ，次に床に視線を落とし，そして目を動かして，横目で見た。フェローク君の生まれ育った文化では，先生のような権威のある人の目を見つめることは無礼で思慮分別がなく，失礼なことなのだ。学生は教師を見るのではなく，常に目をそらすことで敬意を示すのである。ムーア先生とフェローク君の2人にとって，相互作用はむずかしいものだった。

　3つの状況すべてにおいて，スミス，マーチン，ムーア先生は自分たちの相手について狭量であるように見える。しかし，現実には，彼らは他の文化の規範に不案内だっただけである。彼らは人々が一般的なアメリカ人の規範を使って，反応することを期待した。上述の説明から，他の文化やサブカルチャーと交流しあうすべての人々が，異文化コミュニケーションの基礎的原則について教育される必要があることは，明らかである。われわれは他の人々が自分とは違った言語を話すことは簡単にわかるので，おそらく，言語の側面よりも非言語の側面のほうがより重要である。われわれが認識

し損なうことは,他の人々の非言語メッセージが言語よりも,さらに自分たちのものとは大いに異なるということである。この話を続ける前に,われわれは異文化コミュニケーションを定義し,その変形について調べなければならない。

1 異文化コミュニケーションの定義

リッチとオガワ (Rich & Ogawa, 1972) は,異文化コミュニケーション (intercultural communication) を単に「異なる文化の人々間でのコミュニケーション」(p.24) と定義する。ある人がある文化出身であり,もうひとりが別の文化出身である場合,そのコミュニケーションは異文化である。クロフとパーク (Klopf & Park, 1982) は,「人はメッセージを自分の文化的背景に基づいて符号化し,それを自分の文化という枠組みで解読する」(p.15) と述べる。クロフ (Klopf, 1998) は,異文化コミュニケーションを「異なる文化の人々間でのコミュニケーション……ある文化出身の人(もしくは人々)が別の文化の人と話す時に起こる」(p.39) と定義する。彼はサブカルチャー (subculture) を「包括的で,識別可能なユニット内で,その一員であるという意識を有する人々の集まり」(p.36) と定義する。

文化は常に,人々の相互関係に影響するが,2人の文化が似ていればいるほど,文化が彼らの相互関係に問題を起こす可能性は低くなる。類似した言語,衛生状態,食物,儀礼,民話,エチケット,倫理,運動競技,社会経済的背景,宗教,学校教育,地理的地域,政府を持つ人々(たとえば,アメリカ人とイギリス系カナダ人)は,コミュニケーションがむずかしくない。文化間の類似性はコミュニケーションを容易にさせる。これに対して,言語,衛生状態,食物,儀礼,民話,エチケット,倫理,運動競技,社会経済的背景,宗教,学校教育,地理的地域,政府がまったく異なる文化(アメリカとアジアの文化)では,コミュニケーションするのがむずかしい。クロフとパーク (Klopf & Park, 1982) は,以下のように示唆する。

> にもかかわらず,ある文化出身の人によって符号化されたメッセージが,他の文化の人によって解読される時には,常に,誤解の可能性が存在する。それゆえ,誤解を減らし,取り除くためには,異文化コミュニケーションを学習する必要性がある (p.16)。

先を続ける前に,混乱を避けるために,異文化コミュニケーションのいくつかの変形を説明しなければならない。われわれは,クロフとパーク (Klopf & Park, 1982) による定義を使用するつもりである。比較文化的 (cross-cultural) と文化横断的 (transcultural) コミュニケーションは,一般的に,異文化コミュニケーションと同義的に使用される用語である。ティン=トーミーとコルゼニー (Ting-

Toomey & Korzenny, 1991) は，「比較文化的対人コミュニケーションとは，複数の文化的コミュニティー間の対人関係的なコミュニケーション傾向の差異と類似を比較研究することだと，幅広く定義することができる」(p.1) と述べる。しかしながら，他にも別の点に重点を置いた用語がある。たとえば，国際コミュニケーション (international communication) とは，「通常，政治的であり，国家の公式な代表者間の」コミュニケーションである (p.17)。異人種間コミュニケーション (interrational communication) は，「たとえば，韓国人とカフカス人など，人種的に識別可能な身体差を持つ」人々の間のコミュニケーションである。この種類は異文化間であるかもしれないし，そうではないかもしれない。韓国系アメリカ人三世とイタリア系アメリカ人三世とのコミュニケーションは，異人種間であるが，おそらく異文化間ではない。両者は北米文化に入り込んでおり，おそらく同じような価値観を持っている。生まれつきの韓国人とアメリカ生まれの韓国人とのコミュニケーションは，異文化となるだろう。異民族コミュニケーション (interethnic communication) は，「同一の民族ではないが，同じ人種の人々」(p. 7) 間のコミュニケーションである。たとえば，イギリス系カナダ人とフランス系カナダ人は，同一の文化と人種であるが，別々の言語を話し，異なる方針と視点を持つ。サブカルチャー（もしくはある人々が好む共通文化）とは，一般的な文化内で，お互いに文化的に異なっているが，その文化の特徴をたくさん共有する人々の集まりである。一般的な北米文化での例として，テキサス州人，メキシコ系アメリカ人，アイリッシュ系アメリカ人，高齢者，同性愛者，障害者，ビバリーヒルズの住人，ニューヨーク居住者などがあげられる。アメリカ合衆国の住民の大部分が，一般的な北米文化とひとつ以上のサブカルチャーの両方に，一体感を持っている。

　これらすべての定義にかかわらず，異文化専門家たちは文化を越えたコミュニケーション実践の理解を生み出すためには，ある種の普遍性が大切であると示唆する。ホール (Hall, 1959) の「文化の地図」は，彼が信じることとその構成部分を示しており，コミュニケーションを顕著に特徴づけるものである。彼の地図には，10 のカテゴリーに分類された 100 の普遍性が存在する。

1. コミュニケーション (communication)：声質，動作，言語
2. 社会 (society)：分類，社会階級，政府
3. 仕事 (work)：公式な仕事，保守管理，職業
4. 性別 (sex)：男らしさ対女らしさ，生物学的性，技術的性
5. 空間 (space)：公式と非公式，境界
6. 時間 (time)：シークエンス，サイクル，カレンダー
7. 文化化 (enculturation)：育成，非公式学習，教育
8. レクリエーション (recreation)：ゲーム，楽しみ

9. 防護（protection）：公式と非公式防御，技術的防御
10. 物質体系（material systems）：環境との接触，車癖，技術

　明らかに，コミュニケーションは言語的であれ，非言語的であれ，すべての文化において，また文化を越えて，広くゆきわたっている。効果的にコミュニケーションするために，非言語と同様に言語を理解しなければならない。異文化コミュニケーションは永続的であり，息が長く，またどこにでもあるので，異文化コミュニケーション，とくに非言語コミュニケーションの影響をより知り，精通しなければならない。さらに，文化はより小さなユニットやサブカルチャーで構成されているので，異文化コミュニケーションを効果的にするために，われわれはまず，より大きな文化を学び，次にサブカルチャーを学ばなければならない。

文化の特質

　トーマス＝マダックスとロウリィ＝ハート（Thomas-Maddox & Lowery-Hart, 1998）は，文化にはある種の特徴があると示唆する。第1に，文化は学習される。彼らはどの文化でも子どもはたいへん幼い時から，態度や信念，価値観，行動，言語，儀礼，歌，歴史，物語，食物，好み，その他大量の概念を，同じ文化の大人や友だちなどから教えられる。

　第2に，文化はダイナミックである。文化がずっと固定されたままであることはまれである。部外者や外圧による多くの干渉のために，たとえ変わりたくなくても，文化はしばしば変化を強要される。民衆がある文化から他の文化へと移動する時，原型となる文化は同じままではない。アイデア，態度，信念などの混合が起こる。トーマス＝マダックスとロウリィ＝ハート（Thomas-Maddox & Lowery-Hart, 1998）は，この動的な傾向とともに，以下の方向性が出現すると記述する。「存在するものとして，変化を受け入れる文化があれば，一方で，伝統や安定性への脅威を理由として，受け入れに抵抗する文化もある」(p.6)。

　第3に，文化は普及し，偏在する。「われわれを取り巻き，文化を構成するものには，目に見えるものと目に見えないもの」(p.7) の両方が存在する。これらの普及するものは，われわれが話す言語，われわれが着る衣服，入浴習慣，消費する食物，宗教的信念，男女に対する行動，そして物質所有すら決定することがよくある。たとえば，典型的なアメリカ人の好みを表わすひとつの表現として，「ママ，アップルパイ，野球，シボレー」がある。おそらく，ママ，アップルパイ，野球，シボレーが，アメリカ文化の代表であるということに，アメリカ人すべてが賛同するわけではないだろうが。

文化の基礎

　一見したところ，大きな文化はお互いに無数の点で異なっているが，それらはすべて何らかの共通した基礎を持っている。これらの中で最も重要なものは，外国人嫌い

（xenophobia）と自民族中心主義（ethnocentrism）である。外国人嫌いとは，見知らぬ人への恐怖と言える。これは文化にかかわりなく，たいていの人間が共有する特性である（Gudykunst & Yun Kim, 1997）。われわれの多くは，少なくとも，より詳しく知り，危険がほとんどないと認識するまでは，わからないことを恐れる傾向にある。見知らぬ人とのコミュニケーションは，多くの人々に異文化接触から身を退き，回避させる，もしくはかなり狼狽しながら接近させる。人々が他の文化の人たちとのコミュニケーションを強いられていると考えると，お互いの非言語反応は両者から嫌悪として解釈され，他の人々の側では，拒絶として解釈される。

　たいていの文化で外国人嫌いが共通しているという事実は，この方向がおそらく長い時間にわたる人間の進化という結果であることを示すように思われる。大昔，見知らぬ人を恐れることは，人々が生存するうえでのひとつの要因であった。恐怖を感じた人は自分自身を守るための行動をとる。恐怖を感じなかった人は悪意を持ったよそ者の餌食になる傾向が高かった。だから，現在の人間たちは見知らぬ人に恐怖を感じた人たちの子孫だと考えられる，なぜならば，恐怖を感じなかった人たちは子孫を持てなかっただろうから！　もちろん，これが事実かどうかはわからない。とにかく，外国人嫌いは文化を越えて共通しており，効果的な異文化コミュニケーションにとっての強力な障壁となっている。

　図13-1の質問紙を完成させ，自分の得点を計算してみよう。この尺度は，われわれが自民族中心主義と呼ぶことがらを，測定するものである。自民族中心主義という用語は，2つのギリシャ語，つまり「国家」のギリシャ語であるEthnosと「中心」のギリシャ語であるkentronに由来する。これらの単語を組み合わせて，人は自分自身の国家（や文化）を宇宙の中心として考えるということを意味する。人間の幼児は「自我中心的（ego centric）」である。自我中心的とは，子どもが自分を周囲にいるすべての人たちが住む宇宙の中心であると見なすことを意味する。生まれてから早い時期に，周囲の大人たちは子どもたちに彼らが集団（家族，共同体など）の一員であり，集団の他の人々もまた大切であり，尊重されるべきであるということを教えようと努力する。ゆえに，子どもの文化における人々は，彼らにとっての宇宙の中心となる。これらの人々は，学校や共同体との接触，家族，仲間との相互作用などを通して，子どもたちに正しく考え，行動する方法，それはもちろん，自分たちの文化が正しいと考える方法を教えることによって，子どもの自民族中心主義を成熟させ，拡大させる手助けをする。簡単に言えば，文化は子どもたちに自民族中心主義であるように，つまり，自分たちの文化の方法が正しく，ふつうで，適切なやり方だと教えるのである。その過程において，子どもたちは自民族中心主義になり，自分たちの文化の方法でふるまわない人を疑問視することを学ぶ。

　自民族中心主義は，集団の誇り，愛国心，文化それ自身の継続に対する土台である。不幸にも，それは外国人嫌い，部外者への不信感，他の文化（共同体，国家など）の人々

指　示： 以下に，世界のさまざまな文化に関する22項目がある。各項目への賛成，不賛成の程度を，以下の5段階尺度で示してください：⑤確かにそうだ，④あてはまる，③わからない，②あてはまらない，①まったくあてはまらない。
　　　　考え込まずに，すばやく記入してください。正解や不正解はありません。

____ 1. 私の文化と比較すると，他のたいていの文化は遅れている。
____ 2. 私の文化は他の文化のお手本となるべきである。
____ 3. 他の文化の人々が，私の文化へ来ると，ふるまいが奇妙である。
____ 4. 他の文化の生活様式は，私の文化と同じように有効である。
____ 5. 他の文化は私の文化に近づくように努力すべきである。
____ 6. 他の文化の価値観や慣習には興味がない。
____ 7. 私の文化の人々は他の文化の人々から多くを学ぶことができた。
____ 8. 他の文化のたいていの人々は，自分たちにとって何がよいかを，ただ知らないだけだ。
____ 9. 他の文化の価値観や慣習を尊重する。
____ 10. 他の文化は私たちの文化を尊敬するくらいには利口だ。
____ 11. 他の文化のたいていの人々は，私の文化の人々のように生活すれば，より幸せになるだろう。
____ 12. 他の文化の友人がたくさんいる。
____ 13. 私の文化の人々は，最良の生活様式を持っている。
____ 14. 他の文化の生活様式は，私の文化のものより有効ではない。
____ 15. 他の文化の価値観や慣習にとても興味がある。
____ 16. 自分と異なる人々を判断する時に，自分の価値観を当てはめる。
____ 17. 自分と似ている人々を高潔だと思う。
____ 18. 自分と異なる人々とは協力しない。
____ 19. 私の文化のたいていの人々は，自分たちにとって何がよいかを，ただ知らないだけだ。
____ 20. 自分と異なる人々を信用しない。
____ 21. 他の文化の人々とつきあうことが嫌いだ。
____ 22. 他の文化の価値観や慣習にほとんど敬意を持っていない。

得点化： 第1段階：項目4, 7, 9を足し算
　　　　第2段階：項目1, 2, 5, 8, 10, 11, 13, 14, 18, 20, 21, 22を足し算
　　　　第3段階：18から第1段階の得点を引き算
　　　　第4段階：第2段階と第3段階の得点を足し算。これがあなたの得点。得点は15〜75の範囲になる。
解　釈： 高得点＝自民族中心性が高い

図13-1　自民族中心主義尺度質問紙

に対する優越的態度，自分たちの文化の方法がふつうで，正しく，適切であるという信念も増大させる。それゆえ，気づかずに（少なくとも通常は），子どもたちは異なる人々を恐れ，嫌悪し，憎悪すらするように育てられる (Neuliep & McCroskey, 1997; Neuliep, 2002)。

あなたの自民族中心主義尺度の得点を調べてみよう。もしあなたの得点が30点以下ならば，あなたは全然，自民族中心主義ではない。もし得点が30～45点の間ならば，あなたの自民族中心主義の水準は，ふつうである。得点が45点以上ならば，あなたはかなり自民族中心的である。もちろん，タイプの尺度は完全なものではない。たとえば，現在，アメリカ合衆国では，社会が人々に道徳的に正しくある（politically correct: PC）ように教えている。自民族中心的であることは，PCではないので，自分がPCではないということを示すように思われるやり方で，尺度の質問に答えることに躊躇したのかもしれない。もしこれが少し混乱しているように思われるならば，あなたは明らかに要点を把握している。文化はわれわれに自民族中心的であるように教え，次に，自分が自民族中心的であるならば，道徳的に正しくないと教えている。しかしながら，これは他の文化にも当てはまるケースではない。他の多くの文化では，自民族中心的であればあるほど，よりよいことである。このような文化では，部外者を嫌うことが道徳的に正しいことである。

たしかに，自民族中心主義には，肯定的な側面があるが，効果的な異文化コミュニケーションを行ないたい人にとっては，大きな障壁になるというのが，われわれの立場である。非言語行動それ自体は中立である。しかしながら，別の文化では，それらの行動が別の方法で解釈され，ある場合には，まったく異なる非言語行動が使用される。けれども，あらゆる文化は自分たちの非言語コミュニケーション方法がふつうだと考え，他の文化の人々が使う非言語行動の解釈の仕方を理解しようとすることは，とてもむずかしい。本章の残りでは，非言語的な異文化コミュニケーションを取り扱うことが，いかに困難であるかを示すいくつかの例を検討する。

2 非言語行動

ある人の非言語行動は，その人の文化の信念や態度，価値観を伝える。クロフとパーク (Klopf & Park, 1982) は「異文化コミュニケーションでは，ある人が非言語的に行なうことは，常に，重要である」(p.73) と示唆する。非言語メッセージは常に存在するので，その重要性や影響を無視してはいけない。われわれは何千もの非言語行動の意味を学ぶことはできないので，少なくとも，「その意味が他の文化とは異なることがあるということに気づく」(Klopf, 1998, p.236) ことが重要である。今日，コミュニケーション研究者たちは，効果的な比較文化コミュニケーションの重要性を人々に教育

することが多い。もし2つの国が重大な非言語上の誤解をしたらどうなるか？　それは戦争に通じうるのか？　経済制裁にいたるのか？

　明らかに，非言語行動の大部分は汎文化的ではない。非言語行動に帰属される意味の多くは，帰属する人の文化に基づいている。特定の行動に対する動機づけは普遍的ではない。それは文化によって変化する。つまり，われわれが特定の行動へ合理的に帰属させうる意味は，文化的に規定されている。非言語行動はある文化から他の文化へ，区別をつけて学習される。ある人がいかによく自分自身の非言語的文化について学び，他の非言語的文化を理解するかが，異なる文化の人々の間で，いかに効果的にコミュニケーションがなされるかに影響する。この節の残りでは，異文化の非言語行動とそれらがどのように伝えられるかが概観される。

外見と魅力

　人々は他者を外見と魅力で判断する。しかしながら，ある文化において，魅力的であることが，別の文化では魅力的ではないかもしれない (Iliffe, 1960; Ishii, 1973, 1975; Klopf & Ishii, 1984; Martin, 1964)。これが常に，コミュニケーションにおける誤解の源であった。たとえば，古代ローマのような黒髪の人々の文化では，金髪の女性は王族か売春婦のどちらかであった。もともとは，売春婦だけが金髪だった。その後，クラウディウス帝の第三夫人メッサリナが金髪のカツラを身につけた。まもなく，多くの女性たちが金色のカツラをするようになった。売春婦と王族の女性を区別することは，ほぼ不可能になった。問題があるだろうか？

　ローマの男性たちは髪の毛を五分刈りにしており，奴隷や野蛮人たちは長髪だった。しかし，長髪のヨーロッパ人らがローマを征服した時，短髪の男性を奴隷だと考えた。その当時，日本人は頭頂部を剃っており，エジプト人は髪をすべて剃っていた。

　何世紀にもわたって，女性たちは男性たちよりも，自分の外見を意識していたように思われる。アメリカの女性たちは男性たちよりも，化粧品と関連項目にはるかに多くのお金を費やす。世界中の女性たちは，自分の文化に適合するために，自分の外見を変えようと常に試みている。たとえば，中国では，ほぼ千年間，女の赤ちゃんの足を縛ることは，一般的な風習だった。女性の足のサイズは，その人がどのくらい裕福であるかと関係した。纏足はたいへん苦痛をともなう経験であった。赤ちゃんは足の筋肉と骨が圧迫されるので，何週間も何か月も泣き叫んだだろう。中国の僻地では，纏足はいまだにみられる風習である。

　人々は魅力的であるために，他に自分の身体のどこを操作するだろうか？　頭の形を整えることについてはどうか？　コンゴのマンベトゥ族は，幼児期に頭をきつく布で包むので，頭蓋骨が細長くなる。マヤ族は幼児期に頭の両サイドに板を結びつけることで，頭を平らにした。また，彼らは歯の先端部にヤスリをかけ，そこに貴重な宝石を嵌めた。ミャンマーの女の子は首を伸ばすために，2.5cmの細い輪をいくつもし

ており，首の長さが35cmになることもある。アフリカのサラ・ジンカでは，少女は直径35cmもの木製皿で唇を広げている。マサイ族は髪の毛を固めるために，牛糞を使用する。かつて，先住アメリカ人たちは，さまざまな精霊を表わすために，顔に模様を描いており，いくつかの部族では，現在もそうしている。

　これらの行動は遠い国でのできごとであると結論づける前に，アメリカでのいくつかの流行について考えてみよう。北米文化で人気のあるファッションとして，身体のどこかに小さな（時には大きな）入れ墨を入れることがある。しかしながら，永久的な入れ墨をする痛みに我慢するのではなく，身体に絵を描くことやシール式入れ墨を作り出した人たちがいる。また，耳にピアスをつける習慣がある。アメリカ合衆国では，長らく，女性の領分であったが，今では，多くの男性もそれをしている。へそや鼻，舌，性器へのピアスはどうだろう？　それらはアメリカ人の若者にとって，今ではふつうのファッションである。たとえば，北米文化では，鼻の整形や顔のしわ取り，豊胸手術，毛髪移植，脂肪吸引などの本格的な外科手術でさえも，身体操作のありふれた手段となっている。すべては外見の改良という名において。

　アメリカ文化はアジアの文化よりも，背が高く，大きな女性を容易に受け入れる。この文化における女性の平均身長は，約171cmである。日本では，これはとても高いと考えられる。日本人の女性は背が低く，小さい。中国人女性の多くも小柄である。これらの国では，平均的な身長のアメリカ人女性は巨人のように見える。どのような身体タイプと身長が好まれるかは，文化に依存する。激しい家事を行なうことができ，元気で，大きく，頑丈な女性を好む文化がある。このような文化では，拒食気味で，やせ細った女性は受け入れられないだろう。

　要約すれば，外見的特徴と魅力は，異文化コミュニケーションに大きな影響を及ぼす。自分が所属する文化とは異なる人たちは，話を聞いてもらえず，他人を説得することができない。ゆえに，うまく他人とコミュニケーションをとれないだろう。その文化の身体的な規範に適合しない人たちは，その文化でのコミュニケーションに問題があるだろう。他の文化圏に行く時，われわれはその文化の規範をできる限り尊重し，従うように努めるべきである。

ジェスチャーと動作

　アクステル（Axtell, 1991）は「ジェスチャーとボディランゲージは強力なだけではなく……，（また）文化が異なるとジェスチャーとボディランゲージはさまざまな方法で使用される」と言う。すべての文化の人々は，自分たちの特定の文化のジェスチャーと動作を学習する（表13-1参照）。モリソンら（Morrison, Conaway & Borden, 1994）が書いた『キス，お辞儀，握手：60か国での仕事の仕方』という本で，この考えは強められている。彼らの本では，ある文化の人々がどのように話し，行動し，交渉し，決定を下すのかという内訳が提供される。また，この本では文化的，職業的，時

表13-1　アクステルによるジェスチャーと身体動作 (Axtell, 1991)

あいさつ	
アメリカ	相手をまっすぐに見て，かなり力強く握手する。
中東	サラーム（まず心臓に右手を触れ，次に前へ出し，最後に外側へ持ち上げながら，右手を上へ払う。少しうなずきながら，「あなたに平和を」という意味の言葉を言う）。
イヌイット	他の仲間の頭か肩のどちらかを手で強く叩く。
ニュージーランドのマオリ族	鼻と鼻を擦り合わせる。
東アフリカ	お互いの足に唾を吐きかける。
南米	握手し，心を込めて背中をそっと叩く。
別れ	
アメリカ	（手を上げ，掌を外向けにして）前腕と手を前後に動かすグッバイウェーブ。
ヨーロッパ	腕を上げ，外へ伸ばして，掌を下に，手首で手を振る。
イタリアとギリシア	腕を伸ばし，掌を上にし，すべての指を自分に向けて曲げ伸ばす。
手招き	
アメリカ	（人差し指を伸ばし）手を頭上にもしくは少しだけ上げる。掌を広げて，手を上げる。注意をひくために，手を前後に振る。
ヨーロッパとラテン諸国	腕を伸ばし，掌を下にして，指で引っ掻く動きをする。
コロンビア	手を軽く叩く。
侮辱（卑猥）のジェスチャー（同等の意味）	
アメリカ	中指を立てる。
アラブ	手を伸ばし，掌を下に，指を外側に広げ，中指を下に向ける。
ロシア	片手の中指をもう一方の人差し指で後ろに曲げる。
ユーゴスラビア	肘で腕を曲げ，（拳を外に向け）握り拳を作り，一度拳を振る。
北米，ラテンアメリカ，ヨーロッパの一部	右腕はひじで曲げ，右手の拳を上へ動かしながら，左手をそのひじの湾曲部へ叩きつける。

間的方向性も概観される。文化的な相互作用が地球規模で増大しつつある世界において，他者がどのようにコミュニケーションするかを理解することは，必要なことである（表13-2参照）。

　たとえば，アメリカの人々は，OKのサインをすべてがうまくいっていることを意味するために使用する。数年前に，アメリカの副大統領が南米のある国を訪問した。飛行機から降りる時，地上からだれかが「旅行はいかがでしたか？」と尋ねた。副大統領は答えを言っても，群衆越しでは聞こえないだろうと思い，OKサインを使った。しかしながら，彼が訪問したその国では，OKサインは「鳥を贈る」習わしと解釈された。地元紙は副大統領がその国に鳥に相当する物を与える絵を掲載した。その国の人々が喜ばなかったことは，言うまでもない（デモ，卵投げなどが起こった）。

表13-2 あいさつ，ジェスチャー，贈り物，時間

国	あいさつ	ジェスチャー	贈り物	時間
ブラジル	感情あらわに，力を込めた握手。	OKサインは下品。グッドラックは握り拳で親指を人差し指と中指の間に入れる。	紫／黒を避ける＝服喪。ナイフ＝厳格な関係。最初の出会いの昼食／夕食を奢る。	夕食は午後7-10時もしくは午前2時まで。
中国	会釈，おじぎ，握手。	手を使って話さない。手を広げて指す。	宴会。高級なペン，酒，コニャック。	宴会は午後6時半か7時に始まり2時間続く。
デンマーク	到着時と出発時に，固く，短い握手。	OKサインは侮辱。	花，チョコレート，アメリカの絵本。	時間に正確。長時間，座っていることを期待される。
イギリス	握手。「はじめまして」と言う。	ポケットに手を入れて話すと失礼。Vサインは掌を外側へ。掌を内側にすると，侮辱。	外食へ招待する。花，酒，シャンパン，チョコレート。	昼食12時-午後2時，夕食午後7-11時。時間に正確。
フランス	握手。頬に触る。空中にキスする。	OKは親指を上げる。OKサインはゼロを意味する。公共の場所でガムを噛まない。	良識がすべて。本，音楽，花，よい酒，チョコレート。	昼食は2時間続く。夕食は午後8時か9時にとる。
ドイツ	しっかり握手。男性は女性の手にキスするかもしれない。	形式的で控えめ。あまり，笑わず，愛情の表現も少ない。	高品質だが法外な値段ではない。ペン，計算機，輸入酒。	朝食ミーティングはしない。昼食と夕食は定刻にとる。
インド	お互いの民族の宗教団体規律を知る。公共の場での抱擁やキス，接触はしない。握手はなされるかもしれない。	他人の頭は絶対に触らない。手を出し，掌を下にして，指ですくい取るように手招きする。腕をくの字型にして腰にあてると怒りを表わす。	花やチョコレートといったちょっとした贈り物。死を連想させるプルメリアの花はダメ。	正式行事でない限り，数分遅れることはできる。
イタリア	到着時と出発時に手を握る。握手と同時にもう一方の手で腕をつかむかもしれない。女性は仲のよい友だちにはキスし，頬に触るかもしれない。男性は互いに抱擁し，背中を叩くかもしれない。	ジェスチャーを交えて話すことはよいこととされる。指先をあごの下につけ，外へ押し出す＝親指で自分の鼻を弾く。	名刺。母国の酒や珍味，工芸品。	ペースは遅い。我慢し，冷静に。
日本	西洋の慣習をよく知っている。握手はよい。彼らの握手は柔らかく弱々しいかもしれない。お辞儀は伝統的なあいさつ。	OKサインはお金を意味する。文脈性の高い文化。すべてのジェスチャーに意味がある。肩をすぼめ，ウィンクしても日本人には何の意味もない。手招きは掌を下に。	贈り物を贈る儀式が贈り物よりも大切。日本人は高価な贈り物をすることがあるが，それらを受け取らなければならない。	食事は長く続くが，午後11時過ぎまで。
サウジアラビア	サウジアラビアの人があいさつを始めるのを待つ。握手や互いの頬へのキス。ここでは女性はあまりよく歓迎されない。	左手は清潔ではないと考えられる。右手でジェスチャーをする。右手で食事する。指差しは失礼。足は地面につけ続ける（アラブでは足の裏をけっして見せない）。	サウジアラビア人の手厚いもてなしは伝統的である。われわれが贈り物を持参することは期待されていない。	食事はゆっくり。忍耐が必要。ミーティングはゆっくり始まる。意思決定には長い時間がかかる。

アクステル（Axtell, 1991）は，ジェスチャーが世論調査に役立つ方法になりうると示唆する。『ピープル』誌によると，少なくとも，あるアメリカ人政治家は自分の人気を測るものとしてこのシステムを使ったと，アクステルは言う。「私は群衆が手を振っているのを見て，彼らが使っている指の数を数える」（p.16）。

　世界のさまざまな地域の人々は，ジェスチャーという点で，大いに異なる（Axtell, Briggs, Corcoran & Lamb, 1997; Brault, 1962; Jakobson, 1976; Saitz & Cervenka, 1972; Welch, 1979; Yousef, 1976）。最大の違いは，エンブレム，つまり，言語と等価なものとして置き換えることのできるジェスチャーの使用にある。それぞれの文化には，同じ意味を伝えるために使用されるエンブレムに大きな違いがある。2つの文化によって共有されるエンブレムもあれば，別々の意味を表わすものもある。また，ある文化では使用されるエンブレムが存在するが，他の文化では相当するものがないものがある。

　われわれの手の使用は，別の文化では多くの異なることがらを意味することができる。エチオピア人は子どもを見ている時に，沈黙するように示すために，指1本を唇に置くが，大人に対しては指を4本使う。エチオピア人は大人に1本指を使うことは失礼だと考える。OKサインは文化によってまったく異なる意味を伝える。日本では，それはお金を意味する。男性が誘惑している女性の前で，OKサインを使うと，性器を意味する。それが男性に向けられると，そのジェスチャーをする人が何を男らしいと考えるかについて示すことができる。ゆえに，OKのエンブレムは，さまざまに解釈されうる。それは文化に依存するのだ。また，このエンブレムが文化間でのコミュニケーションに関するたくさんの誤解を生み出しているであろうことは明らかである。

　モルスバッハ（Morsbach, 1976）によると，日本では，小指を立てると，女の子や妻，愛人を意味することができる。人差し指をすばやく交差させることは，けんかを意味する。最後に，人差し指を舐め，眉のうえで線を描くと，だれかが嘘つきであることを暗示する方法となる。最後のジェスチャーの代わりに，適切な文脈では，「眉唾」という単語が発せられることがある。そしてそれは，嘘つきという単語に相当することを言わずに，嘘をつくことや欺瞞について，日本人に暗示させるようにできるのであると，モルスバッハは言う。

　頭を使うと，コミュニケーション上の誤解を生むことが多い。東ヨーロッパやアフリカ，アジアでは，不同意の時に，頭を縦に振り，賛同する時に，頭を横に振る地域がある。一方，アメリカでは，その逆である。本書の著者のひとりは，数年前，大勢の学生たちへの講義中に，この真逆の行動を経験した。彼は講義中であり，学生の多くは同意する時にうなずいていた。しかしながら，ひとりの学生は他の人たちがうなずく時に，頭を横に振っていた。この動作は教師を混乱させた。そして授業後に，彼は頭をずっと横に振っていた学生と話した。その学生がインド出身であり，その地域では，頭を横に振ることが同意を意味することがわかった。ゆえに，この学生は他の

学生と同様に同意していたのであり，彼は同意していることを示すために，自分の文化では適切なジェスチャーを使っていたのだ。

日本では，うなずきはただ注意を払っていることしか意味せず，それは必ずしも同意していることを意味しない。日本人はあなたの言うことに完全に不同意であるとしても，その人はあなたに敬意を払って，あなたが話し終えるまではうなずくかもしれない。ヤコブソン (Jakobson, 1976) は，ブルガリア人が「いいえ」の場合，まず頭を後ろに反らせ，それからまっすぐな位置まで戻すということを見いだした。西洋人の多くは，これを「はい」と誤解するだろう。韓国では，頭を横に振ると，「わからない」ということを示す。北米文化では，肩をすくめると，「わからない」を示唆する。

頭や手だけではなく，より多くの身体部位を使うことを要求する身体動作から特定の意味が引き出される。たとえば，日本人のお辞儀には身体の大部分が関係する。だれにお辞儀をするか，どれくらい深くお辞儀するかには，序列がある。女性は男性にお辞儀をし，年少者は年配者にお辞儀をするのが規則である。だが，規則はわれわれが考えるより，もっと複雑である。たとえば，何回くらいお辞儀すべきか，どのくらいの時間お辞儀すべきか，どのくらい深くお辞儀すべきか，これらはすべて，関係性の中で考慮されなければならない。ふつう，お辞儀は相互にやりとりされる。

お辞儀とは，あいさつや尊敬の様式である。アメリカ人は数時間しか日本にいない場合でさえも，通常は，お辞儀を学ぶ。しかしながら，アメリカ人がお辞儀の正確なやり方を学ぶことはほとんどない。日本人はゲストをけっして批判しないだろう。彼らはアメリカ人が日本人を真似ようと試みるのを，単に興味深く思うだけである。お辞儀する時には，相手の頭と当たらないように注意して，自分の頭をわずかに右へ動かさなければならない。アメリカ人はこれを忘れることがよくある。お辞儀をする時には，視線を落とし，手のひらを広げて太腿につける。あいさつのやり方のひとつである握手は，西洋から日本へ輸入されたものである。国際的な日本人とアメリカ人は，握手とお辞儀を同時にすることがよくある。

ブロー (Brault, 1962) は，フランスで，優美さを伝えるためのたいへん複雑なやり方を発見した。フランス人は右手の指を同時につまみ，唇に向け，唇まで持ち上げ，そして指にキスをし，空中にあげる。あごは高く保ち，目はわずかに閉じる。アメリカ人はこの手順を優美さの表現にとどまらず，さまざまに使用すると，ブローは示唆する。フランス人は唯一優美なものと認めたもののためだけに，それをとっておく。

イシイ (Ishii, 1973, 1975) は，日本人のポスチャーを検討した。彼は低姿勢もしくはポスチャーの低さが受容や敬意のしるしであることを見いだした。適度に低姿勢な人々は，信用され，愛され，受容されることが多い。低姿勢であり，人前で無口もしくは笑顔の多い人々は成功すると見なされる。日本人は部屋へ入室するアメリカ人やヨーロッパ人を出迎えるために，すぐには立ち上がらない。日本の女性たちは年長者にあいさつする時に，姿勢を低く保ち，無口のままでいるように教えられてきている。

アメリカのパーティー会場での日本人は，遠慮がちで，静かであり，部屋の隅で静かに座っているか，他の日本人と話すと思われる。

クロフとパーク（Klopf & Park, 1982）は，もはや，日本の若い人たちは，リラックスするために，床にあぐらをかいて座り込むというアジア形式を使わないと示唆する。より年配の世代では，多くの人がまだそうしている。若い日本人男性はイスであぐらをかいて座る。

クウェートでは，あいさつをする状況で，より西洋化されている人ほど，握手をするだろう。西洋の女性と握手をするクウェート男性は少なく，多くの人は握手をしないだろう。彼らは単に西洋の女性たちと交流することに慣れていないだけである。クウェートでの男性どうしでのより伝統的なあいさつは，以下のようなパターンに従う。「男性は左手を相手の右肩に置き，互いの頬にキスをしあいながら，お互いの右手をしっかりとつかむ」（Morrison, Conaway & Borden, 1994）。伝統的なクウェートのあいさつ方法でアプローチされた時，アメリカ人男性がどんな心地がするか想像してほしい。サウジアラビアでのあいさつや食事では，たとえ左利きであったとしても，右手だけが使われる。左手はトイレのために取っておかれ，食事や他者とのあいさつではけっして使われない。

ルーマニアでは，あいさつする時，出会った時，別れる時，感謝する時，握手がひっきりなしに行なわれる。ルーマニア人は1日に何回会ったとしても，常に握手を交換する。男性は握手する前に，女性が手を伸ばすのを待つだろう。時には，より伝統的なルーマニア男性であれば，女性の手にキスをするだろう。

以上の議論から，ジェスチャーと身体動作が文化によって別の意味を伝えることは明らかである。また，文化を越えたコミュニケーションの成功は，両方の文化の非言語行動を理解しなければ起こりえないことも明らかである。

表情と視線行動

どの文化においても，顔は感情や性格，年齢や民族グループ，国籍，性別などの人口学的特徴を伝える。エックマンら（Ekman, Friesen & Ellsworth, 1972）とイザド（Izard, 1969）によって行なわれた研究は，西ヨーロッパ，南米，ニューギニアの各地で，基本感情が同じ表情によって伝えられることを意味する。エックマンの研究では，世界中の人々が悲しみ，怒り，驚き，嫌悪，興味，恐怖といった主要な感情を正確に識別できることがわかった。ニューギニアの原始的な文化では，大人も子どももほとんどの感情を識別できるが，彼らは恐怖を驚きと混同することを，イザドが発見した。エックマンは世界中の人々が基本的な表情をかなりうまく符号化し，解読化することを見いだした。また，エックマンはアメリカ，イギリス，ドイツ，スペイン，フランス，ギリシャ，スイス，日本の人々がある表情を同じ感情を表わすものとして解釈できることも示し，これらの文化が感情の強度判定でもかなり正確であることも見いだした。

しかしながら，これは表情が汎文化的（すべての文化に対して同一）であることを意味しない。多くの文化では，主要な表情は認識されたが，あらゆる文化には，文脈に依存した文化特定的な差異が存在するであろうことを，記憶に留めておかなければならない (Eibl-Eibesfeldt, 1972; Ekman, 1972, 1975; Ekman, Friesen & Ellsworth, 1972; Iliffe, 1960; Klopf, 1998)。たとえば，アメリカの女性たちはイランや日本の女性たちよりも，表情豊かであることが認められている。日本文化では，表情を覆い隠すように条件づけられる。「不可解な日本人」というフレーズを聞いたことがあるだろう。彼らはたくさんの表情を使うわけではないが，それらを認識することはできる。アメリカの子どもたちは，東洋文化における子どもたちよりも，表情豊かで，質問をすることも多い。エックマン (Ekman, 1972) は，「基本感情の表情よりも表情の混合において，ずっと多くの文化的変動性が存在しそうである」(p.223) と示唆する。

クロフとパーク (Klopf & Park, 1982) によると，韓国人は一般的に，知らない人と会う時には，表情が固定され，硬い。しかしながら，彼らは友人に対しては，とても温かく，受容的である。韓国人は人前では冷たく，よそよそしいが，プライベートでは，ずっと温かい。

また，クロフとパークは日本人の笑いについて議論する。彼らは，「日本人の笑いは，アメリカ人とは違い，必ずしも，楽しさや親睦の自然な表出であるとは限らない」(Klopf & Park, 1982, p. 88) と示唆する。日本人の笑いは彼らの文化によって変容された様相なのだ。彼らは礼儀として笑うように教えられる。彼らは不適切であるように思われる場合でも笑うのだ。クロフ (Klopf, 1998) は，以下の歴史上の事件を引用する。

> アメリカ当局者に真珠湾への奇襲攻撃を通告する日本の駐米大使の笑顔は，その光景の写真を新聞で見た何百万人ものアメリカ人によって完全に誤解された。その大使は笑った時，日本の風習に従っていたのだ。日本の子どもたちは，たとえ悲惨な状況であっても，社会的義務として笑うことを教えられる。悲しみを見せるよりは，むしろ，文化的に，儀礼的に，笑顔が求められる。大使は個人的にはその攻撃に反対であり，自分が伝達せざるをえないニュースを好んでいなかった。慣習が彼に笑うことを命じたのだ。その笑いは世界の大半から誤解された。それはアメリカ軍がより戦争の準備に拍車をかけることに役立った。笑っている大使の写真は，国民に戦争に勝つというやる気を起こさせるために，兵器工場や軍事基地，爆撃機のコックピットに貼り付けられた (p.88)。

アイブル＝アイベスフェルト (Eibl-Eibesfeldt, 1972) は，社会的なあいさつに文化を越えた類似性があることを発見した。南米のインディアン，サモア人，南米のブッシュマンは，少し離れた友人にあいさつする時，「眉を上げ下げした合図 (eyebrow flash)」をする。眉を上げ下げした合図とは，約1/6秒間，眉毛を最大限上げ続け，そして，わずかに上げ下げすることである。これはアメリカ人にはあいさつとしては

とても奇妙に見えるだろう。しかし，われわれは驚いた時や何かを尋ねる時に，何度も眉を上げ下げした合図を使用する。

眉を上げ下げした合図は，さまざまな文化で多くの形態をとる。アメリカでは，じろじろと見ないように教えられる。それはたいていの環境で，失礼だと考えられる。つまり，事実はわれわれに人々が視線行動をいかに重要であると感じているかを伝える。われわれは凝視しなければならない時には，焦点を合わせないことを学んでいる。ショッピングモールを通り抜け，だれとも視線を合わせたくない場合には，焦点の合わない凝視を使う。学生たちは教室で教師にこれを使用する。焦点の合わない凝視とは，意図的に，何も見ないということである。多くの文化では，凝視，とくに見知らぬ人や魅力的な女性をじろじろ見るという習慣がある。このような国を旅行するアメリカ人はとても居心地が悪くなり，そのような文化の人々がとても失礼であると考えることが多い。

北米文化では，アイコンタクトは男女の求愛ダンスの重要な一部である。目と身体のコンタクトが第一段階，目と目が第二段階である。もし女性が男性のアイコンタクトを受け入れないならば，その女性は「あっちへ行って」と実質的には言っているのである。その男性が手がかりとしてアイコンタクトがないことをとらえられなければ，彼女は第三段階にいる彼に姿を消すように言うだろう。アメリカ文化では，ほとんどの人々は非言語的手がかりに従わない。男性は凝視し続けるだろうし，女性は反応すべきではない時に，反応するかもしれない。

日本の文化では，求愛行為中の男女はめったにお互いの目を見つめ合わない。日本人の男性はロマンチックな言葉を言いながら，どこか別の場所を見ている。通常，日本人の女性はとても恥ずかしそうなふりをし，ほとんどアイコンタクトをしない。日本の文化では，アイコンタクトは関係があるが，アメリカ文化におけるそれとはやり方が異なる。アメリカでは，直接的なアイコンタクトを重視する。たとえば，だれかが目を見ないとすれば，まるで彼らが話していることに上の空であるかのように，われわれは嫌われているように感じ，また，欺そうとしているとさえ思うかもしれない。

お互いの目を見るという習慣は，日本にはない。日本でアイコンタクトをすると，人々を不安や不愉快にさせてしまう。ゆえに，日本人とアメリカ人は非言語行動が異なるので，お互いに誤解することがよくある。お互いに会話している時に，日本人はよく下を向いたり，他の物を見たりする。これはとてもアメリカ人を不安にさせる。しかしながら，日本の文化では，会議中の伏し目や閉目は拒絶や不同意ではなく，注意の継続や同意のサインなのである。アメリカ人は伏し目や閉目を不同意や無関心，拒絶のサインであると誤解することが多い。

ナイジェリア文化では，上役とアイコンタクトをし続けることは無礼だと考えられる。クロフ (Klopf, 1998) とクロフとパーク (Klopf & Park, 1982) は，ナイジェリアでのアメリカ平和団体のボランティアの例を引用している。彼はクラスの学生たちに目を

見て話すように言い続けた。彼は学生と親たちに多くの問題を抱えていた。彼は最後には，ナイジェリアでは学生が教師をじっと見ることは失礼に当たるということを学習した。彼はアメリカ人として，自分の生徒たちとのアイコンタクトを必要とし，それを欲した。ナイジェリアの学生たちは，先生とアイコンタクトをとり続けることが，とても無礼なことだと感じた。だから，彼らは目を伏せがちにしたのだ。

プエルトリコの子どもたちもまた，大人とアイコンタクトをしないことが，従順さや敬意のしるしであると教えられる。アジアの文化で敬意を示すためには，相手の目を見てはいけない。さらに，アジアの男性は女性を凝視しないし，その逆もそうだ。路上で売春をする女性は，男性をじろじろと見ることが許される。しかしながら，フランスでは男性が女性を凝視し，彼女たちの体を値踏みすることは，かなり一般的なことである。

明らかに，表情とアイコンタクトは文化を越えて，さまざまな意味を伝達する。われわれがさまざまな意味について，自分自身を教育する必要があることは間違いない。そうすれば，他の文化の人々をもっと十分に理解でき，コミュニケーションをとる時に，感情を害することがなくなるだろう。

音声行動

われわれの声についてのすべては，伝達される。声の多様性，音量，ポーズ，沈黙ですら，何かを伝える。それは内容をどのように話すかだけでなく，われわれが話をするかどうかですら問題となる。

一般的な北米文化では，冗舌さが尊重される。人々はたくさん話せば話すほど，より肯定的に評価される。アーミッシュ派は話さないことを罰として用いる。彼らは不適切な行動をした人を孤立させ，処罰する手段として，沈黙を使用する。対照的に，日本の文化は静寂を尊重する。日本人は敬意をいだく人の話を聞く場合，とても静かである。時として，たとえ間違っていると感じたとしても，彼らは異議を唱えないことがあるだろう。もちろん，沈黙は非伝達としてとらえられるべきではない。沈黙は対人距離を作り出す，他者への敬意を示す，他者を罰する，他者を困らせることを回避するといった多様な機能を持ちうるのである。

多くの文化では，食事中に楽しく大声で話すことは適切なことである。韓国やドイツの人にとって，食事のテーブルでゲップをすることはめずらしいことではない (Hur & Hur, 1988)。これは食事の楽しみを表わす。アメリカ人とイギリス人は，この行動を不作法で我慢できないと考える。韓国人もアメリカ人も，食事中に鼻をかむことは妥当だと考えるが，これは他の文化では下品だと考えられるだろう。

日本人は尊敬のしるしとして，他者に話しかける時に，シーと音を出し，息を深く吸い込む。それはもうひとりの人に考える時間を与える。これは西洋人にとっては対応がむずかしい。これに対して，西洋人は「あのう」や「フム」などのたくさんの有

声休止と無声休止を使う。これは日本人には反応がむずかしい。ドイツ人とロシア人は，アメリカ人やアジアの人に「自分が正しい。反対するな」と言う場合，とても強く，感情あらわな音声トーンで言う。これは粗野や尊大という認識を与える。

このように，人々が文化を越えてコミュニケーションすることがなぜむずかしいのかを理解することは簡単だ。言語が相当異なるだけではなく，音声行動も同様に異なるからである（Ishii, 1973, 1975; Klopf, 1998; Klopf & Ishii, 1984; Klopf & Park, 1982）。

空　間

空間は語る。空間と領域の使い方は，文化について何かを伝える。文化が空間の使い方を左右することが時折ある。南米の人々やギリシャ人，アラブ人，イタリア人は，北米の人よりも，話をする時の距離がずっと近い。たとえば，アラブ人は話をする時，「お互いの呼吸を吸い込む」ことができることを好む。シューター（Shuter, 1976, 1977）は，コスタリカ人がパナマ人やコロンビア人よりも近くに立ってコミュニケーションすることを発見した。ドイツの男性は距離を置いて話すことを好むが，一方で，イタリアの男性は接近して対話することを好む。ジョーンズ（Jones, 1971）は，ニューヨークに住む中国人はプエルトリコ人やイタリア人よりも距離をとって対話することを発見した。全般に，アジア人，パキスタン人，先住アメリカ人，北米人，北ヨーロッパ人は，南ヨーロッパ人，アラブ人，南米人よりも，距離を置くことを好む。

空間の好み（space preference）は文化的規範によって影響される。文化的規範に加えて，経済的背景，人口密度といったことがらが，空間的規範に影響を及ぼす。たとえば，日本の文化では，たとえ余分の寝室があったとしても，家族がひとつの部屋で眠ることはめずらしいことではない。日本の大部分では，密集して居住しているが，これが家族がひとつの部屋で眠る理由だとは思われない。日本の家族規範が家族の絆を緊密にするよう命令する。ゆえに，日本人は親密さゆえひとつの寝室で眠るのである。

異なる文化による空間の使用は，さまざまな意味を伝えうる。たとえば，あなたが近い位置に立つことを期待する人から離れて立つと，態度がよそよそしく，冷淡であると受け取られる。他者に近づきすぎると，押しが強く，攻撃的であると受け取られる。クロフとパーク（Klopf & Park, 1982）がうまく記述している。

> 南米の人は北米の人が後ずさりすると，自動的に，より近づこうと試みる。それぞれは自分が「正しい」と感じる距離を確立しようと企てる。そうする際に，それぞれは非言語メッセージを発出する。南米の人は北米の人が他人行儀で，よそよそしく，おそらく露骨に非友好的だとさえ思い始める。このような極端な状況では，空間は強力な非言語メッセージを伝達し，言語メッセージは完全に目立たなくなり，重要でなくなりがちである（p.78）。

接　触

　空間やその他の非言語行動のように，接触は文化ごとに異なるものである (Carbaugh, 1990; Frank, 1982; Gudykunst & Kim, 1997; Neuliep, 2002; Klopf, 1998)。接触はあらゆる文化に関連するコミュニケーション形態である。北米文化では，接触は最も親密なコミュニケーション形態だと言われてきている。これは基本的には，われわれがどこを触り，だれを触るかについてとても選択的だからである。北米文化は，非接触志向の文化だと考えられる。文化にかかわらず，接触は愛，思いやり，温かさ，怒り，幸福，悲しみなどの多様な感情状態を伝えることができる。ここでは，接触のさまざまな形態と，多様な文化において接触が示唆することを概観する。

　フランク (Frank, 1982) は，「それぞれの文化は幼児期や児童期の初期の触覚経験のうえに，程度の差はあれ，触覚的代理物と象徴的な達成感が与えられる，大人の精緻な一連のふるまい傾向を構築する」(p.288) とした。たとえば，われわれは他者がどのように「触るな」と言うか，ある接触が何を意味するか，接触へどのように対処するかを，子どもたちに教える。フランクは，人対人の接触コミュニケーションの文化的傾向を述べる以上に，それを行なうことには「時間と空間」を要するだろうと示唆する (p.287)。これは文化における接触行動の多様性のためである。彼はこのような接触行動を次のように列挙している。握手，手袋を取る，ダンス，鼻や額の擦り合わせ，腕や肩，腰を抱きしめる，膝を抱く，キス，按手，平手打ち，お尻を叩く。

　求愛は世界のあらゆる文化で起こり，求愛の儀礼は文化ごとに違う。前章で述べたように，北米文化では，おおむね男性が求愛者であり，女性は求愛される。男女間の接触のタイプ，量，持続時間がその求愛の深まりを決定する。もし男性の腕が自分の腰に回されているのに女性が反応しないとすれば，男性は少なくともしばらくの間は，そのままでいられると思うだろう。アメリカの女性は男性よりも接触を利用しやすい。アイルランドでは，カップルは知り合ってからの時間がかなり経過しないと，手を握らないと思われる。マレーシアでは，未婚のイスラム教徒のカップルはお互いに抱き合うことや抱きしめることなどと類似した密接な接触を禁止されている。もし彼らが捕まれば，かなり高額な罰金である。日本人は公衆の面前で感情を表わすことを容認しない。社会的地位や階級に依存して，女性にお目付役を必要とする国々がある。ジュラード (Jourard, 1968) は世界中の4つの街のカフェで，カップルを調査した。彼は，パリの平均的なカップルが1時間の間に，110回の身体接触を行なったことを発見した。プエルトリコのサンファンでは，カップルは1時間に180回，軽く叩き，くすぐり，愛撫した。ロンドンの典型的なカップルはまったく接触せず，アメリカのカップルは1，2回しか接触しなかった。アジアのたいていの文化では，大人のカップルの接触は使用されず，受け入れられない。キスや握手，軽く叩いたり，抱擁したりするといった接触形態は，プライベートな状況でのものである。ゆえに，アジアの文化では，公共の場所での男女間の接触はきわめて少ない。セクレスト (Sechrest, 1969) は，大学

キャンパスにおける学生カップルを研究した。彼はアジアのカップルがカフカスのカップルよりも接触が少ないことを発見した。

　他の文化で，同性の接触を見かけることはめずらしくない。しかしながら，アメリカの文化では，男性がふつうではない環境で，他の男性に触ることは，ほとんどタブーとされている。たとえば，1984年に，アメリカの男子バスケットボールチームがオリンピックで勝利した時，彼らはお互いに抱擁し，キスし，軽く叩き合った。もし2人の男性がアメリカの路上で抱擁し，キスし，軽く叩き合っているのを見るならば，われわれは彼らが同性愛者だと仮定するだろう。韓国では，男性も女性も，通りを歩く時，同性どうしで手をつなぎ，腕を絡ませ，腰をつけて歩く。接近して歩くことは，性的関心ではなく，友情を示す。韓国の文化では，異性間での感情を意味する接触はプライベートな場所で行なわれるものである。日本では，町で歩きながら，男女が触れあっているのを目にすることはめずらしくない。若い女性は腕を組んで歩き，少年たちは互いに接触し，ひじで突き合う。イタリア系アメリカ人は，アングロ系アメリカ人よりも，たくさん接触する。アフリカ，アラブ，東南アジアの男性たちが，友情のしるしとして，手をつなぐのはふつうのことである。ヨーロッパの女性たちの間では，握手はとても一般的である。

　家庭において，接触は重要な役割を果たす。古典的調査で，ウェルチ（Welch）は7〜11歳の子どもたち2,200人によい行動に対してどのような報酬を受けたかについて尋ねた。ほぼ3分の2の子どもたちは，抱きしめられたと答えた。彼らはそれが好きだったとも答えた。カレイナ（Kaleina, 1979）は，ペットが人間よりも撫でられることが好きだと報告した。北米文化では家族のメンバーとよりも，ペットと多くの愛情に満ちた接触が持たれると，彼は示唆する。アメリカ文化では，われわれは接触を幼い幼児期から徐々に減少させている。年配の市民たちは他の集団と比べて接触を受けることが少ない。アメリカ人の母親は自分の赤ちゃんと接触するよりも，声で接しており，一方，日本人の母親は声ではなく，実際に接触をすると，研究結果は示唆する。アメリカでのユダヤ系とイタリア系のサブカルチャーは，おそらくアングロ系アメリカ人よりも，彼らの子どもたちにより多くの接触経験を与えている。事実，アングロ系サブカルチャーの母親たちは，子どもたちをひとりにして，そばから離れ，ある年齢以降，とくに男の子には接触しないことが奨励される。アングロ系文化における少女たちは少年たちよりも，両親から多くの接触を受ける。

　アメリカ人，ドイツ人，イギリス人は，アジア文化の人々よりも，見知らぬ人による偶然の接触に腹を立てることが多い。これは各文化で認められる空間量のためである。多くのアジア文化では，空間に制限があるので，彼らは偶然の接触を無視する，あるいは少なくとも，腹を立てることはない。しかしながら，アメリカ人やドイツ人，イギリス人はより多くの空間を要求し，手にしているので，見知らぬ人の偶然の接触に立腹することが多い。

全般に，われわれは接触コミュニケーションへの方向性によって，文化を分類できる。カフカス系アメリカ人，ドイツ，イギリス，そしてアジア文化の多くは，一般的に，非接触指向型文化である。日本人は他のどの文化よりも接触を表に出すことが少ない。南ヨーロッパ，ユダヤ教徒，イタリア人，ギリシャ系アメリカ人，アラブ人，プエルトリコ人は，一般的に，より接触志向型である。この差がコミュニケーション誤解を生み出すことが多い。異なる接触指向性を持つ2人の人がコミュニケーションする時，そのコミュニケーションは誤解されることがありうる。クロフとパーク (Klopf & Park, 1982) は，「ある集団に対して『ふつう』であることが，必ずしも，別の文化で『ふつう』ではない」と示唆する。結果として，重大な考え違いが生じうる。「アングロ系アメリカ人は控えめで，他人行儀だと見なされ……，イタリア系アメリカ人やギリシャ系アメリカ人は断定的で，厚かましいと判断される」(pp.90-91)。イタリアでは，男性が魅力的な女性のお尻をつまむことはめずらしくない。アメリカ人女性は，このような行動を賛辞とは受け取らない。

　他の文化の接触規範を理解し，受け入れる必要があることは明白である。文化的な接触規範に違反する時はいつでも，他の文化の人の感情をひどく害する危険にさらされている。

環　境

　人々は常に，環境に取り囲まれている。匂い，香り，色，光，座席，アーチファクトなどはすべて，他者とのコミュニケーションに影響する。それは文化を越えても同じことである。ある人が新しい文化の一員になる時，環境がその人の認識に強い影響を与える。公共の場所で，他の男性や女性，子どもと一緒に，入浴することをどのように感じるかを想像してみよう (Klopf, 1998; Samovar & Porter, 1976; Thomas-Maddox & Lowery-Hart, 1998)。これは日本ではかなりふつうのことである。公衆浴場は大多数の日本人によって受け入れることのできる生活様式であるが，一方，他のいくつかの文化の人々は月に一度しか入浴しない。もうひとつの例を見てみよう。他の文化出身の人々がどのようにラスベガスに反応するかを想像してみよう。それを浪費や不真面目，安っぽいと見なす人もいれば，世界でも最もすばらしい場所だと考える人もいる。それは文化が何を尊重するかに依存する。著者のひとりは最近，韓国を訪問し，ニンニクの臭気にびっくりした。彼はニンニクが韓国の民族料理のひとつであるキムチの主な材料であることを知った。彼はそこに1週間滞在し，その週末には臭気に慣れたが，匂いは家へ帰るまでずっと彼と彼の荷物についたままであった。

　アメリカのホテルでは，空調が必要とされ，海外へ行ったアメリカ人はホテルで満足させられる。他のたいていの国々では，アメリカほど，冷暖房の集中管理システムがない。しかしながら，多くの国の人々はアメリカ人旅行者を満足させるために，冷暖房装置を設置しなければならないことを学んでいる。イギリスやフランスといった

国でさえ，しばしば家庭に集中冷暖房がない。多くのホテルはアメリカ人旅行者を収容するためにだけ，それらを設置している。

フィリピンでは，上流階級市民の多くは完備された，とても手の込んだ浴室を持っているが，それらは現代的な下水設備がないので機能しない。アメリカの標準にあわせるために，使用できない浴室を家に持っているのである。彼らはアメリカ人に浴室を見せることが大好きであるが，ただ見せるだけである。

別の文化圏を訪問する時，何が受け入れられ，何が受け入れられないのかを，できる限り早く知ることが，絶対に必要である。環境的手がかりを攻撃することで，別の文化のだれかを怒らせることはとても簡単である。環境的影響に関する読み物として，『風水（Feng Shui）』と呼ばれる，参考になる雑誌を読んでみよう。

匂　い

環境のところで，匂いについて簡単に触れた。匂いは違った文化でさまざまなことを伝達する。北米文化は他の文化よりもよい香りについて心配する文化である。多くの文化では，アメリカ人には耐えられない，身体の匂いが受け入れられている。たいていのヨーロッパの女性は脚や脇の下を剃らないし，アメリカの女性たちがそうすることをグロテスクだと考えている。清潔でいるための入浴設備を持たない文化もあれば，よい匂いがすることをアメリカの人たちほど，重大に考えない文化もある。彼らは濡らしたスポンジで身体を拭き，単に不潔にならないようにするだけである。ゆえに，彼らの臭気はわれわれのものよりも強いだろう。別の文化では，個人的な衛生習慣を懸念しすぎることで，人々の感情を損なわないように注意しなければならない。われわれは彼らとコミュニケーションし続け，彼らのやり方を受け入れなければならない。結局のところ，われわれのやり方や匂いも，彼らにとっては強烈であろうから。

時　間

時間は伝達され，他者とのコミュニケーションに影響を及ぼす（Horton, 1976; Ishii, 1973, 1975; Klopf, 1998; Shuter, 1977）。アメリカ文化でも，われわれは時間の使い方に基づいて，他者を判断する。合衆国南部の人々は，北部の人よりも，時間に無頓着である。これはかなりな量の否定的ステレオタイプを作り出す。北部地方の人は南部地方の人を本当は素晴らしくても，ぐずぐずした，怠惰な，間抜けな人と見なす。南部地方の人は，北部の人を厚かましい，攻撃的な，気ままな人と見なす。ハワイやメキシコ系アメリカ人は，北部地方の人よりも，時間やミーティングの予定を心配することが少ない。もしこのような比較的小さな差が，否定的認識を生み出すとすれば，その他の大きく異なる文化的な時間指向性がどのように誤解を助長しうるかを想像してみよう。

ラテン系アメリカ人とアラブ人の多くは，いくつかの商談や活動を同時に行なうこ

とを好む(これがコンピューターによって行なわれると,それをマルチタスクと呼ぶ)。したがって,彼らは一度にいくつかのミーティングを予定に入れる。これは一度にひとつのことしかできないと信じるアメリカ人のビジネスマンにとっては侮辱となる。時間についてのこのような意見の相違は,否定的な認識につながるものである。アラブ人とラテン系アメリカ人は,アメリカ人を要求が厳しく,自分勝手であると考えるだろう。アメリカ人は,アラブ人とラテン系アメリカ人を仕事に無頓着だと見なすだろう。会話する際に,アメリカ人は日本人がするよりも,早くかつたくさん話し,休止を少なくし,沈黙のポーズを埋め,コメントをたくさんかつより速く差し挟む。日本人はより多くの沈黙を使う。日本人にとって,沈黙は他者への尊敬を表わす手段としてや,思考中であることを示すために使用される。アメリカ人にとって,話す時間は速いペースでなければならない。日本人は話す時間がよく管理され,思慮深いものであることを好む。イシイ (Ishii, 1975) は,日本において,沈黙と雄弁について,ビジネスマンと女性の秘書を調査した。その調査では,回答者の76％が寡黙な人は雄弁な人より成功する傾向が高いと信じていたことが明らかにされた。秘書の65％が結婚相手として寡黙な人を選ぶということも示された。能弁だと感じる人の36％が寡黙であると見なされたいのに対して,寡黙な人の22％しか,将来に能弁になりたいと思わなかった。

　アメリカ人は,とても時間指向的であり,おそらく,スイス人,イギリス人,ドイツ人よりもそうである。アメリカ人は予定計画と区分を強調する。時計は制御装置である。アメリカ人,スイス人,ドイツ人は待ち続けることを嫌う。彼らは時間通りであることを好む。彼らは時間を守るかどうかで人々を判断する。アメリカ文化では,われわれは約束の時間に,時間通りや遅れるのではなく,少し早く来ることを期待する。ラテン系アメリカ人は,たいてい遅れる。実際,遅れることやスケジュールよりも遅れてものごとを始めることは敬意のしるしである。もしラテン系アメリカ人がパーティーをある時間にセットするならば,そのずっと後にならないと,パーティーは始まらない。日本人は訪問する前に電話をかける。クロフとパーク (Klopf & Park, 1982) によると,日本人は「指定された時間にではなく,日中のいつでもその場所に着くことができる」(p.83)。

　言うまでもなく,他の文化の人々と接触を持つ場合,認められるために多くの時間をかけることはできない。自分自身の文化と同じように時間を扱うことは,礼儀作法の重大な違反になるかもしれない。できるならば,そのような接触をする前に,他の文化の時間システムがどのようにアレンジされているかについて,くれぐれもよく調べるべきである。それがあなたにとって意味がなくても,驚くべきではない。ただ,精一杯,取り入れようと努力することである。

3 努力目標－探し求める目標

　今日の世界では，われわれ全員が他の文化の人々と触れ合う可能性が大いにありうる。教養のあるアメリカ人の大部分は，異文化接触を必要とする広範囲にわたる仕事をしている。本章から，他の文化の人と接触する時に，自分の非言語コミュニケーション行動を制御することを学ぶのは簡単な課題ではないことがわかるだろう。それが自分たちの未来にとって重要な意味があるとわからない限り，われわれがこのような学習にいかに多くの努力を向けるかを決めることはむずかしい。過去の人々は，たいてい，ほとんど時間を割かないことを選択した。

　ヨーロッパを旅行中に，著者のひとりはアムステルダムのトイレに描かれた落書きに気づいた。それにはこう書かれていた。

　　　3つの言葉を話す　＝　　トライリンガル
　　　2つの言葉を話す　＝　　バイリンガル
　　　ひとつの言葉を話す　＝　アメリカ人

　この旅行の滞在初期から，彼自身，アメリカ英語以外の言語スキルがないことを実感させられていた。落書きのユーモアは，それが暗示する事実の認識を和らげるものであった。バイリンガルのアメリカ人は，本当にとても少ない。二文化の人（bicultural）は，もっと少ない。たいていの人々は他の文化の非言語コミュニケーションをほとんど理解していない。

　言語の知識は，文化の理解をもたらさない。たとえば，スペイン語を話す文化はたくさんあるが，それぞれの文化は互いに多くの点で異なっている。ある文化を理解するためには，その文化の非言語行動がその文化の言語と同じくらい重要である（より重要ではないかもしれないが）。幅広く旅行する必要のあるアメリカ人にとって，さまざまな文化の非言語行動を学習することは，外国語の学習よりもずっと価値があると信じる人が多い。英語は世界共通語ではないが，現在，国際通商では最も共通した言語である。世界中のほとんどどこでも，英語を話す人を見つけることができる。人々は，世界のすべての言語を知ることはできないという事実を受け入れる。彼らが受容しないのは，無礼で，不作法な行動，つまりある文化の非言語規範に精通していない時に起こる非言語による社会的な失態である。この事実を認識して，多くの企業が企業を代表して，海外へ行かなければならない従業員たちへの訓練プログラムを発展させている。

　今日の世界には，基本的に，単一文化（monocultural），多文化（multicultural），文化無縁（acultural）の3つのタイプの人々がいる。地球上の圧倒的多数の人々は，

単一文化に当てはまり，彼らはひとつの文化の産物であり，他の文化をほとんどもしくはまったく理解していない。2番目の分類の多文化の人々はある文化の産物であるが，他のひとつ以上の文化様式に適応することを学んでいる。このような人々はある文化から別の文化へ行き来でき，受容されうる。彼らはひとつ以上の文化の言語と非言語行動の両方を習得している。われわれはたいてい，このような人々を羨み，彼らのようになりたいと望むが，その望みを現実にするために必要とされる長年にわたる努力や学習を自分から進んでする人はほとんどいない。

3番目の分類の文化無縁の人々は，多文化の人々と違うとは認識されないが，それは大きく異なる。文化無縁の人々は特定の文化の産物ではない。最もよい例として，ある文化で生まれ，何年も過ごし，それから別の文化へ移動し，その文化で何年も過ごす人があげられる。多くの移民がこの分類に入る。彼らの子どもたちがそうであることもある。彼らは2つの文化を行き来するかもしれないが，言葉や非言語行動に完全に適応できないので，どちらの文化でも完全に受け入れられることはけっしてない。彼らは類似した混合体を除いて，どこにも適さない混合体になる。世界中を常に移動する米軍家族の子どもたちは，自分たちがこの分類であると感じると報告する者が多い。

われわれのたいていは，単一文化の世界にとどまる運命にあるので，二文化や多文化になることは現実的な目標ではない。また，明らかに，われわれは文化無縁になるために，自分自身の文化を放棄することを望まないので，他の文化の人とコミュニケーションするのに役立てるために，どんな目標を設定できるかを考える必要がある。ハリスとモラン (Harris & Moran, 1991)，クロフ (Klopf, 1998)，ルーベン (Ruben, 1977)，トーマス＝マダックスとロウリィ＝ハート (Thomas-Maddox & Lowery-Hart, 1998) は，われわれが学ぶことのできる，文化的スキルと多様な気づきに役立つスキルを示唆している。

1. 偏った判断をしない：教訓的で，価値観による評価的な声明を避ける。話を聞く。
2. 差異や曖昧さに寛容になる：差異を認める。
3. 敬意を示す：言語的，非言語的に肯定的な関心や興味を伝える。
4. 個人的に感想を述べる：自分自身の価値を認識する（「私は思う」や「私は信じる」と言う）。
5. 強調する：他の人がするように，考えるよう試みる。もしくは感覚や感情を共有する。
6. 交替する：会話上で交替しようと試みる。会話を制御しようとしない。お互いに共有し，学ぶ。
7. 我慢強くなる。他者を十分に理解し，他者があなたを理解するには時間がかかる。
8. 自民族中心的にならないようにする。

9. 自民族中心主義を表わさないようにする。
10. 多様性や多様なコミュニケーション方法は長続きすることに気づく。学び，適応しよう。

　おそらく，このようなスキルは別の文化を旅し，一定期間，居住することで，最も育てられる。しかし，われわれは自分自身の環境内で，他の文化から来た人々を探し出す時間をとり，努力することによって，自分のスキルを改善することもできる。他の文化出身の人々のたいていは，自分たちの文化について学び，適応することと同じくらいに，アメリカの文化について学び，適応することに興味があるということを思い出そう。このような相互学習は地球上のどこでもできるのである。

用語集

- **自民族中心主義（ethnocentrism）**：自分たちの文化が宇宙の中心であるという考え方であり，自分たちの文化の方法がものごとを考え，行なう，ふつうで，自然で，正しい方法であるという考え方である。
- **異文化コミュニケーション（intercultural communication）**：異なる文化の人々間でのコミュニケーションであり，ある文化出身のある人が，別の文化出身の人と話す時に起こる。
- **サブカルチャー（subculture）**：包括的で，大きな文化的ユニットの認識できるユニット内で，その一員であるという意識を有する人々の集まりである。
- **外国人嫌い（xenophobia）**：見知らぬ人と対面し，コミュニケーションすることへの恐れ。

引用文献

Addington, D. W. (1968). The relationship of selected vocal characteristics to personality perception. *Speech Monographs, 35,* 492-503.
Addington, D. W. (1971). The effect of vocal variations on ratings of source credibility. *Speech Monographs, 38,* 242-247.
Adler, P. S. (1974). Beyond cultural identity: Reflections on cultural and multicultural man. *Topics in Culture Learning, 2,* 23-40.
Adler, R., and Towne, N. (1975). *Looking out/Looking in.* San Francisco: Rinehart Press.
Aiken, L. R. (1963). The relationships of dress to selected measures of personality in undergraduate women. *Journal of Social Psychology, 59,* 119-128.
Altaian, I. (1975). *The Environment and Social Behavior.* Monterey, CA: Brooks/Cole.
Ambady, N., and Rosenthal, R. (1993). Half a minute: Predicting teacher evaluations from thin slices of nonverbal behavior and physical attractiveness. *Journal of Personality and Social Psychology, 64,* 431-441.
Andersen, J. F. (1979). Teacher immediacy as a predictor of teaching effectiveness. In D. Nimmo (ed.), *Communication Yearbook, 3,* 543-559. New Brunswick, NJ: Transaction Books.
Andersen, J. F. (1986). Instructor nonverbal communication: Listening to our silent messages. In J. M. Civikly (ed.), *Communicating in College Classrooms: New Directions for Teaching and Learning,* 41-49. San Francisco: Jossey-Bass.
Andersen, P. A. (1985). Nonverbal immediacy in interpersonal communication. In A. W. Siegman, and S. Feldstein (eds.), *Multichannel Integrations of Nonverbal Behavior,* 1-36. Hillsdale, NJ: Erlbaum.
Andersen, P. A. (1999). *Nonverbal Communication: Forms and Functions.* Mountain View, CA: Mayfield Publishing Company.
Andersen, P. A., and Leibowitz, K. (1978). The development and nature of the construct touch avoidance. *Environmental Psychology and Nonverbal Behavior, 3,* 89-106.
Andersen, P. A., and Sull, K. K. (1985). Out of touch, out of reach: Tactile predispositions as predictors of interpersonal distance. *Western Journal of Speech Communication, 49,* 51-72.
Andersen, P. A., Garrison, J. P., and Andersen, J. F. (1979). Implications of a neurophysiological approach for the study of nonverbal communication. *Human Communication Research, 6,* 74-89.
Andersen, P., and Andersen, I. (1982). Nonverbal immediacy in instruction. In L. L. Barker (ed.), *Communication in the Classroom: Original Essays,* 98-102. Englewood Cliffs, NJ: Prentice Hall.
Archer, D. (1991). *A world of gestures: Culture and nonverbal communication.* Video from the University of California, Center for Media and Independent Learning.
Archer, D., and Akert, R. M. (1977). Words and everything else: Verbal and nonverbal cues in social interpretation. *Journal of Personality and Social Psychology, 35,* 443-449.
Archer, D., Iritani, B., Kimes, D. D., and Barrios, M. (1983). Face-ism: Five studies of sex differences in facial prominence. *Journal of Personality and Social Psychology, 43,* 725-735.
Ardrey, R. (1966). *The Territorial Imperative: A Personal Inquiry into the Animal Origins of Property and Nations.* New York: Dell.
Argyle, M. (1975). *Bodily Communication.* New York: International Universities Press.
Argyle, M. (1999). Nonverbal vocalizations. In L. K. Guerrero, J. A. DeVito, and M. L. Hecht (eds.), *The Nonverbal Communication Reader:* Classic and Contemporary Readings (2nd ed.), 135-148. Prospect Heights, IL: Waveland Press, Inc.
Argyle, M., and Cook, M. (1976). *Gaze and Mutual Gaze.* Cambridge, UK: Cambridge University Press.
Argyle, M., and Dean, J. (1965). Eye contact, distance and affiliation. *Sociometry, 28,* 289-304.
Argyle, M., and Ingham, R. (1972). Gaze, mutual gaze and proximity. *Semiotica, 6,* 32-49.
Athos, A. G. (1975). Time, space, and things. In A. G. Athos, and R. E. Coffey (eds.), *Behavior in Organizations: A Multi-Dimensional View,* 69-81. Englewood Cliffs, NJ: Prentice Hall.
Axtell, R. E. (1991). *Gestures: The Do's and Taboos of Body Language around the World.* New York: John Wiley & Sons.
Axtell, R. E., Briggs, T., Corcoran, M., and Lamb, M. B. (1997). *Do's and Taboos around the World for Women in Business.* New York: John Wiley & Sons.

Bachorowski, J., and Owren, M. J. (1995). Vocal expression of emotion: Acoustic properties of speech are associated with emotional intensity and context. *Psychological Science, 6,* 219-224.

Bakan, P. (1971). The eyes have it. *Psychology Today, 4,* 64-67, 96.

Bandler, R., and Grinder, J. (1979). *Frogs into Princes.* Moab, UT: Real People Press.

Barringer, D. K., and McCroskey, J. C. (2000). Immediacy in the classroom: Student immediacy. *Communication Education, 49,* 178-186.

Barnlund, D. C. (1975). Communicative styles of two cultures: Public and private self in Japan and the United States. In A. Kendon, R. M. Harris, and M. R. Key (eds.), *The Organization of Behavior in Face-to-Face Interaction,* 427-456. The Hague: Mouton.

Barr, A. S. (1929). *Characteristic Differences in the Teaching Performance of Good and Poor Teachers of Social Studies.* Bloomington, IL: Public School Publishing Company.

Bate, B., and Bowker, J. (1997). *Communication and the Sexes* (2nd ed.). Prospect Heights, IL: Waveland Press, Inc.

Baxter, J. C. (1970). Interpersonal spacing in natural settings. *Sociometry, 33,* 444-456.

Becker, F. D. (1973). Study of spatial markers. *Journal of Personality and Social Psychology, 26,* 439-445.

Becker, F. D., and Mayo, C. (1971). Delineating personal distance and territory. *Environment and Behavior, 3,* 375-382.

Beeman, M. J., and Chiarello, C. (1998). Complementary right- and left-hemisphere language comprehension. *Current Directions in Psychological Science, 7,* 2-8.

Bell, P. A., and Barnard, W. A. (1984). Effects of hear, noise, and sex of subject on a protective measure of personal space permeability. *Perceptual and Motor Skills, 59,* 422.

Berman, P. W., and Smith, V. L. (1984). Gender and situational differences in children's smiles, touch, and proxemics. *Sex Roles, 10,* 347-356.

Bem, S. L. (1974). The measurement of psychological androgyny. *Journal of Consulting and Clinical Psychology, 42,* 155-162.

Bernard, J. S. (1968). *The Sex Game: Communication between the Sexes.* New York: Atheneum.

Berry, D. S. (1990). Vocal attractiveness and vocal babyishness: Effects on stranger, self and friend impressions. *Journal of Nonverbal Behavior, 14,* 141-153.

Berry, D. S., Hansen, J. S., Landry-Pester, J. C., and Meier, L. A. (1994). Vocal determinants of first impressions of young children. *Journal of Nonverbal Behavior, 18,* 187-196.

Berscheid, E., and Walster, E. H. (1969). *Interpersonal Attraction.* Reading, MA: Addison-Wesley.

Berscheid, E., and Walster, E. (1971). Adrenaline makes the heart grow fonder. *Psychology Today, 5,* 46-50, 62.

Berscheid, E., and Walster, E. (1972). Beauty and the best. *Psychology Today, 5,* 42-46, 74.

Berscheid, E., and Walster, E. H. (1978). *Interpersonal Attraction* (2nd ed.). Reading, MA: Addison-Wesley.

Berscheid, E., Walster, E., and Bohrnstedt, G. (1973). Body image: The happy American body. *Psychology Today, 5,* 42-46, 74.

Bickman, L. (1974). The social power of a uniform. *Journal of Applied Social Psychology, 4,* 47-61.

Birdwhistell, R. L. (1952). *Introduction to Kinesics: An Annotation System for Analysis of Body Motion and Gesture.* Louisville, KY: University of Louisville Press.

Birdwhistell, R. L. (1970). *Kinesics and Context: Essays on Body Motion Communication.* Philadelphia: University of Pennsylvania Press.

Bixler, S., and Nix-Rice, N. (1997). *The New Professional Image.* Holbrook, MA: Adams Media Corporation.

Blackman, B. I., and Clevenger, T., Jr. (1990). *Surrogates for nonverbal behavior in online computer conferencing.* Paper presented at the annual convention of the Southern States Communication Association, Birmingham, AL.

Boderman, A., Freed, D. W., and Kinnucan, M. T. (1972). Touch me, like me: Testing an encounter group assumption. *Journal of Applied Behavioral Science, 8,* 527-533.

Boucher, J. D., and Ekman, P. (1975). Facial areas and emotional information. *Journal of Communication, 25,* 21-29.

Bovee, C. L., and Thill, J. V. (1983). *Business Communication Today.* New York: Random House.

Bradford, A., Farrar, D., and Bradford, G. (1974). Evaluation reactions of college students to dialect differences in the English of Mexican-Americans. *Language and Speech, 17,* 255-270.

Braithwaite, C. A. (1999). Cultural uses and interpretations of silence. In L. K. Guerrero, J. A. DeVito, and M. L. Hecht (eds.), *The Nonverbal Communication Reader: Classic and Contemporary Readings* (2nd ed.), 163-172. Prospect Heights, IL: Waveland Press, Inc.

Brault, G. J. (1962). Kinesics and the classroom: Some typical French gestures. *French Review, 36,* 374-382.
Brislin, R. W., and Lewis, S. A. (1968). Dating and physical attractiveness: Replication. *Psychological Reports, 22,* 976.
Brownlow, S., and Zebrowitz, L. A. (1990). Facial appearance, gender, and credibility in television commercials. *Journal of Nonverbal Behavior, 14,* 51-59.
Buck, R., Miller, R. E., and Caul, W. F. (1974). Sex, personality and physiological variables in the communication of affect via facial expression. *Journal of Personality and Social Psychology, 30,* 587-596.
Bugental, D. E., Love, L. R., and Gianetto, R. M. (1971). Perfidious feminine faces. *Journal of Personality and Social Psychology, 17,* 314-318.
Buhr, T. A., Clifton, T. I., and Pryor, B. (1994). Effects of speaker's immediacy on receivers' information processing. *Perceptual and Motor Skills, 79,* 779-783.
Burgoon, J. K., and Saine, T. J. (1978). *The Unspoken Dialogue: An Introduction to Nonverbal Communication.* Boston, MA: Houghton Mifflin.
Burkhardt, J. C, Weider-Hatfield, D., and Hocking, J. E. (1985). Eye contact contrast effects in the employment interview. *Communication Research Reports, 1,* 5-10.
Camras, L. A., Sullivan, J., and Michel, G. (1993). Do infants express discrete emotions? Adults' judgments of facial, vocal, and body actions. *Journal of Nonverbal Behavior, 17,* 171-185.
Canary, D. J., and Dindia, K. (1998). *Sex Differences and Similarities in Communication: Critical Essays and Empirical Investigations of Sex and Gender in Interaction.* Mahwah, NJ: Lawrence Erlbaum Associates.
Carbaugh, D. (1990). *Cultural Communication and Intercultural Contact.* Hillsdale, NJ: Lawrence Erlbaum Associates.
Carey, G. W. (1972). Density, crowding, stress, and the ghetto. *American Behavioral Scientist,* March/April, 495-507.
Cash, T. F., and Janda, L. H. (1984). The eye of the beholder. *Psychology Today,* December, 46-52.
Cash, T. F., and Kilcullen, R. N. (1985). The eye of the beholder: Susceptibility to sexism and beautyism in the evaluation of managerial applicants. *Journal of Applied Social Psychology, 15,* 591-605.
Chesebro, J. L., and McCroskey, J. C. (1998). The relationship of teacher clarity and teacher immediacy with students' experiences of state receiver apprehension. *Communication Quarterly, 46,* 446-456.
Chesebro, J. L., and McCroskey, J. C. (2001). The relationship of teacher clarity and immediacy with student state receiver apprehension, affect, and cognitive learning. *Communication Education, 50,* 59-68.
Christophel, D. M. (1990). The relationships among teacher immediacy behaviors, student motivation, and learning. *Communication Education, 39,* 323-340.
Clay, U. S. (1966). *The effects of culture on mother-child tactile communication.* Ph.D. dissertation, Columbia University. Dissertation Abstracts, 1967, 28, 1770B.
Cohen, L. R. (1983). Nonverbal (Mis) communication between managerial men and women. *Business Horizons,* January-February, 14-17.
Compton, N. H. (1962). Personal attributes of color and design preferences in clothing fabrics. *Journal of Psychology, 54,* 191-195.
Conigliaro, L., Cullerton, K., Flynn, K., and Rueder, S. (1989). Stigmatizing artifacts and their effect on personal space. *Psychological Reports, 65,* 897-898.
Cortés, J. B., and Gatti, F. M. (1965). Physique and self-description of temperament. *Journal of Consulting Psychology, 29,* 434.
Darwin, C. (1872). The Expression of the Emotions in Man and Animals. London: Murray. Reprinted in A. Dittmann (ed.), *Interpersonal Messages of Emotion.* New York: Springer.
Davis, F. (1978). Skin hunger: An American disease. *Woman's Day,* September 27, 154-156.
Davitz, J. R. (1964). *The communication of emotional meaning.* New York: McGraw-Hill.
Davitz, J. R., and Davitz, L. J. (1959). The communication of feelings by content-free speech. *Journal of Communication, 9,* 6-13.
DePaulo, B. M. (1988). Nonverbal aspects of deception. *Journal of Nonverbal Behavior, 12,* 153-161.
DePaulo, B. M., and Kirkendol, S. B. (1988). The motivational impairment effect in the communication of deception. In J. Yuille (ed.), *Credibility Assessment,* 50-69. Belgium: Kluwer Academic Publishers.
Despert, J. L. (1941). Emotional aspects of speech and language development. *International Journal of*

Psychiatry and Neurology, 105, 193-222.
DeVito, J. A., and Hecht, M. L. (1990). *The Nonverbal Communication Reader.* Prospect Heights, IL: Waveland Press.
Dilts, R. B., Grinder, J., Bandler, R., DeLozier, J., and Cameron-Bandler, L. (1979). *Neurolinguistic Programming* I. Cupertino, CA: Meta Publications.
Dion, K., Berscheid, E., and Walster, E. (1972). What is beautiful is good. *Journal of Personality and Social Psychology, 24,* 285-290.
Dittmann, A. T. (1971). Review of kinesics and context by R. L. Birdwhistell. *Psychiatry, 34,* 334-342.
Dittmann, A. T. (1972). Developmental factors in conversational behavior. *Journal of Communication, 22,* 404-423.
Dolin, D. J., and Booth-Butterfield, M. (1993). Reach out and touch someone: Analysis of nonverbal comforting responses. *Communication Quarterly, 41,* 383-393.
Dovidio, J. F., and Ellyson, S. L, (1985). Patterns of visual dominance behavior in humans. In S. L. Ellyson and J. F. Dovidio (eds.), *Power, Dominance, and Nonverbal Behavior,* 129-150. New York: Springer-Verlag.
Duck, S. (1998). *Human Relationships* (3rd ed.). London: Sage Publications.
Duncan, S. D., Jr. (1972). Some signals and rules for taking speaking turns in conversations. *Journal of Personality and Social Psychology, 23,* 283-292.
Duncan, S. D., Jr. (1973). Toward a grammar for dyadic conversation. *Semiotica, 9,* 29-46.
Duncan, S. D., Jr. (1974). On the structure of speaker-auditor interaction during speaking turns. *Language in Society, 2,* 161-180.
Eakins, B. W., and Eakins, R. G. (1978). *Sex Differences in Human Communication.* Boston, MA: Houghton Mifflin.
Edney, J. J. (1976). Human territories: Comment on functional properties. *Environment and Behavior, 8,* 31-47.
Efran, M. G. (1974). The effect of physical appearance on the judgment of guilt, interpersonal attraction, and severity of recommended punishment in a simulated jury task. *Journal of Research in Personality, 8,* 45-54.
Eibl-Eibesfeldt, I. (1970). *Ethology: The Biology of Behavior.* New York: Holt, Rinehart & Winston.
Eibl-Eibesfeldt, I. (1972). Similarities and differences between cultures in expressive moments. In R. A. Hinde (ed.), *Nonverbal Communication,* 297-314. Cambridge, UK: Cambridge University Press.
Ekman, P. (1972). Universals and cultural differences in facial expressions of emotions. In J. Cole (ed.), *Nebraska Symposium on Motivation,* 207-283. Lincoln: University of Nebraska Press.
Ekman, P. (1975). Face muscles talk every language. *Psychology Today, 9,* 35-39.
Ekman, P. (1976). Movements with precise meanings. *Journal of Communication, 26,* 14-26.
Ekman, P., and Friesen, W. V. (1967). Head and body cues in the judgment of emotion: A reformulation. *Perceptual and Motor Skills, 24,* 711-724.
Ekman, P., and Friesen, W. V. (1969a). Nonverbal leakage and clues to deception. *Psychiatry, 32,* 88-106.
Ekman, P., and Friesen, W. V. (1969b). The repertoire of nonverbal behavior: Categories, origins, usage, and coding. *Semiotica, 1,* 49-98.
Ekman, P., and Friesen, W. V. (1972). Hand movements. *Journal of Communication, 22,* 353-374.
Ekman, P., and Friesen, W. V. (1974). Detecting deception from the body or face. *Journal of Personality and Social Psychology, 29,* 288-298.
Ekman, P., and Friesen, W. V. (1975). *Unmasking the Face: A Guide to Recognizing Emotions from Facial Cues.* Englewood Cliffs, NJ: Prentice Hall.
Ekman, P., Friesen, W. V., and Ellsworth, P. (1972). *Emotion in the Human Face: Guidelines for Research and an Integration of Findings.* New York: Pergamon Press.
Ekman, P., Friesen, W. V., and Tomkins, S. S. (1971). Facial affect scoring technique: A first validity study. *Semiotica, 3,* 37-58.
Ellsworth, P. C. (1975). Direct gaze as a social stimulus: The example of aggression. In P. Pliner, L. Krames, and T. Alloway (eds.), *Nonverbal Communication of Aggression,* 53-76. New York: Plenum Press.
Exline, R. V. (1963). Explorations in the process of person perception: Visual interaction in relation to competition, sex, and need for affiliation. *Journal of Personality, 31,* 1-20.
Exline, R. V. (1971). Visual interaction: The glances of power and preference. In J. K. Cole (ed.), *Nebraska Symposium on Motivation,* 162-205. Lincoln: University of Nebraska Press.

Exline, R. V., and Fehr, B. J. (1982). The assessment of gaze and mutual gaze. In K. R. Scherer and P. Ekman (eds.), *Handbook of Methods in Nonverbal Behavior Research*, 91-135. Cambridge: Cambridge University Press.

Exline, R. V., and Winters, L. C. (1965). Affective relations and mutual glances in dyads. In S. S. Tomkins and C. E. Izard (eds.), *Affect, Cognition, and Personality: Empirical studies*, 319-350. New York: Springer.

Exline, R. V., Ellyson, S. L., and Long, B. (1975). Visual behavior exhibited by males differing as to interpersonal control orientation in one- and two-way communication systems. In P. Pliner, L. Krames, and T. Alloway (eds.), *Nonverbal Communication of Aggression*, 21-52. New York: Plenum Press.

Exline, R. V., Gray, D., and Schuette, D. (1965). Visual behavior in a dyad as affected by interview content and sex of respondent. *Journal of Personality and Social Psychology, 1,* 201-209.

Fast, J. (1970). *Body language.* New York: M. Evans and Company Inc.

Feiman, S., and Gill, G. W. (1978). Sex differences on physical attractiveness preferences. *The Journal of Social Psychology, 105,* 43-52.

Feingold, A. (1992). Good looking people are not what we think. *Psychological Bulletin, 3,* 304-341.

Feingold, A., and Mazzella, R. (1998). Gender differences in body image are increasing. *Psychological Science, 9,* 190-195.

Fischer-Mirkin, T. (1995). *Understanding the Hidden Meanings of Women's Clothing Dress Code.* New York: Clarkson Potter Publishers.

Fisher, J. D., and Byrne, D. (1975). Too close for comfort: Sex difference in response to invasions of personal space. *Journal of Personality and Social Psychology, 32,* 15-21.

Flippo, E. (1974). *Management: A Behavioral Approach.* Boston, MA: Allyn and Bacon.

Fortenberry, J. H., McLean, J., Morris, P., and O'Connell, M. (1978). Mode of dress as a perception cue to deference. *Journal of Social Psychology, 104,* 139-140.

Frank, L. K. (1982). Cultural patterning of tactile experiences. In L. A. Samovar and R. E. Porter (eds.), *Intercultural Communication: A Reader* (3rd ed.), 285-289. Belmont, CA: Wadsworth.

Freedman, J. L. (1971). The crowd: Maybe not so madding after all. *Psychology Today, 5,* 58-61, 86.

Freud, S. (1905). *Three Essays on the Theory of Sexuality.* Library of Congress Catalog Card Number, 62-11202.

Fromme, D. K., Jaynes, W. E., Taylor, D. K., Hanold, E. G., Daniell, J., Rountree, J. R., and Fromme, M. L. (1989). Nonverbal behavior and attitudes toward touch. *Journal of Nonverbal Behavior, 13,* 3-13.

Fry, A. M., and Willis, F. N. (1971). Invasion of personal space as a function of the age of the invader. *Psychological Record, 21,* 385-389.

Frymier, A. B. (1993). The impact of teacher immediacy on students' motivation: Is it the same for all students? *Communication Quarterly, 41,* 454-464.

Frymier, A. B. (1994). A model of immediacy in the classroom. *Communication Quarterly, 42,* 133-144.

Galle, O. R., Grove, W. R., and McPherson, J. M. (1972). Population density and pathology: What are the relations for man? *Science, 176,* 23-30.

Gamble, T. K., and Gamble, M. W. (2003). *The Gender Communication Connection.* Boston, MA: Houghton Mifflin Company.

Gashin, A., and Simmons, K. (2002). Mirror, mirror on the wall.... *USA Today Snapshots, life Section D, Tuesday, November 5.*

Gifford, R., and O'Connor, B. (1986). Nonverbal intimacy: Clarifying the role of seating distance and orientation. *Journal of Nonverbal Behavior, 10,* 207-214.

Glausiusz, J. (2002). Wired for a touch. *Discover,* December, p. 13.

Goffman, E. (1959). *The Presentation of Self in Everyday Life.* Garden City, NY: Doubleday Anchor.

Goffman, E. (1967). *Interaction Ritual.* Garden City, NY: Anchor Books.

Goldman-Eisler, F. (1968). *Psycholinguistics: Experiments in Spontaneous Speech.* New York: Academic Press.

Goldberg, S., and Rosenthal, R. (1986). Self-touching behavior in the job interview: Antecedents and consequences. *Journal of Nonverbal Behavior, 10,* 65-80.

Goleman, D. (1999). Can you tell when someone is lying to you? In L. K. Guerrero, J. A. DeVito, and M. L. Hecht (eds.), *The Nonverbal Communication Reader: Classic and Contemporary Readings* (2nd ed.), 358-366. Prospect Heights, IL: Waveland Press, Inc.

Gorden, W. I., Tengler, C. D., and Infante, D. A. (1990). Women's clothing predispositions as predictors

of dress at work, job satisfaction, and career advancement. In J. A. DeVito and M. L. Hecht. *The Nonverbal Communication Reader,* 155-162. Prospect Heights, IL: Waveland Press.
Gordon, R. L. (1975). *Interviewing: Strategy, Techniques, and Tactics.* Homewood, IL: The Dorsey Press.
Gorham, J., Cohen, S. H., and Morris, T. L. (1997). Fashion in the classroom II: Instructor immediacy and attire. *Communication Research Reports, 14,* 11-23.
Gorham, J., Cohen, S. H., and Morris, T. L. (1999). Fashion in the classroom III: Effects of instructor attire and immediacy in natural classroom interactions. *Communication Quarterly, 47,* 281-299.
Grady, K. E., Miransky, L. J., and Mulvey, M. A. (1976). *A nonverbal measure of dominance.* Paper presented at the meeting of the American Psychological Association, Washington, DC.
Gravitz, L. (2002). Lies and nothing but the lies. *Discover,* October, pp. 13.
Green, G. H. (1979). Ah-choo! Humidity can help. *American School and University, 52,* 64-65.
Greenberg, C. I, and Firestone, I. J. (1977). Compensatory responses to crowding: Effects of personal space intrusion and privacy reduction. *Journal of Personality and Social Psychology, 9,* 637-644.
Gross, M. (1990). Admit it or not: Work dress codes are a fact of life. In J. A. DeVito and M. L. Hecht, *The Nonverbal Communication Reader,* 151-154. Prospect Heights, IL: Waveland Press.
Gudykunst, W. B., and Kim, Y. Y. (1992). *Communicating with Strangers: An Approach to Intercultural Communication* (2nd ed.). New York: Random House.
Gudykunst, W. B., and Kim, Y. Y. (1997). *Communicating with Strangers: An Approach to Intercultural Communication* (3rd ed.). New York: The McGraw-Hill Companies, Inc.
Guerrero, L. K., and Andersen, P. A. (1994). Patterns of matching and initiation: Touch behavior and touch avoidance across romantic relationship stages. *Journal of Nonverbal Behavior, 18,* 137-153.
Guerrero, L. K., and Andersen, P. A. (1999). Public touch behavior in romantic relationships between men and women. In L. K. Guerrero, J. A. DeVito, and M. L. Hecht (eds.), *The Nonverbal Communication Reader: Classic and Contemporary Readings* (2nd ed.), 202-210. Prospect Heights, IL: Waveland Press, Inc.
Guerrero, L. K., DeVito, J. A., and Hecht, M. L. (1999). *The Nonverbal Communication Reader: Classic and Contemporary Readings* (2nd ed.). Prospect Heights, IL: Waveland Press, Inc.
Gundersen, D. F. (1987). Credibility and the police uniform. *Journal of Police Science and Administration, 15,* 192-195.
Gundersen, D. F. (1990). Uniforms: conspicuous invisibility. In J. A. DeVito and M. L. Hecht, *The Nonverbal Communication Reader,* 172-178. Prospect Heights, IL: Waveland Press.
Hall, E. T. (1959). *The Silent Language.* Garden City, NY: Doubleday.
Hall, E. T. (1963). A system for the notation of proxemic behavior. *American Anthropology, 65,* 1003-1026.
Hall, E. T. (1966). *The Hidden Dimension.* Garden City, NY: Doubleday.
Hall, E. T. (1968). Proxemics. *Current Anthropology, 9,* 83-108.
Hall, E. T. (1983). Proxemics. In A. M. Katz and V. T. Katz (eds.), *Foundation of nonverbal communication: Readings, exercises, and commentary* (pp. 5-27). Carbondale: Southern Illinois University Press.
Hall, J. A. (1984). *Nonverbal Sex Differences: Communication Accuracy and Expressive Style.* Baltimore, MD: The Johns Hopkins University Press.
Hall, J. A. (1996). Touch, status, and gender at professional meetings. *Journal of Nonverbal Behavior, 20,* 23-44.
Hall, J. A. (1998). How big are nonverbal sex differences? The case of smiling and sensitivity to nonverbal cues. In D. J. Canary and K. Dindia (eds.), *Sex Differences and Similarities in Communication,* 155-177. Mahwah, NJ: Erlbaum.
Hall, J. A., and Halberstadt, A. G. (1986). Smiling and gazing. In J. S. Hyde and M. Linn (eds.), *The Psychology of Gender: Advances through Meta-analysis,* 136-158. Baltimore: Johns Hopkins University Press.
Harlow, H. F., Harlow, M. K., and Hansen, E. W. (1963). The maternal affectional system of Rhesus monkeys. In H. L. Rheingold (ed.), *Maternal Behavior in Mammals,* 254-281. New York: Wiley.
Harlow, H. H., and Zimmerman, R. R. (1958). The development of affectional responses in infant monkeys. *Proceedings of the American Philosophical Society, 102,* 501-509.
Harper, R. G., Wiens, A. N., and Matarazzo, J. D. (1978). *Nonverbal communication: The state of the art.* New York: John Wiley.
Harris, P. R., and Moran, R. T. (1991). *Managing Cultural Differences* (3rd ed.). Houston, TX: Gulf Publishing.
Harrison-Speake, K., and Willis, F. N. (1995). Ratings of the appropriateness of touch among family

members. *Journal of Nonverbal Behavior, 19,* 85-100.
Haseltine, E. (2002a). Say cheese: Why a forced smile looks fake. *Discover,* August.
Haseltine, E. (2002b). Beauty secret: What separates homely from comely? *Discover,* September, pp. 88.
Haseltine, E. (2002c). Grin and bear it: Can a forced smile make you happy? *Discover,* November.
Hecht, M. A., and LaFrance, M. (1995). How (fast) can I help you? Tone of voice and telephone operator efficiency in interactions. *Journal of Applied Social Psychology, 25,* 2066-2098.
Heckel, R. V. (1973). Leadership and voluntary seating choice. *Psychological Reports, 32,* 141-142.
Heilman, M. E., and Stopeck, M. H. (1985). Being attractive, advantage or disadvantage? Performance-based evaluations and recommended personnel actions as a function of appearance, sex, and job type. *Organizational Behavior arid Human Decision Processes, 35,* 202-215.
Heisel, A. D., Williams, D. K., and Valencic, K. M. (1999). *Intentional affect displays: Writing the face to read like a book.* Paper presented at the annual conference of the Eastern Communication Association, Charleston, WV.
Henig, R. M. (1996). The price of perfection. *Civilization,* May/June, 56-61.
Henley, N. M. (1973). Status and sex: Some touching observations. *Bulletin of the Psychonomic Society, 2,* 91-93.
Henley, N. M. (1977). *Body Politics: Power, Sex, and Nonverbal Communication.* Englewood Cliffs, NJ: Prentice Hall.
Henley, N. M. (1995). Body politics revisited: What do we know today? In P. J. Kalbfieisch and M. J. Cody (eds.), *Gender, Power, and Communication in Human Relationships,* 27-61. Hillsdale, NJ: Lawrence Erlbaum Associates.
Heslin, R. (1974). *Steps toward a taxonomy of touching.* Paper presented to the annual meeting of the Midwestern Psychological Association, Chicago, IL.
Hess, E. H. (1965). Attitude and pupil size. *Scientific American, 212,* 46-54.
Hess, E. H., and Polt, H. M. (1960). Pupil size as related to interest value of visual stimuli. *Science, 132,* 349-350.
Hess, E. H., Seltzer, A. L., and Schlien, J. M. (1965). Pupil responses of hetero- and homosexual males to pictures of men and women: A pilot study. *Journal of Abnormal Psychology, 70,* 165-168.
Hewitt, J, and German, K. (1987). Attire and Attractiveness. *Perceptual and Motor Skills, 64,* 558.
Hickson, M. L., III, and Stacks, D. W. (1993). *Nonverbal Communication: Studies and Applications* (3rd ed.). Madison, WI: WCB Brown and Benchmark.
Hickson, M. L., III, Grierson, R. D., and Linder, B. C. (1991). A communication perspective on sexual harassment: Affiliative nonverbal behaviors in asynchronous relationships. *Communication Quarterly, 39,* 111-118.
Hindmarch, I. (1970). Eyes, eye-spots, and pupil dilation in nonverbal communication. In I. Vine and M. von Cranach (eds.), *Social Communication and Movement,* 299-321. New York: Academic Press.
Hite, S. (1977). What kind of loving does a woman want? *New Woman Magazine,* July-August, 75-76.
Hood, B. M., Willen, J. D., and Driver, J. (1998). Adult's eyes trigger shifts of visual attention in human infants. *Psychological Science, 9,* 131-134.
Horton, J. (1976). Time and cool people. In L. A. Samovar and R. E. Porter (eds.), *Intercultural Communication: A Reader* (2nd ed.), 274-287. Belmont, CA: Wadsworth.
Hoult, T. F. (1954). Experimental measurement of clothing as a factor in some social ratings of selected American men. *American Sociological Review, 19,* 324-328.
Hughes, J., and Goldman, M. (1978). Eye contact, facial expression, sex, and the violation of personal space. *Perceptual and Motor Skills, 46,* 579-584.
Hunsaker, P. L. (1980). Communicating better: There's no proxy for proxemics. *Business,* March-April, 41-48.
Hur, S. V., and Hur, B. S. (1988). *Culture Shock! Korea.* Singapore: Times Books International.
Iliffe, A. H. (1960). A study of preferences in feminine beauty. *British Journal of Psychology, 51,* 267-273.
Ishii, S. (1973). Characteristics of Japanese nonverbal communicative behavior. Communication, 2. Cited in D. W. Klopf and S. Ishii (1984). *Communicating Effectively Across Cultures.* Tokyo: NANOUN-DO.
Ishii, S. (1975). The American male viewed by Japanese female students of English: A stereotype image. Speech Education, 3. Cited in D. W. Klopf and S. Ishii (1984). *Communicating Effectively across Cultures.* Tokyo: NANOUN-DO.
Izard, C. E. (1969). The emotions and emotion constructs in personality and culture research. In R. B.

Cattell (ed.), *Handbook of Modern Personality Theory,* 496-510. Chicago, IL: Aldine.
Jakobson, R. (1976). Nonverbal signs for "Yes" and "No." In L. A. Samovar and R. E. Porter (eds.), *Intercultural Communication: A Reader* (2nd ed.), 235-240. Belmont, CA: Wadsworth.
Jaworski, A. (1999). The power of silence in communication. In L. K. Guerrero, J. A. DeVito, and M. L. Hecht (eds.), *The Nonverbal Communication Reader: Classic and Contemporary Readings* (2nd ed.), 156-162. Prospect Heights, IL: Waveland Press, Inc.
Johnson, H. G., Ekman, P., and Friesen, W. V. (1975). Communicative body movements: American emblems. *Semiotica, 15,* 335-353.
Johnson, J. (1985). *Laughs every day could keep the doctor away.* USA Weekend, November, 23.
Johnson, J. E. (1994). *Appearance Obsession: Learning to Love the Way You Look.* Deerfield Beach, FL: Health Communications.
Johnson, K. L., and Edwards, R. (1991). The effects of gender and type of romantic touch on perceptions of relational commitment. *Journal of Nonverbal Behavior, 15,* 43-55.
Jones, S. E. (1971). A comparative proxemics analysis of dyadic interaction in selected subcultures of New York City. *Journal of Social Psychology, 84,* 35-44.
Jones, S. E. (1986). Sex differences in touch communication. *Western Journal of Speech Communication, 50,* 227-241.
Jones, S. E. (1999). Communicating with touch. In L. K. Guerrero, J. A. DeVito, and M. L. Hecht (eds.), *The Nonverbal Communication Reader: Classic and Contemporary Readings* (2nd ed.), 192-201. Prospect Heights, IL: Waveland Press, Inc.
Jones, S. E., and Yarbrough, A. E. (1985). A naturalistic study of the meanings of touch. *Communication Monographs, 52,* 19-56.
Jorgenson, D. O. (1975). Field study of the relationship between status and discrepancy and proxemics behavior. *Journal of Social Psychology, 97,* 173-179.
Jourard, S. M. (1966a). An exploratory study of body-accessibility. *British Journal of Social and Clinical Psychology, 5,* 221-231.
Jourard, S. M. (1966b). *The Transparent Self: Self-Disclosure and Well-Being.* Princeton, NJ: Van Nostrand.
Jourard, S. M. (1968). *Disclosing Man to Himself.* New York: Van Nostrand Reinhold.
Jourard, S. M. (1971). *The Transparent Self* (2nd ed.). New York: D. Van Nostrand.
Jourard, S. M., and Friedman, R. (1970). Experimenter-subject distance and self-disclosure. *Journal of Personality and Social Psychology, 15,* 278-282.
Jourard, S. M., and Rubin, J. E. (1968). Self-disclosure and touching: A study of two modes of interpersonal encounter and their interrelation. *Journal of Humanistic Psychology, 8,* 39-48.
Jourard, S. M., and Secord, P. F. (1955). Body-cathexis and personality. *British Journal of Psychology, 46,* 130-138.
Kaiser, S. B. (1997). Women's appearance and clothing within organizations. In S. B. Kaiser, *The Social Psychology of Clothing: Symbolic Appearances in Context* (2nd ed.). Fairchild Publications/Capital Cities Media.
Kaiser, S. B. (1999). Women's appearance and clothing within organizations. In L. K. Guerrero, J. A. DeVito, and M. L. Hecht (eds.), *The Nonverbal Communication Reader: Classic and Contemporary Readings* (2nd ed.), 106-113. Prospect Heights, IL: Waveland Press.
Kalbfleisch, P. J., and Cody, M. J. (1995). Power and communication in the relationships of women and men. In P. J. Kalbfleisch and M. J. Cody (eds.), *Gender, Power, and Communication in Human Relationships,* 3-26. Hillsdale, NJ: Lawrence Eribaum Associates.
Kaleina, G. (1979). More than other folks, pets get loving strokes. *The Arizona Republic,* p. c2, March 3, 1979.
Kalick, S. M., Zebrowitz, L. A., Langlois, J. H., and Johnson, R. M. (1998). Does human facial attractiveness honestly advertise health? *Psychological Science, 9,* 8-13.
Kaltenbach, P. (1991). Effects of diet advertising on women at-risk for the development of anorexia nervosa. *Dissertation Abstracts International, 5,* 5031.
Katsikitis, M., Pilowksy, I, and Innes, J. M. (1990). The quantification of smiling using a microcomputer-based approach. *Journal of Nonverbal Behavior,* 3-17.
Kearney, P., Plax, T. G., Richmond, V. P., and McCroskey, J. C. (1984). Power in the classroom IV: Teacher communication techniques as alternatives to discipline. In D. Nimmo (ed.), *Communication Yearbook, 4,* 724-746. Beverly Hills, CA: Sage.
Kearney, P., Plax, T. G., Richmond, V. P., and McCroskey, J. C. (1985). Power in the classroom III: Teacher

communication techniques and messages. *Communication Education, 34,* 19-28.
Keenan, A. (1976). Effects of the non-verbal behavior of interviewers on candidates' performance. *Journal of Occupational Psychology, 49,* 171-176.
Keenan, A., and Wedderburn, A. A. (1975). Effects of the non-verbal behavior of interviewers on candidates' impressions. *Journal of Occupational Psychology, 48,* 129-132.
Kendon, A. (1967). Some functions of gaze-direction in social interaction. *Acta Psychologica, 26,* 22-63.
Kendon, A., and Ferber, A. (1973). A description of some human greetings. In R. P. Michael and J. H. Crook (eds.), *Comparative Ecology and Behavior of Primates,* 591-668. London: Academic Press.
Ketcham, H. (1958). *Color Planning for Business and Industry.* New York: Harper and Brothers.
Kimble, C. E., and Seidel, S. D. (1991). Vocal signs of confidence. *Journal of Nonverbal Behavior, 15,* 99-105.
Klopf, D. W. (1998). *Intercultural Encounters: The Fundamentals of Intercultural Communication* (4th ed.). Englewood, CO: Morton.
Klopf, D. W., and Ishii, S. (1984). *Communicating Effectively Across Cultures.* Tokyo: NANOUN-DO.
Klopf, D. W., and Park, M. S. (1982). *Cross-Cultural Communication: An Introduction to the Fundamentals.* Seoul, Korea: Han Shin Publishers.
Knapp, M. K., and Vangelisti, A. (2000). *Interpersonal Communication and Human Relationships* (4th ed.). Boston, MA: Allyn and Bacon.
Knapp, M. L. (1978). *Social Intercourse: From Greeting to Goodbye.* Boston, MA: Allyn and Bacon.
Knapp, M. L., and Hall, J. A. (1992). *Nonverbal Communication in Human Interaction* (3rd ed.). New York: Holt, Rinehart & Winston.
Knapp, M. L., Hart, R. P., and Dennis, H. S. (1974). An exploration of deception as a communication construct. *Human Communication Research, 1,* 15-29.
Korda, M. (1975). *Power: How to Get It, How to Use It.* New York: Ballantine.
Kougl, K. (1997). *Communicating in the Classroom.* Prospect Heights, IL: Waveland Press, Inc.
Kramer, E. (1963). Judgment of personal characteristics and emotions from nonverbal properties of speech. *Psychological Bulletin, 60,* 408-420.
Krauss, R. M. (1998). Why do we gesture when we speak? *Current Directions in Psychological Science, 7,* 54-59.
LaFrance, M., and Mayo, C. (1978). *Moving Bodies: Nonverbal Communication in Social Relationships.* Monterey, CA: Brooks/Cole.
Lalljee, M. G., and Cook, M. (1969). An experimental investigation of the function of filled pauses in speech. *Language and Science, 12,* 24-28.
Larsen, K. S., and LeRoux, J. (1984). A study of same-sex touching attitudes: Scale development and personality predictors. *The Journal of Sex Research, 20,* 264-278.
Lewis, K. E., and Bierly, M. (1990). Toward a profile of the female voter: Sex differences in perceived physical attractiveness and competence of political candidates. *Sex Roles, 22,* 1-11.
Liggon, C., Weston, J., Ambady, N., Colloton, M., Rosenthal, R., and Reite, M. (1992). Content-free voice analysis of mothers talking about their failure-to-thrive children. *Infant Behavior and Development, 15,* 507-511.
Lomranz, J., Shapira, A., Choresh, N., and Gilat, Y. (1975). Children's personal space as a function of age and sex. *Developmental Psychology, 11,* 541-545.
Lott, D. F., and Sommer, R. (1967). Seating arrangements and status. *Journal of Personality and Social Psychology, 7,* 90-95.
Lyman, S. M., and Scott, M. B. (1967). Territoriality: A neglected sociological dimension. *Social Problems, 15,* 236-249.
Lyons, M., Wanzer, M. B., and Richmond, V. P. (1998). Amount of communication as a symptom of distressed marriages based on reports of divorced individuals. *Communication Research Reports, 15,* 327-330.
Malandro, L. A., and Barker, L. (1983). *Nonverbal Communication.* Reading, MA: Addison-Wesley.
Malandro, L. A., Barker, L., and Barker, D. A. (1989). *Nonverbal communication* (2nd ed.). New York: Random House.
Markel, N. N. (1965). The reliability of coding paralanguage: Pitch, loudness, and tempo. *Journal of Verbal Learning and Verbal Behavior, 4,* 306-308.
Martin, J. G. (1964). Racial ethnocentrism and judgment of beauty. *Journal of Social Psychology, 63,* 59-63.
Massaro, D. W., and Egan, P. B. (1996). Perceiving affect from the voice and the face. *Psychonomic Bulletin*

and Review, 3, 215-221.
Maurer, D., and Maurer, C. (1988). *The World of the Newborn.* New York: Basic Books.
McAndrew, F. T., and Warner, J. E. (1986). Arousal seeking and the maintenance of mutual gaze in same- and mixed-sex dyads. *Journal of Nonverbal Behavior, 10,* 168-172.
McAndrew, F. T., Ryckman, R. M., Horr, W., and Soloman, R. (1978). The effects of invader placement of spatial markers on territorial behavior in a college population. *Journal of Social Psychology, 104,* 149-150.
McCaskey, M. B. (1979). The hidden messages managers send. *Harvard Business Review,* November-December, 135-148.
McCroskey, J. C. (1992). *Communication in the Classroom.* Acton, MA: Tapestry Press.
McCroskey, J. C. (2001). *An Introduction to Rhetorical Communication* (8th ed.). Needham Heights, MA: Allyn & Bacon.
McCroskey, J. C., and McCain, T. A. (1974). The measurement of interpersonal attraction. *Speech Monographs, 41,* 261-266.
McCroskey, J. C., and Richmond, V. P. (1983). Power in the classroom I: Teacher and student perceptions. *Communication Education, 32,* 175-184.
McCroskey, J. C., and Richmond, V. P. (1992). Increasing teacher influence through immediacy. In V. P. Richmond and J. C. McCroskey (eds.), *Power in the Classroom: Communication, Control, and Concern,* 101-119. Hillsdale, NJ: Lawrence Erlbaum Associates.
McCroskey, J. C., and Richmond, V. P. (1996). *Fundamentals of Human Communication: An Interpersonal Perspective,* 169-214. Prospect Heights, IL: Waveland Press, Inc.
McCroskey, J. C., Larson, C. E., and Knapp, M. L. (1971). *An Introduction to Interpersonal Communication.* Englewood Cliffs, NJ: Prentice Hall.
McCroskey, J. C., Richmond, V. P., and Stewart, R. A. (1986). *One on One: The Foundations of Interpersonal Communication.* Englewood Cliffs, NJ: Prentice Hall.
McCroskey, J. C., Richmond, V. P., Plax, T. G., and Kearney, P. (1985). Power in the classroom V: Behavior alteration techniques, communication training and learning. *Communication Education, 34,* 214-226.
McCroskey, J. C., Sallinen, A., Fayer, J. M., Richmond, V. P., and Barraclough, R. A. (1996). Nonverbal immediacy and cognitive learning: A cross-cultural investigation. *Communication Education, 45,* 200-211.
McCroskey, J. C., Wrench, J. S., and Richmond, V. P. (2003). *Principles of Public Speaking.* Indianapolis, IN: The College Network.
Mehrabian, A. (1966). Immediacy: An indicator of attitudes in linguistic communication. *Journal of Personality, 34,* 26-34.
Mehrabian, A. (1968). Communication without words. *Psychology Today, 2,* 52-55.
Mehrabian, A. (1969a). Measures of achieving tendency. *Educational and Psychological Measurement, 29,* 445-451.
Mehrabian, A. (1969b). Significance of posture and position in the communication of attitude and status relationships. *Psychological Bulletin, 71,* 359-372.
Mehrabian, A. (1971a). *Silent Messages.* Belmont, CA: Wadsworth.
Mehrabian, A. (1971b). Verbal and nonverbal interactions of strangers in a waiting situation. *Journal of Experimental Research in Personality, 5,* 127-138.
Mehrabian, A. (1972). *Nonverbal Communication.* Chicago, IL: Aldine-Atherton.
Mehrabian, A. (1976). *Public Places and Private Spaces: The Psychology of Work, Play, and Living Environments.* New York: Basic Books.
Mehrabian, A. (1981). *Silent Messages: Implicit Communication of Emotions and Attitudes* (2nd ed.). Bemlont, CA: Wadsworth.
Mehrabian, A., and Diamond, S. G. (1971). Seating arrangement and conversation. *Sociometry, 34,* 281-289.
Mehrabian, A., and Diamond, S. G. (1971). The effects of furniture arrangement, props, and personality on social interaction. *Journal of Personality and Social Psychology, 20,* 18-30.
Mehrabian, A., and Ferris, S. R. (1967). Inference of attitudes from nonverbal communication in two channels. *Journal of Consulting Psychology, 31,* 248-252.
Mehrabian, A., and Weiner, M. (1967). Decoding of inconsistent communications. *Journal of Personality and Social Psychology, 6,* 109-144.

Mehrabian, A., and Williams, M. (1969). Nonverbal concomitants of perceived and intended persuasiveness. *Journal of Personality and Social Psychology, 13,* 37-58.

Miller, G. R., and Hewgill, M. A. (1964). The effects of variations of nonfluency on audience ratings of source credibility. *Quarterly Journal of Speech, 50,* 36-44.

Miller, N., Maruyama, G., Beaber, R. J., and Valone, K. (1976). Speed of speech and persuasion. *Journal of Personality and Social Psychology, 34,* 615-624.

Mills, J., and Aronson, E. (1965). Opinion change as a function of the communicator's attractiveness and desire to influence. *Journal of Personality and Social Psychology, 1,* 173-177.

Molloy, J. T. (1975). *Dress for Success.* New York: Warner Books.

Molloy, J. T. (1977). *The Women's Dress for Success Book.* Chicago, IL: Follett.

Molloy, J. T. (1978). *The Women's Dress for Success Book.* New York: Warner Books.

Molloy, J. T. (1983). *Molloy's Live for Success.* New York: Bantam Books.

Molloy, J. T. (1988). *The New Dress for Success Book.* New York: Warner Books.

Montagu, M. R. A. (1978). *Touching: The Human Significance of the Skin* (2nd ed.). New York: Columbia University Press.

Moore, A., Masterson, J. T., Christophel, D. M., and Shea, K. A. (1996). College teacher immediacy and student ratings of instruction. *Communication Education, 45,* 29-39.

Morris, D. (1971). *Intimate Behavior.* New York: Random House.

Morris, D. (1976). Please touch is message of Morris. In L. B. Rosenfeld and J. M. Civikly (eds.), *With Words Unspoken: The Nonverbal Experience,* 129-132. New York: Holt, Rinehart & Winston.

Morris, D. (1985). Body Watching. New York: Crown.

Morris, T. L., Gorham, J., Cohen, S. H., and Huffman, D. (1996). Fashion in the classroom: Effects of attire on student perceptions of instructors in college classes. *Communication Education, 45,* 135-148.

Morrison, T., Conaway, W. A., and Borden, G. A. (1994). *Kiss, Bow, or Shake Hands: How to Do Business in 60 Countries.* Holbrook, MA: Adams Media Corporation.

Morsbach, H. (1976). Aspects of nonverbal communication in Japan. In L. A. Samovar and R. E. Porter (eds.), *Intercultural Communication: A Reader* (2nd ed.), 240-259. Belmont, CA: Wadsworth.

Mottet, T., and Richmond, V. P. (1998). An inductive analysis of verbal immediacy: Alternative conceptualization of relational verbal approach/avoidance strategies. *Communication Quarterly, 46,* 25-40.

Mottet, T., and Richmond, V. P. (2002). Student nonverbal communication and its influence on teachers and teaching. In J. L. Chesebro and J. C. McCroskey (eds.), *Communication for Teachers,* 47-61. Boston: Allyn and Bacon.

Mulac, A. (1976). Assessment and application of the revised speech dialect attitudinal scale. *Communication Monographs, 43,* 238-245.

Mulac, A. Studley, L. B., Wiemann, J. W., and Bradac, J. J. (1987). Male/female gaze in same sex and mixed-sex dyads: Gender-linked differences and mutual influence. *Human Communication Research, 13,* 323-344.

Mulac, A., and Giles, H. (1996). You're only as old as you sound: Perceived vocal age and social meanings. *Health Communication, 8,* 199-215.

Mulac, A., Hanley, T. D., and Prigge, D. Y. (1974). Effects of phonological speech foreignness upon three dimensions of attitude of selected American listeners. *Quarterly Journal of Speech, 60,* 411-420.

Myers, Jr., and Biocca, F. A. (1999). The effect of television advertising and programming on body image distortions in young women. In L. K. Guerrero, J. A. DeVito, and M. L. Hecht (eds.), *The Nonverbal Communication Reader: Classic and Contemporary Readings* (2nd ed.), 92-100. Prospect Heights, IL: Waveland Press.

Neuliep, J. W. (2002). *Intercultural Communication: A Contextual Approach.* Boston, MA: Houghton Mifflin Company.

Neuliep, J. W., and McCroskey, J. C. (1997). The development of a U. S. and generalized ethnocentrism scale. *Communication Research Reports, 14,* 385-398.

Newcombe, N., and Lie, E. (1995). Overt and covert recognition of faces in children and adults. *Psychological Science, 6,* 241-245.

Newman, J. M. (1982). The sounds of silence in communicative encounters. *Communication Quarterly, 30,* 142-149.

Newman, L. L, and Smit, A. B. (1989). Some effects of variations in response time latency on speech rate, interruptions, and fluency in children's speech. *Journal of Speech and Hearing Research, 32,*

635-644.
Nguyen, T., Heslin, R., and Nguyen, M. L. (1975). The meanings of touch: Sex differences. *Journal of Communication, 25,* 92-103.
Nguyen, M. L., Heslin, R., and Nguyen, T. (1976). The meanings of touch: Sex and marital status differences. *Representative Research in Social Psychology, 7,* 13-18.
Nix-Rice, N. (1996). *Looking Good: A Comprehensive Guide to Wardrobe Development.* Holbrook, MA: Adams Media Corporation.
Norton, R. (1983). *Communicator Style: Theory, Applications, and Measures.* Beverly Hills, CA: Sage Publications.
O'Hair, D., Cody, M. J., and Behnke, R. R. (1985). Communication apprehension and vocal stress as indices of deception. *Western Journal of Speech Communication, 49,* 286-300.
Oldham, G. R.., and Rotchford, N. L. (1983). Relationships between office characteristics and employee reactions: A study of the physical environment. *Administrative Science Quarterly, 28,* 542-556.
Patterson, M. X., Powell, J. L., and Lenihan, M. G. (1986). Touch, compliance, and interpersonal affect. *Journal of Nonverbal Behavior, 10,* 41-50.
Perlmutter, K. B., Paddock, J. R., and Duke, M. P. (1985). The role of verbal, vocal, and nonverbal cues in the communication of evoking message styles. *Journal of Research in Personality, 93,* 31-43.
Phillips, G. M., Kougl, K. M., and Kelly, L. (1985). *Speaking in public and private.* Indianapolis: Bobbs-Merriii Educational Publishing.
Philpot, J. S. (1983). *The relative contribution to meaning of verbal and nonverbal channels of communication: A meta-analysis.* Unpublished master's thesis, University of Nebraska.
Piercy, M. (1973). *Small changes.* New York: Doubleday.
Pines, M. (1984). Children's winning ways. *Psychology Today,* December, 58-66.
Pisano, M. D., Wall, S. M., and Foster, A. (1985). Perceptions of nonreciprocal touch in romantic relationships. *Journal of Nonverbal Behavior, 10,* 29-40.
Plax, T. G., Kearney, P., McCroskey, J. C., and Richmond, V. P. (1986). Power in the classroom VI: Verbal control strategies, nonverbal immediacy, and affective learning. *Communication Education, 35,* 43-55.
Plax, T. G., Kearney, P., McCroskey, J. C., and Richmond, V. P. (1986). Power in the classroom VI: Verbal control strategies, nonverbal immediacy, and affective learning. *Communication Education, 35,* 43-55.
Plazewski, J. G., and Allen, V. L. (1985). The effect of verbal content on children's encoding of paralinguistic affect. *Journal of Nonverbal Behavior, 9,* 147-159.
Poyatos, F. (1991). Paralinguistic qualifiers: Our many voices. *Language and Communication, 11,* 181-195.
Raiscot, J. (1983). *Jury Selection, Body Language, and the Visual Trial.* Minneapolis, MN: AB Publications.
Raiscot, J. (1986). *Silent Sales.* Minneapolis, MN: AB Publications.
Remland, M. S. (1984). Leadership impressions and nonverbal communication in a superior-subordinate interaction. *Communication Quarterly, 32,* 41-48.
Retnland, M. S., Jones, T. S., and Brinkman, H. (1991). Proxemic and haptic behavior in three European countries. *Journal of Nonverbal Behavior, 15,* 215-232.
Reyes, K. W. (1993). *Eye of the beholder.* Modern Maturity, August, 22-23.
Rich, A. L., and Ogawa, D. M. (1972). Intercultural and interracial communication: An analytical approach. In L. A. Samovar and R. E. Porter (eds.), *Intercultural Communication: A Reader,* 23-31. Belmont, CA: Wadsworth.
Richmond, V. P. (1978). The relationship between trait and state communication apprehension and interpersonal perceptions during acquaintance stages. *Human Communication Research, 4,* 338-349.
Richmond, V. P. (1990). Communication in the classroom: Power and motivation. *Communication Education, 39,* 181-195.
Richmond, V. P. (1996a). *Nonverbal communication in the classroom.* Edina, MN: Burgess International Group.
Richmond, V. P. (1996b). *Nonverbal communication in the classroom.* Acton, MA: Tapestry Press.
Richmond, V. P. (1997). *Nonverbal communication in the Classroom: A text, workbook, and study guide.* Acton, MA: Tapestry Press.
Richmond, V. P. (1999). Extended learning. In A. L. Vangelisti, J. A. Daly, and G. W. Friedrich (eds.), *Teaching Communication: Theory, Research, and Methods* (2nd ed.), 497-506. Mahwah, NJ:

Lawrence Erlbaum.

Richmond, V. P. (2000). *Image fixation measure*. Unpublished manuscript. West Virginia University. Morgantown, WV.

Richmond, V. P. (2002a). Teacher nonverbal immediacy: Uses and outcomes. In J. L. Chesebro and J. C. McCroskey (eds.), *Communication for Teachers*, 65-82. Boston: Allyn and Bacon.

Richmond, V. P. (2002b). Socio-communicative style and orientation in instruction. In J. L. Chesebro and J. C. McCroskey (eds.), *Communication for Teachers*, 104-115. Boston: Allyn and Bacon.

Richmond, V. P., and Hickson, M. L. III. (2002). *Going Public: A Practical Guide to Public Talk*. Boston, MA: Allyn and Bacon.

Richmond, V. P., and Lyons, M. (1995). Amount of communication in marital dyads as a function of dyadic and individual marital satisfaction. *Communication Research Reports, 13,* 152-159.

Richmond, V. P., and Lyons, M. (1997). Communication and decision-making styles, power base usage, and satisfaction in marital dyads. *Communication Quarterly, 45,* 410-426.

Richmond, V. P., and Martin, M. M. (1998). Socio-communicative style and socio-communicative orientation. In J. C. McCroskey, J. A. Daly, M. M. Martin, and M. J. Beatty (eds.), *Communication and Personality: Trait Perspectives,* 133-148. Hillsdale, NJ: Lawrence Eribaum Associates.

Richmond, V. P., and McCroskey, J. C. (1984). Power in the classroom II: Power and learning. *Communication Education, 33,* 125-136.

Richmond, V. P., and McCroskey, J. C. (1989). An investigation of self-perceived communication competence and personality orientations. *Communication Research Reports, 6,* 28-36.

Richmond, V. P., and McCroskey, J. C. (1990). Reliability and separation of factors in the assertiveness-responsiveness measure. *Psychological Reports, 67,* 449-450.

Richmond, V. P., and McCroskey, J. C. (1998). *Communication: Apprehension, Avoidance, and Effectiveness* (5th ed.). Boston, MA: Allyn and Bacon.

Richmond, V. P., and McCroskey, J. C. (2000). The impact of supervisor and subordinate immediacy on relational and organizational outcomes. *Communication Monographs, 67,* 85-95.

Richmond, V. P., and McCroskey, J. C. (2001). *Organizational Communication for Survival: Making Work, Work* (2nd ed.). Boston, MA: Allyn and Bacon.

Richmond, V. P., Beatty, M. J., and Dyba, P. (1988). Language patterns and gender role orientation among students in grades 3-12. *Communication Education, 37,* 142-149.

Richmond, V. P., Davis, L. M., Saylor, K., and McCroskey, J. C. (1984). Power strategies in organizations: Communication techniques and messages. *Human Communication Research, 11,* 85-108.

Richmond, V. P., Gorham, J. S., and McCroskey, J. C. (1986). The relationship between selected immediacy behaviors and cognitive learning. In M. L. McLaughlin (ed.), *Communication Yearbook, 10,* 574-590. Beverly Hills, CA: Sage.

Richmond, V. P., Gorham, J., and Furio, B. (1987). Affinity-seeking communication in collegiate female-male relationships. *Communication Quarterly, 35,* 334-348.

Richmond, V. P., McCroskey, J. C, and Davis, L. M. (1986). The relationship of supervisor use of power and affinity-seeking strategies with subordinate satisfaction. *Communication Quarterly, 34,* 178-193.

Richmond, V. P., McCroskey, J. C, Kearney, P., and Plax, T. G. (1987). Power in the classroom VII: Linking behavioral alteration techniques to cognitive learning. *Communication Education, 36,* 1-12.

Richmond, V. P., McCroskey, J. C, Plax, T. G., and Kearney, P. (1986). *Teacher immediacy training and student learning*. Paper presented at the annual convention of the Speech Communication Association, Chicago.

Richmond, V. P., Smith, R., Heisel, A., and McCroskey, J. C. (1998). The impact of communication apprehension and fear of talking with a physician on perceived medical outcomes. *Communication Research Reports, 15,* 344-353.

Richmond, V. P., Smith, R., Heisel, A., and McCroskey, J. C. (2001). Nonverbal immediacy in the physician/patient relationship. *Communication Research Reports, 18,* 211-216.

Richmond, V. P., Smith, R., Heisel, A., and McCroskey, J. C. (2002). The association of physician sociocommunicative style with physician and patient satisfaction. *Communication Research Reports, 19,* 207-215.

Richmond, V. P., Wagner, J. P., and McCroskey, J. C. (1983). The impact of perceptions of leadership style, use of power, and conflict management style on organizational outcomes. *Communication Quarterly, 31,* 27-36.

Richmond, V. P., Wrench, J., and Gorham, J. S. (1998). *Communication, Learning, and Affect in Instruction*.

Acton, MA: Tapestry Press.
Richmond, V. P., Wrench, J., and Gorham, J. (2001). *Communication, Learning, and Affect in Instruction.* Acton, MA: Tapestry Press.
Roach, K. D. (1997). Effects of graduate teaching assistant attire on student learning, misbehaviors, and ratings of instruction. *Communication Quarterly, 45,* 125-141.
Robinson, J. D. (1998). Getting down to business: Talk, gaze, and body orientation during openings of doctor-patient consultations. *Human Communication Research, 25,* 97-123.
Rocca, K. A., and McCroskey, J. C. (1999). The interrelationship of student ratings of instructors' immediacy, verbal aggressiveness, homophily, and interpersonal attraction. *Communication Education, 48,* 308-316.
Rogers, W. T. (1978). The contribution of kinesic illustrators toward the comprehension of verbal behavior within utterances. *Human Communication Research, 5,* 54-62.
Rosencranz, M. L. (1962). Clothing symbolism. *Journal of Home Economics, 54,* 18-22.
Rosenfeld, H. M. (1966a). Approval-seeking and approval-inducing functions of verbal and nonverbal responses in the dyad. *Journal of Personality and Social Psychology, 4,* 597-605.
Rosenfeld, H. M. (1966b). Instrumental affiliative functions of facial and gestural expressions. *Journal of Personality and Social Psychology, 4,* 65-72.
Rosenfeld, H. M. (1982). Measurement of body motion and orientation. In K. R. Scherer and P. Ekman (eds.), *Handbook of Methods in Nonverbal Behavior Research,* 199-286. New York: Cambridge University Press.
Rosenfeld, L. B., and Civikly, J. M. (1976). *With Words Unspoken: The Nonverbal Experience.* New York: Holt, Rinehart & Winston.
Rosenfeld, L. B., and Plax, T. G. (1977). Clothing as communication. *Journal of Communication, 27,* 24-31.
Rosenfeld, L. B., Kartus, S., and Ray, C. (1976). Body accessibility revisited. *Journal of Communication, 26,* 27-30.
Rosenthal, R., Hall, J. A., DiMatteo, R., Rogers, R. L., and Archer, D. (1979). *Sensitivity to Nonverbal Communication: The PONS Test.* Baltimore, MD: The Johns Hopkins University Press.
Roses, N. J., Olson, J. M., Borenstein, M. N., Martin, A., and Shores, A. L. (1992). Same-sex touching behavior: The modeling role of homophobic attitudes. *Journal of Nonverbal Behavior, 16,* 249-259.
Ruben, B. D. (1977). Human communication and cross-cultural effectiveness. *International and Intercultural Communication Annual, 4.*
Ruesch, J., and Kees, W. (1971). *Nonverbal Communication: Notes on the Visual Perception of Human Relations* (2nd ed.). Berkeley, CA: University of California Press.
Russell, J. A., and Bullock, M. (1985). Multidimensional scaling of emotional facial expressions: Similarity from preschoolers to adults. *Journal of Personality and Social Psychology, 48,* 1290-1298.
Russo, N. (1967). Connotation of seating arrangements. *Cornell Journal of Social Relations, 11,* 37-44.
Sabatelli, R. M., and Rubin, M. (1986). Nonverbal expressiveness and physical attractiveness as mediators of interpersonal perceptions. *Journal of Nonverbal Behavior, 10,* 120-133.
Saitz, R. L. and Cervenka, E. J. (1972). *Handbook of Gestures: Colombia and the United States.* The Hague: Mouton.
Samovar, L. A., and Porter, R. E. (1976). *Intercultural Communication: A Reader* (2nd ed.). Belmont, CA: Wadsworth.
Sayer, J. E. (1979). The student's right to his own language: A response to Colquitt. *Communication Quarterly, 27,* 44-46.
Schaffer, D. R., and Sadowski, C. (1975). This table is mine: Respect for marked barroom tables as a function of gender of spatial marker and desirability of locale. *Sociometry, 38,* 408-419.
Scheflen, A. E. (1964). The significance of posture in communication systems. Psychiatry, 27, 316-331.
Scheflen, A. E. (1965). Quasi-courtship behavior in psychotherapy. *Psychiatry, 28,* 245-257.
Scheflen, A. E. (1976). Micro territories in human interaction. In A. Kendon, R. M. Harris, and M. R. Key (eds.), *Organization of Behavior in Face-to-Face Interaction,* 159-173. Chicago, IL: Mouton-Aldine.
Scherer, K. R. (1982). Methods of research on vocal communication: Paradigms and parameters. In K. R. Scherer and P. Ekman (eds.), *Handbook of Methods in Nonverbal Behavior Research,* 136-198. Cambridge: Cambridge University Press.
Scherer, K. R., and Ekman, P. (1982). *Handbook of Methods in Nonverbal Behavior Research.* New York: Cambridge University Press.
Scherer, K. R., and Osinsky, J. S. (1977). Cue utilization in emotion attribution from auditory stimuli.

Motivation and Emotion, 1, 331-346.
Scherer, K. R., Koivumaki, J. M. and Rosenthal, R. (1972). Minimal cues in the vocal communication of affect Judging emotions from content-masked speech. *Journal of Psycholinguist Research, 1,* 269-285.
Scherer, S. E. (1974). Proxemic behavior of primary school children as a function of their socioeconomic class and subculture. *Journal of Personality and Social Psychology, 29,* 800-805.
Scherwitz, L., and Helmreich, R. (1973). Interactive effects of eye contact and verbal content on interpersonal attraction in dyads. *Journal of Personality and Social Psychology, 25,* 6-14.
Schlenker, B. R. (1980). *Impression Management.* Monterey, CA: Brooks/Cole.
Schutz, W. (1971). *Here Comes Everybody.* New York: Harper & Row.
Sechrest, L. (1969). Nonreactive assessment of attitudes. In B. P. Willems and H. L. Rausch (eds.), *Naturalistic Viewpoints in Psychological Research.* New York: Holt, Rinehart & Winston.
Segerstrale, U., and Molnar, P. (1997a). *Nonverbal Communication: Where Nature Meets Culture.* Mahwah, NJ: Lawrence Erlbaum Associates.
Segerstrale, U., and Molnar, P. (1997b). Nonverbal communication: Crossing the boundary between culture and nature. In U. Segerstrale and P. Molnar (eds.), *Nonverbal Communication: Where Nature Meets Culture,* 1-26. Mahwah, NJ: Lawrence Erlbaum Associates.
Semic, B. (1999). Vocal attractiveness: What sounds beautiful is good. In L. K. Guerrero, J. A. DeVito, and M. L.: Hecht (eds.), *The Nonverbal Communication Reader: Classic and Contemporary Readings* (2nd ed.), 149-155. Prospect Heights, IL: Waveland Press, Inc.
Sereno, K. K., and Hawkins, G. J. (1967). The effects of variations in speaker's nonfluency upon audience ratings of attitude toward the speech topic and speaker's credibility. *Speech Monographs, 34,* 58-64.
Sheldon, W. H. (1940). *The Varieties of Human Physique.* New York: Harper and Brothers.
Sheldon, W. H. (1942). *The Varieties of Temperament.* New York: Hafner.
Sheldon, W. H. (1954). *Atlas of Men: A Guide for Somatotyping the Adult Male of All Ages.* New York: Harper.
Shriver, M. (2002). *Jamie Lee Curtis keeps it real.* Dateline NBC (http://www.msnbc.com/news/), 10/9/2002, pp. 1-5.
Shuter, R. (1976). Proxemics and tactility in Latin America. *Journal of Communication, 26,* 46-52.
Shuter, R. (1977). A field study of nonverbal communication in Germany, Italy, and the United States. *Communication Monographs, 44,* 298-305.
Sidelinger, R. J., and McCroskey, J. C. (1997). Communication correlates of teacher clarity in the college classroom. *Communication Research Reports, 14,* 1-10.
Siegman, A. W., and Boyle, S. (1993). Voices of fear and anxiety and sadness and depression: The effects of speech rate and loudness on fear and anxiety and sadness and depression. *Journal of Abnormal Psychology, 102,* 430-437.
Sigelman, C. K., and Adams, R. M. (1990). Family interactions in public: Parent-child distance and touching. *Journal of Nonverbal Behavior, 14,* 63-75.
Silveira, J. (1972). Thoughts on the politics of touch. *Women's Press, 1,* 13.
Singer, M. S., and Singer, A. E. (1985). The effect of police uniforms on interpersonal perception. *Journal of Psychology, 119,* 157-161.
Singh B. N. (1964). A study of certain personal qualities as preferred by college students in their martial partners. *Journal of Psychological Research, 8,* 37-48.
Sloan, G. (2002). Passion at play. *USA Today, Friday,* December 13, pp. 1D-2D.
Smeltzer, L., Waltman, J., and Leonard, D. (1999). Proxemics and haptics in managerial communication. In L. K. Guerrero, J. A. DeVito, and M. L. Hecht (eds.), *The Nonverbal Communication Reader: Classic and Contemporary Readings* (2nd ed.), 184-191. Prospect Heights, IL: Waveland Press, Inc.
Smith, H A. (1979). Nonverbal communication in teaching. Review of Educational Psychology, 49, 631-672.
Sommer, R. (1959). Studies in personal space. *Sociometry, 22,* 247-260.
Sommer, R. (1965). Further studies in small group ecology. *Sociometry, 28,* 337-348.
Sommer, R. (1969). *Personal Space: The Behavioral Basis of Design.* Englewood Cliffs, NJ: Prentice Hall.
Sommer, R. (1977). Classroom layout. *Theory into Practice, 16,* 174-175.
Sorensen, G. A., and Beatty, M. J. (1988). The interactive effects of touch and touch avoidance on interpersonal evaluations. *Communication Research Reports, 5,* 84-90.
Sousa-Poza, J. F., and Rohrberg, R. (1977). Body movement in relation to type of information (person- and nonperson-oriented) and cognitive style (field dependence). *Human Communication Research, 4,*

19-29.
Stark, E. (1986). Bulimia: Not epidemic. *Psychology Today, 20,* 17.
Starkweather, J. A. (1961). Vocal communication of personality and human feelings. *Journal of Communication, 11,* 63-72.
Sterrett, J. H. (1978). The job interview: Body language and perceptions of potential effectiveness. *Journal of Applied Psychology, 63,* 389-390.
Stone, G., Singletary, M., and Richmond, V. P. (1999). *Clarifying Communication Theories: A Hands-on Approach.* Ames, IA: Iowa State University Press.
Storrs, D., and Kleinke, C. L. (1990). Evaluation of high and equal status male and female touchers. *Journal of Nonverbal Behavior, 14,* 87-95.
Sybers, R., and Roach, M. E. (1962). Clothing and human behavior. *Journal of Home Economics, 54,* 184-187.
Tank, E. D. (1982). Dimensions of the physical attractiveness stereotype: A factor/analytic study. *Journal of Psychology, 110,* 63-74.
Tannen, D. (1994). *Talking from 9 to 5: Women and Men in the Workplace, Language, Sex, and Power.* New York: Avon Books.
Taylor, L. C., and Compton, N. H. (1968). Personality correlates of dress conformity. *Journal of Home Economics, 60,* 653-656.
Tenzel, J. H., and Cizanckas, V. (1973). Uniform experiment. *Journal of Police Science and Administration, 1,* 421-424.
Thayer, S. (1986). Touch: Frontier of intimacy. *Journal of Nonverbal Behavior, 10,* 7-11.
Theeuwes, L, Kramer, A. F., Hahn, S., and Irwin, D. E. (1998). Our eyes do not always go where we want them to go: Capture of the eyes by new objects. *Psychological Science, 9,* 379-385.
Thomas, C. E., Richmond, V. P., and McCroskey, J. C. (1994). The association between immediacy and socio-communicative style. *Communication Research Reports, 11,* 107-115.
Thomas-Maddox, C., and Lowery-Hart, R. (1998). *Communicating with Diverse Students: A Text and Workbook.* Acton, MA: Tapestry Press.
Thompson, J. J. (1973). *Beyond Words: Nonverbal Communication in the Classroom.* New York: Citation Press.
Thourlby, W. (1980). *You are What You Wear.* New York: New American Library.
Thweatt, K. S., and McCroskey, J. C. (1996). Teacher nonimmediacy and misbehavior: Unintentional negative communication. *Communication Research Reports, 13,* 198-204.
Thweatt, K. S., and McCroskey, J. C. (1998). The impact of teacher immediacy and misbehaviors on teacher credibility. *Communication Education, 47,* 348-358.
Ting-Toomey, S., and Korzenny, F. (1991). *Cross-Cultural Interpersonal Communication.* Newbury Park, CA: Sage Publications.
Todd-Mancillas, W. R. (1982). Classroom environments and nonverbal communication. In L. L. Barker (ed.), *Communication in the Classroom: Original Essays,* 77-97. Englewood Cliffs, NJ: Prentice Hall.
Tomkins, S. S. (1962). *Affect, Imagery, Consciousness, Vol.1: The Positive Affects.* New York: Springer.
Tomkins, S. S., and McCarter, R. (1964). What and where are the primary affects? Some evidence for a theory. *Perceptual and Motor Skills, 18,* 119-158.
Trager, G. L. (1958). Paralanguage: A first approximation. *Studies in Linguistics, 13,* 1-12.
Trees, A. R., and Manusov, V. (1998). Managing face concerns in criticism: Integrating nonverbal behaviors as a dimension of politeness in female friendship dyads. *Human Communication Research, 24,* 564-583.
Tucker, J. S., and Riggio, R. E. (1988). The role of social skills in encoding posed and spontaneous facial expressions. *Journal of Nonverbal Behavior, 12,* 87-97.
Vlietstra, A. G., and Manske, S. H. (1981). Looks to adults, preferences for adult males and females, and interpretations of an adult's gaze by preschool children. *Merrill-Palmer Quarterly, 27,* 31-41.
Wagner, H. X., MacDonald, C. J., and Manstead, A. S. R. (1986). Communication of individual emotions by spontaneous facial expressions. *Journal of Personality and Social Psychology, 50,* 737-743.
Walker, R. N. (1963). Body build and behavior in young children: II. Body build and parents' ratings. *Child Development, 34,* 1-23.
Walster E. V., Aronson, E., Abrahams, D., and Rohmann, L. (1966). Importance of physical attractiveness in dating behavior. *Journal of Personality and Social Psychology, 4,* 508-516.
Watson, O. M. (1970). *Proxemic Behavior: A Cross-Cultural Study.* The Hague: Mouton.

Watson, O. M. (1972). Conflicts and directions in proxemic research. *Journal of Communication, 22,* 443-459.
Watson, W. H. (1975). The meanings of touch: Geriatric nursing. *Journal of Communication, 25,* 104-112.
Webster, E. C. (1964). *Decision making in the employment interview.* Industrial Relations Center, McGill University.
Weitz, S. (1972). Attitude, voice and behavior. *Journal of Personality and Social Psychology, 24,* 14-21.
Weitz, S. (1974). *Nonverbal Communication: Readings with Commentary.* New York: Oxford University Press.
Welch, M. S. (1979). Touching: Kissing, hugging, stroking, patting, grabbing, tickling, tweaking, brushing. *Glamour,* July, 70-71.
Wells, W. D., and Siegel, B. (1961). Stereotyped somatotypes. *Psychological Reports, 8,* 77-78.
What women like in men (1983). *What women like in men.* USA Today, July 20, 1983.
Widgery, R. N., and Ruch, R. S. (1981). Beauty and the Machiavellian. *Communication Quarterly, 29,* 297-301.
Widgery, R. N., and Webster, B. (1969). The effects of physical attractiveness upon perceived initial credibility. *Michigan Speech Journal, 4,* 9-15.
Wiemann, J. M., and Knapp, M. X. (1975). Turn-taking in conversations. *Journal of Communication, 25,* 75-92.
Wiemann, M. O., and Wiemann, J. M. (1975). *Nonverbal Communication in the Elementary Classroom.* Urbana, IL: ERIC Clearinghouse on Reading and Communication Skills.
Williams, P. (1970). The psychological correlates of speech characteristics: On sounding disadvantaged. *Journal of Speech and Hearing Research, 13,* 472-488.
Willis, F. N. (1966). Initial speaking distance as a function of the speaker's relationship. *Psychonomic Science, 5,* 221-222.
Willis, F. N., and Briggs, L. F. (1992). Relationship and touch in public settings. *Journal of Nonverbal Behavior, 16,* 55-63.
Willis, F. N., and Hofman, G. E. (1975). Development of tactile patterns in relation to age, sex, and race. *Developmental Psychology, 11,* 866.
Wilson, G., and Nias, D. (1999). Beauty can't be beat. In L. K. Guerrero, J. A. DeVito, and M. L. Hecht (eds.), *The Nonverbal Communication Reader: Classic and Contemporary Readings* (2nd ed.), 101-105. Prospect Heights, IL: Waveland Press.
Woolbert, C. H. (1920). Effects of various modes of public reading. *Journal of Applied Psychology, 4,* 162-185.
Young, D. M., and Beier, E. G. (1977). The role of applicant non-verbal communication in the employment interview. *Journal of Employment Counseling, 14,* 154-165.
Yousef, F. S. (1976). Nonverbal behavior: Some intricate and diverse dimensions in intercultural communication. In L. A. Samovar and R. E. Porter (eds.), *Intercultural Communication: A Reader* (2nd ed.), 230-235. Belmont, CA: Wadsworth.
Zuckerman, M., and Driver, R. E. (1989). What sounds beautiful is good: The vocal attractiveness stereotype. *Journal of Nonverbal Behavior, 13,* 67-81.

● 邦訳文献

Axtell, R. E. (1991). *Gestures: The do's and taboos of body language around the world.*
　　＊『ジェスチャーの比較文化』　竹前文夫（編）　三修社　1997
Berscheid, E., & Walster, E. H. (1969). *Interpersonal attraction.*
　　『対人的魅力の心理学』　蜂屋良彦（訳）　誠信書房　1978
Darwin, C. (1872). *The expression of the emotion in man and animals.*
　　『人間の行動および動物の表情1・2巻』　村山啓夫（訳）　改造社　1948/1949
Duck, S. (1998). *Human relationships* (3rd ed.).
　　『コミュニケーションと人間関係』　和田実（訳）　ナカニシヤ出版　2004
Ekman, P., & Friesen, W. V. (1975). *Unmasking the face: A guide to recognizing emotions from facial cues.*
　　『表情分析入門』　工藤力（編訳）　誠信書房　1987
Fast, J. (1970). *Body language.*
　　『ボディーランゲージ』　石川弘義（訳）　読売新聞社　1971
Freud, S. (1905). Three Essays on the Theory of Sexuality.『性欲論』(フロイト著作集第5巻)　懸田克躬・吉村博次（訳）　人文書院　1969
Goffman, E. (1959). *The presentation of self in everyday life.*
　　『行為と演技－日常生活における自己呈示』　石黒毅（訳）　誠信書房　1974
Goffman, E. (1967). *Interaction ritual.*
　　『儀礼としての相互行為－対面行動の社会学』　広瀬英彦・安江孝司（訳）　法政大学出版局　1986
Hall, E. T. (1966). *The hidden dimension.*
　　『かくれた次元』　日高敏隆・佐藤信行（訳）　みすず書房　1970
Harris, P. R., & Moran, R. T. (1991). *Managing cultural differences* (3rd ed.).
　　＊『異文化経営学』　近藤正臣他（訳）　興学社　1983
Jourard, S. M. (1968). *Disclosing man to himself.*
　　『透明なる自己』　岡堂哲雄（訳）　誠信書房　1974
Knapp, M. L., & Hall, J. A. (1992). *Nonverbal communication in human interaction.*
　　＊『人間関係における非言語情報伝達』　牧野成一・牧野泰子（共訳）　東海大学出版会　1979
Korda, M. (1975). *Power: How to get it, How to use it.*
　　『パワー！－企業のなかの権力』　伊ന豊（訳）　徳間書店　1976
Mehrabian, A. (1976). *Public places and private spaces: The psychology of work, play, and living environments.*
　　『ヒューマンスペース－臨床環境心理学による生活のデザイン』　岩下豊彦・森川尚子（訳）　川島書店　1981
Mehrabian, A. (1972). *Nonverbal communication.*
　　『非言語コミュニケーション』　西田司他（共訳）　聖文社　1986
Molloy, J. T. (1983). *Molloy's live for success.*
　　＊『この手で成功しろ！』　竹村健一（訳）　三笠書房　1982
Molloy, J. T. (1987). *The woman's dress for success book.*
　　＊『キャリア・ウーマンの服装学』　犬養智子（訳）　三笠書房　1978
Montague, M. R. A. (1978). *Touching: The human significance of the skin.*
　　＊『タッチング－親と子のふれあい』　佐藤信行・佐藤方代（訳）　平凡社　1977
Morris, D. (1971). *Intimate behavior.*
　　『ふれあい－愛のコミュニケーション』　石川弘義（訳）　平凡社　1974
Morris, D. (1985). *Body watching.*
　　『ボディウォッチング』　藤田統（訳）　小学館　1992
Sommer, R. (1969). *Personal space: The behavioral basis of design.*
　　『人間の空間－デザインの行動的研究』　穐山貞登（訳）　鹿島出版会　1972

　　＊印は，同名書であるが，版が異なるものを示す。

さくいん

●──── あ

アーガイル（Argyle, M.）　93
アーチファクト（artifacts）　46
アーチャー（Archer, D.）　103
アイコンタクト（eye contact）　90
愛着（attachment）　147
あいづち合図（back-channel cue）　111
アイブル＝アイベスフェルト（Eibl-Eibesfeldt, I.）　76, 280
アカート（Akert, R. M.）　103
アクステル（Axtell, R. E.）　274
圧力（pressure）スペース　228
アディントン（Addington, D. W.）　103, 116, 202
アドラー（Adler, R.）　146
アピールあるいは誘因の行動（action of appeal or invitation）　208
アルトマン（Altman, I.）　127
アロキーン（allokine）　53
アンダーセン（Andersen, P. A.）　158, 160
アンバディー（Ambady, N.）　244

●──── い

イーキンズ（Eakins, R. G.）　194
イーキンズ（Eakins, B. W.）　194
生き生きとしたスタイル（animated style）　68
イザド（Izard, C. E.）　279
イシイ（Ishii, S.）　278
異人種間コミュニケーション（interrational communication）　268
1次テリトリー（primary territory）　127
位置の手がかり（positional cues）　207
一瞥（glance）　93
一方視（one-sided look）　93
遺伝子（genetics）　192
衣服意識（clothing consciousness）　41
異文化コミュニケーション（intercultural communication）　267
異民族コミュニケーション（interethnic communication）　268
イメージ固定（image fixation:IF）　21
印象を残すスタイル（impression-leaving style）　70

●──── う

ウィリス（Willis, F. N.）　149
ウィルソン（Wilson, G.）　16
ウールバート（Woolbert, C. H.）　119
ウェルチ（Welch, M.S.）　285

●──── え

エイケン（Aiken, L. R.）　40
エックマン（Ekman, P.）　55, 57, 82, 84, 279
エマスン（Emerson, R. W.）　90
エンブレム（emblem）　56

●──── お

応答性（responsiveness）　71, 185
応答潜時（response latency）　110
オープンスタイル（open style）　69
オガワ（Ogawa, D. M.）　267
オシンスキー（Osinsky, J. S.）　115
汚染（contamination）　132
音声修飾子（vocal qualifier）　106
音声セット（voice set）　105
音声特徴子（vocal characterizer）　105
音声分離子（vocal segregate）　106
音調学（vocalics）　13, 103
音量コントロール（volume control）　122

●──── か

外見強迫観念（appearance obsession）　21
外国人嫌い（xenophobia）　269
カイザー（Kaiser, S. B.）　218
外側眼球運動（Lateral Eye Movements:LEMs）　95
外胚葉型（ectomorph）　30
回避－接近連続体　168
外部変数（external variable）からのアプローチ　55
カチキティス（Katsikitis, M.）　86
ガッティ（Gatti, F. M.）　32
過負荷刺激（stimulus overload）　141
カレイナ（Kaleina, G.）　285
眼球運動（eye movement）　90

監視 (surveillance) 141
感情の混合 (affect blend) 87
顔面感情得点化技術 (Facial Affect Scoring Technique:FAST) 84
顔面管理技術 (facial menagement techniques) 79
管理－黙従連続体 (control-acquiescence continuum) 215

● き

キーン (kine) 54
キネメス (kinemes) 54
キネモルフェメス (kinemorphemes) 54
欺瞞 (deception) 62, 97
キャッシュ (Cash, T. F.) 218
求愛準備手がかり (courtship-readiness cues) 207
休止 (pauses) 107
共役眼球運動 (Conjugate Lateral Eye Movements: CLEMs) 95
強化 (intensification) 80
強化 (reinforcement) と条件づけ (conditioning) 193
凝視回避 (gaze aversion) 94
凝視省略 (geze omission) 94
教師たちの言語的行動の主要な機能 (primary function of teacher's verbal behavior) 245
教師たちの非言語的行動の主要な機能 (primary function of teacher's nonverbal behavior) 245
強調 (accenting) 10
キルカレン (Kilcullen, R. N.) 218
儀礼的無関心 (civil inattention) 94
近接学 (proxemics) 13, 125

● く

偶発的コミュニケーション (accidental communication) 7
グエン (Nguyen, T.) 205
口調 (accent) 111
くつろぎスタイル (relaxal style) 69
グリーン (Green, G.H.) 259
クレベンガー (Clevenger, T., Jr.) 168
クロプ (Klopf, D. W.) 267, 290

● け

傾聴スタイル (attentive style) 69
結合サイン (tie signs) 151
ケッチャム (Ketcham, H.) 258
言語的アプローチ (AP) 方略 165
言語的回避 (AV) 方略 165
言語の共謀 (linguistic collusion) 135
ケンドン (Kendon, A.) 57, 59, 91

● こ

効果的な休止 (effective pauses) 123
講義誘導方法 (guided lecture procedure) 236
公共テリトリー (public territory) 128
攻撃の表意 (offensive display) 130
公衆ゾーン (public zone) 137
構造上からのアプローチ (structural approach) 53
行動の制約 (behavioral constraint) 141
声質 (voice qualities) 105
ゴードン (Gordon, R. L.) 229
ゴールドマン＝アイスラー (Goldman-Eisler, F.) 108
国際コミュニケーション (international communication) 268
個人的身体概念 (personal body concept) 27
個体ゾーン (personal-casual zone) 137
ゴッフマン (Goffman, E.) 95
コニグリアロ (Conigliaro, L.) 140
コミュニケータースタイル (communicator style) 67
コルゼニー (Korzenny, F.) 267
コルダ (Korda, M.) 217, 227
コルテス (Cortés, J. B.) 32
混雑 (crowding) 141
コンプトン (Compton, N. H.) 39

● さ

SADFISH 78, 115
ザイネ (Saine, T. J.) 149
ザッカーマン (Zuckerman, M.) 121
サブカルチャー (subculture) 267

● し

シーバース (Sybers, R.) 38
シェアラー (Scherer, K. R.) 115

シェフレン（Scheflen, A. E.） 65, 207
ジェラード（Jourard, S. M.） 155, 157, 284
シェルドン（Sheldon, W. H.） 30
ジェンダー（gender） 192
自己適応的動作（self-adaptor） 62
視線学（oculesics） 13, 90
実用性（practicality） 41
支配的スタイル（dominant style） 68
支配－服従連続体（dominant-submissive continuum） 215
自民族中心主義（ethnocentrism） 113, 270
ジャーマン（German, K.） 44
ジャイルズ（Giles, H.） 103
社会ゾーン（socio-consultive zone） 137
社会的－丁寧な接触（social-polite touch） 153
社会的魅力（social attractiveness） 17
弱化（deintensification） 82
シューター（Shuter, R.） 139, 157, 283
周辺言語（paralanguage） 103
準求愛手がかり（quasi-courtship cues） 207
焦点を物に置いた適応的動作（object-focused adaptor） 62
情動表出（affect displays） 61
ジョーゲンソン（Jorgenson, D. O.） 225
ジョーンズ（Jones, S. E.） 156, 283
職業的魅力（task attractiveness） 17
触覚（touch） 145
触覚学（haptics） 13, 145
シル（Thill, J. V.） 221
シルベイア（Silveira, J.） 204
シンガー（Singer, A. E.） 44
シンガー（Singer, M. S.） 44
侵害（violation） 132
身体緊張型（somatotonic） 32
身体的魅力（physical attractiveness） 16
身体テリトリー（body territory） 129
侵入（invasion） 132

●─── す

スコット（Scott, M. B,） 127
スタック（Stacks, D. W.） 139, 140
頭脳緊張型（cerebrotonic） 32

●─── せ

性的－興奮の接触（sexual-arousal touch） 155

声紋（voice printing） 107
セクレスト（Sechrest, L.） 284
絶縁（insulation） 133
接近性（immediacy） 164
接近性エリア（immediate area） 228
接近的コミュニケーションの原理 165
セックス（sex） 192
接触回避（touch avoidance） 158
接触回避者（touch avoiders） 159
接触規範（touch norms） 155
接触欠乏（touch deprivation） 146, 162
接触不安（touch apprehension） 158, 159
接触文化（contact culture） 139
説得（persuasion） 120
ゼブロウィッツ（Zebrowitz, L. A.） 87
「全体－集団（whole-group）」教授法 235
専門職－職務上の接触（professional-functional touch） 153

●─── そ

相互凝視（mutual gaze） 93
相互視（mutual look） 93
相互的テリトリー（interactional territory） 129
走査（scanning） 91
ソウルビィ（Thourlby, W.） 39
ソマー（Sommer, R.） 130, 215, 226
ソレンセン（Sorensen, G. A.） 159

●─── た

ダーウィン（Darwin, C. H.） 76
ターン維持合図（turn maintaining cue） 109
ターン譲渡行動（turn-yielding behavior） 109
ターン否定行動（turn-denying behavior） 111
ターン要求合図（turn-requesting cue） 110
体格類型論（somatotyping） 30
対人距離ゾーン（interpersonal distance zone） 136
代替的な指示による適応的動作（alter-directed adaptor） 62
タウン（Towne, N.） 146
タッカー（Tucker, J. S.） 86
多文化（multicultural） 289
単一文化（monocultural） 289

断定性（assertiveness）　70, 186

●────ち

地位（status）　215
地位エリア（status area）　228
置換（substituting）　11
中胚葉型（mesomorph）　30
中立（neutralization）　81
調整的動作（regulator）　59
調節（regulating）　10
沈黙（silence）　107

●────て

ディーン（Dean, J.）　93
ディットマン（Dittmann, A. T.）　54
ティン＝トーミー（Ting-Toomey, S.）　267
適応的動作（adaptors）　61
デザイナー（designer）　41
撤退（withdrawal）　133
テリトリー的な防衛（territorial defense）　129

●────と

瞳孔拡張（pupil dilation）　95
瞳孔測定（pupillometric）　96
動作学（kinesics）　12, 52
同調性特性（conformity-type trait）　40
トーマス＝マダックス（Thomas-Maddox, C.）　269
トッド＝マンシラス（Todd-Mancillas, W. R.）　259
ドライバー（Driver, R. E.）　121
ドラマティックスタイル（dramatic style）　68
トレーガー（Trager, G. L.）　104
トンプソン（Thompson, J. J.）　259

●────な

内臓緊張型（viscerotonic）　32
内胚葉型（endomorph）　30
ナップ（Knapp, M. L.）　88, 99, 108, 135, 148
撫でる（gentling）　147
舐める（licking）　147
なわばり防衛（turf defense）　134

●────に

ニアス（Nias, D.）　16

2次テリトリー（secondary territory）　127
ニック＝ライス（Nix-Rice, N.）　220
人間のテリトリー行動（human territoriality）　127

●────の

ノートン（Norton, R.）　67

●────は

バー（Barr, A. S.）　253
バーグーン（Burgoon, J. K.）　149
パーク（Park, M. S.）　267
パーソナルスペース（personal space）　136
バードウィステル（Birdwhistell, R. L.）　53, 197
バーナード（Bernard, J. S.）　195
ハーパー（Harper, R. G.）　140
ハーロー（Harlow, H.）　147
バーンルンド（Barnlund, D. C.）　157
ハイト（Hite, S.）　162
バクスター（Baxter, J. C.）　139
発声（vocalizations）　105
ハリス（Harris, P. R.）　290
半社交（semisocial）スペース　228
反復（repeating）　10
汎用性（versatility）　71

●────ひ

ビーティ（Beatty, M. J.）　159
ピエルシー（Piercy, M.）　203
比較文化的（cross-cultural）と文化横断的（transcultural）コミュニケーション　267
ビクスラー（Bixler, S.）　220
ヒクソン（Hickson, M. L.）　139, 140
非言語感受性テスト（profile of Nonverbal Sensitivity test:PONS）　210
非言語行動（nonverbal behavior）　6
非言語コミュニケーション（nonverbal communication）　1
非言語的接近性（nonverbal immediacy）　11, 170
非言語漏出手がかり（nonverbal leakage cues）　97
非接触文化（non-contact culture）　139
ピッチの使用（use of pitch）　122
非難を受けにくい身体部位（nonvulnerable

body parts:NVBP) 156
非難を受けやすい身体部位（vulnerable body parts:VBP） 156
皮肉（sarcasm） 10, 103
皮膚飢餓（skin hunger） 162
ヒューイット（Hewitt, J.） 44
ヒューマンコミュニケーション（human communication） 1
表情スタイル（facial expression） 82

● ──── ふ

ファーバー（Ferber, A.） 59
フィラー音（filler sound） 106
フィリップス（Phillips, G. M.） 113
ブーア（Buhr, T. A.） 187
フェルドマン（Feldoman, R. S.） 98
服装規定（rules for tailoring） 37
部分（partials） 87
ブラウンロウ（Brownlow, S.） 87
プラックス（Plax, T. G.） 41
ブラックマン（Blackman, B. I.） 168
フリーセン（Friesen, W. V.） 55, 82
フレンドリースタイル（friendly style） 70
フロイト（Freud, S.） 97
ブロー（Brault, G. J.） 278
文化無縁（acultural） 289

● ──── へ

ヘイゼル（Heisel, A. D.） 86
ヘーゼルタイン（Haseltine, E.） 79
ベム（Bem, S. L.） 213
ヘンリー（Henley, N. M.） 161, 194

● ──── ほ

方言（dialect） 111
ホール（Hall, E. T.） 125, 146, 230, 268
ホール（Hall, J. A.） 88, 99, 108, 135, 148
補完（complementing） 9
ポスチャー（posture） 64
ボディランゲージ（body language） 51
ボビー（Bovee, C. L.） 221
ホフマン（Hofman, G. E.） 149
ホモフィリィ（homophily） 42
保有権（tenure） 131
ホルト（Hoult, T. F.） 45

● ──── ま

マーカー（marker） 130
マーティン（Martin, M. M.） 213
マクアンドリュー（McAndrew, F. T.） 200
マクロスキー（McCroskey, J. C.） 16, 103, 140, 183, 213
マケイン（McCain, T. A.） 16
マスキング（masking） 80
マッチング仮説（matching hypothesis） 27
マラスムス（marasmus） 148
マランドロ（Malandro, L. A.） 176

● ──── み

見繕い行動（preening behavior） 36, 207
密接ゾーン（intimate zone） 137
密度（density） 141
魅力（attractiveness） 16

● ──── む

矛盾（contradicting） 9
無声休止（unfilled pauses） 107
無内容発話技法（content-free speech technique） 114
ムラック（Mulac, A.） 103, 113

● ──── め

メイヨ（Mayo, C.） 223
明瞭な発音（good articulation） 122
メラビアン（Mehrabian, A.） 65, 164, 215

● ──── も

モテット（Mottet, T.） 165
モデリング（modeling） 193
モラン（Moran, R. T.） 290
モリー（Molloy, J. T.） 47
モリス（Morris, D.） 38, 84, 90, 150, 208
モリソン（Morrison, T.） 274
モルスバッハ（Morsbach, H.） 277
モロイ（Molloy, J. T.） 26, 219

● ──── や

ヤコブソン（Jakobson, R.） 278

● ──── ゆ

友情－思いやりの接触（friendship-warmth touch） 153
有声休止（filled pauses） 107

●───── よ

予防（preventive measures） 130

●───── ら

ライマン（Lyman, S. M.） 127
ラフランス（LaFrance, M.） 223
ラベル（label） 130

●───── り

リアクション（reaction） 131
リヴァイン（Levine, S.） 162
リッジオ（Riggio, R. E.） 86
リッチ（Rich, A. L.） 267
リッチモンド（Richmond, V. P.） 140, 165, 183, 213, 237
流暢さ（fluent） 123
両性具有（androgyny） 212

●───── る

ルーベン（Ruben, B. D.） 290

●───── れ

例示的動作（illustrator） 57

レイボウィッツ（Leibowitz, K.） 160
恋愛－親密な接触（love-intimacy touch） 154
連帯感（solidarity） 186

●───── ろ

ロウリィ＝ハート（Lowery-Hart, R.） 269
ローゼンクランツ（Rosencranz, M. L.） 39
ローゼンタール（Rosenthal, R.） 244
ローゼンフェルド（Rosenfeld, L. B.） 41
ローチ（Roasch, M. E.） 38
露出性（exhibitionism） 41
ロット（Lott, D. F.） 215
ロマランツ（Lomranz, J.） 203
論争スタイル（contentious style） 70

●───── わ

ワーナー（Warner, J. E.） 200
ワイツ（Weitz, S.） 107
わが家テリトリー（home territory） 128
話速の速さ（faster rate） 122
ワトソン（Watson, O. M.） 99

編訳者あとがき

　本書『人間関係における非言語行動の心理学』は，ヴァージニア・P・リッチモンド（Virginia P. Richmond）とジェイムズ・C・マクロスキー（James C. McCroskey）著 *Nonverbal Behavior in Interpersonal Relations*（Allyn & Bacon刊, 2003）の邦訳である。原著はアメリカにおいて，すでに第5版まで版を重ねており，非言語コミュニケーションの入門書として，非常に好評を博している書である。

　本書は，学生や初学者を対象に，人間関係に影響を及ぼす非言語行動の諸相について，社会科学と人文学の2つの領域から，包括的かつ網羅的にアプローチし，関連する最新の研究成果を紹介する。1章では，非言語行動とは何かについて説明し，非言語コミュニケーションに対して世間に流布されている俗説，言語・非言語間の区分の妥当性，非言語行動が人間関係に果たす機能に関して議論する。さらに，非言語行動の個々のカテゴリーについての簡潔な紹介と論点の提示が行なわれる。これらは読者に本書の見取図を提供し，以降の章への道標を示す役割を果たす。

　次に，2章から9章では，非言語行動の個々のカテゴリー（外見的特徴，ジェスチャーと動作，表情行動，視線行動，音声行動，空間とテリトリー行動，接触とコミュニケーション，接近性とコミュニケーション）についての関連論文を豊富に盛り込み，網羅的に検討を加えることで，各カテゴリーの持つ特徴を詳細に見ていく。それぞれのカテゴリーに関する最新の研究成果を含む一方で，各分野での重要な古典的研究を含めており，読者が新旧の研究を比較できるよう配慮している。

　最後に，10章から13章で，個別の非言語行動が日常での人間関係へどのような影響を与えるのかについて，現実世界の状況（男女関係，職場関係，学校関係，異文化関係）を取り上げ，統合的な視点から，その影響や効果を詳細に議論する。なお，非常に残念ながら，本書では紙数の限りがあり，原著9章 Environment and Physical Surroundings と10章 Time を割愛したが，それぞれの重要な論点については，10章から13章において取り上げられている。これらの問題に興味を持たれた読者は，ぜひ原著も参照されたい。

　読者は本書を通読することで，複雑多岐にわたる非言語行動に関する諸研究を，理論，実証，応用と区別することなく，統合的かつ網羅的に把握し，最新の研究成果を概観できるとともに，これらの行動の背景にある心理メカニズムについて理解することができる。さらに，各章には用語集と質問紙も含まれており，それらに取り組むことによって，読者は非言語行動の実際的かつ潜在的な影響を理解することができるだろう。

　著者のリッチモンド氏とマクロスキー氏は，現在，ウェストヴァージニア大学コミ

ュニケーション研究学科で，ともに教授職に就いておられる。両氏はコミュニケーション学の分野において，長年にわたり，非常に精力的に研究活動を行なっておられ，本書以外にも，数多くの著作物を上梓されている。彼らの研究の詳細については，ウェブサイト（http://www.jamescmccroskey.com/）をご覧いただきたい。なお，余談であるが，おふたりはご夫婦であり，公私ともによきパートナーとして，コミュニケーション研究に取り組んでおられる。おふたりには，ご多忙中にもかかわらず，編訳者からの突然の「日本語版への序」執筆依頼に快く応じていただいた。また，本書の内容，表現に関する幾度かにわたる問い合わせに対しても，常に丁寧かつ詳細なご返答をくださり，本書の翻訳作業にとって大いなる手助けとなった。ご厚意に心よりの感謝を捧げたい。

　本書出版の契機は，編訳者である山下が勤務先での内部勉強会において，本書を取り上げたことにある。当時，電子工学，情報学，認知科学，実験心理学といった異なる学問背景を持つ研究者が協同して，非言語インターフェイスの研究プロジェクトを開始するにあたり，お互いの「文化的枠組み」を超越し，共通の知識基盤を形成する必要を強く感じていた。そこで，まずは，勉強会を始めることとし，その中で本書の一部について，共同で輪読を行なった。学際的な研究活動とは，実務的な作業や真摯な議論を反復することで，たんなる交流以上の成果が上がるものであるが，本書の輪読はそのきっかけとして有効に機能したように思う。勉強会メンバーであった水上悦雄氏（情報通信研究機構），ならびに社会的インタラクショングループのみなさんに深く感謝する。

　本書の翻訳に際して，1, 2, 5, 6, 13 章を山下が，3, 7 章を善本が，4, 8, 11 章を矢野が，9, 10, 12 章を堀下が担当した。訳語の選択，ならびに表現と文体の統一にあたっては，訳者間で何度かやりとりし，一部は原著者にも問い合わせたうえで，最終的には訳者代表である山下が最終判断を行なった。本書に不適切な表現や訳語などがあれば，その責任はすべて山下にある。読者諸氏のご叱正，ご教示をお願いするしだいである。

　最後に，本書の刊行にあたり，出版企画を引き受けていただいた北大路書房，企画の立ち上げから編集にいたるまで多大なご尽力をいただいた奥野浩之氏と矢嶋英子氏に心からお礼を申し上げたい。

2006 年 3 月
山　下　耕　二

【編訳者紹介】

山下耕二（やました・こうじ）
1968年　京都市生まれ
1999年　大阪大学大学院人間科学研究科博士課程修了
　　　　（独）情報通信研究機構専攻研究員，博士（人間科学）
専　門　認知心理学，教育工学。現在はコミュニケーション
　　　　（非言語とメディア）に関する研究を行なっている。

【訳者一覧】

山下　耕二（やました　こうじ）
（独）情報通信研究機構　第二研究部門自然言語グループ　　　序章・1・2・5・6・13章

善本　淳（よしもと　じゅん）
（独）情報通信研究機構　けいはんな情報通信融合研究センター　3・7章

矢野　博之（やの　ひろゆき）
（独）情報通信研究機構　総合企画部企画戦略室　　　　　　　4・8・11章

堀下　智子（ほりした　ともこ）
大阪大学大学院　人間科学研究科　　　　　　　　　　　　　　9・10・12章
（現：西日本旅客鉄道株式会社）

非言語行動の心理学
―対人関係とコミュニケーション理解のために―

| 2006年3月20日　初版第1刷発行 | 定価はカバーに表示 |
| 2021年9月20日　初版第6刷発行 | してあります |

著　者　　V.P.リッチモンド
　　　　　J.C.マクロスキー
編訳者　　山　下　耕　二
発行所　　㈱北大路書房
〒603-8303　京都市北区紫野十二坊町12-8
　　　電　話　（075）431-0361㈹
　　　ＦＡＸ　（075）431-9393
　　　振　替　01050-4-2083

©2006　　　制作／T.M.H.　印刷・製本／創栄図書印刷㈱
検印省略　落丁・乱丁本はお取り替えいたします
ISBN978-4-7628-2490-6　　Printed in Japan

・ JCOPY 〈㈳出版者著作権管理機構　委託出版物〉
本書の無断複写は著作権法上での例外を除き禁じられています。
複写される場合は，そのつど事前に，㈳出版者著作権管理機構
（電話 03-5244-5088，FAX 03-5244-5089，e-mail: info@jcopy.or.jp）
の許諾を得てください。